普通高等教育中医药类"十三五"规划教材
全国普通高等教育中医药类精编教材

# 中医耳鼻咽喉科学

(第2版)

(供中医类、中西医结合等专业用)

主  编
熊大经  严道南

副主编
刘绍武  刘建华  李凡成
张  勉  忻耀杰  王汉明

上海科学技术出版社

图书在版编目(CIP)数据

中医耳鼻咽喉科学/熊大经,严道南主编. —2版. —上海:上海科学技术出版社,2017.8(2021.1重印)
普通高等教育中医药类"十三五"规划教材
全国普通高等教育中医药类精编教材
ISBN 978-7-5478-3443-5

Ⅰ.①中… Ⅱ.①熊…②严… Ⅲ.①中医五官科学－耳鼻咽喉科学－中医学院－教材 Ⅳ.①R276.1

中国版本图书馆 CIP 数据核字(2017)第 023778 号

中医耳鼻咽喉科学(第 2 版)
主编 熊大经 严道南

上海世纪出版股份有限公司
上海科学技术出版社 出版
(上海钦州南路 71 号 邮政编码 200235)
上海世纪出版股份有限公司发行中心发行
200001 上海福建中路 193 号 www.ewen.co
苏州望电印刷有限公司印刷
开本 787×1092 1/16 印张 18.5 插页 4
字数 440 千字
2017 年 8 月第 2 版 2021 年 1 月第 10 次印刷
ISBN 978-7-5478-3443-5/R·1310
定价:38.00 元

本书如有缺页、错装或坏损等严重质量问题,请向工厂联系调换

普通高等教育中医药类"十三五"规划教材
全国普通高等教育中医药类精编教材

## 专家指导委员会名单

(以姓氏笔画为序)

| 王　平 | 王　键 | 王占波 | 王瑞辉 | 方剑乔 | 石　岩 |
| 冯卫生 | 刘　文 | 刘旭光 | 严世芸 | 李灿东 | 李金田 |
| 肖鲁伟 | 吴勉华 | 何清湖 | 谷晓红 | 宋柏林 | 陈　勃 |
| 周仲瑛 | 胡鸿毅 | 高秀梅 | 高树中 | 郭宏伟 | 唐　农 |
| 梁沛华 | 熊　磊 | 冀来喜 | | | |

普通高等教育中医药类"十三五"规划教材
全国普通高等教育中医药类精编教材

## 编审委员会名单

**名誉主任委员** 洪 净

**主 任 委 员** 胡鸿毅

**委　　　员**（以姓氏笔画为序）

王　飞　王庆领　李铁浪　吴启南

何文忠　张文风　张宁苏　张艳军

徐竹林　唐梅文　梁沛华　蒋希成

# 编委会名单

**主　编**

熊大经　（成都中医药大学）　　　严道南　（南京中医药大学）

**副主编**

王汉明　（湖北省中西医结合医院）　刘建华　（北京中医药大学）
刘绍武　（天津中医药大学）　　　李凡成　（湖南中医药大学）
忻耀杰　（上海中医药大学）　　　张　勉　（广西中医药大学）

**编　委**（以姓氏笔画为序）

王仁忠　（山东中医药大学）　　　毋桂花　（山西中医药大学）
丛　品　（浙江中医药大学）　　　朱晓密　（湖北中医药大学附属医院）
刘　璐　（成都中医药大学）　　　冷　辉　（辽宁中医药大学）
陈隆晖　（西南医科大学附属中医医院）周　凌　（黑龙江中医药大学）
周家璇　（云南中医药大学）　　　赵　红　（天津中医药大学第一附属医院）
赵雅君　（湖北中医药大学附属医院）贾德蓉　（成都中医药大学）
梅祥胜　（河南中医药大学）　　　常　林　（河南中医药大学）
蒋路云　（成都中医药大学）　　　韩　梅　（长春中医药大学）

**秘　书**

刘　璐（兼）

普通高等教育中医药类"十三五"规划教材
全国普通高等教育中医药类精编教材

# 前言

新中国高等中医药教育开创至今历六十年。一甲子朝花夕拾，六十年砥砺前行，实现了长足发展，不仅健全了中医药高等教育体系，创新了中医药高等教育模式，也培养了一大批中医药人才，履行了人才培养、科技创新、社会服务、文化传承的职能和使命。高等中医药院校的教材作为中医药知识传播的重要载体，也伴随着中医药高等教育改革发展的进程，从少到多，从粗到精，一纲多本，形式多样，始终发挥着至关重要的作用。

上海科学技术出版社于1964年受国家卫生部委托出版全国中医院校试用教材迄今，肩负了半个多世纪的中医院校教材建设和出版的重任，产生了一大批学术深厚、内涵丰富、文辞隽永、具有重要影响力的优秀教材。尤其是1985年出版的全国统编高等医学院校中医教材（第五版），至今仍被誉为中医教材之经典而蜚声海内外。

2006年，上海科学技术出版社在全国中医药高等教育学会教学管理研究会的精心指导下，在全国各中医药院校的积极参与下，组织出版了供中医药院校本科生使用的"全国普通高等教育中医药类精编教材"（以下简称"精编教材"），并于2011年进行了修订和完善。这套教材融汇了历版优秀教材之精华，遵循"三基""五性""三特定"的教材编写原则，同时高度契合国家执业医师考核制度改革和国家创新型人才培养战略的要求，在组织策划、编写和出版过程中，反复论证，层层把关，使"精编教材"在内容编写、版式设计和质量控制等方面均达到了预期的要求，凸显了"精炼、创新、适用"的编写初衷，获得了全国中医药院校师生的一致好评。

2016年8月，党中央、国务院召开了新世纪以来第一次全国卫生与健康大会，印发实施《"健康中国2030"规划纲要》，并颁布了《中医药法》和《〈中国的中医药〉白皮书》，把发展中医药事业作为打造健康中国的重要内容。实施创新驱动发展、文化强国、"走出去"战略以及"一带一路"倡议，推动经济转型升级，都需要中医药发挥资源优势和核心作用。面对新时期中医药"创造性转化，创新性发展"的总体要求，中医药高等教育必须牢牢把握经济社会发展的大势，更加主动地服务和融入国家发展战略。为此，精编教材的编写将继续秉持"为院校提供服务、为行业打造精品"的工作要旨,在全国中医院校中广泛征求意见,多方听取要求,全面汲取经验,经过近一年的精心准备工作,在"十三五"开局之年启动了第三版的修订工作。

本次修订和完善将在保持"精编教材"原有特色和优势的基础上,进一步突出"经典、精炼、新颖、实用"的特点,并将贯彻习近平总书记在全国卫生与健康大会、全国高校思想政治工作会议等系列讲话精神,以及《国家中长期教育改革和发展规划纲要(2010—2020)》《中医药发展战略规划纲要(2016—2030年)》和《关于医教协同深化中医药教育改革与发展的指导意见》等文件要求,坚持高等教育立德树人这一根本任务,立足中医药教育改革发展要求,遵循我国中医药事业发展规律和中医药教育规律,深化中医药特色的人文素养和思想情操教育,从而达到以文化人、以文育人的效果。

同时,全国中医药高等教育学会教学管理研究会和上海科学技术出版社将不断深化高等中医药教材研究,在新版精编教材的编写组织中,努力将教材的编写出版工作与中医药发展的现实目标及未来方向紧密联系在一起,促进中医药人才培养与"健康中国"战略紧密结合起来,实现全程育人、全方位育人,不断完善高等中医药教材体系和丰富教材品种,创新、拓展相关课程教材,以更好地适应"十三五"时期及今后高等中医药院校的教学实践要求,从而进一步地提高我国高等中医药人才的培养能力,为建设健康中国贡献力量!

教材的编写出版需要在实践检验中不断完善,诚恳地希望广大中医药院校师生和读者在教学实践或使用中对本套教材提出宝贵意见,以敦促我们不断提高。

**全国中医药高等教育学会常务理事、教学管理研究会理事长**

胡鸿毅

2016年12月

# 编写说明

中医耳鼻咽喉科学是一门具有悠久历史的临床学科,底蕴深厚、积累丰富,形成具有强大生命力的理论及临床经验;同时,中医耳鼻咽喉科学由于其学科的特殊性,具有"孔小、洞深、窦道狭窄"的特点。随着时代的发展,许多现代科学技术已非常自然地融入中医耳鼻咽喉科学之中,使本学科日臻完善,并有效地指导临床。

本教材是按照全国普通高等教育中医药类精编教材编写指导思想的精神,在对统编五版及其他各版《中医耳鼻咽喉科学》教材的基础上进行修订、编写的,供全国各中医药院校的中医类、中西医结合等专业使用。根据临床及教学实际,全书共分为11个部分:第一章对中医耳鼻咽喉科学的概念及发展简史作一简要介绍;第二章、第四章、第六章、第八章,分别论述了耳、鼻、咽喉、口齿的生理功能、与脏腑经络的关系、病因病机、局部四诊及其辨证要点、常见防治方法;第三章、第五章、第七章、第九章,分别论述了耳、鼻、咽喉、口齿科的常见疾病;第十章简要论述了中医耳鼻咽喉科的常见肿瘤。将耳、鼻、咽喉、口齿的应用解剖及检查法、耳鼻咽喉科西医常用治疗方法、内镜检查的原理及操作等内容均放入附录。

随着疾病谱的变化,本着突出中医优势病种的宗旨,在2008年第一版载列疾病的基础上,本教材对所载病种略有增删。耳科部分增加耳带疮、耳面瘫,口齿科部分增加口癣,耳鼻咽喉科常见肿瘤部分增加鼻菌、舌菌。所有疾病的定义均根据最新的中医病名定义规范界定,涵盖了病因、病位、临床表现三要素,并针对以往各版教材中某些有争议或欠妥之处进行了仔细的查阅及修正。另外,本教材还在耳、鼻、咽喉、口齿各科总论部分增加了局部四诊的内容,并依据儿童患者与成人不同的生理病理特点,在耳胀耳闭、脓耳、耳鸣耳聋、耳异物、鼻渊、鼻衄、乳蛾、鼾眠等章节增加了针对儿童患者的诊疗注意事项内容。

本教材在主编的组织下,由编委会成员分工进行编写。概论、耳科总论、鼻渊由熊大经、贾德蓉、刘璐负责编写,鼻科总论、咽喉科总论、喉癣、骨鲠由严道南负责编写,耳疖耳疮、旋耳疮、耳鸣耳聋由刘绍武、赵红负责编写,耳瘘、脓耳、脓耳变证由冷辉负责编写,耳面瘫、耳带疮、附一(耳鼻喉部分)由刘建华负责编写,耳郭痰包(断耳疮)、耳胀耳闭由韩梅负责编写,耳眩晕、耳异物、耵耳由毋桂花负责编写,鼻疔、鼻窒、鼻息肉由周家璇负责编写,鼻疳、鼻衄、鼻损伤由常林负责编写,伤风鼻塞、鼻槁、鼻干、鼻鼽由忻耀杰负责编写,鼻异物由陈隆晖负责编写,杨梅鼻烂、杨梅喉疳由周凌负责编写,喉痹、梅核气、喉咳由张勉负责编写,乳蛾、喉痈由冷辉负责编写,喉瘖、声疲由梅祥胜负责编写,急喉风、白喉由王仁忠负责编写,鼾眠、烂喉丹痧由丛品负责编写,口齿科总论、口齿科各论、附一(口齿部分)、舌下痰包由王汉明、赵雅君、朱晓密负责编写,耳鼻咽喉科常见肿瘤由李凡成负责编写,附二、附三由蒋路云负责编写,彩色图片由编委会各成员提供,并由刘绍武负责整理、编辑。

我们对本教材的编写十分重视,但由于学识所限、时间紧迫,书中谬误之处在所难免,敬请读者不吝指正,以便我们改进。

《中医耳鼻咽喉科学》编委会

2016年12月

# 目 录

第一章 概论 ………………………………… 1

第二章 耳科总论 …………………………… 7
    第一节 耳的生理功能 / 7
    第二节 耳与脏腑经络的关系 / 8
    第三节 耳病的病因病机 / 11
    第四节 耳局部四诊 / 13
    第五节 耳病的辨证 / 14
    第六节 耳病的防治 / 19

第三章 耳科各论 …………………………… 26
    第一节 耳疖、耳疮 / 26
    第二节 旋耳疮 / 29
    第三节 耳带疮 / 32
    第四节 耳瘘 / 33
    第五节 耳郭痰包(附：断耳疮) / 35
    第六节 耳胀耳闭 / 38
    第七节 脓耳 / 42
    第八节 脓耳变证 / 45
    第九节 耳鸣耳聋 / 54
    第十节 耳眩晕 / 58
    第十一节 耳面瘫 / 64
    第十二节 耳异物 / 66
    第十三节 耵耳 / 68

## 第四章　鼻科总论 ········································································· 70

第一节　鼻的生理功能 / 70
第二节　鼻与脏腑经络的关系 / 71
第三节　鼻病的病因病机 / 74
第四节　鼻局部四诊 / 77
第五节　鼻病的辨证 / 78
第六节　鼻病的防治 / 83

## 第五章　鼻科各论 ········································································· 88

第一节　鼻疔 / 88
第二节　鼻疳 / 90
第三节　伤风鼻塞 / 94
第四节　鼻窒 / 96
第五节　鼻槁 / 99
第六节　鼻干 / 102
第七节　鼻鼽 / 105
第八节　鼻渊 / 108
第九节　鼻息肉 / 113
第十节　鼻衄 / 115
第十一节　鼻异物 / 120
第十二节　鼻损伤 / 122
第十三节　杨梅鼻烂 / 125

## 第六章　咽喉科总论 ····································································· 128

第一节　咽喉的生理功能 / 128
第二节　咽喉与脏腑经络的关系 / 129
第三节　咽喉病的病因病机 / 131
第四节　咽喉局部四诊 / 135
第五节　咽喉病的辨证 / 136
第六节　咽喉病的防治 / 141

## 第七章　咽喉科各论 ····································································· 147

第一节　喉痹 / 147
第二节　乳蛾 / 151
第三节　喉痈 / 155

第四节 喉癣 / 158
第五节 喉瘖 / 160
第六节 声疲 / 165
第七节 急喉风 / 169
第八节 白喉 / 171
第九节 鼾眠 / 174
第十节 骨鲠 / 177
第十一节 梅核气 / 179
第十二节 喉咳 / 181
第十三节 烂喉丹痧 / 184
第十四节 杨梅喉疳 / 187

## 第八章 口齿科总论 …… 190

第一节 口齿的生理功能 / 190
第二节 口齿与脏腑经络的关系 / 191
第三节 口齿病的病因病机 / 193
第四节 口齿局部四诊 / 194
第五节 口齿病的辨证 / 195
第六节 口齿病的防治 / 199

## 第九章 口齿科各论 …… 202

第一节 牙痛（附：龋齿牙痛）/ 202
第二节 牙痈 / 206
第三节 牙骹痈 / 208
第四节 牙宣 / 210
第五节 口疮 / 212
第六节 口糜 / 215
第七节 唇风 / 217
第八节 口癣 / 219

## 第十章 耳鼻咽喉科常见肿瘤 …… 223

第一节 耳鼻咽喉科常见瘤症 / 223
第二节 耳鼻咽喉科常见癌症 / 227

**附录** ·········································································· 240

　　附录一　耳鼻咽喉口齿的应用解剖及检查法 / 240
　　附录二　耳鼻咽喉科常用治疗方法 / 263
　　附录三　内镜检查的原理及操作 / 270

**附方** ·········································································· 273

**图例** ·········································································· 281

# 第一章 概 论

**导学**

本章内容主要包括中医耳鼻咽喉科学的定义及学术特点,各历史时期的代表性著作及其贡献,及有关耳鼻咽喉科的重大事件。

掌握中医耳鼻咽喉科学的定义及各历史时期耳鼻咽喉科学发展概况。熟悉中医耳鼻咽喉科学的研究范围。了解中医耳鼻咽喉科学是中医学的一门临床学科,也是一门具有专科特色的学科,其既具有中医学的一般共同点,又有专科特点。

## 一、中医耳鼻咽喉科学的定义和特点

中医耳鼻咽喉科学是运用中医基本理论和中医思维方法研究人体耳、鼻、咽、喉生理、病理及其疾病防治规律的一门临床学科。

中医学认为,人体是一个有机的整体,耳、鼻、咽、喉虽位居人体头颈部,为外在的独立器官,但其通过经络的沟通与内在的五脏六腑发生着密切的联系。由于耳、鼻、咽、喉具有孔小洞深之特点,必须借助于专科的器械才能观察,因而决定了中医耳鼻咽喉科学既具有中医学的一般特点,又具有自己的专科特点:它以中医整体观念为指导思想,以脏腑经络学说为理论基础,吸取了现代先进的诊疗技术与方法,强调辨病与辨证相结合,局部辨证与整体辨证相结合,内治与外治相结合。因此,学习中医耳鼻咽喉科学,必须具备扎实的中医理论基础,同时,还必须具备中医内科学和外科学等相关学科的知识。

## 二、中医耳鼻咽喉科学发展简史

1. **中医耳鼻咽喉口齿科学的萌芽** 夏商时期(公元前21世纪—前11世纪),是中医耳鼻咽喉科学的萌芽时期,也是原始社会逐步进入奴隶社会的时代。随着社会生产力逐步提高,经济文化的不断发展,古人对耳鼻咽喉的生理功能有了初步的认识。在殷墟甲骨卜辞中就有首、面、眉、目、鼻、耳、口、舌、齿的记载。在一些象形文字中,已经认识到耳能听声音。如甲骨文中"◎"(即听),颇类耳听口说之形。在病机方面,卜辞中有"贞病耳"、"贞旨自疾"(自者鼻也,即鼻疾)、"贞病舌"、"贞病口"等。对牙齿疾病也有记载,如上述中的"◎"字,即表示牙齿上的窟窿,或牙齿被蛀空有洞,颇类似后世所称的龋病。这大概是我国最古老的有关龋齿的记载,较之古代埃及、印度、希腊等国类似的记载至少早数百年至一千年。此外,甲骨文中的"◎"(自)字,其形颇类人的鼻头。鼻有嗅味和辨香臭的功能,如"臭"(古"嗅"字)字,在"自"字下部加一犬,表示犬嗅气味入鼻之意,也表示犬的嗅觉最灵,即以此表示嗅。《说文解字》谓:"自者,鼻也。"

随着社会的逐渐进步、经济的发展,特别是农业的发展,带动了其他文化科学的进步,医学也有了相应的进步和发展。在《周礼》中有了医学分科,对耳、鼻、咽喉、口等有了初步的认识,认为它们各自是一个相对独立的功能系统,而五脏的生成与五官有一定的联系。《周礼·天官》说:"以五味、五谷、五药养(治)其病,以五气、五声、五色眡(视)其生死。两之以有窍之变,参之以九藏之动。"这些认识也是通过观察五官九窍的形色变化来诊察内脏的病变,并最早提出治疗原则。此外,季节气候的变化也是引起疾病的重要原因之一。《礼记·月令》曾记载:"季秋行夏令,则其国大水,冬藏殃败,民多鼽嚏。"这也是鼽嚏(变应性鼻炎)的最早记载。

1973年底长沙马王堆三号汉墓出土的帛书《五十二病方》,据考证大约成书于公元前4世纪,是我国现存比《内经》还早的医籍。其中涉及耳鼻咽喉科方面的内容有20余处,170余字,病证10余个,有的病证名沿用至今,如喉痹、鼻鼽、聋、嗌痛、喑等。该书还阐述了循行于耳、鼻、咽喉等部的经脉多为阳经。后世《内经》沿袭其说,提出"诸阳之会,皆在于面"。在治疗方面,书中还记载采用灸法治疗耳鼻咽喉病证及3个医方。这表明了先秦时期中医学在临床各专科方面已积累了较丰富的经验。该书有关耳鼻咽喉科的生理、病机、医方等方面的朴素记载,填补了我国先秦时期临床医学史料的空白。

2. **中医耳鼻咽喉口齿科学的奠基** 春秋战国时期(公元前770—前221)是中医耳鼻咽喉科学的奠基时期。此时期"诸子蜂起,百家争鸣",中医学术得到了较大的发展,出现了临床分科,如内科(疾医)、外科(疡医)、妇科(带下医)、儿科(小儿医)、耳鼻喉科(耳目痹医)。同时耳鼻喉科学的理论也逐渐形成。这一时期出现的医学著作《内经》奠定了中医学的理论基础,其中关于耳鼻咽喉科学的论述也极为丰富。

在生理方面,《内经》从整体出发,提出了以脏腑为中心,以五官为外候,以经络为通道,以气血为物质的系统论。认为脏腑是人体生理活动、病机变化的基础,脏腑的阳气、阴液可循经络温煦、滋润耳鼻咽喉五官,五官方能维持正常的生理活动。《灵枢·脉度》说:"肺气通于鼻,肺和则鼻能知臭香矣⋯⋯五脏不和,则七窍不通。"因而认为耳鼻咽喉五官是五脏之外候。在临床中观察五官的生理活动和病机变化,在一定程度上可了解脏腑的盛衰,对耳鼻咽喉的功能活动在人体中的重要地位,以及在以脏腑为中心的生理活动中的重要关系有了较系统的认识,从而为耳鼻咽喉科学的发展奠定了理论基础。

在病机方面,《内经》认为耳、鼻、咽喉、口齿、唇舌等部疾病的发生是由于脏腑经络功能失调,气血失和或气候失常,邪气侵入,阴阳失衡所致。如耳鸣耳聋多因"阳气万物盛上而跃"所致。脾肾虚损,肠胃功能障碍致耳窍失养,也可致耳鸣。《内经》首次提出了"鼻渊"一病,对其病因和症状做了较详细的论述。《素问·气厥论篇》说:"胆移热于脑,则辛鼻渊;鼻渊者,浊涕下不止也。"而咽喉疾病的发生多由气血瘀滞痹阻,阴阳失衡郁结所致。《素问·阴阳别论篇》说:"一阴一阳结,谓之喉痹。"总之,《内经》对耳鼻咽喉口齿的生理、病机论述十分详细,其所载列的30多个耳鼻咽喉科病种如耳鸣、耳聋、耵聍、鼻渊、鼽衄、鼽嚏、喉痹、喑、猛疽等,至今仍广泛应用于临床。《内经》总结了先秦时期的临床经验,为后世耳鼻咽喉口齿科学的发展奠定了坚实的基础,其中有的理论至今还指导着临床。

《难经》在《内经》的基础上,对耳、鼻、咽喉、口齿等部的解剖也做了全面而详细的论述。春秋战国时期著名医家扁鹊长于脉诊,且精于各科而随俗为变,"过雒阳,闻周人爱老人,即为耳目痹医",耳目痹医颇类今之耳鼻咽喉科医师,可以说扁鹊是世界上最早的耳鼻咽喉科医师。

东汉杰出医家张仲景著《伤寒杂病论》,创立了六经辨证方法和治疗原则,其中在耳鼻咽喉科方面提出的一些治疗原则至今仍指导着临床。如反复鼻衄的患者,虽有表证也不可发汗,发汗则重伤阴液而致各种并发症。《伤寒论》第八十八条说："衄家，不可发汗。"还认为阴液不足之人，在用汗法时也应注意不可发汗。如《伤寒论》第八十五条说："咽喉干燥者，不可发汗。"《金匮要略·痉湿暍病脉证并治》说："湿家病身疼发热，面黄而喘，头痛鼻塞而烦……病在头中寒湿，故鼻塞，内药鼻中则愈。"首次提出了鼻腔局部用药治疗方法。后世的滴鼻药多源于此。这一疗法比西方医学早了近千年。鼻在面部最高处，谓之"面王""明堂"，为多条经脉循行交会之处，张仲景认为观察鼻部颜色的变化可以了解脏腑的盛衰。在治疗耳鼻咽喉疾病方面，《伤寒论》和《金匮要略》中许多处方至今仍有重要的临床意义，如桂枝汤、葶苈大枣泻肺汤、甘草汤、桔梗汤、半夏散及汤、苦酒汤、猪肤汤、半夏厚朴汤、射干麻黄汤、麦门冬汤等被用于治疗耳鼻咽喉诸病。《金匮要略》中关于狐惑病全身症状和局部表现的论述，颇类今之"口—眼—生殖器三联征"，其所记载治疗该病的处方如甘草泻心汤、苦参汤等至今仍在运用。

　　到了两晋南北朝时期(265—589)，东晋葛洪撰《肘后备急方》，对耳鼻咽喉的急性病均做了记载，特别提出了耳部、气管、食管等部异物的处理方法，如虫入耳中用好酒灌耳内，误吞钉、针、铁等物者应多食肥羊脂、肥肉等使之从大便排出。该书首次记载了"卒聋"一病，其病颇类今之"突发性耳聋"。

　　这一时期首次有了关于拔牙术的记载。《晋书·温峤传》说："峤先有齿疾，至是拔之。"说明在当时古人已认识到有些病牙是需要拔出的。至于唇裂及其修补术，在这一时期也有了记载。《晋书·魏泳之传》说："魏泳之，生而兔缺，年十八……医曰：可割而补之，但须百日进粥，不得笑话……泳之遂闭口不语唯食薄粥……及差。"在牙齿的卫生保健方面，也得到高度的重视，并提出了一些有效的方法和方药。南北朝时期的文学家刘峻在《类苑》中记载用猪牙皂角、生姜、升麻、地黄、旱莲草、槐角子、细辛、荷叶、青盐等烧、烙、研、熬用以揩牙，可使牙牢固、髭鬓黑。

　　隋代(581—618)是中国医学发展的一个重要时期，医家在长期的临床实践中发现了一些疾病的发病规律。巢元方编纂的《诸病源候论》，是我国现存最早论述病因病机的专著。该书根据耳、鼻、咽喉、口齿的解剖生理特点，设专卷(卷29、卷30)论述耳鼻咽喉口齿疾病，特别注意到妇人和小儿的生理特点，并做了系统论述。全书涉及耳鼻咽喉口齿部的疾病共130余候，系统总结了隋以前医家治疗耳鼻咽喉口齿病的经验，尤其是观察到了脓耳治疗不当所致的严重并发症——黄耳伤寒(类似今之"耳源性颅内并发症")。

　　唐代(618—907)是我国社会经济、科学、文化发展的重要时期，中医学得到很大的发展。624年由唐政府设立之太医署，其性质类似今之医学院校，是世界上最早设立的专科医学院校。其中就设有耳目口齿科，其颇类今之"耳鼻咽喉专业"，可见当时古人已经认识到耳、鼻、咽喉、口齿等器官在解剖上相通相连、在病机上相互影响的关系。耳鼻咽喉口齿科从此发展成为一门有系统理论、有临床实践的临床学科，为后世耳鼻咽喉口齿科学的进一步发展奠定了基础。唐代名医辈出，著名医家孙思邈著有《备急千金要方》《千金翼方》等医学著作，其中设"七窍门"专论耳、鼻、喉、口齿、唇、舌部的疾病，收录方剂300余首。除内治法外，提出了一些行之有效的外治法，这些外治法根据耳、鼻、咽喉解剖的特点，强调局部用药的重要性。如以不同的药液局部外用，有滴鼻法、滴耳法、含漱法等；制成的散剂吹布于局部，有吹耳法、塞耳法、吹鼻法、吹喉法等。此外，还可配合针灸、按摩、导引、食疗等方法。为治疗耳鼻咽喉口齿部的疾病提供了多种治疗手段，并提高了临床疗效。王焘编纂的《外台秘要》，所涉及耳鼻咽喉口齿部疾病的方剂近500首，其中用柳枝蘸药揩齿法："每朝杨柳拉咬头软，点取药揩齿，香而光亮。"这大概是世界上关于刷牙的最早记载。

　　宋代(960—1279)，根据临床特点对临床学科进行了改革，将原来的5个学科增加到9个学科，并将眼科与耳鼻咽喉口齿科分开设立。当时的医学文献如《太平惠民和剂局方》《圣济总录》《三因极一病证方论》中均设有专卷论述耳鼻咽喉口齿部的疾病。特别是沈括在《梦溪笔谈》中说："世人以竹、木、牙、骨之类为叫子,置人喉中吹之,能作人言,谓之颡叫子。尝有病喑者,为人所苦,烦冤无以自言,听讼者试取叫子,令颡之作声,如傀儡子,粗能辨其一二,其冤获申。"文中"颡叫子"颇类今之"人工喉",这是世界上关于"人工喉"的最早记载。

严用和《济生方》中所载的苍耳子散是治疗鼻渊的有效方剂,至今仍被应用于临床治疗鼻部疾病。

金元时期(1115—1368)随着临床医学的不断深入发展,医家各学术流派争鸣,丰富了中医学理论,促进了中医学学术的发展。在分科方面,将原来的9个学科分为13个学科,同时将口齿科从咽喉科中分列出来,形成单独的口齿科,这种分科法在世界上也是最早的,为后世口腔科的形成和发展打下了良好的基础。这一时期的著名医家张从正在《儒门事亲》中述及取异物的方法,即用纸卷成筒放入口中,用筷子缚小钩,将误吞的铜钱取出,这种方法颇类今之内腔镜取异物,可谓是现代内镜的雏形。刘完素提出了耳聋治肺的观点,认为耳聋可由肺气闭郁所致,这一认识与西医学所认识的咽鼓管不通所致的耳闭、耳胀、听力障碍十分相似。朱丹溪提出了"无痰不作眩"的观点,这样的记载与现代认为眩晕由迷路积水所致十分相似;朱丹溪还首次提出中耳炎须先用棉签清洗外耳道后再用药治疗的观点,"缠绵竹,拭耳,换棉蘸药入耳"。

3. 中医耳鼻咽喉口齿科学的发展　明清时期(1368—1911)是中医耳鼻咽喉科学发展的一个重要时期,有影响的耳鼻咽喉科专著相继问世,不少疾病首次论及,如喉麻风(《解围元薮》),鼻咽喉梅毒(《外科发挥》),喉瘤、耳菌、耳痔(《疮疡经验全书》),喉结核(《红炉点雪》),疫毒喉痹(《景岳全书》),白喉(《重楼玉钥》)等。

明代(1368—1644)薛己编撰了我国最早的一部耳鼻咽喉科方面的专著——《口齿类要》,较详细地论述了咽喉、口齿疾病,并附有多则病案。杨继洲著《针灸大成》,对耳鼻咽喉口齿病证的针灸治疗进行了归纳。陈实功在《外科正宗》中对鼻息肉的认识及采用的手术方法、手术器械、术后止血等至今仍有很重要的临床意义。《外科正宗·卷四》说:"取鼻痔(鼻息肉)秘法:先用茴香草散连吹二次,次用铜筯二根,筯头钻一小孔,用丝线穿孔内,二筯相离五分许,以二筯头直入鼻痔根上,将筯线绞紧,向下一拔,其痔自然拔落,置水中观其大小。预用胎发烧灰同象牙末等分吹鼻内,其血自止。戒口不发。"该书记载的"奇授藿香汤(丸)"现被用于治疗鼻炎、鼻窦炎。陈实功提出的气管缝合术、下颌骨脱臼复位术,以及披针刺破排脓治疗喉痈等方法至今仍指导着临床。

李时珍在《本草纲目》中对口齿病证的治疗做了较详细的论述,如外治法中的噙、漱、擦、揩、掺、咬、洗、浸、烙、贴、封龈、含舌下、充填齿孔等治疗方法,有的至今仍为临床所常用。

张介宾在《景岳全书·卷二十七》说:"凡耳窍或损或塞,或震伤,以致暴聋,或鸣不止者,即宜以手中指于耳窍中轻轻按捺,随捺随放,随放随捺,或轻轻摇动,以引其气。按之数次,其气必至,气至则窍自通矣。"此段记载,颇类至今仍运用于临床的鼓膜按摩术。

王肯堂在《证治准绳·杂病》中较为详细地论述了喉外伤患者的内外喉分经缝合、唇舌外伤整形术和耳郭外伤整形术等方法。

清代(1616—1911)喉科有很大的发展,专书陆续问世。如张宗良著的《喉科指掌》收集喉科病证72种,并附有局部病理图形,并首创运用压舌板检查咽喉的方法。在喉科术前麻醉方面,朱翔宇的《喉科紫珍集》首开喉科术前麻醉之先河。《喉科心法》还记载了压舌板的形状和大小,"压舌式备看喉压舌之用,或玳瑁或象牙制成,厚近一分,长四寸五分"。当时检查咽喉口腔的方法也是十分科学的，《喉科秘钥》记载："于病人脑后先点巨蜡，再从迎面用镜照着，则光聚而患处易见矣。"这些检查方法与现在用额镜作反射光源检查耳、鼻、咽喉、口齿局部的方法基本是相同的。在诸多医著中，以郑梅涧的《重楼玉钥》影响最大，所论述喉科36种喉风中包括了咽喉口齿部的疾病，其中对白缠喉（白喉）的论述十分详细，所创立的养阴清肺汤至今仍应用于临床各科。此外，《咽喉经验秘传》《焦氏喉科枕秘》等专著对后世有十分重要的影响。由于当时疫喉、白喉几度大流行，有关疫喉、白喉的专著也不断问世，主要有张绍修的《白喉症论》及《时疫白喉捷要》、耐修子的《白喉治法忌表抉微》、金德鉴的《烂喉丹痧辑要》、陈耕道的《疫痧草》、夏云的《疫喉浅论》等30余部专著。

在对鼻渊的认识方面，费伯雄又较前有所发展，认为"脑漏者……致病有三，曰风也，火也，寒也"。

此外，在一些外科书中也设有专卷或专篇论述耳鼻咽喉口齿部疾病。《医宗金鉴·外科心法要诀》对耳菌、耳挺、耳痔、茧唇、失荣、舌疳等疾病有十分详细的记载；而《外科证治全书》《外科证治全生集》《外科大成》《疡医大全》《疡科心得集》等外科医籍中对耳鼻咽喉口齿的生理、解剖、病证均有记载，为后世研究耳鼻咽喉口齿疾病提供了十分重要的文献资料。

**4. 中医耳鼻咽喉口齿科学的兴盛**　中华人民共和国成立后，医疗卫生事业蓬勃发展，特别是在中医政策的指导下，相继建立了中医医院、中医研究院所，另于1956年分别在北京、上海、成都、广州建立了中医学院。这不仅对中医药教学、科研、医疗的发展起到了关键的作用，而且对中医药师资的培养、教材的规范化发展起到了摇篮和种子的作用。由于学科发展的需要，各院校相继成立了与临床相对应的教研室，耳鼻咽喉科也分别从各自原来所在的外科、五官科（眼耳鼻喉科）中独立出来，成为专门的耳鼻喉科教研室，这无疑对耳鼻咽喉科的深入发展、壮大和专门人才的培养起到了决定性的作用。为适应教学的需要，中医药院校先后编写和修订了《中医喉科学讲义》《五官科学》《中医耳鼻喉科学》等多版教材，供教学使用，这对中医耳鼻咽喉科走向系统化、正规化教学起到了积极作用。同时有关专家先后撰写出版了高等中医院校教学参考丛书《中医耳鼻喉科学》《中国医学百科全书·中医耳鼻咽喉口腔科学》《中医大辞典·外科骨伤五官科分册》等参考书，供教学、科研、医疗使用，这些都对中医耳鼻咽喉口齿科的发展起着重要的作用。

随着中医耳鼻咽喉科的发展、专业队伍的不断壮大，卫生部先后在广州、上海、南京等地的中医药院校举办了全国中医耳鼻咽喉科师资进修班，极大地提高了本学科的师资水平。

1988年国家教委又批准了成都、广州两所中医药院校设立中医五官专业（眼耳鼻喉），首次招收中医耳鼻咽喉专业（本科五年制）学生。之后又有湖南、河南等中医药院校开设中医耳鼻咽喉专业（本科）。这对大量培养中医耳鼻咽喉专科人才以及学科队伍建设都有着深远的意义。

1978年国家逐步恢复研究生培养制度之后，陆续有上海、成都、广州、湖南等中医药院校招收了中医耳鼻咽喉专业硕士研究生。1998年教育部又批准了成都中医药大学招收中医耳鼻喉科博士研究生。这些措施的出台为培养高层次的中医耳鼻咽喉科人才提供了制度上的保证。同时，科研水平也从原来的临床病例总结向揭示疾病病理机制的实验室研究发展，从简单、宏观、定性的研究，向更科学、更合理的微观、定量研究发展。1994年和1997年国家中医药管理局组织专家规范和制定了中医耳鼻咽喉学科的行业标准（《中医病证诊断疗效标准》ZY）及国家标准（《中医临床诊疗术语》GB）。这些标准对中医耳鼻咽喉科临床规范化、标准化，以及提高本学科临床诊疗水平都起了积极的、不可替代的作用。由于本学科有了统一的诊断、疗效标准和规范，统一的病名、证候名、治法术语，对中医耳鼻咽喉科的教学、科研、临床，以及中西医结合等都提出了更新、更高的要求。

为了发挥各中医药院校、研究所、中医医院中医耳鼻咽喉人才的力量，互通信息，交流医疗、教学、科研等方面的经验，1987年9月成立了全国中医耳鼻咽喉科学会，至今已召开了多次学术交流会。各省、市、自治区也相继成立了中医耳鼻咽喉科分会。这标志着中医耳鼻咽喉科学从单一、个体、封闭的研究逐渐走向集体、共同、开放的研究道路，对本学科的学术发展、科学研究起到了积极的作用，同时也预示着中医耳鼻咽喉科的学术发展将走上一个新的台阶。

# 第二章 耳科总论

**导学**

本章内容主要包括耳科学的基本理论,即耳的生理功能、耳与脏腑经络的关系、耳病的病因病机、耳局部四诊、耳病的辨证和防治。

掌握耳的生理特点及功能、耳与脏腑经络的关系、耳病的脏腑辨证。熟悉耳病的病因病机、耳病的症状辨证、内治法及其代表方剂。了解耳病的八纲辨证、耳病的外治法及针灸治法。

## 第一节 耳的生理功能

耳位于头面两侧,清阳之气上注于耳,故耳为头面清阳之窍,清窍以通畅为用,耳为之听。全身经脉多汇聚于耳,使耳与全身脏腑、经络有着密切的联系,《灵枢·口问》言:"耳者,宗脉之所聚也。"只有脏腑之精气及阴液温煦、滋养清窍,耳窍方能维持正常之生理功能,《灵枢·邪气脏腑病形》谓:"十二经脉、三百六十五络,其血气皆上于面而走空窍……其别气走于耳而为听。"反之,脏腑经络失调,气血失和,则耳窍为病。

耳为肾窍,其性属水。清阳之窍水性,阳中寓阴,阴阳互济,相互协调,故耳窍能维持正常的生理功能。耳为清阳之窍,喜温恶寒,喜通恶滞,以通畅为用,通则耳聪而能纳声。耳性属水,《医碥·卷三》曾言:"水喜宁静而恶动扰,宁静则清明内持,动扰则散乱昏惑。"故耳喜清而恶浊,喜静谧而恶躁动。空能感应,清能纳声,耳窍清、静则纳声而听敏,躁、动则耳鸣头晕不已而为病,蒙浊则听觉失聪而为聋。

耳的生理功能主要有:

1. **司听觉,闻五音** 耳窍得肾之精气的温养,则听觉聪敏。如《灵枢·脉度》说:"肾气通于耳,肾和则能闻五音矣。"

2. **主平衡,辨体位** 肾主骨藏精而生髓,髓充于骨而汇于脑,故《灵枢·海论》曰:"脑为髓海。"耳窍内通于脑,髓海泌渗阴液以荣耳窍,耳窍得濡则听觉聪敏,步履稳健。若肾脏亏虚,精髓不足,髓海空虚,耳窍失养,则头晕目眩。

## 第二节　耳与脏腑经络的关系

脏腑是人体功能活动的核心，是阴阳精气产生的本源，人体五官九窍、四肢百骸、皮脉筋骨肉等组织器官无不在脏腑功能活动所产生的阴液滋养、阳气温煦下发挥其生理功能。脏腑是临床辨证论治的基础。

经络是经脉和络脉的总称。经，有路径之意；经脉贯通上下，沟通内外，是经络系统的主干。络，有网络之意；络脉是经脉别出的分支，纵横交错。经络内属于脏腑，入络于肢节，沟通于脏腑与体表之间，将人体脏腑、组织、器官联结成为一个有机的整体，并借此行气血、营阴阳，使人体各部的功能活动得以保持协调和相对平衡。耳属五官九窍之一，虽为局部器官，实为整体的一个组成部分，与脏腑、经络在生理功能和病机变化上有着广泛的联系。耳的生理功能正常，乃经络、脏腑健旺在耳窍局部的表现，而耳窍之病机变化，实为脏腑、经络失调，气血失和循经在耳窍局部之表现。因此，诊治耳窍疾病时，应从整体出发，全面分析。

### 一、耳与脏腑的关系

耳为五官之一，耳窍内通于脑，其生理功能及病机变化，与五脏六腑均有关系，《类经·卷三》谓："脏居于内，形见于外。"与耳有较为密切关系的脏腑有肾、心、肝、胆、脾，其中，尤与肾及肝胆的关系最为密切。现分述如下。

#### （一）耳与肾

耳司听觉，主平衡，属肾之窍，为肾之官。肾开窍于耳，为藏精之脏，受五脏六腑之精而藏之，肾之阴液充沛，精气健旺，上通于头面清窍，则耳聪目明，耳闻五音。《景岳全书·卷二十七》谓："肾气充足，则耳目聪明。若劳伤血气，精脱肾惫，必至聋聩。"

肾阴为一身阴液之根本，生髓而汇于脑，以濡耳窍。若肾阴虚损，阴液不足，髓海空虚，头面清窍失养，则耳失聪敏，脑转耳鸣。《灵枢·海论》谓"髓海不足，则脑转耳鸣，胫酸眩冒"，或耳部骨质疏松，易受脓毒腐蚀，发生溃烂、耳内流脓。

肾阳为人体阳气的根本，可温煦形体，蒸化水液。《灵枢·脉度》说："肾气通于耳，肾和则耳能闻五音。"肾阳不足，温煦失司，蒸化失职，耳窍失于温煦，寒水上泛于耳，则耳窍失聪，耳内流脓，头晕耳鸣；或外邪易犯耳窍而为耳内胀闷，耳鸣失聪，耳痛流脓，脓质清稀，反复发作，缠绵难愈，头晕目眩，耳鸣等。

耳的病证，多与肾脏的病机变化有关，肾脏的病变多反映于耳。临床上常通过观察耳之生理功能和病机变化来判断肾脏的盛衰，《灵枢·师传》云："肾者主为外，使之远听，视耳好恶以知其性。"指出以耳的听觉功能的好坏，来判断肾脏的盛衰。又如《证治准绳·杂病·第八册》谓："耳聋面颊黑者，为精脱肾虚。"另外，肾脏健旺或亏虚亦可在耳郭形态、厚薄、大小、高低、气色荣亏有所反映。《医学心悟·卷一》谓："耳者，肾之窍，察耳之枯润，知肾之强弱，枯槁者难治，薄而白、薄而黑、薄而青，或焦如炭色者，皆为肾败。"

多数耳病,亦可从肾论治。临床上常有滋肾填精、滋肾降火、温肾利水等治法。

### (二) 耳与心

心为君主之官,主血脉而藏神,开窍于舌,寄窍于耳。《证治准绳·杂病·第八册》谓:"曰心在窍为舌,以舌非孔窍,因寄窍于耳。则是肾为耳窍之主,心为耳窍之客。"

心主身之血,血行脉中而濡养五官九窍,心脏健旺,血脉充盈,输布于耳则耳窍得养,聪敏而闻五音。

心血亏虚,血不濡耳,则致耳鸣,听力障碍。《古今医统·耳证门》谓"心虚血耗,必致耳聋耳鸣",或耳内幻听,耳鸣持续,头晕乏力,听音不真等。心火内炽,上炎头面,壅遏耳窍,则耳窍疼痛,耳内轰鸣,听力下降;火灼肉腐,则鼓膜充血、穿孔,耳内流脓,脓质稠色红等。血行脉中,若运行不畅,瘀阻脉络,不能上达耳窍,耳窍失养,则致耳鸣如蝉,听力逐渐减退。

某些耳病可以从心论治或心肾论治。如《严氏济生方·耳门》指出:"七情所感治乎心。医疗之法,宁心顺气,欲其气顺心宁,则耳为之聪矣。"《临证指南医案·卷八》说:"体虚失聪,治在心肾。"临床上常有滋补心血、滋肾宁心、清心开窍、宁心安神等治法。

### (三) 耳与肝

肝主筋,藏血,主疏泄而调气机,与胆相表里。胆的经脉从耳后入耳中,出于耳前。肝胆之气入通于耳,若气机调畅,气煦血濡,则窍清而通,耳闻五音。

情志不遂,七情气郁,肝气郁结,气机不利,郁滞耳窍,窍闭不通,则耳内闭塞,耳鸣头晕,耳聋突发,或耳鸣耳聋随情志而变化等。肝火上逆,气火上炎,壅遏清窍,耳为火灼,则耳内疼胀,耳窍轰鸣,听力障碍,或鼓膜充血、穿孔、流脓血等。肝血不足,不能上荣头面,耳窍失养,则头晕目眩,耳内虚鸣,听力障碍。

某些耳病亦可从肝论治。如《保婴撮要·卷四》谓:"耳证……肝经风热,宜用柴胡清肝散,若因血燥,用栀子清肝散,肝经怒火而致者,加味逍遥散。"临床上,常有清肝泻火、疏肝解郁、平肝息风、滋肝濡耳等治法。

### (四) 耳与脾胃

脾统血,主肌肉而司运化,为后天之本,有化生、输布水谷精微的功能。脾的功能健旺,则生化有源,输布健运,清气上达,耳可得濡养,耳窍清宁而听力聪敏。

脾胃虚损,致生化无源,气血不足,精微及清气不能上达耳窍,耳窍失养,则耳内虚鸣,听力障碍,或耳内流脓,清稀而量多,经久不愈,反复发作。脾失健运,运化失职,浊阴不降,水湿停聚,泛溢耳窍,则耳内胀闷,听力障碍,或透过鼓膜见中耳腔内有积液征,或鼓膜穿孔,耳内流脓,或耳鸣、眩晕。饮食失节,肥甘过度,停聚脾胃,内酿湿热,湿热上蒸耳窍,则耳内疼痛,流脓质稠,耳鸣,耳窍蒙闭,听力障碍,或外耳道红肿糜烂,黄水浸淫,湿痒疼痛等。

某些耳病亦可从脾论治。如《保婴撮要·卷四》说:"耳证……脾经郁结而致者,加味归脾汤。"临床上,常有补脾益气、清热利湿、健脾渗湿、化湿利窍等治法。

### (五) 耳与肺

肺主气,主宣发,开窍于鼻,鼻与耳通。《医学入门·卷四》说:"肺主气,一身之气贯于耳,故能听声。"肺气通调,浊阴能降,头面清窍不为邪壅,鼻窍通利,耳闻五音。

外邪犯肺,肺气闭郁,壅遏清窍,鼻窍不通,邪聚颃颡,耳咽管不通,则耳失聪敏,耳内胀闷闭塞,耳鸣,头昏,鼓膜充血,耳心疼痛,甚或耳窍流脓等。

某些耳病亦可从肺论治。临床上常有疏风宣肺、祛风通耳、补益肺气等治法。

### 二、耳与经络的关系

耳窍位居头面,多条经脉皆汇聚于耳。在经络的联系下,耳与全身脏腑有着密切的关系。脏腑的精气、阴液循经温煦滋养耳窍,耳窍得养而聪敏。反之,脏腑失调,气血失和,经络欠通,则耳窍失养而致耳鸣,耳聋,头晕目眩等。因此,经络的通畅与否,在耳病的生理、病机上起着重要的作用。虽然多条经脉循行汇聚于耳,其中与耳窍关系较为密切的经脉有如下几条。

1. **足少阳胆经** 其经脉起于目锐眦,上抵头角,下耳后,其支脉从耳后入耳中,出走耳前。其经气上达于耳,对耳窍的生理、病机变化影响较大。耳部实证、热证的病机变化,多与胆经失调有关。《医学心悟·卷二》说:"足少阳胆经,上络于耳,邪在少阳,则耳聋也。"本经在耳部的病症有耳道肿胀、疼痛、耳内轰鸣、胀塞疼痛,听力减退,头晕目眩,耳内流脓、色黄质稠,鼓膜穿孔、充血等。常用穴位有听会、上关、颔厌、曲鬓、浮白、头窍阴、完骨、本神、头临泣、正营、承灵、风池、脑空、侠溪等。

2. **手少阳三焦经** 其经脉起于环指之端,向上循行,其中有一支脉从膻中上出缺盆,上项,到耳后。另一支脉从耳后入耳中,出走耳前,过客主人前,交颊,至目锐眦。本经在耳部的病症有耳胀,耳鸣,听力障碍,或耳道流脓等。常用穴位有关冲、液门、中渚、阳池、外关、会宗、三阳络、四渎、天髎、翳风、瘈脉、颅息、角孙、耳门、耳和髎等。

3. **足阳明胃经** 起于鼻之交中,下循鼻外,入上齿中,并从颊车上耳前,过客主人。本经在耳部的病症有耳痛,耳部肿胀,或耳道湿烂,耳内轰鸣,耳聋等。常用穴位有下关、头维、足三里、解溪等。

4. **足太阳膀胱经** 起目内眦,上额交巅,其支脉从巅至耳上角。本经在耳部的病症有耳鸣,头晕,耳聋,耳胀等。常用穴位有眉冲、五处、通天、络却、昆仑、申脉、束骨、足通谷等。

5. **手太阳小肠经** 起于小指之端,其中一支脉从缺盆循颈上颊,至目锐眦,却入耳中。本经在耳部的病症有耳聋、耳鸣等。常用穴位有后溪、腕骨、阳谷、天窗、天容、听宫等。

耳为宗脉之所聚,除了以上五条经脉直接或分支循行于耳外,《灵枢·经脉》还记有"手阳明之别,名曰偏历……其别者,入耳合于宗脉,实则龋聋",《灵枢·经别》谓"手心主之正,别下渊腋三寸……出耳后,合少阳完骨之下",《灵枢·经筋》曰:"足少阳之筋,起于小指、次指……出太阳之前,循耳后""足阳明之筋,起于中三指……其支者,从颊结于耳前"。这些经脉、脉络相互交汇循行,将耳窍与全身脏腑连成一个有机整体。

由于全身经脉直接或间接循行交汇于耳,使耳与全身脏腑、组织、器官有着密切的联系,并在耳郭与脏腑、器官有相应的敏感点。当脏腑、器官等功能失调时,这些敏感点就有颜色、形态或导电性能的改变,如局部压痛、结节,或脱屑等。这些敏感点,谓之耳穴(图2-1)。耳穴的名称与脏腑、器官的名称相同,并按一定的规律分布在耳郭上。如与内脏相应的穴位集中在耳甲艇和耳甲腔内,与头面相应的穴位在耳垂上,与上肢相应的定位在耳舟上,与躯干和下肢相应的穴位在对耳轮和对耳轮前后脚上等。这些耳穴连接起来,很像一个倒置的胎儿。临床上常可根据耳穴局部颜色、形态的变化或导电性能的变化协助诊断,或配合其他疗法预防和治疗有关疾病。

## 第三节 耳病的病因病机

### 一、耳病的病因

耳病的病因，可为外来因素，亦可为脏腑经络、气血津液失调在耳窍局部的反映。外来致病因素只有在机体内部脏腑经络功能失调、阴阳平衡受到破坏，才能致耳病。因此，机体内在功能失调是发生耳科疾病的主要原因。

#### （一）时邪

时邪是指天时不正之气，按其性质可分为六淫和疫气。临床上引起耳病的时邪常为六淫。六淫太过或不及，或非其时而有其气，则可成为耳病的致病因素。

六淫致耳科疾病常见有风、寒、湿邪，此外还有燥、火邪。

1. **风邪**　风为春令主气，且为阳邪，其性开泄，为百病之长；风性轻扬，阳易伤上。耳为头面清窍，喜静恶躁，喜清恶邪，故风邪犯人，耳窍最易受邪。"伤于风者，上先受之。"(《素问·太阴阳明论篇》）风性主动，善行而数变，其致耳病常有起病急、传变快、游走不定的特点。

风邪常挟寒邪、热邪侵犯人体，风邪上受，首先犯肺，致肺系壅塞不通，清阳之气不能上达头面，清窍闭郁，则可见耳窍胀闷堵塞、耳鸣耳聋、头晕目眩、耳痛、卒然失聪或耳部瘙痒等。若风邪夹湿邪、热邪侵犯人体，湿热上蒸耳窍，则可见耳窍湿痒糜烂、黄水浸淫、瘙痒难忍等。

2. **寒邪**　寒是冬令主气，寒为阴邪，寒性收引凝滞，寒客脉外则血少，血少则耳窍失养，气血凝滞，则可见耳鸣缠绵难愈、耳郭冻疮等。此外，寒邪致病易伤人体阳气，阳气受损，温煦气化失职，水饮泛溢，则可见耳内流脓反复发作、头晕目眩、耳鸣耳聋、舌淡脉沉等。

3. **湿邪**　湿为长夏主气，湿为阴邪，遏伤阳气，阻碍气机，湿聚耳窍，重浊黏滞，则可见耳郭、耳郭周围及耳道红赤肿起、渗液，耳道内胀闷堵塞、耳胀耳闭或鼓室积液，耳鸣耳聋、耳膜穿孔，耳内长期流脓且脓液量多，苔黄腻等。

4. **燥邪**　燥是秋令主气，燥性干燥，最易伤津耗液，故燥邪所致耳病常表现为耳部皮肤干燥、瘙痒、干裂脱屑。

5. **火邪**　火为热之极，属阳邪，其性暴烈，有炎上的特点。其所致耳病多见耳窍红赤、肿起、疼痛，如见耳疖耳疮、脓耳、耳根毒，可伴见舌红、脉洪数等。

#### （二）七情内伤

凡突然、强烈或长期持久的不良刺激，引起情绪发生过度的变化，使脏腑经络、气血津液功能紊乱，均可致各种耳病。

若郁怒伤肝，肝失调达，气机不利，气滞耳窍，则可见耳内胀闷闭塞，卒然耳鸣耳聋、头晕目眩等。若思虑太过，伤脾损心，致心脾两虚，耳窍失养，则常见耳内虚鸣不止、听力下降、目眩头晕等。

### （三）饮食不节

饮食不节包括饥饱失常、饮食偏嗜和饮食不洁三方面，在耳科疾病中，以前两者为主。

1. **饥饱失常** 过饥则机体摄入不足，营养不良，气血亏虚，耳失所养则出现耳内虚鸣、听力下降、耳道流脓经久不愈等。

2. **饮食偏嗜** 过食辛辣炙煿或肥甘厚味，可助湿、生痰、化热，湿热痰浊内生，气血壅滞则可见耳部肌肤湿热糜烂、黄水浸淫、耳道流脓等。

### （四）痰饮瘀血

痰饮、瘀血既是脏腑功能失调的病理产物，又能成为耳科疾病的致病因素之一。

痰和饮都是水液代谢障碍所形成的病理产物，其作用于耳窍常可见耳窍肿胀或赘生肿物，耳内胀满、堵塞，听力下降，耳鸣流脓或头晕目眩等。

瘀血乃是由于血液运行不畅或离经之血未能及时消散或其他原因所形成。其作用于耳窍则可见耳部肿起、耳鸣耳聋、目眩头晕等。

### （五）外伤

外伤系指由打斗、跌仆、噪声作业、爆震、航空、潜水等所致的损伤，其临床表现常可见耳痛、耳痒、耳鸣、耳聋、头晕、耳膜充血、穿孔流血等。

## 二、耳病的病机

病机，是指疾病发生、发展、变化的机制，可以概括为脏腑病机和气血病机两个方面。

### （一）脏腑病机

脏腑是人体生理活动、病机变化的基础；五官乃五脏之外候，五脏的病机变化常循经反映于五官，故脏腑病机在耳鼻咽喉疾病中起着十分重要的作用，耳科临床常见疾病多由肾、肝、肺、脾等脏腑失调所致。

1. **肾脏失调** 肾为先天之本，肾开窍于耳，肾气通于耳，肾脏健旺，耳窍得肾之阴液滋养，肾之阳气温煦，则耳窍聪敏。若肾脏失调则可致各种耳病。

(1) 肾阴亏虚：多由久病伤肾，或房事不节，或失血耗液，导致肾阴暗耗，耳窍失于濡养致耳病。

(2) 肾阳亏虚：多由先天禀赋不足，年高体弱，苦寒伤阳等致肾阳不足，耳窍失于温煦致耳病。

2. **脾脏失调** 脾胃为后天之本，主运化水谷精微，化生气血。脾气虚弱，输布水谷精微失职，气血化生之源不足，则耳窍失养而致耳病。脾虚运化失职，水湿泛溢耳窍，亦可致耳病。

(1) 脾气虚弱：素体虚弱，思虑伤脾，致脾脏失调，气血生化之源不足，致耳病。

(2) 脾胃湿热：饮食不节，过食肥甘，或感受湿热之邪，湿热内蕴于脾，熏蒸于耳窍，致耳病。

(3) 脾虚湿困：过用寒凉，或先天禀质脾虚，脾虚不运，湿浊内生困于脾脏，致清阳不升，水湿潴留，停聚耳窍，致耳病。

3. **肝脏失调** 肝主疏泄而藏血，喜条达而恶抑郁，肝脏失调，致耳病。

(1) 肝气郁结：情志不遂，七情气郁，经气痞塞，致耳病。

(2) 肝血不足：失血过多、久病伤阴等致肝血不足，耳窍失养，致耳病。

(3) 肝胆火热：郁怒焦虑，气郁化火，气火上炎，肝胆火热亢盛，蒸灼耳窍，使耳的功能失调致耳病。

(4) 肝胆湿热：肝脏失调，湿热上蒸，循经搏结耳窍，灼腐肌膜，化腐成脓而致耳病。

4. **心脏失调** 心为火脏，其病多为火热。心开窍于舌，因舌无孔窍，故寄窍于耳，《医贯·卷五》谓："盖心窍本在舌，以舌无孔窍，因寄窍于耳，此肾为耳窍之主，心为耳窍之客尔。"心火与肾水相互依存，相互制约，失调则可致各种耳病。

(1) 心血亏虚：热病伤阴，久病失血等致阴血暗耗，血虚耳窍失养致耳病。

(2) 心脾两虚：病后失调，思虑过度，饮食不节等致心脾两虚，血不滋养耳窍，致耳病。

(3) 邪犯心经：热毒炽盛，内陷心经，侵入脑髓，扰乱心神，致耳病。

(4) 心肾不交：多由久病、劳倦、房事不节，损伤心肾之阴，心火亢盛于上，不能下交于肾水，致心肾不交，水火失济，致耳病。

5. **肺脏失调** 肺主气，清阳之气上达于耳，耳窍清空方能纳音。《证治汇补·卷四》："因肺主气，一身之气贯于耳也。"外邪犯肺，肺气闭郁，清肃失职，清阳不升，浊阴不降，壅塞耳窍，以致耳病。

**(二) 气血病机**

气血是人体生命活动的重要物质基础，是人体不可分割的重要组成部分，各种原因的气血失调均可导致耳病。

1. **气失调**

(1) 气虚：气虚耳窍失于温煦致耳病。

(2) 气滞：气机不利，气行失调，壅滞耳窍，致耳病。

(3) 气逆：气机失调，气上冲逆，滞塞耳窍，致耳病。

2. **血失调**

(1) 血虚：血虚不能滋养耳窍，致耳病。

(2) 血瘀：血行不畅，瘀阻耳窍，致耳病。

## 第四节 耳局部四诊

### 一、望诊

望诊主要观察耳郭、外耳道、鼓膜等变化。

1. **耳郭、耳周望诊** 观察耳郭的形态、厚薄、荣枯、高低、大小、位置，有无畸形，两侧耳郭是否对称；局部皮肤有无红肿、增厚、瘘口、赘生物、瘀斑、瘢痕、破损、溃疡、糜烂、渗液、结痂等变化。《灵枢·本脏》："耳高者，肾高；耳后陷者，肾下。耳坚者，肾坚；耳薄不坚者，肾脆。耳好前居牙车者，肾端正；耳偏高者，肾偏倾也。"

2. **外耳道望诊** 观察外耳道有无红肿、疖肿、瘘口、新生物、耵聍、异物、分泌物等，注意外耳道有无狭窄及塌陷等。

3. **鼓膜望诊** 首先要辨识鼓膜的正常标志，如锤骨柄、鼓脐、光锥、锤骨短突，分清紧张部与松驰部。然后通过正常标志的变化观察鼓膜病变,如鼓膜外凸或内陷、液平线、气泡;鼓膜色泽的改变(红赤、发蓝、白斑、混浊等)情况;是否有鼓膜斑痕、疱疹、肉芽等改变;鼓膜是否穿孔,穿孔的位置、大小、形状等;通过鼓气耳镜观察鼓膜的活动度。

此外,利用 X 线、CT、MRI 等影像学手段可了解中耳乳突情况。对眩晕者应观察是否有眼震的存在及其强度、方向、节律。

### 二、闻诊

闻诊包括嗅诊与听诊两部分。

1. **嗅诊** 嗅耳道内分泌物的气味,注意脓液有无腥秽恶臭味。
2. **听诊** 听与耳相关的声响。行咽鼓管吹张术,可通过听诊管听到鼓气声,或咽鼓管不同程度开放的通气声;通过听患者说话时发音是否准确,对答是否正确,可以初步判断该患者是否有听力障碍。利用纯音测听、声导抗等手段可了解听力损失的过程、性质以及中耳功能状况。

### 三、问诊

问诊重点围绕与耳病相关的特有症状进行询问,如耳聋、耳鸣、眩晕、耳痛等。

1. **问耳聋** 注意耳聋的时间长短、起病缓急,如突发或渐发;是否有引起耳聋耳鸣的某些病史,如接触噪声、使用耳聋性药物等;有无与耳聋相关的全身性疾病,如糖尿病、肾病等;是否从事易致耳聋的相关职业以及环境因素、是否经过治疗等。
2. **问耳鸣** 注意耳鸣的发作时间,是持续性还是间歇性;耳鸣的响度;耳鸣的音调;诱发、加重的因素以及听力情况等。
3. **问眩晕** 注意眩晕发作时的特点,如是否为旋转性眩晕及伴恶心呕吐等症状,意识清晰与否;发作时间长短,眩晕发作时是否伴有耳鸣耳聋;过去有无类似的发作史等。
4. **问耳痛** 注意耳痛的时间长短,耳痛为持续性或间歇性或阵发性,耳痛的性质,是否伴有耳漏,有无挖耳史或污水入耳史等。

### 四、切诊

切诊主要针对耳郭、耳周及耳道进行触诊。牵拉耳郭,压按耳屏、耳郭及耳周是否有疼痛反应;若有臀核、肿胀或新生物,应探查其软硬程度、活动度及是否有波动感或压痛。

## 第五节 耳病的辨证

耳病的辨证,即根据四诊所收集的资料进行分析、综合、归纳,以辨识耳病的部位、轻重、病势的趋向,以及耳病的起因、性质的一种认识疾病的方法。

### 一、耳病八纲辨证

耳病八纲辨证,是将四诊收集的耳部资料,结合全身的临床表现,根据人体正气的盛衰、病邪的性质、疾病所在的部位深浅等情况,进行综合、分析、归纳为阴阳、表里、寒热、虚实四组证候群的一种辨证方法。

### (一) 耳病表里辨证

表里辨证是辨别耳病部位和病势趋向的一种辨证方法。在耳科临床中,常将耳病初期,病位较浅,病情较轻,兼有恶寒发热之耳部证候归属于表证。而将病位较深,病情较重,病程较长之耳部证候,归属于里证。然而临床上经常有表证未解,里证复起的表里错杂证,临床需结合患者的全身和耳窍局部表现明辨之。

1. **耳病表证** 耳病表证是由六淫外邪从口鼻、皮毛侵入人体所引起的外感病,其有发病快、起病急、病程短等特点。在耳科临床中,主要是由外邪侵犯人体,邪壅耳窍,清窍不利所致的耳病归属于耳病表证。如卒然耳鸣,听力下降,耳内胀闷堵塞,耳窍疼痛,或耳道流脓等,全身兼见恶寒发热、脉浮苔白等。

2. **耳病里证** 耳病里证相对于耳病表证而言,是邪气由浅入深,病位在脏腑、气血、骨髓等。是由耳病表证未解,传入于里;或脏腑虚损,耳窍失养所致的耳病。如听力渐减,耳内虚鸣日久,耳道流脓量多且缠绵难愈,头晕目眩,舌淡脉沉等。

### (二) 耳病寒热辨证

寒热是疾病的两个方面。寒证是机体阳气不足,或感受寒邪所表现的证候;热证是机体阳气偏盛,感受热邪时表现的证候。在耳科临床中,因脏腑蕴热,热毒炽盛上炎耳窍所致的耳病归属于耳病热证;而素体阳虚,或感受寒邪,或过用苦寒之品所致的耳病归属于耳病寒证。然而,在耳科临床中,常有寒热错杂、真寒假热者。

1. **耳病寒证** 是由感受寒邪或阴盛阳衰,脏腑功能活动相对降低所表现出的耳病。如耳道流脓,脓液清稀,经久不愈,耳鸣耳聋,目眩头晕,全身可兼有形寒肢冷,舌淡体胖,脉迟沉细等。

2. **耳病热证** 是由脏腑蕴热,机体感受热邪或阳盛阴衰,脏腑活动相对亢进所表现出来的耳病。如耳鸣声大,耳窍疼痛拒按,或耳道流脓,脓液质稠,色黄量多,舌红苔黄,脉数有力等。

### (三) 耳病虚实辨证

虚实辨证是辨识耳科疾病邪正盛衰的过程,虚乃正气虚,正气不足者,实乃邪气盛,《素问·通评虚实论篇》谓:"邪气盛则实,精气夺则虚。"在耳科临床中,因脏腑虚损,耳窍失养所致耳病者,属于耳病虚证,而将火毒炽盛,上炎耳窍所致耳病者,属于耳病实证。

1. **耳病虚证** 是由病久伤正或脏腑虚损,耳窍失养所致的耳病。如耳内虚鸣,昼夜不息,听力渐减,头晕目眩,或耳道流脓,经久不愈,全身可伴有腰膝酸软、乏力,形体消瘦,舌红少苔,脉细弱等。

2. **耳病实证** 是由邪气未解,过盛伤人所致的耳病。如耳鸣如雷,听力下降,耳道流脓,舌黄苔腻,脉滑数等。

### (四) 耳病阴阳辨证

耳病阴阳辨证是耳病八纲辨证的根本,是总领耳病表里证、耳病寒热证、耳病虚实证的总纲。在耳科临床中,常将耳病表证、热证、实证归属于耳病阳证,而将耳病里证、寒证、虚证归属于耳病阴证。然而,在耳科临床中,耳病阴证、耳病阳证在一定条件下可以相互转化。

## 二、耳病脏腑辨证

脏腑是人体生命活动的基础,脏腑经络相互协调、相互制约、相互依存是人体完成正常生理活动的根本,五官是五脏的外候,五官生理功能的正常与否在一定程度上反映了脏腑功能健旺与否。

耳为"宗脉之所聚",全身各大经脉会聚于耳,使耳与全身各部及脏腑发生密切的联系。脏腑的生理功能和病机变化,常可循经反映于耳。耳部的脏腑辨证主要涉及肾、肝、脾、肺四脏。

### (一) 肾病的辨证

肾开窍于耳,肾气通于耳。肾脏健旺,肾之精气和阴液温煦、滋润、濡养耳窍,则耳的听觉和平衡功能正常。反之,若肾脏虚损,耳窍失养,则可发生各种耳病。

1. **肾阴虚耳证**　肾为先天之本,五脏六腑之根;肾阴为一身阴液的根本,有滋润形体、濡养耳窍之功。若肾阴虚损,耳窍失其滋润、濡养,发为各种耳部证候。

临床表现:耳内虚鸣,经久不愈,听力逐渐减退,或耳窍流脓,或头晕目眩,腰膝酸软,咽干舌燥,舌红少津,苔少,脉细数。

2. **肾阳虚耳证**　肾中阳气有温煦形体、蒸化水液之功。若肾阳虚衰,不能蒸化水液,水液泛溢耳窍,或阳气不能上达头面清窍,浊阴不降,耳窍失煦,发为各种耳部证候。

临床表现:听力障碍,面色㿠白,乏力,耳窍流脓,脓液清稀量多,色白,经久不愈,耳内虚鸣,腰膝冷痛,舌淡体胖,苔白,脉沉细无力。

### (二) 肝病的辨证

1. **肝胆湿热耳证**　由肝胆疏泄失常,湿热蕴结耳窍所致的耳部证候。

临床表现:耳道灼痒,耳鸣哄哄,耳窍流脓,质稠色黄,量多而臭,或耳道疼痛拒按,张口咀嚼时痛增,听力障碍,舌红,苔黄腻,脉弦数。

2. **肝阳上亢耳证**　由素体阳盛,情志不遂,恼怒焦虑,肝郁化火,气火上炎,上逆耳窍所致的耳部证候。

临床表现:耳鸣如雷,耳内胀闷,听力障碍,或耳窍卒然失聪,口苦咽干,耳窍疼痛,耳道流脓血,头晕目眩,心烦易怒,恶心呕吐,舌红,苔黄干,脉弦数。

3. **肝郁气滞耳证**　由情志不遂,郁怒伤肝,肝失疏泄,气机不利,气滞肝郁,气壅耳窍所致的耳部证候。

临床表现:耳窍闭塞闷胀,耳内鸣响,听力障碍,恶心干呕,胸胁胀闷不适,妇人月经不调、乳房或少腹胀痛、心烦易怒,苔白,脉弦。

### (三) 脾病的辨证

1. **脾胃气虚耳证**　由脾胃虚弱,受纳与健运失调,气虚不能上达,耳窍失于温煦所致的耳部证候。

临床表现:耳鸣,听力障碍,耳内流脓,脓液清稀,色白量多,经久难愈,头晕目眩,恶心干呕,少气懒言,乏力倦怠,脘腹胀闷,食少纳呆,舌淡,苔白,脉弱。

2. **脾胃湿热耳证**　由饮食失节,过食肥甘厚味,胃纳脾运失职,湿热内蕴,熏蒸耳窍所致的耳部证候。

临床表现:耳道湿痒灼痛,或耳道流脓,脓液质稠色黄,量多而臭,或头晕目眩,困倦乏力,胸脘痞闷,舌苔黄腻,脉濡数。

### (四) 肺病的辨证

**外邪犯肺耳证** 由外邪侵入,壅遏肺系,致肺气闭郁,头面清窍闭塞不通所致的耳部证候。

临床表现:耳内堵塞,胀闷不适,听音不真,耳内鸣响,自听声增强,头昏头闷,发热恶寒,鼻塞不通,舌苔薄白,脉浮。

### (五) 脏腑兼病的辨证

多由一脏以上的脏腑功能失调所致的耳部病变,常见的有脾肾阳虚耳证、肝肾阴虚耳证、心肾不交耳证。

1. **脾肾阳虚耳证** 由脾、肾二脏阳气不足,耳窍失煦,或气化失常,水湿泛溢所致的耳部证候。

临床表现:听力障碍,耳内虚鸣,耳道流脓,颜色淡白,质稀量多,点滴而出,反复发病,经久不愈,头晕目眩,面色㿠白,乏神无力,腰膝、少腹冷痛,舌淡嫩体胖,苔白滑,脉沉弱。

2. **肝肾阴虚耳证** 因肝肾阴虚,耳失充养或水不涵木,肝阳上扰所致的耳部病证。

临床表现:耳鸣头晕,听力减退,失眠多梦,腰膝酸软,胁肋隐痛,遗精、月经量少、五心烦热、盗汗颧红,舌红少苔,脉细数。

3. **心肾不交耳证** 因心肾水火既济失调所致的耳部病证。

临床表现:耳鸣头晕,听力减退,心烦失眠,心悸健忘,腰膝酸软,口干咽燥,潮热盗汗,舌红少苔或无苔,脉细数。

## 三、耳病主要症状辨证

### (一) 辨耳痛

根据疼痛的部位不同,可分为耳郭疼痛、耳道疼痛、耳深部疼痛;根据疼痛的程度不同,可分为隐约作痛、剧烈疼痛、痛引腮脑等。具体而言:

耳郭胀痛不适,伴有边缘肿起、皮色不变、按之柔软者,多为耳郭痰包,由水液湿痰流注所致。

耳郭疼痛拒按,伴有耳郭及周围红肿、青紫,或伤口出血不止,或渗血者,多为打斗跌仆外伤所致。

耳郭及周围或耳后缝痒痛不适,并伴有局部充血、潮红湿烂、黄水浸淫者,多由风火湿邪上炎所致;若耳郭及周围或耳后缝干痒灼痛,伴有局部的干燥、皲裂、脱屑者,则多为血虚生风化燥。

耳道疼痛难忍,痛连腮脑,牵引耳壳或压迫耳屏时疼痛加剧,是为火热上攻耳道所致。耳内胀塞微痛,同时伴有听力减退、自声增强,局部检查见耳膜内陷、色粉红,多为风热之邪侵袭耳窍所致。

耳深部疼痛剧烈,有如锥刺刀割,并伴头痛,耳膜可见红赤外凸,多为肝胆火热邪毒炽盛,循经上灼清窍;若耳内疼痛卒然减轻,耳膜穿溃流脓,是为热毒外泄之象。

耳内疼痛剧烈,头痛甚,耳脓骤然增加或减少,壮热呕吐,甚或神昏谵语,此为热入营血,邪犯心包之重证。

### (二) 辨耳脓

辨耳脓,即诊察耳流出的脓液的情况,根据脓液的色、质、量、气味以及病程长短等方面辨析疾病的寒热虚实。

耳脓初起，多属热证、实证；久病耳脓，多属虚证。

脓液稠厚，多为实证、热证。

脓质清稀量多者，多属正虚；若脓如豆腐渣，成块状，多是虚实兼杂之证，属病情严重。

脓液色黄量多者，多为湿热上泛；脓色红带血者，多为热入血分；脓液色青质稠者，多为肝经火盛；脓液色白量多者，多为脾虚水泛；脓液臭秽黑腐者，多为肝肾亏虚。

脓量多而稠者，多属湿热邪毒上蒸；脓液色白而清稀者，多为脾虚有湿，水湿泛溢；脓液量多而稀者，属脾肾虚弱；量少而稠，缠绵难愈，或结成块状，多为肾虚湿浊困结之证。

脓液臭秽、浓稠，多为肝胆湿热上蒸；脓液腐臭难嗅，经久不愈，多为正虚邪实之恶候。

### (三) 辨耳痒

耳痒可发生于耳郭、耳周及耳道内。总的来说，痒是风的见症，是由于风盛所致，或风热，或风湿热，或风寒，或血虚生风化燥。

耳痒而痛者，多属风热，热邪偏胜；耳痒而麻胀者，多属风寒，寒束肌表，血脉凝注，阳气不达所致。

耳痒局部红肿、糜烂、渗出脂水，多为风热湿邪为患。

耳痒局部皮肤增厚、粗糙，上有痂皮或鳞屑而干燥者，多为血虚肌肤失养而致。

### (四) 辨耳胀、耳闭

耳胀、耳闭是指耳内胀闷堵塞感，两者均是耳病的常见症状。

突感耳内胀闷阻塞感，伴有听力下降、耳鸣、鼻塞流涕、发热恶寒、舌红、苔薄黄、脉浮数，多为风热邪毒侵袭之候。

耳内胀塞较重，听力减退，自声增强，耳膜内陷或外突，耳膜色淡黄色或粉红色，或有液平面，多为湿热之邪困结耳窍。

耳窍闭塞日久，脘腹胀闷，食少纳呆，听力下降，耳鸣者，多为脾气虚弱，耳窍失于温养。

耳窍闭塞日久，耳鸣，听力减退明显，耳膜内陷，或粘连、变薄，多属肝肾亏虚。若见耳膜粘连、活动度降低、舌质紫暗者，为气滞血瘀，耳部脉络受阻。

### (五) 辨耳鸣、耳聋

耳鸣是指患者自觉耳内鸣响而周围并无相应的声源，或如蝉鸣，或如雷鸣，可单侧发，亦可双侧发，若患者自觉声音来自头颅，又谓之"头鸣""颅鸣"。耳聋是指不同程度的听力下降，听力障碍较轻，对声音听之不真，谓之重听。由于耳鸣、耳聋常同时出现，互相影响，而且耳鸣与耳聋在病因病机及辨证施治上基本相同，故一并论述。

耳鸣卒发，声大，听力下降，口苦，心烦易怒，多为肝胆之火上逆；耳鸣卒发，声大，听力下降，胸闷、口干，苔黄腻，则为痰火郁结，上扰清窍。

耳鸣日久，听力渐降，多为肾阴虚损，虚火上炎，或气血不足，耳失濡养所致。

耳鸣音调高，多属肾脏虚损，或心血不足之证；耳鸣音调低，多属肝胆火热炽盛，或外邪侵袭，邪气壅盛，壅塞耳窍之证。

卒然耳聋，多以风、热、湿邪壅塞耳窍，或肝火、痰火、气血瘀阻，以及耵聍栓塞等原因而致。

年老听力逐渐减退，无流脓者，多为天癸竭，肾脏衰，气血不足，不能上荣耳窍所致。

此外有误用药物，或使用耳毒性药物致听力障碍者，应结合全身进行辨证论治。

### (六) 辨耳眩晕

眩晕既是症状,又是疾病,可见于全身多种病证。

眩晕伴头痛、耳痛胀闷感、口苦咽干、心烦易怒,多属肝胆上亢之证。

眩晕伴头重、头胀、低音调耳鸣、胸闷、倦怠者,多属痰湿壅阻。

头晕头鸣反复发作,听力差,遇劳或体位改变时突发眩晕,或有心悸少气者,多属气血不足,脾气虚弱所致。

眩晕常发,眼前黑花,并有高音调耳鸣,听力下降,记忆力减退,腰酸膝软,属肾精亏损之证。

眩晕伴耳流脓,如为新病,多为肝胆火热蒸灼清窍;如为久病,多为脾肾虚弱,湿邪内困之证。

## 第六节 耳病的防治

耳病的防治包括两个方面,即预防与治疗。

### 一、耳病的预防

中医学对疾病的预防非常重视,早在两千多年前就已有论述。《素问·四气调神大论篇》说:"圣人不治已病治未病,不治已乱治未乱,此之谓也。夫病已成而后药之,乱已成而后治之,譬犹渴而穿井,斗而铸锥,不亦晚乎!"强调了预防疾病的重要性。所以采取一定的措施预防耳病的发生和发展是非常重要的。

1. **塞耳沐浴,防污入耳** 保持外耳道的清洁卫生,是防止耳病的重要一环。若污秽油水入耳,常可致耳道疼痛、红赤肿胀,甚至鼓膜穿孔流脓。因此,沐浴、游泳、洗头时,应用干净的棉球闭塞外耳道口,以防污水入耳。

2. **讲究卫生,戒除挖耳** 耳道孔小洞深,鼓膜菲薄,若在人多喧闹环境中用坚硬物,如铁、木、骨等挖耳,常易因碰撞而致耳道外伤,甚至鼓膜外伤,致耳道疼痛、流血、肿胀,或听力减退等,因此须戒除挖耳习惯。

3. **教育小儿,防止异物入耳** 教育小儿勿将玩具、食品、纸屑及昆虫放入耳道,以免引起耳道异物。若异物不慎入耳,须及时检查,尽早取出异物。

4. **娱乐有节,音量适度** 鼓膜菲薄,若音量过大,易受损伤。因此,收音机、电视机等播放设备的音量应适度,音调不宜过高或过低。用耳塞听音者,时间不宜过长,尤其夜间睡眠时应取下,若长期在噪声环境中作业者应戴防噪耳塞,并定期检查听力。

5. **合理用药,防止中毒** 某些药物易致耳窍中毒,引起耳鸣耳聋,甚至聋哑,须谨慎使用,必须使用时须注意用量、疗程,并密切检测听力。

### 二、耳病的治疗

耳科疾病的治疗,包括治则和治法两方面。治则有急则治其标、缓则治其本,标本同治,正治与反治,同病异治与异病同治等。

耳科疾病的治疗又包括内治与外治。

## （一）内治法

**1. 宣肺通窍法** 常用于风热或风寒外邪壅遏耳窍所致的耳病，症见耳窍蒙闭，胀闷堵塞感，如棉塞耳，听力减退，耳内鸣响，自听增强，或鼓膜红赤，头晕头闷，或恶寒发热，舌苔薄白，脉浮。本治法是用具有疏风解表、宣肺通窍作用的药物组成的方剂，通过解表祛邪，使邪从表解，耳窍通利而达到治疗目的。常用方剂如银翘散、桑菊饮、麻黄汤等，常用药物如荆芥、薄荷、桑叶、金银花、石菖蒲、麻黄等。

**2. 泻火解毒法** 常用于邪热传里，里热炽盛，热毒上燔耳窍所致的耳病，症见耳部肿胀、疼痛剧烈、拒按，耳膜红赤，或耳窍流脓，耳鸣哄哄，听力减退，或高热头痛，口干欲饮，舌苔黄，脉数有力等。本治法是用具有苦寒清热、泻火解毒作用的药物组成的方剂，通过清泻热毒，使热清肿消，以达到治疗目的。常用方剂如银花解毒汤、五味消毒饮等，常用药物如蒲公英、夏枯草、金银花、紫花地丁等。

**3. 除湿排脓法** 常用于湿邪外侵或湿浊内停，水液泛溢耳窍所致的耳病，症见耳道流脓，脓液量多，或中耳积液，鼓膜外凸可见有液平面，或耳窍胀闷堵塞，听力减退，头重心烦，纳呆，胸闷，四肢乏力，舌腻，脉滑等。本治法是用具有利水渗湿、祛除湿邪作用的药物组成的方剂，通过除湿利湿，使湿去窍通以达治疗目的。常用方剂如黄连温胆汤、甘露消毒丹等，常用药物如半夏、陈皮、茯苓、黄连等。

**4. 理气通窍法** 常用于情志不遂，七情气郁，肝郁气滞，气机不利，气滞耳窍所致的耳病，症见耳内鸣响，或如风吹，或如箫声，听力减退，或耳窍卒然失聪，心烦易怒，胸胁胀闷，脉弦。本治法是用具有疏肝解郁、理气通窍作用的药物组成的方剂，通过调畅气机，使郁解窍通以达治疗目的。常用方剂如柴胡疏肝散、越鞠丸等，常用药物如柴胡、枳壳、香附、郁金、陈皮、芍药、青皮等。

**5. 化瘀通窍法** 常用于因血行不畅，瘀血内阻，痹阻耳窍所致的耳病，症见耳鸣如蝉，听力减退，鼓膜混浊或活动度欠佳，舌紫暗，舌尖边有瘀点。本治法是用具有活血通络、化瘀通窍作用的药物组成的方剂，通过活血化瘀，使瘀去通窍以达治疗目的。常用方剂如血府逐瘀汤，常用药物如桃仁、红花、当归、川芎等。

**6. 软坚散结法** 常用于因痰瘀互结，气血凝滞耳窍所致的耳病，症见耳郭、耳道赘生物增生，胀闷疼痛，头晕耳鸣，听力障碍等。本治法是用具有祛痰消肿、软坚散结作用的药物组成的方剂，通过化痰消瘀，使结散瘀去以达到治疗目的。常用方剂如消瘰丸，常用药物如牡蛎、浙贝母、昆布、海藻等。

**7. 健脾益气法** 常用于脾胃虚弱，中气不足，耳窍失煦所致的耳病，症见耳内虚鸣，听力障碍，耳道流脓，脓液清稀，点点滴滴，经久不愈，面色㿠白。本治法是用具有健脾益气、温中升阳作用的药物组成的方剂，通过健脾益气，使耳窍得煦达到治疗目的。常用方剂如补中益气汤，常用药物如党参、黄芪、白术、山药等。

**8. 补益肝肾法** 常用于因肝肾不足，肾气不能上达于耳，肾阴不能濡润耳，耳窍失养所致的耳病，症见听力减退，耳鸣如蝉，耳道流脓，头晕目眩，腰膝酸软，唇红颧赤等。本治法是用具有补益肝肾、滋肾通窍作用的药物组成的方剂，通过滋补肝肾，使耳窍得养达到治疗目的。常用方剂如左归饮、六味地黄丸、杞菊地黄丸、知柏地黄丸等，常用药物如熟地、山药、枸杞子、山茱萸等。

## （二）外治法

**1. 清洁法** 选用清热解毒、排脓除腐、收敛生肌类的药物制成液体制剂，洗涤患处，以除去外耳或外耳道的脓液、痂块,以达到清洁局部的作用,同时亦为进行其他疗法的基础疗法之一。多用于脓耳、耳疮、旋耳疮、耳瘘等。常用药物如板蓝根、鱼腥草、苦参、黄柏、蛇床子等,可单味煎水取液应用。或可选用稀白醋、过氧化氢溶液、碳酸氢钠溶液等。

2. **滴耳法**　选用具有清热消肿、解毒收敛作用的药物,如黄连、牡丹皮、鱼腥草等制成滴耳药液,滴入耳窍,以达治疗目的。常用于耳痛、耳内流脓者。

注意:滴耳药液应尽可能与体温接近,以免引起眩晕。

3. **吹药法**　选用具有清热收敛、祛腐生肌作用的药物,如冰片、硼砂、枯矾等研制成极细粉末,吹至外耳患处或耳内,以达治疗目的。本法常用于耳部疼痛,耳道流脓流血,耳中生疮,耳道及耳周围组织痈疽疮疖破溃,溃口久不愈等耳病。

注意:药物粉剂须研成极细粉末,吹药前须清除脓液,或每次用药前需清除上次残留药物,以免药物结块妨碍引流。

4. **涂敷法**　选用具有清热解毒、消肿止痛的药物,如黄连、青黛、芙蓉花等,制成粉剂、散剂或膏剂、糊剂,涂敷于局部,以治疗耳病。常用于旋耳疮、耳疖、耳疮等。

5. **塞耳法**　选用具有除湿止痒、解毒消肿作用的药,如防风、苦参、白鲜皮、地肤子等,研极细末,用干净纱布包裹塞于耳道内。文献记载有用鲜川乌,削如枣核大,尾部穿一线,趁湿塞于耳中,可用于耳痒、耳烧灼感等耳病。

注意:不宜塞入过深,以免取出困难,线头留耳外,以便取出更换。另外,鲜川乌有毒,切忌入口。

6. **刺破排脓法**　选用空针抽取脓液,或用三棱针、手术刀将耳部脓熟之疮痈挑破,以排脓泄热。本法可用于耳郭、耳道及其周围组织疮痈肿胀,触之柔软,有波动感,或耳郭痰包等耳病。

7. **冲洗法**　选用具有清热除湿、解毒止痒作用的药物,如黄连、苍术、地肤子、蛇蜕、蛇床子、黄柏等,煎水去渣取汁冲洗耳道。可用于外耳道湿疹,或外耳道细小异物取出困难,或虫入耳道不易取出,或滴耳药杀死虫后虫久留耳道等耳病。

注意:冲洗前先将药液加温至接近体温;冲洗方向朝向外耳道后上壁缓缓冲洗,切忌用力过猛。鼓膜穿孔或疑有穿孔者,禁用本法。

### (三) 针灸治疗

脏腑调和,经络畅通,是耳窍维持正常生理功能的重要条件之一。

针灸治疗耳病,常配合内治法,选取相应的穴位,根据辨证论治原则,"虚者补之""实者泻之""寒者热之",利用针刺或艾灸腧穴,使经络通畅,气血调和,邪去病除。临床多选用近部取穴、远部取穴及随证取穴治疗。常用方法有体针、耳针、艾灸及按摩等。

1. **体针**　常用穴位见表2-1。

表2-1　耳病常用腧穴

| 穴位名 | 归经 | 取穴 | 进针(寸) | 主治 |
| --- | --- | --- | --- | --- |
| 中渚 | 手少阳三焦经 | 握拳,第四、第五掌骨后缘 | 直刺0.3~0.5 | 耳鸣,耳聋,头痛 |
| 外关 | 手少阳三焦经 | 腕背横纹上2寸 | 直刺0.5~1 | 耳聋,耳鸣,偏头痛 |
| 翳风 | 手少阳三焦经 | 乳突前下,平耳垂后下凹中 | 斜刺1~2 | 耳鸣,耳痛,口眼㖞斜 |
| 阳池 | 手少阳三焦经 | 腕背横纹中,尺侧缘凹中 | 直刺0.3~0.5 | 耳聋 |

续　表

| 穴位名 | 归　经 | 取　穴 | 进针(寸) | 主　治 |
|---|---|---|---|---|
| 角孙 | 手少阳三焦经 | 耳尖处的发际 | 平刺 0.3～0.5 | 耳鸣,耳聋,颈项强直 |
| 天牖 | 手少阳三焦经 | 胸锁乳突肌后缘 | 直刺 0.5～1 | 耳聋,颈项强痛,头痛 |
| 瘛脉 | 手少阳三焦经 | 乳突中央 | 平刺 0.3～0.5 | 耳鸣,耳聋,头痛 |
| 耳门 | 手少阳三焦经 | 下颌骨髁状突后凹中 | 直刺 0.5～1 | 耳道流脓,耳鸣,耳聋 |
| 耳和髎 | 手少阳三焦经 | 鬓发后,平耳郭根前 | 斜刺或平刺 0.3～0.5 | 耳鸣,头痛,口眼㖞斜 |
| 颅息 | 手少阳三焦经 | 耳后瘛脉穴上 | 平刺 0.3～0.5 | 耳鸣,耳聋,头痛 |
| 听会 | 足少阳胆经 | 耳屏间切迹前,张口有孔 | 直刺 0.5～1 | 耳鸣,耳聋,口眼㖞斜 |
| 上关 | 足少阳胆经 | 当颧弓上缘 | 直刺 0.5～1 | 耳鸣,耳聋,口眼㖞斜 |
| 率骨 | 足少阳胆经 | 耳尖直上,入发际 1.5 寸 | 平刺 0.5～0.8 | 头痛,眩晕 |
| 浮白 | 足少阳胆经 | 耳根上向后,入发际横 1 寸 | 平刺 0.5～0.8 | 耳鸣,耳聋,头痛 |
| 颔厌 | 足少阳胆经 | 头维与曲鬓连线上 | 平刺 0.5～0.8 | 头痛,眩晕,耳鸣 |
| 完骨 | 足少阳胆经 | 乳突后下凹陷中 | 斜刺 0.5～0.8 | 头痛,口眼㖞斜 |
| 正营 | 足少阳胆经 | 瞳孔正上,入发际 2.5 寸 | 平刺 0.3～0.5 | 头痛,眩晕 |
| 阳陵泉 | 足少阳胆经 | 腓骨小头前下凹陷中 | 直刺 1～1.5 | 耳鸣,耳聋 |
| 侠溪 | 足少阳胆经 | 足背第四、第五趾间缝 | 直刺 0.3～0.5 | 耳鸣,耳聋,目眩,头痛 |
| 四白 | 足阳明胃经 | 当眶下孔凹陷中 | 直刺或平刺 0.3～0.5 | 眩晕,口眼㖞斜 |
| 巨髎 | 足阳明胃经 | 瞳孔直下,平鼻翼下缘 | 斜刺或平刺 0.3～0.5 | 唇肿颊肿,口眼㖞斜 |
| 地仓 | 足阳明胃经 | 口角旁 0.4 寸 | 斜刺或平刺 0.5～0.8 | 耳鸣,口眼㖞斜 |
| 颊车 | 足阳明胃经 | 咀嚼时咬肌隆起高处 | 直刺 0.3～0.5,斜刺 0.5～1 | 耳鸣,耳聋,口眼㖞斜 |
| 下关 | 足阳明胃经 | 下颌骨髁状突前切迹凹中 | 平刺 0.5～1 | 耳道流脓,耳鸣,耳聋 |
| 足三里 | 足阳明胃经 | 膝下 3 寸 | 直刺 1～2 | 耳鸣,耳聋,眩晕,呕吐 |
| 丰隆 | 足阳明胃经 | 外踝高点上 8 寸,条口穴外 1 寸 | 直刺 1～1.5 | 耳鸣,头晕目眩 |
| 合谷 | 手阳明大肠经 | 手背第一、第二掌骨之间 | 直刺 0.5～1 | 耳鸣,耳聋,口眼㖞斜 |
| 迎香 | 手阳明大肠经 | 鼻翼外缘中点,旁开 0.5 寸 | 斜刺或平刺 0.3～0.5 | 耳鸣,耳聋,口眼㖞斜 |
| 后溪 | 手太阳小肠经 | 第五指掌关节后尺侧 | 直刺 0.5～1 | 耳聋,头项强痛 |
| 腕骨 | 手太阳小肠经 | 第五掌骨基底与三角骨之间赤白肉际 | 直刺 0.3～0.5 | 耳鸣,耳聋,头痛项强 |
| 阳骨 | 手太阳小肠经 | 腕背横纹尺侧端 | 直刺 0.3～0.5 | 耳鸣,耳聋,头痛,目眩 |
| 天窗 | 手太阳小肠经 | 喉结旁开 3.5 寸 | 直刺 0.5～1 | 耳鸣,耳聋,项强 |
| 天容 | 手太阳小肠经 | 下颌角后胸锁乳突肌前 | 直刺 0.5～1 | 耳鸣,耳聋,项痛 |
| 颧髎 | 手太阳小肠经 | 颧骨下缘凹陷中 | 直刺或斜刺 0.3～0.5 | 口眼㖞斜 |
| 听宫 | 手太阳小肠经 | 耳屏前,下颌骨髁状突后,张口凹陷处 | 直刺 1～1.5 | 耳道流脓,耳鸣,耳聋 |
| 眉冲 | 足太阳膀胱经 | 眉头凹陷中直上发际 0.5 寸 | 平刺 0.3～0.5 | 头痛,眩晕 |
| 通天 | 足太阳膀胱经 | 承光穴后 1.5 寸 | 平刺 0.3～0.5 | 眩晕,头痛 |

续 表

| 穴位名 | 归 经 | 取 穴 | 进针(寸) | 主 治 |
|---|---|---|---|---|
| 络却 | 足太阳膀胱经 | 通天穴后1.5寸 | 平刺0.3～0.5 | 耳鸣,眩晕 |
| 申脉 | 足太阳膀胱经 | 外踝下缘凹陷中 | 直刺0.3～0.5 | 头痛,眩晕 |
| 后顶 | 督脉 | 风府穴直上4.5寸 | 平刺0.5～0.8 | 眩晕,头痛 |
| 百会 | 督脉 | 后发际正中直上7寸 | 平刺0.5～0.8 | 头痛,眩晕 |
| 神庭 | 督脉 | 前发际正中直上0.5寸 | 平刺0.5～0.8 | 头痛,眩晕 |
| 人中 | 督脉 | 人中沟上 | 斜刺0.3～0.5 | 口眼㖞斜 |

以上穴位,根据病情每次选3～5穴,分别采用补法、泻法,或留针,或强刺激,也可配合艾灸治疗。

2. **耳针** 耳针疗法是用针刺或其他方法刺激耳穴,以防治疾病的一种方法,具有操作简便,奏效迅速等特点。

耳穴在耳部的分布有一定规律,与身体各部相应的穴位在耳郭的分布像一个倒置的胎儿。一般说来,与头面部相应的穴位在耳垂;与上肢相应的穴位在耳舟;与躯干和下肢相应的穴位在对耳轮和对耳轮上、下脚;与内脏相应的穴位多集中在耳甲艇和耳甲腔(图2-1)。

操作时,常规消毒,直刺或斜刺,轻轻捻转,不可过深,以免穿过耳郭。埋针后可用胶布固定。耳科临床中常用耳穴如下。

内耳:耳垂6区正中稍上。主治耳疖,耳疮,耳胀,耳闭,耳鸣,耳聋。

肾:对耳轮下脚下缘。主治耳胀,耳闭,眩晕,耳鸣,耳聋。

内分泌:耳甲腔底屏间切迹内。主治眩晕,耳道流脓。

枕:对耳屏外侧后下方。主治头晕目眩,耳肿痛,耳道流脓。

耳尖:耳郭上顶端处。主治耳痛,耳内蒙闭,耳道流脓。

神门:三角窝内,对耳轮上。主治耳疖,耳疮。

3. **穴位注射** 根据病情,选取相应的穴位,将药物注入穴位内,通过针刺和药物的作用使经络畅通,气血调和,以达到治疗耳郭疾病的一种治疗方法。

常用穴位有翳风、中渚、听会、听宫、颊车、耳门、天容、足三里、耳和髎等。

常用的药物有丹参、当归、川芎、穿心莲、银黄注射液,还有西药维生素$B_1$、维生素$B_{12}$注射液。每次选用一种药物,取1～2穴,每次每穴注入0.5～1 ml药物。根据病情每日或隔日1次,5～10日为1个疗程。多用于治疗耳鸣、耳聋、耳胀、耳闭等耳病。

4. **灸法** 根据病情,选取相应的穴位,采用悬灸、直接灸或隔姜灸的方法,以治疗耳病。常用于治疗虚寒性耳病。实证、热证耳病一般不用灸法。

常用的穴位有百会、翳风、足三里、三阴交、中脘、肝俞、肾俞、关元等。

悬灸:点燃艾条,置于穴位上方约1寸,进行悬灸,以患者感到灼热为度。每次5～10 min,每日1次,5次为1个疗程。

隔姜灸:菲薄的姜片上置点燃的艾条在穴位上施灸,以患者能忍受为度。

### (四) 其他疗法

1. **咽鼓管自行吹张法** 常用于治疗耳胀、耳闭、耳鸣、鼓膜内陷、听力障碍等耳疾。患者用手

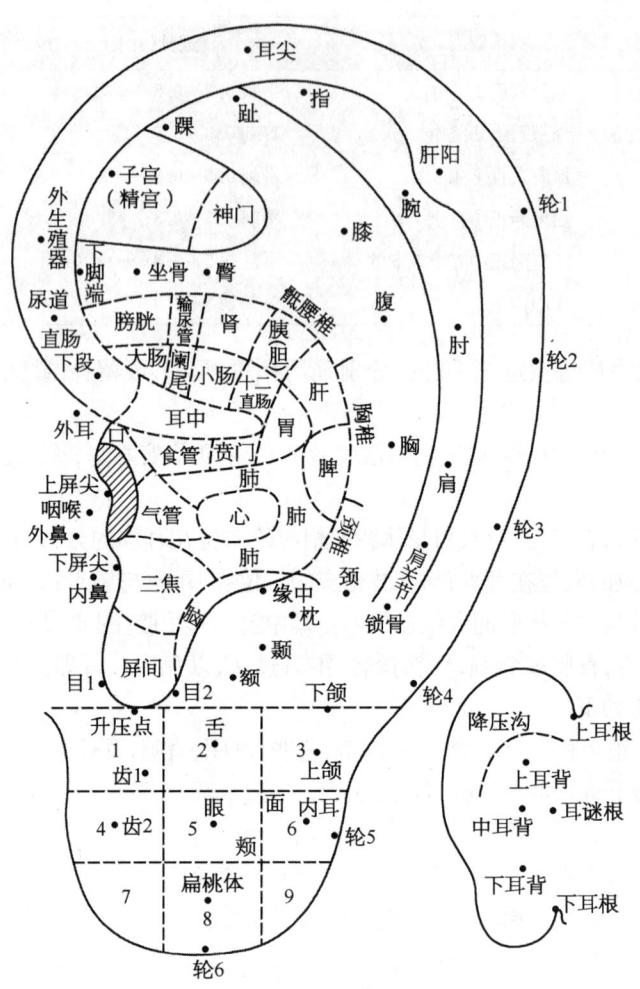

图 2-1 耳穴的分布

紧捏鼻孔，向两耳鼓气，使气从咽鼓管贯通耳窍，耳窍轰然有声。若耳膜顿时胀而微向外突者，表明窍已通，每日 2～3 次。《保生秘要·卷三》说："定息以坐，塞兑，咬紧牙关，用脾肠二指捏紧鼻窍，睁二目，使气串耳通窍内，觉哄哄有声，行之二三日，窍通为度。"每次吹张前，宜先擤尽鼻涕。若鼻窍滞塞，气不至耳者，可在鼻内滴 1% 麻黄素 1～2 滴，使鼻腔通畅后再吹张。鼻衄者暂不宜吹张，待鼻衄愈后再行吹张。

2. 鼓膜按摩术　常用于治疗耳胀、耳闭、耳鸣、鼓膜内陷，或炮震伤耳后耳鸣、听力障碍、暴聋等耳疾。《景岳全书·卷二十七·杂证谟》说："以中指置于耳窍中轻轻按捺，随捺随放，随放随捺，或轻轻摇动，以引其气，按捺数次，其气必至，气至则窍自通矣。"具体方法以中指（也可用示指），紧塞外耳道，轻轻按压，摇动数次后，突然拔出手指，重复多次，每次 3～10 min，每日 4～5 次。或可以中指按压耳屏，使耳屏掩闭外耳道口，一压一按，反复行之。按摩前手指要洗干净，修剪指甲。若耳道红赤、肿起疼痛者，或头晕目眩、恶心呕吐者，暂不宜施术。

3. 鸣天鼓　常用于预防和治疗耳鸣、耳聋等耳疾。《灵剑子导引子午记·击探天鼓》中记载："天鼓者，耳中声也，以两手心紧按耳门，以指击其脑户，常欲其声壮盛，相续不散。"具体方法：调整好呼吸,将两手掌心紧贴于两外耳道口,使外耳道口暂时处于封闭状态,两手指放于枕部,示指叠于中指上,示指从中指上滑下,轻轻叩于脑后枕部。左右手各叩击 24 次,再两手同时叩击 48 次。

4. **除耳鸣功**　常用于预防和治疗耳鸣、耳聋等疾病。《寿世传真·修养宜行外功第一》中说:"一平坐,伸一足,屈一足,横伸两手,直竖两掌,向前若推门状,扭头向左右顾,各七次。"具体方法:平坐伸一腿屈一腿,横伸两臂,直竖两掌,向前若推门状,扭头项左右各 7 次。

5. **"营治城郭"法**　常用于预防和治疗耳鸣、耳聋等疾病。《圣济总录·卷第一百九十九·神仙导引上》中说:"《销魂经》云:耳欲得数按抑,左右令无数,使人听彻,所谓营治城郭,名书皇籍。"具体方法:以两手按耳轮,一上一下摩擦之,每次做 15 min 左右。

此外,还有按摩法、导引法、呼吸气息调节法等其他调养方法。

# 第三章 耳科各论

**导学**

本章包括耳疖耳疮、旋耳疮、耳带疮、耳瘘、耳郭痰包、耳胀耳闭、脓耳、脓耳变证、耳鸣耳聋、耳眩晕、耳面瘫、耳异物、耵耳13个常见中医耳科病证。

应熟悉各病证病名含义,并了解与之相关的主要西医病名;熟悉各病证的病因病机。掌握其诊断要点,掌握除异物入耳、耵耳外其余各病内治之辨证分型、治法、代表方剂;熟悉异物入耳、耵耳的外治法。了解其余病证的主要外治法、针灸治疗、预防护理。

## 第一节 耳疖、耳疮

耳疖、耳疮是指因邪热搏结,上炎耳窍所致的以外耳道红肿、耳痛或血虚生风,耳失濡养所致的以耳痒、皮肤增厚为主要临床表现的耳病。耳疖以外耳道局限性红肿疼痛为特点,耳疮以外耳道漫肿疼痛,或瘙痒不适为特点。西医学中的外耳道炎可参考本篇进行辨证论治。

耳疖在古代医籍中有"耳疔""黑疔"等别称,如《外科证治全书·卷二》谓:"耳疔生耳窍暗藏之处,色黑形如椒目,疼如锥刺,引及腮脑,破流血水。"耳疮一名最早见于《诸病源候论·卷二十九》说:"足少阴为肾之经,其气通于耳。其经虚,风热乘之,随脉入于耳,与血气相搏,故耳生疮。"

【病因病机】

耳疖发病偏于热毒所致,耳疮偏于湿热为患,两者亦可兼夹出现。患病日久不愈者,耗血伤阴,血虚生风化燥,耳失濡养。

1. **风热邪毒,上犯耳窍** 多因挖耳损伤局部皮肤,或污水入耳及脓耳流脓后使外耳道染毒,以致风热邪毒乘势侵袭,壅塞耳窍而发为本病。

2. **肝胆湿热,上蒸耳窍** 皮肤受损,湿热之邪循经上乘,引动肝胆之火,蒸灼耳窍,而致耳道红肿、疼痛。

3. **血虚生风,耳失濡养** 患病日久不愈,耗血伤阴,加之渗液淋漓,津液耗损,以致血虚生风,风胜则燥,耳窍失于滋润。

【诊断要点】

1. 病史　多有挖耳、污水入耳或耳流脓史。

2. 临床症状　耳疖、耳疮主要症状为耳痛。耳疖者疼痛较剧烈,若疖肿位于外耳道前壁耳前可出现肿胀疼痛,张口、咀嚼时痛增;疖肿位于外耳道后下方,则可出现耳后皮肤红肿;疖肿堵塞耳道时,听力可减退,疖肿溃破后,则症状迅即减轻。耳疮者耳内灼热疼痛或瘙痒不适。

3. 局部检查　按压耳屏或牵拉耳郭时耳痛加重。耳疖可见外耳道局限性红肿或顶部有黄白脓点,溃后有少许脓液或夹血,肿甚者可堵塞耳道(彩图1);耳疮者外耳道呈弥漫性红肿,甚则表面糜烂、渗液。病重者耳前后可有臖核肿大压痛。病程较长,反复发作者,可见外耳道皮肤增厚、皲裂、脱屑,甚则外耳道狭窄(彩图2)。

4. 其他　疖肿严重者可做外周血白细胞计数及分类检查,可见白细胞总数及中性粒细胞数升高。

【鉴别诊断】

脓耳　耳疖、耳疮与脓耳均有耳痛。耳疖破溃后与脓耳鼓膜穿孔后均有脓液从患耳流出,但脓耳所流脓汁黏稠,此外除耳痛、耳内流脓外,检查可见鼓膜穿孔。

【辨证论治】

辨治思路：根据其病因病机及发病特点,本病早期以疏风清热,解毒消肿,清泻肝胆,利湿消肿为主要治法,病久不愈者以养血润燥,息风止痒为主要治法,同时结合局部治疗。

## 一、内治法

1. 风热邪毒,上犯耳窍

临床表现：耳部灼热疼痛,张口、咀嚼时疼痛加重。可兼有发热,头痛,恶风,周身不适。舌质红,苔薄黄,脉浮数。

证候分析：挖耳或污水入于耳,伤及外耳道皮肤,风热邪毒乘虚侵犯,客于耳窍肌肤,故可致耳痛;邪客经络,气壅血滞,可见耳道红肿或隆起如椒目状;耳部经脉多连头部,故头部疼痛,张口、咀嚼时疼痛加剧;舌质红、苔薄黄、脉浮数乃风热之征。

治法：疏风清热,解毒消肿。

方药：五味消毒饮合银翘散加减。五味消毒饮中金银花、野菊花、蒲公英、紫花地丁、天葵子可清热解毒,消肿散结。银翘散功专疏风散邪,清热解毒。红肿甚者,加丹皮、赤芍以活血消肿。

2. 肝胆湿热,上蒸耳窍

临床表现：剧烈耳痛,甚者痛引腮脑,如疖肿闭塞耳道,可有暂时听力减退。耳前后可有臖核肿大疼痛,可兼有发热,口苦咽干,小便短黄,大便秘结。舌质红,苔黄腻,脉弦数。

证候分析：肝胆湿热上蒸耳道,熏灼肌肤,故耳道红肿疼痛剧烈;肿甚堵塞耳道,故暂时听力减退;耳部脉络多连头部,故痛连腮脑;若邪毒阻滞脉络,则耳前后臖核肿大疼痛;热甚灼腐肌肤,则化脓;肝胆郁热,则发热,口苦咽干,小便短黄,大便秘结;舌质红、苔黄腻、脉弦数为肝胆湿热之征。

治法：清泻肝胆,利湿消肿。

方药：龙胆泻肝汤加减。方中柴胡、龙胆草、黄芩、栀子清泻肝胆之火;泽泻、车前子、木通清热利湿；生地、当归滋阴养血，以防过用苦寒伤正；甘草调和诸药。渗液多者，加茯苓、车前草以利水渗湿；脓已成未破者，加皂角刺、穿山甲，或用仙方活命饮。

3. 血虚生风，耳失濡养

临床表现：病程较长，反复发作，耳部瘙痒，外耳道皮肤潮红、增厚、粗糙或有痂皮。全身症状多不明显。舌质淡，苔少色白或黄，脉细数。

证候分析：久病体虚，气血耗损，耳窍失于濡养，加之余邪停聚，津液耗伤，以致皮肤增厚、粗糙，久则血虚生风，风胜则痒，燥易伤阴，而致耳部瘙痒不适，皮肤粗糙或有痂皮；舌质淡、苔白、脉细数为气血亏虚之征。

治法：养血润燥，息风止痒。

方药：地黄饮加减。方中熟地、当归、何首乌养血；生地、丹皮、玄参、红花凉血活血；白蒺藜、僵蚕祛风；甘草调和诸药。全方以治血为主，而达到治风的目的，正所谓"治风先治血，血行风自灭"。痒甚者，加蝉蜕、地肤子、苦参等。

## 二、外治法

1. **外敷** 用内服中药渣再煎，取汁热敷于患侧耳部，或用黄连膏、紫金锭涂敷，以清热解毒，活血消肿止痛。

2. **滴耳** 用3%过氧化氢溶液清洁外耳道后，用清热解毒的中药药液滴耳。

3. **排脓** 疖肿成脓者，可用针挑破脓头，或切开排脓，放出脓血后敷黄连膏。

4. **理疗** 局部可配合超短波或微波理疗。

## 三、针灸治疗

1. **体针** 患病早期，取手阳明经穴为主，如合谷、内关、少商、商阳、曲池等穴，针用泻法或用三棱针点刺出血，以疏通经脉，泻热消肿止痛。病程日久，取足阳明、太阴经穴为主，如三阴交、足三里、曲池、血海等，针用补泻兼施法，血海用平补平泻法，以补血润燥，祛风止痒；三阴交、足三里用补法，以补益气血，健脾化湿；曲池用泻法，以活血祛风止痒。

2. **耳针** 用耳针或王不留行籽贴于肝、肺、心、屏间等耳穴处。

【预防与调护】

(1) 注意耳部卫生，戒除挖耳习惯，避免污水入耳。

(2) 保持耳道清洁，如疖肿成脓溃破，应及时清除脓液。

【预后与转归】

一般预后良好。

【古代文献摘录】

《外科正宗·卷四》："浴洗水灌窍中，亦致耳窍作痛生脓。"

《证治准绳·疡医·卷之三》："耳疮属手少阳三焦经或足厥阴肝经血虚风热，或肝经燥火风热，或肾经虚火等因，若发热焮痛，属少阳、厥阴风热，用柴胡栀子散；若内热痒痛，属前二经血虚，用当归川芎散；若寒热作痛，属肝经风热，用小柴胡汤加山栀、川芎；若内热口干，属肾经虚火，用加味地黄丸，如不应，用加减八味丸，余当随证治之。"

《医宗金鉴·外科心法要诀》："黑疔暗藏耳窍生，色黑根深椒目形，痛如锥刺引腮脑，破流血水火毒攻。"

【西医学中主要相关疾病认识】

**外耳道炎**  是发生于外耳道皮肤的炎症。挖耳、游泳时耳道进水、急性化脓性中耳炎的脓液刺激等是其常见诱因。常见的致病菌为葡萄球菌、链球菌、铜绿假单胞菌和变形杆菌等。治疗上早期可采用局部热敷或超短波透热等理疗,严重者应用抗生素控制感染。局部未化脓者用1%~3%酚甘油滴耳,破溃流脓者用3%过氧化氢溶液清洁外耳道脓液及分泌物。日久不愈者可用抗生素与糖皮质激素合剂局部涂敷。

## 第二节 旋耳疮

旋耳疮是因风热湿邪犯耳或血虚生风化燥所致的外耳道或旋绕耳周而发的湿疮。西医学中的外耳湿疹可参考本篇进行辨证论治。

本病有急性、慢性之分。急者多见于婴幼儿,因其黄水淋漓,浸淫成疮,故又名"黄水疮""月蚀疮"。有关本病的记载早见于隋代巢元方《诸病源候论·卷三十五》,其中说:"月食疮,生于两耳及鼻面间,并下部诸孔窍侧。侵食乃至筋骨,月初则疮盛,月末则疮衰,以其随月生,因名之为月食疮也。"

【病因病机】

1. **胎毒未尽,上熏于耳**  孕母饮食失节,过食肥甘之品,酿湿生热,内结于胎儿,加之乳母进食滋腻,婴幼儿脾胃娇弱,运化失职,湿毒浸淫,复感风热湿邪,上攻耳窍发为本病。

2. **风热湿邪,浸渍于耳**  多因接触某些刺激物,邻近部位之湿疮蔓延至耳部,或因脓耳之脓液浸渍而诱发,以致湿热邪毒积聚耳窍,引动肝经之邪火,循经上犯,风热湿邪蒸灼耳部肌肤而为病。

3. **血虚生风,化燥伤阴**  病程日久,脾失健运,阴血耗伤,兼之余邪滞留,渗液淋漓不干,津液耗伤,导致血虚生风,风盛化燥,耳部肌肤失于滋润,以致耳部皮肤粗糙、脱屑、皲裂,缠绵难愈。

【诊断要点】

1. **病史**  可有外耳道流脓病史、家族过敏史,或有接触某种物质等诱因,或有其他过敏性疾病等病史。

2. **临床症状**  外耳道、耳郭及其周围皮肤瘙痒、灼热感、微痛、流黄色脂水。患儿可表现为拒乳哭闹,烦躁不安,夜间尤甚。

3. **局部检查**  外耳道口、耳甲腔、耳后沟,甚至整个耳郭皮肤等患处出现边界不清楚的片状红斑,随着病情发展,在红斑及周围形成丘疹,抓破后渗黄色脂水、结痂(彩图3a)。或见外耳皮肤增厚、粗糙、脱屑、皲裂(彩图3b),甚则外耳道狭窄。部分可见皮肤红肿及疼痛,耳后臀核肿痛。

4. **其他**  有家族或既往过敏史的患者可做特异性变应原检测,有助于确定致敏原。

【辨证论治】

辨治思路:根据发病特点,采用解毒燥湿,祛风止痒;清热利湿,疏风止痒;养血润燥,祛风止痒为主要治法,结合局部治疗。

## 一、内治法

### 1. 胎毒未尽,上熏于耳

**临床表现**:见于婴幼儿患者,耳部甚则面颊部瘙痒难忍,夜间尤甚;局部可见起水疱、溃破、流黄色脂水。常伴拒乳哭闹,烦躁不安,夜间尤甚,发热,小便黄。舌质红,苔黄或腻,指纹青紫。

**证候分析**:妊娠期胎热内蕴,分娩后胎毒未尽,加之乳母进食脂腻,婴幼儿脾胃娇弱,运化失职,湿毒浸淫,复感受风热湿邪,外邪引动内热,循经上蒸耳窍,故耳部及周围皮肤灼热、潮红;风盛则痒,故患儿瘙痒难忍,哭闹不安;湿热盛则起水疱、溃破、流黄色脂水;舌质红、苔黄或腻、指纹青紫为热毒内盛之象。

**治法**:解毒燥湿,祛风止痒。

**方药**:风热偏重见发热恶风、口干而渴、咽喉肿痛、瘙痒难忍者,桑菊饮加减,方中桑叶、菊花、连翘、薄荷清散上焦风热;芦根清热生津;桔梗、杏仁解肌透络;甘草调和诸药。湿热偏重见耳部脂水淋漓者,茵陈蒿汤加减,方中茵陈蒿善清热利湿;栀子通利三焦,导湿热下行;大黄功专清热泻火,凉血解毒。瘙痒甚者,加牛蒡子、蝉衣等以疏风止痒;脂水淋漓者,加苦参、车前子、薏苡仁以利湿。

### 2. 风热湿邪,浸渍于耳

**临床表现**:耳部皮肤瘙痒、灼热感、潮红,不久出现小水疱,溃破皮肤糜烂,渗出黄色脂水,随着脂水的侵蚀,甚则波及整个耳郭及其周围皮肤。舌质红,苔黄腻,脉弦数。

**证候分析**:风邪挟湿热之邪侵袭人体,上犯清窍,蒸灼耳窍,故耳部皮肤灼热、潮红;风盛则痒,故瘙痒难耐,湿热盛则起水疱或溃破、黄色脂水浸淫;邪毒随脂水播散,故可波及整个耳郭及耳周;舌质红、苔黄腻、脉弦数为湿热内盛之象。

**治法**:清热利湿,疏风止痒。

**方药**:风邪偏重痒甚者,可用消风散,方中重用荆芥、防风、牛蒡子、蝉衣以疏风透表止痒;苍术、苦参、木通以利湿;石膏、知母清热泻火;生地、当归、胡麻以养血活血,滋阴润燥;湿重脂水多者可选用萆薢渗湿汤,方中萆薢、薏苡仁、滑石、通草、泽泻、赤茯苓利水渗湿;黄柏清热利湿,祛风止痒;丹皮清热凉血;湿热壅盛者,可用龙胆泻肝汤以清热解毒祛湿,选加金银花、菊花、蒲公英、黄柏、苦参以加强清热除湿的作用。

### 3. 血虚生风,化燥伤阴

**临床表现**:耳部瘙痒剧烈,缠绵日久,局部可见皮肤皲裂、增厚、粗糙等多种皮损。可伴面色萎黄,纳差,身倦乏力等症。舌质淡,苔白,脉细缓。

**证候分析**:症状反复发作,阴血耗伤,气血亏虚,耳窍失于滋养,复为余邪所困,湿热之邪停聚,伤及肌肤,以致皮肤增厚、粗糙;久则血虚生风化燥,故皮肤瘙痒、皲裂;脾虚不运,故纳差,身倦乏力;面色萎黄、舌质淡、苔白、脉细缓为血虚之象。

**治法**:养血润燥,祛风止痒。

**方药**:地黄饮子加减。方中熟地、当归、何首乌养血;生地、丹皮、玄参、红花凉血活血;白蒺藜、僵蚕祛风;甘草调和诸药。全方以治血为主,并达到治风的目的。痒甚者,加蝉蜕、地肤子、苦参等,或用四物消风饮加减。

## 二、外治法

1. **外洗法** 保持患处清洁,可选用清热解毒、收敛止痒的中药煎水或湿敷患部,如菊花、蒲公英、苦参、苍术、黄柏、白鲜皮等。

2. **涂敷法** 湿热盛而见红肿、疼痛、瘙痒、出脂水者,可选用如意金黄散调敷以清热燥湿止痒;湿盛而见黄水淋漓者,可选用青黛散调搽,以清热除湿,收敛止痒;热盛而见有脓痂者,可选用黄连膏外涂,以清热解毒;患病日久而皮肤粗糙、增厚、皲裂者,可选用滋润肌肤、解毒祛湿的药物外涂。

## 三、针灸治疗

风热湿邪犯耳者,取督脉、手阳明、足太阴经穴为主,如曲池、肺俞、神门、阴陵泉等,针用泻法或三棱针点刺出血;血虚生风化燥者,取足阳明、足太阴经穴为主,如足三里、三阴交、血海、膈俞、大都、郄门等,针用补泻兼施法。

## 【预防与调护】

(1) 注意耳部卫生,戒除挖耳习惯。
(2) 发病期间避免任何局部刺激,忌用肥皂水洗涤患处。
(3) 积极治疗能引起本病的原发病,如脓耳、颜面部黄水疮等。
(4) 患病期间,忌食辛辣炙煿及鱼、虾等食物。

## 【预后与转归】

及时治疗者预后一般良好。不能坚持治疗及体质虚弱者,可致病程迁延难愈。

## 【儿童患者诊疗注意事项】

(1) 搔刮耳部,耳郭、耳周及耳道内皮肤红斑、丘疹,抓破后流黄色脂水是婴幼儿旋耳疮常见的临床表现。
(2) 婴幼儿旋耳疮多因孕母、乳母饮食失节,过食肥甘、辛辣炙煿之品所致,临床应详询孕母、乳母饮食习惯,予饮食调护。
(3) 婴幼儿患者内服、外洗药物要选择温和无毒性的药物。
(4) 教导患儿家长发病期间注意患处清洁,避免任何局部刺激,忌用肥皂水清洗患处。

## 【古代文献摘录】

《圣济总录·卷一百三十二》:"月蚀疮,小儿多有之。盖由嗜甘肥,荣卫不清,风湿毒热之气,蕴蓄脏腑。"

《外科正宗·卷四》:"黄水疮于头面,耳项忽生黄色,破流脂水,顷刻沿开,多生痛痒,此因日晒风吹,暴感湿热,或因内餐湿热之物,风动火生者有之,治宜蛤粉散搽之必愈。"

《外科大成·卷三》:"耳镟者,生耳后缝间,延及上下,如刀裂之状,随月之盈虚,故名月蚀疮,宜川粉散搽之。"

《外科证治全书·卷二》:"旋耳疮,一名月蚀疮,生耳后缝间,延及耳折上下,色红如刀裂之状,时流黄水,乃胆脾湿热。"

## 【西医学中主要相关疾病认识】

**外耳湿疹** 是耳郭、外耳道及其周围皮肤的变应性皮肤浅表性炎症。药物或其他过敏物质刺激及湿热、毛织品、化妆品、喷发剂、鱼、虾、牛乳等均可成为致敏因素,外耳道长期脓液刺激也可诱发。治疗首要去除病因,避免致敏因素,必要时可服用抗过敏药物。局部忌用肥皂或热水清洗。

## 第三节 耳带疮

耳带疮是指因邪毒外袭或肝胆湿热上攻所致的以耳痛、外耳疱疹,甚或耳聋、眩晕、口眼㖞斜为主要特征的疾病。本病多为单侧发病,青年及老年患者居多。西医学中的耳带状疱疹等疾病可参考本篇进行辨证施治。

**【病因病机】**

1. **风热邪毒,上犯耳窍** 风热邪毒外袭,循经上犯耳窍,搏结于耳郭、外耳道,致生疱疹。
2. **肝胆湿热,上攻耳窍** 情志不畅,肝郁化火;或因时邪外感,湿热邪毒壅盛传里,犯及肝胆,肝胆湿热循经上攻耳窍而为病。

**【诊断要点】**

1. **病史** 可有受凉、过度疲劳等病史。
2. **临床症状** 急性起病,一侧耳部灼热感,疼痛剧烈,严重者可见口眼㖞斜,部分患者可出现耳鸣、耳聋、眩晕等。
3. **局部检查** 耳甲腔、外耳道、乳突皮肤出现疱疹,皮疹如针头大小,密集成簇状,数日后可破溃流水、结痂,耳下可有臀核。

**【鉴别诊断】**

本病应注意与旋耳疮相鉴别。

**【辨证论治】**

辨治思路:本病以"清、利、消"为治疗大法,即清热,利湿,消肿。

### 一、内治法

1. **风热邪毒,上犯耳窍**

临床表现:耳甲腔、外耳道或耳后完骨皮肤灼热、刺痛感,局部出现针头大小疱疹,密集成簇状,疱疹周围皮肤潮红,可伴发热、恶寒。舌质红,苔薄黄,脉浮数。

证候分析:风热邪毒外侵,上犯耳窍,故耳部皮肤灼热疼痛、潮红,渐生疱疹;发热恶寒、舌质红、苔薄黄、脉浮数为风热邪毒外侵之象。

治法:疏风散邪,清热解毒。

方药:银翘散加减。方中金银花、连翘辛凉透邪,清热解毒;淡竹叶清上焦热;芦根清热生津;荆芥、淡豆豉、牛蒡子、薄荷疏风散邪。全方合用可疏风散邪,清热解毒。应用时可加龙胆草、黄芩、板蓝根、栀子以清热解毒;出现口眼㖞斜者,选加僵蚕、全蝎、蜈蚣、蝉蜕、桃仁、红花、地龙等,以祛风活血通络。

2. **肝胆湿热,上攻耳窍**

临床表现:耳部灼热、刺痛,疱疹增大、溃破、黄水浸淫、结痂,伴口苦咽干,甚则口眼㖞斜,耳鸣,耳聋。舌质红,苔黄腻,脉弦数。

证候分析:肝胆湿热蒸灼耳窍肌肤,脉络闭阻,气滞血瘀,不通则痛;肝胆湿热上蒸耳窍,故生疱疹,甚则溃破,黄水浸淫;邪毒入络,脉络阻滞,故口眼㖞斜;肝胆湿热上扰清窍,故耳鸣、耳聋;口苦、咽干、舌质红、苔黄腻、脉弦数均为肝胆湿热之象。

治法:清泻肝胆,解毒利湿。

方药:龙胆泻肝汤加减。方中龙胆草苦寒泻肝胆之火;黄芩、栀子清热解毒泻火;泽泻、木通、车前子清热利湿;生地、当归养血滋阴,以防苦寒伤阴之过,若湿热俱盛可减去;柴胡引诸药入肝胆经;甘草调和诸药。热毒盛者,加板蓝根以清热解毒;痛剧者,可加延胡索活血行气止痛。

## 二、外治法

1. **外洗法**　初起可用大黄、黄柏、黄芩、苦参制成洗剂外涂,以清热解毒,兼清洁局部。
2. **涂敷法**　疱疹溃破者,可用青黛散调敷以清热祛湿。

## 三、针灸治疗

耳部剧痛者,可取翳风、曲池、合谷、太冲、血海、阳陵泉等穴针刺,用泻法以祛邪行气止痛。口眼㖞斜者,可取翳风、地仓、合谷、人中、承浆、颊车等穴针刺,用泻法以祛风活血通络。耳鸣、耳聋者,可取翳风、耳门、风池、听宫、听会、肾俞、关元等穴针刺。

【预防与调护】

(1) 注意休息,饮食宜清淡,忌进食辛辣、腥酸、油腻之品。
(2) 疱疹穿破后,注意保持局部皮肤干燥,以防染毒。

【预后与转归】

若无并发面瘫、耳鸣、耳聋、眩晕者预后良好。并发面瘫者,少数患者预后较差。也有部分患者疱疹消失后,仍遗留较长时间的耳部阵发性刺痛。

【西医学中主要相关疾病认识】

耳带状疱疹　因在1907年由Ramsey Hunt首先描述,故又称为Ramsey Hunt综合征或Hunt综合征,即亨特综合征,是由带状疱疹病毒(HZV)或水痘-带状疱疹病毒感染导致的疾病。因面神经膝状神经节疱疹病毒感染引起的一组特殊症状,主要表现为一侧耳部剧痛,耳部疱疹,可出现同侧周围性面瘫,伴有听力下降和眩晕。以抗病毒、预防感染、增强血液循环、营养神经、对症治疗为基本治法,急性期予大剂量肾上腺皮质激素,有止痛和加速面瘫恢复的功效。

# 第四节　耳瘘

耳瘘是指由于先天禀赋不足,脏腑虚损,邪毒外袭所致的以耳轮脚前颞颥间红赤肿起、疼痛、脓液泌出、反复发作为主要临床表现的耳病。西医学中先天性耳前瘘管、腮裂瘘管等可参考本篇进行辨证论治;发生于耳后者,称为耳后瘘,可参考"脓耳变证"进行治疗。

"瘘病"首见于《内经》,《素问·生气通天论篇》云:"陷脉为瘘,留连肉腠。"一般认为本病多由脏腑失调、气血不和所致,《诸病源候论·卷三十四》谓:"瘘病之生,或因寒暑不调,故血气壅结所作。"并言瘘"亦发两腋下及两颞颥间,初作喜不痛不热,若失时不治,即生寒热",这里所指"颞颥间"的部位较相似耳前瘘管的部位。

【病因病机】

1. **禀赋不足,邪毒侵犯** 先天不足,脏腑虚损,发育障碍,颞颥间皮肤腠理疏松,而成瘘道,邪毒乘虚而入,壅滞瘘道,经络阻隔,气血凝滞,发为本病。

2. **邪毒滞留,托毒无力** 耳瘘日久,反复发作,邪毒滞留不去,气血耗伤,托毒无力,经久难愈。

【诊断要点】

1. **病史** 耳瘘者于出生后耳前即可在发现有瘘管开口,轻压瘘口可有少许灰白色分泌物溢出。

2. **临床症状** 耳瘘一般无自觉症状。若染毒,则局部红肿疼痛,且常反复发作。耳瘘可单侧发病,亦可双侧发病。

3. **局部检查** 耳前瘘开口多位于耳轮大脚的前缘,少数亦可位于耳甲腔及外耳道等部位。未染毒者,瘘口周围皮肤如常。若邪毒入侵,耳瘘染毒则可见瘘口周围红肿、化脓(彩图4)。

【辨证论治】

辨治思路:根据发病特点,采用清热解毒,消肿止痛,益气养血,托毒排脓为主要治法,结合局部治疗。

## 一、内治法

1. **禀赋不足,邪毒侵犯**

临床表现:瘘口及周围皮肤红赤肿起,疼痛拒按,邪毒壅盛则红赤漫肿,疼痛剧烈,或局部跳痛难受,若脓成瘘口可有脓液溢出。或可伴有发热、头痛。舌质红,苔黄,脉数。

证候分析:先天不足,发育障碍,颞颥间皮肤腠理疏松,而成瘘道,邪毒乘虚而入,与气血相搏,壅结于瘘道,故瘘口周围皮肤红肿疼痛,甚则瘘口溢脓;发热、头痛、舌质红、苔黄、脉数为热证之象。

治法:清热解毒,消肿止痛。

方药:五味消毒饮加减。方中金银花清热解毒,消散痈肿,且有轻宣散邪之效;紫花地丁、蒲公英、野菊花、紫背天葵均具清热解毒,消肿散结之功。热毒甚者,可加黄连、板蓝根;血热者,加牡丹皮、生地;已成脓而排泄不畅者,加皂角刺、赤芍。

2. **邪毒滞留,托毒无力**

临床表现:瘘口或周围肿起溢脓,脓液清稀,反复发作,缠绵难愈。全身可伴有疲倦乏力、纳呆便溏等。舌质淡红,苔白或黄,脉细。

证候分析:气血耗伤,托邪无力,邪毒滞留,化腐成脓,则瘘口或其周围溢脓,气血虚弱则反复难愈;乏力、纳呆、舌淡红、苔白或黄、脉细等均为气血不足,托毒无力之征。

治法:益气养血,托毒排脓。

方药:托里消毒散加减。方中以党参、茯苓、白术、炙甘草、黄芪、白芍、川芎、当归补益气血;以金银花清解余毒;桔梗、白芷、皂角刺排脓。有纳差、便溏等症者,加薏苡仁、砂仁扶脾健胃;脓液黄浊者,加黄芩、蒲公英、野菊花之类清热解毒。

## 二、外治法

1. **外敷** 耳瘘染毒后未成脓者,可用如意金黄散调敷。
2. **切开排脓** 瘘口周围脓肿形成者,应切开排脓,放置引流条。
3. **挂线疗法** 耳瘘长期流脓,经久不愈者,可用治瘘外塞药敷于瘘口,待脓液渐减或干净后,用药线如九一丹插入瘘道,每日换药,待腐肉渐尽,新肉长出,改用生肌散腐之,生肌收口。
4. **手术治疗** 耳瘘控制感染后,可行瘘管切除术。
5. **其他** 早期未成脓时,可配合热敷、超短波及微波理疗。

【预防与调护】

(1) 耳前瘘未染毒时,应注意局部清洁,忌挤压及搔刮,以防感染。
(2) 积极治疗脓耳,以免脓汁流窜形成瘘管。
(3) 耳瘘长期流脓不止者,应每日清洁后敷药,直至脓液干净为止。

【预后与转归】

耳瘘一般预后良好,少数患者因失治或治疗不当可反复发作。

【儿童患者诊疗注意事项】

(1) 避免挤压。耳瘘口如有黏液或皮脂样物流出,一般用碘伏绵球擦去即可,不要挤压及牵拉,以免造成感染。
(2) 耳瘘口周出现红肿或疼痛,提示感染。可以局部外用如意金黄散调敷,或局部理疗。如果治疗及时,可以避免耳瘘口周脓肿形成。
(3) 如形成脓肿,则需脓肿切开引流、瘘管冲洗、局部换药等治疗。
(4) 如果耳瘘反复形成脓肿,待感染控制,尽早手术切除。

【古代文献摘录】

《外科理例·卷一》:"诸疮患久成瘘,常有脓水不绝,内无及肉。须先服参、芪、归、术、芎大剂,托里为主。"

【西医学中主要相关疾病认识】

**先天性耳前瘘管** 是一种常见的先天性畸形,为胚胎时期形成耳郭的第1、第2鳃弓的6个小丘样结节融合不良或第1鳃沟封闭不全所致。男女患者均可以传给后代,后代同胞中两性均可发病。瘘管无感染时,无明显症状。在继发感染时,则局部红肿疼痛或化脓。反复感染可形成囊肿或脓肿。对无感染史的耳前瘘管,可不做处理。在急性感染时,应全身应用抗生素控制炎症。对已形成的脓肿则应先切开引流,待感染控制后再行瘘管切除术。

## 第五节　耳郭痰包(附:断耳疮)

耳郭痰包是因痰湿阻滞,凝注耳窍所致的局限性肿胀,以不痛或微痛为主要特征的耳病。西医学中的耳郭假性囊肿可参考本篇进行辨证论治。

古代医学文献无"耳郭痰包"之称，但有"痰包"一词，始见《外科正宗·卷四》，其曰："痰包乃痰饮乘火流行凝注舌下，结而匏肿。绵软不硬，有妨言语，作痛不安。用利剪刀当包剪破，流出黄痰，若蛋清稠黏难断……"此指舌下痰包而言。本篇所述之病病位在耳，其病机、证候、治疗方面与所述"痰包"多有相通之处。

【病因病机】

多因饮食、劳倦伤脾，以致脾胃运化失健，痰湿内生，复受风邪外袭，挟痰湿上窜耳窍，痰浊凝滞而成痰包。

【诊断要点】

1. 临床症状　耳郭突然肿起，逐渐增大。小者可无症状，大者可有胀感、灼热感或痒感，常无痛感。

2. 局部检查　多于耳郭凹面局部肿起，肿处皮色不变，按之柔软，无压痛，透光度好（彩图5），穿刺可抽出淡黄色液体，抽后肿消，但不久又复肿起。

【鉴别诊断】

断耳疮　耳郭痰包与断耳疮发病早期均有耳郭肿胀，但断耳疮多有耳部外伤史，局部红肿显著，疼痛剧烈。

【辨证论治】

辨治思路：根据病因病机，采用外治法是治疗本病的主要手段，同时可配合内治。

## 一、内治法

临床表现：多偶然发现耳壳凹面局部肿起，肤色不变，按之柔软有波动感，无明显疼痛及触压痛，偶有轻微胀感或麻木感或痒感。穿刺抽液可见淡黄色液体，抽后肿消，不经时日，复又肿起。全身一般无明显症状。舌苔微腻，脉缓或滑。

证候分析：胃运化失职，痰湿内生，复受风邪，风邪善攻头面，兼夹痰湿上窜耳窍，以致耳郭突然肿起。因痰湿为阴邪，其性凝滞，结而为肿，肤色不变。因非热邪为患，故无红肿疼痛。痰湿潴积，肿处有波动感，穿刺可得淡黄色液体。苔腻、脉滑均是痰湿之征。

治法：祛痰散结，疏风通络。

方药：导痰汤加减。方中以运用二陈汤专主燥湿祛痰，加竹茹、枳实、胆南星等，以加强祛痰之力；加僵蚕、地龙、丝瓜络、当归尾、丹参、郁金、柴胡等，以疏风活血通络。

## 二、外治法

1. 抽液　在严格无菌操作下，穿刺抽出液体后，石膏加压固定包扎或配合异极磁铁于耳壳前后相对贴敷、芒硝溶液湿敷等方法后，再加压包扎。亦可兼用艾条悬灸，或用异极磁铁于耳壳前后相对贴敷，用芒硝溶液湿敷等。

2. 理疗　可配合超短波或微波等治疗。

3. 其他　经久不愈者，可考虑手术治疗。

【预防与调护】
(1) 一般不宜切开引流,以免染毒而转为断耳疮。穿刺抽液前应严格消毒,以防染毒。
(2) 起处不宜反复揉按,以防促使肿块扩大。
(3) 加压包扎不宜过紧,以免影响耳部血液循环,在加压包扎固定期间,不应随便解除,以免复发。

【预后与转归】
预后良好。若染毒,则可发展为断耳疮。

【西医学中主要相关疾病认识】
耳郭假性囊肿　病因尚未明确,耳郭可能受到某些机械刺激或硬枕压迫,无意触摸等,引起局部循环障碍所致。也有人认为是先天性发育不良。本病的治疗,早期可行紫外线照射或超短波等理疗,肿胀较大者在严格无菌条件下穿刺抽液、局部加压包扎,经久不愈者可考虑手术。

## 附:断耳疮

断耳疮是指因耳郭损伤染毒,火毒上炎所致的耳郭红肿疼痛、溃烂,甚至缺损、脱落为主要特征的耳病。西医学中的耳郭化脓性软骨膜炎可参考本篇进行辨证论治。

"断耳疮"的病名早见于《诸病源候论·卷三十五》,其曰:"断耳疮,生于耳边,久不瘥,耳乃取断……此疮亦是风湿搏于血气所生,以其断耳,因以为名也。"后世医家又有"耳发疽"等别称。

【病因病机】
多由耳郭局部损伤染毒,肝胆经火毒热邪内炽,循经上犯,热灼血肉,血肉腐败,软骨融蚀而成。

【诊断要点】
1. 病史　多有耳部外伤史。
2. 临床症状　初起耳郭灼热感及肿痛感,继则疼痛剧烈,坐立不安。全身可见发热、头痛等。
3. 局部检查　耳郭红肿,触痛明显,继之红肿范围加大,可有波动感,甚者溃破流脓,软骨坏死,耳郭缺损畸形(彩图6)。
4. 其他　外周血白细胞计数及分类检查可见白细胞总数及中性粒细胞升高。如耳郭溃破流脓较多者,可做脓液的细菌学培养,有助于发现致病菌。

【辨证论治】

### 一、内治法

临床表现:耳郭灼热、疼痛,局部红肿,继而红肿疼痛逐渐加剧,甚至溃烂融蚀,以致脱落、缺损畸形。可伴发热、头痛、口干等。舌质红,苔黄,脉数。

证候分析:耳郭损伤,邪毒犯耳,加之肝胆之经火毒内炽,循经上犯,热毒与气血相搏,灼腐耳郭,故耳郭灼热、红肿、疼痛;热毒燔灼,肉腐成脓,故耳郭极度肿胀,按之波动感,溃破流脓;热毒灼蚀软骨,故软骨坏死、脱落,耳郭失去软骨支撑而变形;发热、头痛、口干、舌质红、苔黄、脉数等均为热毒炽盛之征。

治法:清热解毒,祛腐消肿。

方药：发病初期,可用五味消毒饮加减;病情严重者,用黄连解毒汤。伴肝胆热盛者,合龙胆泻肝汤。溃破流脓者,可加皂角刺、天花粉等。若耳郭皮色暗红,溃口难收,流脓不止,脓液稀薄,为正虚邪滞,余毒未清,则应改用托里消毒散,以扶正祛邪,托毒排脓。

## 二、外治法

1. 外敷　未成脓者,可局部热敷或用如意金黄散外敷。
2. 其他　成脓后,高肿处宜用五五丹或七三丹涂敷,再贴以黄连膏纱布,周围可敷如意金黄散;局部流脓腐烂,改用九一丹或生肌散,上贴黄连膏纱布。

【预防与调护】

(1) 对于耳郭的外伤,应彻底清创,严格消毒后缝合,以防染毒而变生本病。
(2) 在进行耳部针灸或手术治疗时,应严格消毒,无菌操作。

【预后与转归】

本病常可导致耳郭软骨坏死,使耳郭失去支撑而形成耳郭畸形。

【古代文献摘录】

《疮疡经验全书·卷一》："发耳,其疮生于耳边,又名热毒发疽。五六日间,渐长如蜂窠,皮紫者亦热,诸处如火烧,痛不可忍。"

《证治准绳·卷三》："或问耳轮生疽何如? 曰:是名耳发疽,属手少阳三焦经风热所致,六七日渐肿如胡桃,或如蜂房之状,或赤或紫,热如火,痛切心是也。"

【西医学中主要相关疾病认识】

耳郭化脓性软骨膜炎　其病因多是耳郭外伤、手术、冻伤、烧伤、耳针感染或耳部血肿继发感染所致。致病菌多为铜绿假单胞菌,次为金黄色葡萄球菌。化脓以后,脓液积聚于软骨膜与软骨之间,软骨因血供障碍而逐渐坏死、脱落,致耳郭变形。本病的治疗,早期全身应用足量有效的抗生素控制感染,配合局部理疗。如已形成脓肿,应在全麻下沿耳轮内侧舟状窝做半圆形切开,充分暴露脓腔,清除脓液,刮除肉芽组织,切除坏死的软骨。用敏感抗生素溶液冲洗术腔,对好切口,放置多层纱布,加压包扎。

# 第六节　耳胀耳闭

耳胀耳闭是指由于外邪侵袭或邪毒滞留所致的以耳内胀闷堵塞感、耳鸣、听力下降为主要表现的耳部疾病。耳胀、耳闭是同一疾病的不同阶段,耳胀为病之初,多为外邪引起;耳闭为病之久,为邪毒滞留所致。耳胀治不及时迁延日久可转变为耳闭,两者关系密切,故一并论述。西医学中的分泌性中耳炎可参考本篇进行辨证论治。

耳胀发病急,常有听力下降,所以在古代风聋、卒聋以及耳聋等病证资料中,可见与耳胀类似的记载,如《诸病源候论·卷二十九》说："风入于耳之脉,使经气痞塞不宣,故为风聋。"耳闭最早见于《内经》,如《素问·生气通天论篇》说："阳气者,烦劳则张,精绝,辟积于夏,使人煎厥,目盲不可以视,耳闭不可以听。""耳闭"作为病名,早见于明代《医林绳墨·卷七》,其云："耳闭者,乃属少阳三焦之经气之闭也。"又说:"或有年老,气血衰弱,不能全听,谓之耳闭。"

### 【病因病机】

1. **风邪外袭,经气痞塞** 寒暖不调,过度疲劳,风邪乘虚而袭。风邪可挟热、挟寒外袭,首先犯肺,肺气郁闭,气机不畅,经气痞塞,肺失宣降,津液不布,聚湿为痰,积于耳窍而发为本病。

2. **肝胆湿热,上蒸耳窍** 邪热内传肝胆,或七情内郁,肝气郁结,气机不调,内生湿热,循经上蒸耳窍而发为本病。

3. **运化失职,湿聚耳窍** 先天禀赋不足,素体虚弱,或饮食失节,劳倦内伤,脾虚失运,水湿停聚,泛溢耳窍,发为本病。

4. **邪毒滞留,气血瘀阻** 耳胀失治、误治或反复发作,致邪毒滞留,气血瘀阻,闭塞耳窍而为病。

### 【诊断要点】

1. **病史** 多有伤风感冒史。
2. **临床症状** 耳内胀闷感为本病的首要症状,可伴有耳鸣、自声增强、听力下降。
3. **局部检查** 鼓膜微红或呈橘红色,轻度内陷可见光锥缩短或消失(彩图7a),锤骨柄向后上移位;如鼓室有积液,鼓膜表面可见一弧形液平面(彩图7b),随头位改变而移动;若鼓室积液过多时,可致鼓膜外凸。若反复发作,可见耳膜增厚凹陷(彩图8a),或见灰白色斑(彩图8b)。
4. **其他** 纯音测听患耳呈传导性聋,反复发作者可呈混合性聋。声导抗图呈B型、C型或As型。

### 【鉴别诊断】

1. **鼻咽癌** 耳胀与鼻咽癌均表现为鼓室积液、传导性耳聋,但鼻咽癌所致鼓室积液反复不愈,可伴有涕中带血、偏头痛、颈项恶核等,且鼻咽部检查可能发现新生物。
2. **脓耳** 脓耳早期和耳胀均有胀闷堵塞感,但脓耳之患耳疼痛较剧烈,可见鼓膜呈鲜红色,在剧烈耳痛之后,部分患者可有鼓膜穿孔流脓。

### 【辨证论治】

辨治思路:根据发病特点,以疏风通窍,利湿升清,行气活血为主要治法,结合局部治疗。

## 一、内治法

1. **风邪外袭,经气痞塞**

临床表现:发病较急,耳内胀闷、不适或微痛,耳鸣如闻风声,自听增强,听力减退,常以手指轻按耳屏,以减轻耳部不适感。全身可伴有鼻塞、流涕、头痛、发热恶寒、周身不适等症。舌质淡红,苔白,脉浮。

证候分析:风邪外袭,耳内经气痞塞不宣,清窍不利,故耳内作胀微痛;耳窍闭塞,清气不能内达于耳,故耳窍不利;风邪扰于清窍,故耳鸣如闻风声,听力突然减退;用手指按压耳屏可帮助疏通经气,故可减轻耳内不适症状;风邪侵袭,营卫失调,则见发热不适、鼻塞、头痛、周身不适等症。风寒偏重者,全身可见恶寒重、发热轻、头痛、肢体酸痛、鼻塞、流清涕、舌淡、脉浮紧等证;若有恶寒发热、鼻塞流涕、咽痛、脉浮数等证,则因风热外袭,正气抵抗外邪所致。

治法：疏风清热，散邪通窍。

方药：病初起，见风寒表证者，宜疏风散寒，宣肺通窍，用荆防败毒散加减。方中荆芥、防风、生姜、川芎有解表发散之功；前胡、柴胡宣解肺热；桔梗、枳壳、茯苓利水行气化痰；羌活、独活祛风除湿邪。方中之人参，体虚者可扶正祛邪，体实者可减去，以遵循虚则补之，实则泻之的治疗原则。

风热者，宜疏风清热，散邪通窍，方用银翘散加减。银翘散为辛温解表要方，功专疏散风热，主治外感风热之证。耳痛者，可加归尾、地龙、赤芍等通络止痛；耳胀堵塞甚者，加石菖蒲以加强散邪通窍之功；中耳积液多者，加车前子、木通以清热利湿；头痛甚者，加桑叶、菊花；咳嗽有痰，加黄芩、瓜蒌、枇杷叶之类。

2. 肝胆湿热，上蒸耳窍

临床表现：耳内胀闷堵塞感，耳内微痛，耳鸣如机器声，自听增强，重听，或耳不闻声。患者烦躁易怒，口苦口干，胸胁苦闷。舌红，苔黄腻，脉弦数。

证候分析：肝胆湿热上蒸耳窍，故耳内胀闷堵塞而微痛、耳内鸣响如机器声、听力下降；火热灼耳则鼓膜充血；肝热挟湿上聚耳窍，故见积液；烦躁易怒、口苦口干、胸闷、舌红、苔黄腻、脉弦均为肝胆湿热之征。

治法：清泻肝胆，利湿通窍。

方药：龙胆泻肝汤加减。方中龙胆草苦寒泻肝胆实火；黄芩、栀子清热解毒泻火；泽泻、木通、车前子清热利湿通窍；生地、当归为养血滋阴之品，以使标本兼顾；柴胡引诸药入肝胆经；甘草调和诸药。本方药物多为苦寒之性，多服、久服皆非所宜，药到病除即止。耳堵塞闭闷甚者，可酌加苍耳子、石菖蒲。

3. 湿浊之邪，停聚耳窍

临床表现：耳内胀闷闭塞感，日久不愈，听力减退，自声增强。可兼有肢倦乏力，面色不华，或头重肢困，便溏。舌质淡，或舌体胖边有齿印，脉细或细缓。

证候分析：中焦失运，水湿痰浊滞留耳窍，蒙蔽清阳，故耳窍闭塞不通，耳鸣；纳呆、便溏、肢倦乏力、面色不华、舌质淡或舌体胖、舌边齿印、脉细或细缓均为脾虚之征。

治法：健脾化浊，利湿通窍。

方药：参苓白术散加减。方中以四君子汤健脾益气，以除痰湿；配以扁豆、薏苡仁、山药、白术健脾渗湿；砂仁芳香醒脾，桔梗载诸药上行于耳。耳窍积液黏稠量多者，可加藿香、佩兰以芳香化浊醒脾；积液清稀而量多者，宜加泽泻、桂枝以温阳化气行水；若肺脾气虚，可加黄芪等补中益气之品，补益脾肺，化湿通窍。

4. 邪毒滞留，气血瘀阻

临床表现：耳内胀闷阻塞感较甚，日久不愈。可伴有听力明显减退，渐进性加重，耳鸣如蝉鸣声，或嘈杂声。舌质紫暗或边有瘀点，脉细涩。

证候分析：由于耳胀失治或反复发作，邪毒滞留，脉络阻滞，气血瘀阻，故耳内胀闷堵塞感明显；日久不愈，气血瘀阻，窍闭不通，故听力减退；气血运行不畅，故舌质暗，或边有瘀点，脉细涩。

治法：行气活血，通窍开闭。

方药：通窍活血汤加减。方中以川芎行气活血；赤芍、桃仁、红花活血化瘀；老葱、生姜散邪通窍；麝香芳香开闭；大枣补气养血扶正，合用有行气活血通窍之功效。或可加柴胡引药入少阳经，直达病所。

若兼脾虚，多表现为少气，纳呆，耳鸣，舌质淡，脉细缓，宜健脾益气配以通窍之法，可用益气聪明汤或补中益气汤配合通气散以健脾益气,活血通窍。

若兼肝肾阴虚,多表现为咽干,五心烦热,腰膝酸软,潮热盗汗,耳鸣如蝉,入夜为甚,听力下降明显,可用耳聋左慈丸合通气散;若偏肾阳虚,可用肾气丸以补肾阳而通窍;耳鸣耳聋明显以致烦躁难眠者,可加龙骨、牡蛎、远志、石菖蒲以化痰开窍,定志安神。

## 二、外治法

1. **滴鼻** 其目的是通过滴鼻,使鼻窍通畅,减轻咽鼓管咽口处肿胀,促进耳窍积液的排出。对有鼻塞流涕症状的患者更为需要。
2. **鼓膜按摩** 适用于鼓膜内陷,耳胀闷不减者。其法是用中指按住耳屏,轻轻按压,一按一放,有节奏地重复数十次,使外耳道交替产生正、负压,而起到鼓膜按摩的作用。
3. **咽鼓管吹张** 详见"附篇"。
4. **鼓膜穿刺术** 详见"附篇"。

## 三、针灸治疗

1. **体针** 以取耳周经穴为主。耳周取听宫、听会、耳门、翳风,远端可取合谷、外关,用泻法,留针 10~20 min,每日 1 次,以疏通经气。必要时,可加电针,以增强疗效。
2. **耳针** 取内耳、神门、肺、脾、肾、肝、胆等穴位或耳窍上的压痛点埋针,每次选 2~3 穴;也可用王不留行籽或磁珠贴压每日按压 3~4 次,以加强刺激,3~5 日为 1 个疗程。

## 四、其他治疗

超短波理疗、微波照射等均有助于消除中耳积液。

【预防与调护】

(1) 积极防治感冒及鼻部疾病。
(2) 保持鼻腔清洁,上感期间适当使用滴鼻药,防止用力擤鼻,以免将鼻腔病菌压入耳窍,引起感染。
(3) 本病初期多为实证,病久则多为虚实夹杂证,治疗方面,应辨明虚实,在辨证用药的基础上,注意通窍法的运用。
(4) 应及早彻底治疗,防止疾病进一步发展而演变为他病。

【预后与转归】

本病若能及时合理治疗,预后良好。

【儿童患者诊疗注意事项】

(1) 小儿常因听觉迟钝或注意力不集中而就诊。
(2) 部分患儿咽鼓管吹张法难以配合,可以告知家长教孩子吹口哨、气球,但不宜咀嚼泡泡糖。
(3) 小儿罹患本病,常由腺样体肥大所致,或同时伴有鼻鼽等病。应注意治疗这些相关疾病。

【古代文献摘录】

《景岳全书·卷二十七》:"气闭者多因肝胆气逆,其证非虚非火,或因恚怒,或因忧郁,气有所结而然,治宜顺气,气顺心舒而闭自开也。""凡耳窍或损或塞,或震伤,以至暴聋或鸣不止者,即宜以手中指于耳窍中轻轻按捺,随捺随放,随放随捺,或轻轻摇动,以引其气,捺之数次,其气必至,气至则窍自通矣。凡值此者,若不速为引导,恐因而渐闭而竟至不开耳。"

**【西医学中主要相关疾病认识】**

**分泌性中耳炎** 分泌性中耳炎过去又称渗出性中耳炎、卡他性中耳炎、浆液性中耳炎、非化脓性中耳炎等,中耳积液极为黏稠而呈胶冻状者,称为"胶耳"。它是以鼓室积液及传导性耳聋为主要特征的一种中耳非化脓性炎性疾病,可分为急性和慢性两种。目前认为咽鼓管功能障碍为本病的基本病因,此外与感染、气压变化、免疫反应等有关。当咽鼓管功能不良时,外界空气不能进入中耳,中耳内原有的气体逐渐被黏膜吸收,腔内形成负压,引起中耳黏膜静脉扩张、瘀血,血管壁通透性增强,导致中耳积液。清除中耳积液,改善中耳通气引流及病因治疗为本病的治疗原则。

## 第七节 脓耳

脓耳是指由外邪侵袭,邪毒炽盛,停聚耳窍或脏腑虚损,正气亏虚,邪滞耳窍,无力托毒所致的以耳部疼痛、鼓膜穿孔、耳内流脓、听力下降等为主要临床表现的疾病。本病严重者可引起脓耳变证,甚者危及生命。西医学中的化脓性中耳炎、乳突炎可参考本篇进行辨证论治。

《灵枢·厥病》曰:"耳痛不可刺者,耳中有脓。"这是类似于脓耳症状的最早记述。《仁斋直指方·卷二十一》说:"热气乘虚,随脉入耳,聚热不散,脓汁出焉,谓之脓耳。"古代医家对脓耳的论述较多,又有称聤耳、耳疳、耳底子、耳湿等。

**【病因病机】**

外因多为风热湿邪侵袭,内因多属肝、胆、脾、肾脏腑功能失调所致。

1. **外邪侵袭,壅遏耳窍** 风热或风寒外袭,循经上犯,邪毒结聚耳窍。或可因污水入耳,水湿内侵,湿热郁蒸耳窍,发为本病。

2. **肝胆湿热,熏蒸耳窍** 外感湿热之邪,内犯肝胆,或嗜食肥甘,内酿湿热,湿热壅滞肝胆,上蒸耳窍发为本病。

3. **脾虚失运,湿困耳窍** 素体虚弱,脾虚失运,湿浊停聚,泛溢耳窍发为本病。

4. **肾元亏损,邪滞耳窍** 先天禀赋不足或房劳伤肾,或久病不愈,肾元亏虚,肾虚耳部骨质失养,邪毒滞留,邪毒腐蚀骨质,甚或邪毒内陷发为本病。

**【诊断要点】**

1. **病史** 初发者多有外感或鼓膜外伤史,久病者有患耳反复流脓史。

2. **临床症状** 初发者起病急,耳内疼痛、胀闷、听力障碍,或有耳鸣。随病情发展,耳疼加剧,呈跳痛,或如钻痛、刺痛,痛引头脑。全身可有畏寒发热等症。小儿患病全身症状较重,多有高热、啼哭、抓耳、摇头、烦躁不安、拒食,甚至耳后红肿等。鼓膜穿孔溢脓后,则耳痛及全身症状迅即减轻。病久则以耳内流脓反复难愈,不同程度听力减退为主要表现。

3. **局部检查** 病初起,鼓膜松弛部、锤骨柄、周边部的血管呈放射状充血;病情进一步发展,则鼓膜弥漫性充血;鼓膜穿孔前,其标志消失,充血呈鲜红色,鼓膜外凸或突出部位中心有黄点(脓点),若凸出部顶点有闪光点,可见脓液从此处呈搏动性流出(彩图9a),少数患者可有耳后完骨红肿疼痛。久病者,鼓膜紧张部或松弛部有大小不等的穿孔(彩图 9b)。可有灰白色片状或豆渣样臭秽分泌物(彩图 9c)。

4. 其他　听力检查呈传导性耳聋,亦可见混合性耳聋。血常规:鼓膜穿孔前,白细胞总数偏高,鼓膜穿孔后或慢性者,白细胞可正常。颞骨 CT 或 X 线摄片可示骨质破坏或胆脂瘤形成。

【鉴别诊断】

1. 耳疖、耳疮　详见"耳疖、耳疮"篇。
2. 耳胀耳闭　详见"耳胀耳闭"篇。

【辨证论治】

辨治思路:根据脓耳发病特点,以疏风清热、清泻肝胆、健脾渗湿、补肾培元为主要内治法,外治以清热解毒、消肿止痛、敛湿排脓的局部治疗。

## 一、内治法

1. 外邪侵袭,壅遏耳窍

临床表现:起病急,发热,耳痛逐渐加剧,或剧痛后脓液流出。全身伴发热、恶寒或鼻塞流涕。舌质偏红,苔薄白或薄黄,脉浮数。

证候分析:风热或风寒外袭,或污水入耳,水湿内侵,循经上犯,邪毒结聚耳窍,与气血搏结,则耳内疼痛;风性善行数变,常挟寒挟热,而多从火化,故发病急;发热、恶风寒、鼻塞、流涕、舌红、苔薄白或薄黄、脉浮数皆为上焦肺热壅盛之征。

治法:疏风清热,解毒消肿。

方药:蔓荆子散加减。方中蔓荆子、甘菊花、升麻气轻之品升阳清上;木通、赤茯苓、桑白皮清热利水去湿;前胡助蔓荆子宣散,助桑白皮而化痰;生地、赤芍、麦冬养阴凉血。全方疏风清热,去湿排脓,凉血清热,活血止痛。病初起风热偏盛者,可去生地、麦冬,加柴胡、薄荷;若鼓膜红肿、耳痛剧烈者,为火热壅盛,可加野菊花、蒲公英、紫花地丁、板蓝根等,以清热解毒,消肿止痛。

2. 肝胆湿热,熏蒸耳窍

临床表现:耳痛剧烈,耳脓黄稠,耳鸣耳聋。全身可见发热、口苦咽干,小便黄赤,大便干结;小儿症状较成人为重,可有高热、烦躁、惊厥等症。舌质红,苔黄,脉弦数有力。

证候分析:湿热之邪壅滞肝胆,熏蒸耳窍,故耳内疼痛;耳窍为邪毒阻塞,清气不达,闭而不用,故耳鸣耳聋;邪毒内蕴,不得外解,阻塞经脉气血运行,化腐成脓;口苦咽干、小便黄赤、大便秘结、舌红、苔黄、脉弦数等均为肝胆火热之征。小儿脏腑柔弱,形气未充,邪毒易犯,临床症状较为严重。

治法:清肝泻火,利湿排脓。

方药:龙胆泻肝汤加减。取龙胆草、黄芩、栀子、柴胡入肝胆以清泻肝胆之火;当归、生地清热活血消肿;车前子、木通、泽泻导热下行。若火毒炽盛,流脓不畅者,可选用仙方活命饮加减,以达到清热解毒,消肿排脓的疗效。小儿热盛宜引动肝风,可加入平肝息风药,如钩藤、蝉蜕;若出现神昏、惊厥、呕吐,应参考"脓耳变证"之"黄耳伤寒"篇处理。小儿脏腑娇嫩,用药过于苦寒会损伤正气,临床用药应加以注意。

3. 脾虚失运,湿困耳窍

临床表现:耳内流脓日久,量多而清稀,听力下降或有耳鸣。全身可有头晕、面色少华,纳差,大便溏薄等。舌质淡,苔白腻,脉缓弱。

证候分析:湿邪属阴,性黏滞。耳为清空之窍,喜空虚。脾虚运化失健,湿浊停聚,泛溢耳窍,故耳内脓液清稀,量较多,缠绵日久而无臭味;湿浊蒙蔽清窍,故耳鸣耳聋、头晕、头重;头晕、面色少华、纳差、大便溏薄、舌质淡、苔白腻、脉缓弱等皆为脾虚失于运化,清阳之气不得营运之征。

治法:健脾渗湿,补托排脓。

方药:托里消毒散加减。若湿蕴化热,湿热盛,耳流脓色黄,且耳痛者,加入黄芩、野菊花、蒲公英等清热解毒排脓;耳闷、听力下降者,加石菖蒲、蔓荆子等以通窍排脓。若周身倦怠乏力,头晕而沉重,为清阳之气不得上达清窍,可选用补中益气汤加减。若脓液清稀量多、纳差、便溏,为脾虚失于健运,可选用参苓白术散加减。

4. 肾元亏损,邪滞耳窍

临床表现:耳内流脓日久不愈,反复发作,量不多,脓液秽浊或呈豆腐渣样,并有臭味,听力减退明显。全身可见头晕、神疲、腰膝酸软、舌淡红,苔薄白或少苔,脉细弱。

证候分析:肾元亏损,耳窍失养,邪毒留恋,故耳内流脓日久不愈,并反复发作;邪毒久恋,化腐成脓,故耳脓秽浊或呈豆腐渣样,并有恶臭气味;肾精亏损,耳窍失养,故听力明显减退;肾元虚损,脑髓失养,故头晕神疲;腰膝酸软、舌淡红、苔薄白或少苔、脉细弱为肾元亏损之征。

治法:补肾培元,化湿祛腐。

方药:肾气丸加鱼腥草、金银花、木通、夏枯草、桔梗等。方中以肾气丸培补肾元,配以鱼腥草、金银花、木通、夏枯草、桔梗祛湿化浊。肾阴虚者,若湿热郁久,化腐成脓,气味臭秽,可在前方基础上选用穿山甲、皂角刺、板蓝根、金银花、桃仁、红花、乳香、没药等,以活血祛腐。若伴见虚烦失眠、耳鸣、腰膝酸软等症,则可用知柏地黄丸加减。

## 二、外治法

1. 清除耳道内脓液 用3%过氧化氢溶液清洁外耳道。也可用负压吸引的方法清除脓液,以利于脓液流出。

2. 滴耳 选用具有清热解毒、消肿止痛、敛湿去脓作用的药液滴耳,如黄连滴耳液,或新鲜的虎耳草捣汁,每日滴耳5~6次。

3. 吹药 用具有清热解毒、敛湿去脓作用的药物吹耳,如耳疖散等。吹耳法是古代治疗脓耳的最常用方法之一,吹药前应先将耳道内脓液清除干净,每次吹入的药散不宜过多,否则容易造成堵塞及妨碍引流。

4. 滴鼻 急性期鼻塞患者,可用芳香通窍的滴鼻剂或1%麻黄素滴鼻液滴鼻。滴鼻的目的是让咽鼓管通畅,有利于排除耳窍脓液。

5. 涂敷 如病情严重或脓液刺激,引起耳前后有红肿疼痛,可用紫金锭磨水涂敷,或用如意金黄散调敷,有消肿止痛的作用。

## 三、针灸治疗

1. 体针 实热证以取手、足少阳经及足厥阴肝经穴为主,一般用泻法;如为虚证,则以足太阴、足阳明、足少阴、足太阳经穴为主,多用补法。主穴选耳门、听会、翳风,配穴选风池、外关、曲池、合谷、足三里、阳陵泉、脾俞、肾俞等,每日1次,每次留针20~30 min。

2. 灸法 虚寒者选用翳风穴悬灸,亦可配合足三里艾灸,每日1次,每次约1 min。

【预防与调护】
(1) 防治上呼吸道感染。感冒时不用力擤鼻,防止邪毒窜入耳窍引发脓耳。
(2) 防止鼓膜损伤引发脓耳,如遇鼓膜外伤,防止污水入耳引发脓耳。
(3) 患病后保持脓液的引流通畅,合理使用滴耳药,吹耳药。
(4) 密切观察病情变化,若见剧烈耳痛、头痛、发热和神志异常,提示有变证的可能,要及时处理。
(5) 对于某些诱发或加重本病的食物,要适当加以避忌,如豆类、鱼虾及其他可能引发邪毒的食物。

【预后与转归】
脓耳初发如治疗及时,一般预后良好。若遗留鼓膜穿孔多反复发作者,影响听力。部分患者,因贻误治疗或治疗不当而并发脓耳变证,严重者可危及生命。

【儿童患者诊疗注意事项】
(1) 小儿发育未全,抵抗力弱,容易罹患本病,且容易出现脓耳变证,应加防范。
(2) 婴幼儿哺乳时应保持正确姿势,避免儿童卧位饮食。
(3) 小儿患本病,实证易治,虚证难愈。应及早治疗,彻底治疗。
(4) 小儿脓耳出现剧烈的耳痛、头痛、发热和神志异常,提示有脓耳变证的可能,应及时处理。

【古代文献摘录】
《肘后备急方·卷六》:"聤耳,耳中痛,脓血出。"
《诸病源候论·卷二十九》:"耳者宗脉之所聚,肾气之所通,足少阴肾之经也,劳伤血气,热乘虚而入于其经,邪随血气至耳,热气聚,则生脓汁,故谓之聤耳。"

【西医学中主要相关疾病认识】
1. 急性化脓性中耳炎　本病为中耳黏膜的急性化脓性炎症,致病菌主要通过咽鼓管或外伤的鼓膜侵入中耳引起感染,病变主要位于鼓室,可累及中耳其他相关部位。治疗原则是控制感染,通畅引流并去除病因,宜早期全身应用足量抗生素控制感染,务求彻底治愈。
2. 急性乳突炎　本病为乳突气房黏膜及其骨质的急性化脓性炎症,多由急性化脓性中耳炎发展而来,以小儿为多见。早期治疗同急性化脓性中耳炎,若感染未能控制,或出现可疑并发症时,应立即行乳突凿开术。
3. 慢性化脓性中耳炎　病变侵及中耳黏膜、骨膜或深达骨质,常合并存在慢性乳突炎。根据临床表现、局部检查、CT、X线检查等的不同,临床可分三个类型:单纯型、骨疡型、胆脂瘤型。

# 第八节　脓耳变证

脓耳变证是指由脓耳所变生的一类病证,多因脓耳失治,邪毒侵蚀骨质,脓汁流窜,邪毒扩散所致。脓耳变证有多种,现介绍较常见的四种,即耳后附骨痈、脓耳面瘫、脓耳眩晕和黄耳伤寒。

## 耳后附骨痈

脓耳邪毒炽盛侵蚀耳后完骨,溃腐成痈称为耳后附骨痈。临床以耳内流脓、耳后完骨部红肿疼痛或溃破流脓为特征,患者以儿童为多见。西医学中的化脓性中耳乳突炎并发耳后骨膜下脓肿可参考本篇进行辨证论治。

古代医籍中的"耳后附骨痈""耳后疽""耳根毒""天疽锐毒""耳后发疽"等病证中有类似本病的记载。

【病因病机】

耳后附骨痈是在脓耳的基础上病情加重而发生。急发者多因脓耳火毒壅盛,缓发者多因气血亏虚,病程缠绵难愈。

1. 热毒内攻,脓液走窜　火热邪毒炽盛,肝胆湿热内壅,聚湿为脓,脓毒走窜,毒聚不泄,灼腐完骨,血肉腐败,脓毒走窜耳后,发为耳后附骨痈。

2. 正虚邪实,邪滞耳窍　病久气血不足,肾元虚损,邪毒滞耳,使耳后附骨痈反复发作流脓不止;耳后痈肿穿溃,疮口不敛,流脓不止,日久可形成耳后瘘。

【诊断要点】

1. 病史　有脓耳病史。

2. 临床症状　脓耳急发,耳痛较剧,流脓黄稠,耳后红肿疼痛,伴壮热,头痛如劈,全身表现不等。

3. 局部检查　耳后完骨红肿压痛,外耳道深部后上壁红肿触痛,可出现"下塌"现象;病情进一步发展,则见耳后肿胀,触之可有波动感,肿起处穿刺可抽出脓液(彩图10)。耳后沟消失,耳郭被推向外、前、下方。如脓液穿溃皮肤,形成耳后瘘管,则反复发作,经久难愈。

4. 其他　乳突X线或CT扫描有骨质破坏。

【鉴别诊断】

1. 耳疖　耳后附骨痈和耳疖均有耳道内肿痛,但耳疖以外耳道局限性红肿突起为特点,极少波及耳周和耳后。

2. 原发于耳后的痈肿　耳后附骨痈和原发于耳后的痈肿均表现耳后皮肤红肿疼痛,甚至溃破流脓,但耳后痈肿无脓耳病史。

【辨证论治】

辨治思路:根据耳后附骨痈发病原因,以泻火解毒、祛腐排脓、补益气血、托毒排脓为内治法,必要时配合手术治疗。

一、内治法

1. 热毒内攻,脓汁流窜

临床表现:脓耳发病期间,流脓突然减少,耳内及耳后疼痛加剧,外耳道后上壁塌陷,有污秽脓液或肉芽,鼓膜穿孔,耳后完骨部红肿、压痛,甚则将耳郭推向前方,数日后肿处变软波动,穿溃溢脓。全身可有发热、头痛、口苦咽干、尿黄便秘等症。舌质红,苔黄厚,脉弦数或滑数。

证候分析:脓耳毒邪内攻,脓液引流不畅,故流脓减少、耳痛加剧或痛引头脑;邪毒积聚,灼腐血肉,初起局限于耳及完骨内,故耳后叩痛压痛,耳道后上壁塌陷;若腐穿完骨,脓液溢聚于完骨之外,则耳后红肿突起,耳郭高耸向前;口苦咽干、发热、头痛、尿黄便秘,舌质红、苔黄厚、脉弦数或滑数为热毒挟湿。

治法：泻火解毒，祛腐排脓。

方药：病初期用龙胆泻肝汤加减。热盛者，去当归，加蒲公英、栀子、连翘、紫花地丁等清热解毒；疼痛甚者，加乳香、没药以行气活血，祛瘀止痛；肿胀未溃者，可加皂角刺、穿山甲。如痈肿溃破出脓，用仙方活命饮加减，以解毒排脓，活血消肿。若脓液多者，去穿山甲、皂角刺，以免耗伤气血，加桔梗、薏苡仁排脓。

2. 正虚邪实，邪滞耳窍

临床表现：耳后痈肿溃破，疮口淡暗，久不愈合，反复发作，溃口经久不愈，形成瘘道，脓稀色白。或兼头晕乏力，面色苍白，唇淡。舌质淡，脉细。

证候分析：正气内虚，气血亏耗，驱邪不力，正不胜邪，以致邪毒滞耳，余邪留恋，故病程迁延、痈肿反复发作、溃口经久不愈；气血亏虚，无力祛邪，致腐物不去而新肉难生、疮口暗淡、溢脓不断，形成耳后瘘道；全身之倦怠乏力、四肢不温、舌淡苔白、脉细弱等均为气血不足之征。

治法：扶正祛邪，托毒排脓。

方药：托里消毒散加减。方中可加入石菖蒲、薏苡仁开窍化浊；方中当归、川芎、赤芍养血活血；金银花、桔梗、白芷、皂角刺解毒排脓；生黄芪益气，托里排脓。若疮口暗淡、溢脓不断、脓液清稀，可加白扁豆、车前子、地肤子以健脾渗湿；若脓稠排出不畅，加蒲公英、桔梗、野菊花以解毒排脓，清除余毒；气血不足、头晕乏力者，可选用补中益气汤加减。

## 二、外治法

1. **局部处理** 详见"脓耳"篇。
2. **外敷** 耳后红肿者可用如意金黄散、紫金锭等药以醋调敷患处，每日1~2次。
3. **排脓** 痈肿表面触之波动者，应切开排脓；如痈肿已自行溃破者，应扩创引流换药。
4. **其他** 选适当时机行中耳乳突手术，彻底清理脓耳乳突病灶。

【预防与调护】

(1) 积极治疗脓耳，防止发生耳后附骨痈。
(2) 脓耳病程中，应及时清洗耳道，清除脓液脓痂，保持耳内引流通畅。
(3) 忌服燥热助火食物，保持二便通畅。

【预后与转归】

本病如及时、恰当治疗，一般均能治愈，故预后良好。如治疗不及时或体质虚弱，痈肿穿溃后长期溢脓可形成瘘道。若病变发展，耳后痈肿可流窜至颈深部、纵隔，甚至腐蚀血脉，危及生命。

## 脓耳面瘫

因脓耳失治，邪毒侵蚀耳内脉络而发生的面瘫称为脓耳面瘫。西医学中的化脓性中耳乳突炎并发面瘫可参考本篇进行辨证论治。

【病因病机】

脓耳失治，邪毒潜伏于里，灼腐耳内脉络，致使脉络闭阻不通而导致面瘫。

1. 热毒上攻，脉络受损　毒热之邪上攻，耳内气血搏结，致使脉络闭阻，气血阻滞，经筋失养，而致面部肌肤弛缓，导致口眼㖞斜。

2. 气血不足，邪毒阻络　脓耳发病日久，以致气血亏虚，祛邪无力，邪毒困结耳窍，闭阻脉络，使面部肌肤失养而口眼㖞斜。

【诊断要点】

1. 病史　有脓耳病史。

2. 临床症状　面肌运动减退或丧失，不能提额皱眉、闭眼，鼻唇沟变浅或消失；嘴角歪向健侧，患侧口角下垂，鼓腮、吹口哨漏气；口涎外流；说话、发笑、闭眼、龇牙时面容不对称。

3. 局部检查　鼓膜穿孔多位于松弛部或紧张部边缘，鼓室内有污秽黏脓及豆腐渣样物或肉芽，味臭。

4. 其他　听力检查呈传导性聋或混合性聋。X线或CT扫描示乳突有骨质破坏。泪腺分泌试验、味觉试验、面神经电图、面肌电图等检查有助于判断面神经损害部位及程度。

【鉴别诊断】

1. 中枢性面瘫　脓耳面瘫和中枢性面瘫均有面瘫，但中枢性表现为病变的对侧面下部表情肌瘫痪，鼻唇沟变浅，露齿时口角下垂，不能吹口哨。其额纹不变浅，眼睑可以闭合。常见于脑血管病变、肿瘤等。

2. 耳带状疱疹　脓耳面瘫与耳带状疱疹均有面瘫，但耳带状疱疹除面瘫之外，还表现为耳痛、耳郭或耳周的疱疹，或耳聋、眩晕等。

【辨证论治】

辨治思路：根据脓耳面瘫发病原因，以清热解毒、活血通络、托里排脓、祛邪通络为内治法，必要时配合手术治疗。

## 一、内治法

1. 热毒上攻，脉络受损

临床表现：耳内流脓，耳痛剧烈，口眼㖞斜，鼓膜充血、穿孔，流脓稠厚味臭，完骨部有叩压痛。全身可见发热头痛，口苦咽干，尿赤便秘。舌质红，苔黄，脉弦滑数。

证候分析：热毒炽盛，蒸灼耳窍，故耳流脓、耳痛；脓毒内攻，损及脉络，气血阻滞，则口眼㖞斜、完骨疼痛；热毒壅盛，火热上攻，故流脓黄稠；发热头痛、口苦咽干、舌红、苔黄、脉弦滑数等为肝胆火热上攻之征。

治法：泻火解毒，活血通络。

方药：龙胆泻肝汤加减。本方加桃仁、红花、全蝎以活血通络，合牵正散以祛风通络。

2. 气血不足，邪毒阻络

临床表现：脓耳流脓日久，渐生面瘫，初起面部运动迟缓，日久面部麻木，肌肉萎缩，鼓膜松弛部或边缘性穿孔，脓液污秽臭味。全身可见食少便溏，肢倦无力，唇淡白无华。舌质淡，舌苔白腻，脉细弱或涩。

证候分析：脓耳日久，邪毒闭阻脉络，致使面部肌肤失养，所见面部麻木、肌肉萎缩；邪毒侵蚀，故鼓膜穿孔、脓流污秽；气血亏损，脾气不足，湿浊内困，故食少便溏、肢倦无力、苔白腻；唇舌淡而无华、脉细弱为气血亏虚之表现。

治法：托里排脓，祛邪通络。

方药：托里消毒散合牵正散。托里消毒散托毒排脓，牵正散祛瘀通络。若脓多者，可加入薏苡仁、冬瓜仁等；气血亏虚，脉络瘀阻，面瘫日久者，可用补阳还五汤祛瘀通络，益气活血。

## 二、外治法

1. 耳局部处理　详见"脓耳"篇。
2. 其他　必要时可行中耳乳突根治手术及面神经探查减压术。

## 三、针灸治疗

1. 针刺及灸法　以翳风、地仓、合谷为主穴，配阳白、太阳、人中、承浆、颊车、下关、四白、迎香、大椎、足三里等，针刺或用电针治疗，每日1次。气血虚者，可用灸法。
2. 电磁疗法　选用上穴，行电磁疗法，每日1次。
3. 梅花针　用梅花针叩击患侧面部，每日1次。
4. 穴位敷贴或注射　取颊车、地仓、下关、大通、曲池、翳风、外关等穴，用蓖麻仁捣烂，敷贴穴位。亦可选用丹参、当归或黄芪等注射液做穴位注射，每次1～2穴，各穴轮流使用。每穴注入药液0.5～1 ml，隔日1次，5～7日为1个疗程。

【预防与调护】

(1) 根治脓耳，是预防本病关键。
(2) 注意眼部防护，如白天戴眼罩，晚上涂眼膏。
(3) 每日按摩患侧面肌数次，有利于防止或减轻面部肌肉萎缩。

【预后与转归】

本病预后视面瘫轻重程度和治疗情况而不同。若病变轻而治疗及时，则愈后良好；若病变重或失治，则难愈或遗留功能不全，可致眼睑闭合不全而发生患侧角、结膜炎，面肌萎缩可影响面容。

## 脓耳眩晕

脓耳失治，邪毒流窜内耳引起的眩晕称为脓耳眩晕。可反复发作，病情轻重不一。西医学中的化脓性中耳乳突炎并发迷路炎可参考本篇进行辨证论治。

【病因病机】

1. 肝胆火热，上扰耳窍　肝胆火热炽盛上犯，热盛生风，风火相煽，扰乱清窍而为病。
2. 脾肾两虚，耳窍失养　脓耳病久，脾气虚弱，运化失职，湿困于耳，耳窍失养发为眩晕，病久肾精亏虚，骨失所养，邪毒日久蚀损耳窍，以致眩晕频发。

【诊断要点】

1. 病史　有脓耳病史。
2. 临床症状　眩晕阵发，视物旋转，恶心呕吐，喜闭目静卧，活动时眩晕加重；眩晕可由转身、行车、低头屈体、挖耳、压耳屏等动作时激发;耳内流脓增多时症状加重。

3. 局部检查  鼓膜穿孔多位于松弛部或边缘,有污秽黏脓味臭及豆腐渣样物或肉芽。

4. 其他  听力检查为传导性或混合性耳聋。瘘管试验阳性。眩晕发作时可见自发性水平性眼震,早期快相向患侧,后期快相转为向健侧。

【鉴别诊断】

中枢性眩晕  详见"耳眩晕"篇。

【辨证论治】

辨治思路:根据脓耳眩晕发病原因,以清泻肝胆、健脾祛湿、补肾培元为内治法,必要时配合手术治疗。

一、内治法

1. 肝胆火热,上扰耳窍

临床表现:剧烈眩晕,恶心呕吐,体位变换时眩晕加重,多见于耳内流脓黄稠、耳痛、耳鸣耳聋。口苦咽干,急躁易怒,便秘尿赤,或有发热头痛目赤。舌质红,苔黄,脉弦数。

证候分析:火热之邪引动肝风,故见眩晕剧烈、恶心呕吐;热毒炽盛,灼腐耳窍,故耳痛流脓黄稠;肝胆热盛,伤阴耗津,故口苦咽干;耳鸣耳聋、急躁易怒、便秘尿赤、舌质红、苔黄、脉弦数为肝胆热盛的表现。

治法:清泻肝胆,息风定眩。

方药:当归龙荟丸合天麻钩藤饮。方中以龙胆草、青黛直入肝经以折火势,而以大黄、黄芩、黄连、栀子、黄柏通平上下三焦之火也。芦荟大苦大寒,气躁入肝,能引诸药同入厥阴,诸药苦寒已甚,当归辛温,能入厥阴,和血而补阴,故以为。少佐木香、麝香,取其行气通窍也;天麻钩藤饮清火息风。

2. 脾肾两虚,耳窍失养

临床表现:耳内流脓日久,脓液腐臭,经久不愈,眩晕时发,耳鸣耳聋。可伴胸闷痰涎增多,倦怠无力,纳少便溏。伴脾虚者可见脉缓弱或濡滑,肾虚者可见脉细弱或细数。

证候分析:湿浊脓毒停留,蒙蔽耳窍,故眩晕反复发作、耳鸣耳聋;脾虚则湿浊相困,故胸闷泛恶、痰涎增多、倦怠无力、纳少便溏及脉缓弱或濡滑;肾虚则精神萎靡、腰膝酸软、健忘多梦、脉细弱或细数。

治法:健脾益肾,排脓通窍。

方药:托里消毒散加减。脾虚湿盛者,可加泽泻、薏苡仁、石菖蒲以加强利湿化浊。肾阴虚者,加用六味地黄丸;肾阳虚者,加用肾气丸。

二、外治法

1. 耳局部处理  详见"脓耳"篇。

2. 其他  脓耳眩晕发作症状控制后应行中耳乳突手术清理病灶。

【预防与调护】

(1)彻底治疗脓耳,是预防本病发生的关键。

(2) 脓耳眩晕发作期,应卧床静养,注意观察病情变化,以防发生黄耳伤寒。

【预后与转归】

本病若及时治疗,并进行手术根治,预后良好。若失治误治,邪毒侵入颅内,可引起黄耳伤寒,甚则危及生命。

## 黄 耳 伤 寒

黄耳伤寒是指因脓耳邪毒壅盛,热入营血,内陷心包,引动肝风而致的病证,是脓耳变证的危重病证。黄耳伤寒治不及时,可危及生命。西医学中的化脓性中耳乳突炎颅内并发症(如乙状窦血栓性静脉炎、耳源性脑膜炎、耳源性脑脓肿)可参考本篇进行辨证论治。

黄耳伤寒的描述早见于明代《赤水玄珠·卷十九》,书中曰:"凡耳中策策痛者,皆是风入于肾经也。不治,流入肾则卒然变恶寒发热,脊强背直如痉之状,曰黄耳伤寒也。"

【病因病机】

脓耳日久病深,邪毒停留耳窍,若流脓不畅,或复感外邪,热毒炽盛,脓毒走窜于耳窍之外,以致邪毒入侵营血,内犯心包,引动肝风,发为黄耳伤寒。

1. 脓毒走窜,热入营血　脓耳火热炽盛,病势发展,热毒深伏于里,内陷营血,心神受扰而致病。

2. 脓毒深陷,热入心包　脓耳热毒深陷,困郁于内,耗血伤津,痰热闭阻心包而致病。

3. 脓毒炽盛,热极动风　脓耳热毒炽盛,引动肝风,上扰神明,痰阻脉络而为病。

【诊断要点】

1. 病史　既往有脓耳病史,近期有脓耳急性发作史。

2. 临床症状　脓耳病程中出现剧烈耳痛及头痛,呕吐呈喷射状,寒战高热,项强,神志不清,甚至出现抽搐、肢瘫等表现。

3. 局部检查　耳内流脓不畅,脓液污秽味臭,鼓膜松弛部或边缘性穿孔。

4. 其他　乳突 X 线摄片或 CT 扫描有骨质破坏,颅脑 MRI 检查有助于诊断。脑脊液检查、颅内压测定、眼底检查、血培养、定位体征对分析发生变证的部位及类型有参考价值。

【鉴别诊断】

1. 流行性脑膜炎　黄耳伤寒与流行性脑膜炎均有头痛、发热、呕吐,但流行性脑膜炎多发生于 2～4 月份的流行季节,早期可见皮肤瘀斑,口周与鼻孔周围有单纯疱疹,脑脊液中可找到脑膜炎球菌。

2. 结核性脑膜炎　黄耳伤寒与结核性脑膜炎均有头痛,但结核性脑膜炎多为儿童及青年,病情进展缓慢,早期可有发热、盗汗、消瘦等结核病常见的中毒表现,可找到身体他处的结核病灶,最终由腰穿结果来证实。

【辨证论治】

辨治思路:根据黄耳伤寒发病原因,采用清营凉血、清心开窍、镇肝息风、泄热解毒为内治法,必要时配合手术治疗。

## 一、内治法

**1. 脓毒走窜,热入营血**

临床表现：耳内流脓臭秽,突然脓液减少,耳痛剧烈。可伴头痛如劈,项强,呕吐,憎寒壮热,心烦躁扰,但神志尚清。舌质红绛,少苔或无苔,脉细数。

证候分析：脓毒流窜入里,故耳痛剧烈,脓液反而减少；热毒炽盛,入于营血,邪正相搏则憎寒壮热、头痛如劈；火毒上逆,则呕吐项强；营气通于心,热毒入营,心神被扰故心烦躁扰；舌质红绛、少苔为热伤营阴之征。

治法：清营凉血,泄热解毒。

方药：清营汤加减。泄热毒而清营凉血。若大便秘结者,加大黄、芒硝以通腑泻热；小便黄赤者,加滑石、车前子、通草以清利下焦。

**2. 脓毒深陷,热入心包**

临床表现：耳内流脓臭秽,耳痛。可伴头痛剧烈,高热不退,颈项强直,呕吐、嗜睡,神昏谵语。舌质红绛,脉细数。

证候分析：脓毒深陷,犯于心包,神明被扰,故见头痛、呕吐、嗜睡、神昏、谵语；邪热闭于体内,故见高热不退；舌质红绛、脉细数为心营热盛之征。

治法：清心开窍,泄热解毒。

方药：清宫汤送服安宫牛黄丸或紫雪丹、至宝丹。安宫牛黄丸重于清热解毒,紫雪丹兼能息风,至宝丹则重于芳香开窍,三方可酌情选其一。痰热盛,可加竹沥、瓜蒌等；颈项强直者,加钩藤、地龙清肝息风止痉。

**3. 脓毒炽盛,热极动风**

临床表现：臭秽脓汁自耳内流出,多伴发耳痛。全身可见剧烈头痛,高热,手足躁动,颈项强直,甚则神志昏迷,四肢抽搐,甚或肢软偏瘫。舌质红绛而干,脉弦数。

证候分析：邪毒内陷上逆,见于耳痛头痛剧烈；热毒炽盛,故高热；热扰心神,则神志昏迷；热极动风,则手足躁动、筋脉拘急、四肢抽搐；风痰阻络则见肢软偏瘫；舌质红绛而干、脉弦数为热盛阴伤。

治法：泄热解毒,镇肝息风。

方药：羚羊钩藤汤加减。热盛,加生石膏、知母；便秘,加大黄、芒硝；口干、舌红绛,加水牛角、丹皮、紫草、板蓝根以凉血解毒；如有抽搐,可选加全蝎、地龙、蜈蚣以息风止痉；痰涎壅盛者,加竹沥、生姜汁；神志昏迷,四肢抽搐,肢软偏瘫,加服安宫牛黄丸。

## 二、外治法

1. 耳局部处理　详见"脓耳"篇。

2. 其他　尽早行手术治疗,清除耳部病灶。

【预防与调护】

(1) 治疗脓耳是预防本病的关键。

(2) 本病变化迅速而危重,应注意密切观察病情变化,保持生命体征稳定,采取积极治疗以使病情转轻向好。

## 【预后与转归】

本病若能及时诊断,及时治疗,多可治愈,晚期若不及时抢救可致死亡。

## 【儿童患者诊疗注意事项】

(1) 注意发热情况,有无寒战、头痛、眩晕、恶心、呕吐、昏迷等症状,了解分泌物性质,最近有无分泌物突然增加或突然减少情况。注意有无颈项强直、凯尔尼格征、巴宾斯基征、运动障碍及小脑症状等。

(2) 出现呼吸困难者,应立即给氧,对神志不清者,注意痰涎,防止其舌后坠。取侧卧位以保持其呼吸道畅通,防止痰涎堵喉头,痰涎太多时,及时抽吸。有颅内压增高者,应请神经科会诊。

(3) 对眼睛不能闭合者,眼内涂眼药膏,并轻轻按摩,使其闭合。

(4) 昏迷患者,按昏迷护理常规护理。腰穿患者,术后须平卧 6 h。

(5) 属胆脂瘤或骨质破坏所引起者,应立即行乳突根治术,清除病变,并进行面神经探查、减压术或面神经移植术。

## 【古代文献摘录】

《诸病源候论·卷三十九》耳后附骨痈候:"附骨痈,是风寒搏血脉,入深近附于骨也。十二经之筋脉,有络耳后完骨者,虚则风寒客之。寒气折血,血瘀涩不通,深附于骨而成痈也。其状无头但肿痛。"

《医宗金鉴·外科心法要诀》耳后疽:"又有初起失于托里,或误食寒凉,则毒不能外发,遂攻耳窍,脓从耳窍出者,名为内溃,属虚,多服十全大补汤。大抵少年得此证者,其愈最缓;老年得此证者,易于成漏。"

《医宗金鉴·外科心法要诀》指出:"耳根毒初痰核形,肿如伏鼠嫩赤疼,三焦风火胆怒气,暴肿溃速非疽痈。"

## 【西医学中主要相关疾病认识】

1. 耳后骨膜下脓肿  临床表现为耳后皮肤红肿疼痛,头痛发热,耳后肿胀,耳郭推向前外,穿刺可抽出脓液或穿破流脓形成瘘管。治疗应行单纯乳突凿开或乳突根治术,同时应用足量抗生素,局部脓肿切开引流。

2. 迷路炎  按病变范围及病理改变可分为局限性迷路炎、浆液性迷路炎、化脓性迷路炎三个类型。局限性迷路炎多发生于外半规管,遇到刺激时(如耳内加压、转身、屈体时),诱发阵发性眩晕,持续数分钟或数小时,眩晕发作时有自发性眼震,快相向患侧,直立时向健侧倾倒,瘘管试验可能阳性,听力检查常为传导性聋或混合性聋;浆液性迷路炎是内耳非化脓性的弥漫性浆液性炎症,其眩晕、呕吐、平衡失调的症状持续而较重,向健侧倾倒,眼震持续快相向患侧,瘘管试验阳性,听力检查常为混合性聋或感音性聋;化脓性迷路炎是内耳弥漫性化脓性炎症,可导致内耳终器被破坏,功能全部丧失,眩晕持续而重,向患侧倾倒,眼震快相向健侧,患侧听力可呈感音性聋,因前庭功能丧失,瘘管试验反而阴性。

3. 耳源性面瘫  可因胆脂瘤或骨炎压迫破坏,致使面神经部分坏死离断而引起面瘫。如乳突 X 线片或 CT 片上有骨质破坏,必须进行乳突根治清除病灶和面神经减压,如面神经出现部分断离缺损,应进行面神经改道端吻合,或进行面神经吻合术。

4. 乙状窦血栓性静脉炎  中耳化脓性炎症侵入乙状窦周围,形成乙状窦血栓性静脉炎或脓肿,带菌的栓子可随血流引起全身脓毒败血症。临床表现有弛张热或稽留热,耳后疼痛,患侧枕部及颈部疼痛,有时有条索状肿块,压痛明显。血中白细胞明显增多,血培养可有致病菌,脑脊液常规检查多正常。Tobey-Ayer 试验阳性,眼底检查可有患侧视乳头水肿。乳突 X 线片或 CT 片可发现乙状窦骨板破坏缺损,必要时可行静脉窦造影术。

5. 耳源性脑膜炎  临床表现以高热、头痛、呕吐为主要症状,体温高达 39~40℃,头痛剧烈,部位不定,常以后枕部为重,呕吐呈喷射状,可有烦躁不安、抽搐、嗜睡、谵妄、昏迷。小儿可有腹泻、惊厥。脑膜刺激征阳性,浅反射减弱,深反射亢进,可引出病理反射。脑脊液检查压力增高,细胞数增多,蛋白含量增高,糖含量和氯化物减少,细菌培养阳性且致病菌与耳内相同。

6. 脑脓肿  临床表现可分为 4 期:① 起病期(脑膜炎期):历时数日,畏寒、发热、头痛、呕吐及轻度脑膜刺激征,周围血中白细胞增多,脑脊液中细胞数和蛋白略增高。② 潜伏期(静止期):历时 10 日至数星期,多无明显症状。或有胃纳不佳,不规则头痛,低热及嗜睡、抑郁、烦躁、少语等精神改变。③ 显症期:症状突然明显,由于脑脓肿又形成并逐渐增大,而出现头痛、呕吐、意识障碍、脉搏迟缓与体温不一致、视乳头水肿、性格行为改变等高颅压症状及以下局灶性症状(定位体征)：颞叶脓肿可出现对侧肢体偏瘫，对侧中枢性面瘫，同侧偏盲，失语症等；小脑脓肿可出现中枢性眼震，眩晕，同侧肢体肌张力减弱或消失，共济失调等。④ 终末期：常因脑疝形成或脑脓肿破入脑室所致脑室炎及暴发性弥漫性脑膜炎而死亡。脑疝前期一般均有剧烈头痛，频繁呕吐，高热不退，神志不清，最后陷入深昏迷，呼吸心跳停止。

## 第九节 耳鸣耳聋

耳鸣耳聋是指因外邪侵袭或脏腑实火上扰耳窍，或瘀血痹阻、痰浊蒙蔽清窍，或脏腑虚损、清窍失养所致的以耳内鸣响、听力障碍为主要临床表现的耳病。耳鸣多是指主观感觉耳中鸣响，而周围并无相应的声源，自觉鸣响来自头部者，称为"颅鸣"或"脑鸣"。耳聋指不同程度的听力障碍。《释名》解释为："聋者，笼也，如在蒙笼之中不可察也。"而《左传·僖公二十六年》谓："耳不听五声之和曰聋。"西医学中各种原因引起的感音神经性耳鸣、耳聋，可参考本节进行辨证论治。

耳鸣在历代文献中亦有聊啾、蝉鸣、耳虚鸣、暴鸣、渐鸣等的名称。耳聋有暴聋、卒聋、猝聋、厥聋、久聋、渐聋、劳聋、虚聋、风聋、火聋、毒聋、气聋、聩聋等名称。

耳鸣与耳聋临床上常常同时或先后出现，如《杂病源流犀烛·卷二十三》谓："耳鸣者，聋之渐也，惟气闭而聋者则不鸣，其余诸般耳聋，未有不先鸣者。"

【病因病机】

耳鸣耳聋有虚实之别，实者多因外邪或脏腑实火上扰耳窍，抑或瘀血、痰饮蒙蔽清窍；虚者多为脏腑虚损、清窍失养。

1. **外邪侵袭，上犯耳窍**　外感风热或风寒，肺失宣降，致外邪循经上犯壅塞耳窍，清窍蒙蔽，感音、纳音失职，发为耳鸣耳聋。

2. **肝火上炎，燔灼耳窍**　素体阳盛，性急易怒，或恼怒焦虑，情志不遂，肝气郁结，气郁化火，"气有余便是火"，气火上炎，循经上扰耳窍发为本病。《素问·藏气法时论篇》："肝病者，两胁下痛引少腹，令人善怒；虚则目无所见，耳无所闻。"

3. **痰火郁结，壅闭耳窍**　饮食不节或嗜食肥甘厚味，湿热内酿，或思虑过度，伤及脾胃，水湿不运，聚湿生痰，痰郁化火，痰火上扰，郁于耳中，壅塞清窍，发为耳鸣耳聋。《素问·通评虚实论篇》说："头痛耳鸣，九窍不利，肠胃之所生也。"

4. **气滞血瘀，闭塞耳窍**　病久不愈，情志抑郁，肝气郁结，气机不畅，气滞血瘀；或因打斗、跌仆、爆震等伤及筋脉，致瘀血内停；或久病入络，致耳窍经脉瘀阻，清窍闭塞。此外，若起居失宜，突受惊吓，气血乖乱，致气血运行不畅，窍络瘀阻，亦可发为耳鸣耳聋。

5. **肾脏亏损，耳窍失养**　肾藏精，主骨生髓，汇集于脑，滋养于耳，肾开窍于耳。肾气充沛，髓海必精于耳，耳窍得濡而耳聪听敏。先天禀赋不足，素体虚弱，或病后失养，恣情纵欲，伤及肾精，或年老肾精渐亏等，致肾精耗伤，髓海空虚，耳窍失养，发为本病。

6. **气血亏虚，耳窍失养**　久病失治，病后失养，气血虚损，或老年气血衰弱，或饮食不节，饥饱失调，或劳倦、思虑过度，损及脾胃，脾胃虚弱，清阳不升，气血生化之源不足，气血亏虚，不能上奉于耳，耳窍经脉空虚，发为本病。《灵枢·口问》："人之耳鸣者何气使然？岐伯曰：耳者，宗脉之所聚也,故胃中空则宗脉虚,虚则下溜,脉有所竭者,故耳鸣。"

【诊断要点】
1. 病史　可有耳外伤、爆震、噪声接触、耳毒性药物用药、耳流脓等病史,或某些全身疾病。
2. 临床症状　耳鸣可单侧、可双侧;可呈持续性,也可呈间歇性;可呈高音调,亦可呈低音调;一般在安静时加重,严重者可影响睡眠;多数耳鸣患者伴有听力下降。耳聋者,可突发、可渐进,可伴有耳鸣及眩晕;突然发病者多为单侧,缓慢发生的渐进性耳聋多为双侧;部分耳聋可呈波动性听力下降。
3. 局部检查　外耳道及鼓膜检查多无异常。
4. 其他
(1) 听力学检查:如音叉试验、纯音测听、耳鸣音调与响度测试、声导抗测试、电反应测听等。
(2) 颞骨及颅脑 X 线、CT、MRI 等检查。

【鉴别诊断】
耳鸣、耳聋鉴别诊断见表 3-1。

表 3-1　耳鸣、耳聋与耳胀、耳闭、脓耳的鉴别诊断

| 鉴别点<br>病证名 | 病史 | 表现 | 鼓膜 | 听力 |
| --- | --- | --- | --- | --- |
| 耳鸣、耳聋 | 渐起或暴发,多种发病原因,亦可无明显诱因 | 耳鸣多为高音调,也可为低音调,可伴不同程度听力减退 | 鼓膜一般正常 | 多为感音神经性聋,少数可呈混合性聋 |
| 耳胀 | 每因感冒而发 | 耳胀耳闷,耳鸣,自听增强,伴风寒或风热表证 | 鼓膜轻度充血、内陷或有鼓室积液 | 传导性聋 |
| 耳闭 | 渐起,有耳胀反复发作病史 | 听力减退,耳闭塞感 | 鼓膜内陷或增厚、混浊、钙斑,或萎缩、粘连 | 多为传导性聋,少数可呈混合性聋 |
| 脓耳 | 耳道流脓、鼓膜穿孔病史 | 患耳溢脓,伴听力减退、耳鸣 | 初发鼓膜充血或小穿孔溢脓;久病鼓膜穿孔溢脓,反复发作 | 初发为传导性聋,久病可呈混合性聋 |

【辨证论治】
辨治思路:根据耳鸣耳聋发病原因,以疏风清热、清肝泄热、化痰清热、活血化瘀、补肾填精、健脾益气为内治法,配合针灸、导引等局部治疗。

## 一、内治法

一般来说,起病急、病程短者以实证为多见,常见于风热侵袭、肝火上扰、痰火郁结、气滞血瘀等证型;起病缓慢、病程较长者以虚证为多见,如肾精亏损或气血亏虚等。

1. 外邪侵袭,上犯耳窍

临床表现:突起耳鸣,响声如风,听力下降,或伴有耳堵闷感。全身或可有鼻塞、流涕、咳嗽、头痛、发热恶寒等。舌质红,苔薄黄,脉浮数。

证候分析:外邪侵袭,肺气闭郁,宣降失常,外邪循经上犯,蒙蔽清窍,故耳鸣耳聋;风热上犯,经气痞塞,则耳内胀闷、鼻塞、流涕、咳嗽、头痛、发热恶寒、舌红、苔薄黄、脉浮数等。

治法:清热疏风,宣肺通窍。

方药:银翘散加减。可加入蝉衣、石菖蒲以疏风通窍。若无咽痛、口渴,可去牛蒡子、淡竹叶、芦根;伴鼻塞、流涕者,可加苍耳子、白芷;头痛者,可加蔓荆子;伴咳嗽者,可加前胡、陈皮。

2. 肝火上炎,燔灼耳窍

临床表现:耳鸣耳聋突然发生,多因郁怒而发或明显加重,耳鸣如风、如雷、如潮声;或兼有耳闭塞感,头痛,眩晕,目红面赤,烦躁易怒,夜寐不宁,兼有口苦,咽干,面红或目赤,尿黄,便秘,夜寐不宁,胸胁胀痛,头痛或眩晕。舌红,苔黄,脉弦数。

证候分析:肝性劲急,肝火上逆,发病多急;肝胆表里,胆经入耳,肝火循经上扰,则耳鸣耳聋;情志抑郁或恼怒,则肝气郁结,气郁化火,故使耳鸣耳聋加重;肝火上炎,则面红目赤、头痛或眩晕;肝火内炽,灼伤津液,则口苦咽干、便秘溲黄;肝火内扰心神,则夜寐不宁;肝气郁结,则胸胁胀痛、舌红、苔黄、脉弦数。

治法:清泄肝胆,开郁通窍。

方药:当归龙荟丸加减。当归龙荟丸清泄肝胆实火;若肝气郁结较明显而火热之象尚轻者,亦可选用丹栀逍遥散加减。若头痛眩晕者,加生龙骨、生牡蛎、白芍以平肝潜阳;目红面赤者,加夏枯草、菊花、槐花之类清肝散火。

3. 痰火郁结,壅闭耳窍

临床表现:耳鸣耳聋,耳鸣声音多宏而粗,如风呼啸或如机器轰鸣,持续不歇;耳中胀闷;兼有头重头昏,或见头晕目眩,胸脘满闷,咳嗽痰多,口苦或淡而无味,二便不畅。舌红,苔黄腻,脉滑数。

证候分析:痰火郁结,蒙蔽清窍,故耳鸣耳聋、耳中胀闷、头重头昏或头晕目眩;痰湿中阻,气机不利,则胸脘满闷、二便不畅;痰火犯肺,肃降失常则咳嗽痰多;痰湿困脾,则口淡无味;舌红、苔黄腻、脉滑数为痰湿热盛之征。

治法:清热化痰,开郁通窍。

方药:清气化痰丸加减,可加石菖蒲以开郁通窍。苔黄腻而干,脉滑数有力者,乃痰火之重证,宜用礞石滚痰丸,降火涤痰,并加路路通、丝瓜络以通络开窍。

4. 气滞血瘀,闭塞耳窍

临床表现:耳鸣耳聋,病程长短不一,新病耳鸣耳聋者,多突发,久病耳鸣耳聋者,聋鸣程度无明显波动。全身可无明显其他症状。舌质暗红或有瘀点,脉细涩。

证候分析:瘀血阻滞清窍脉络,故突发耳鸣耳聋;耳为清空之窍,若因情志郁结,气机阻滞,致血瘀耳窍,经脉痞塞,则耳鸣耳聋;久患耳鸣耳聋者,因瘀血久留不散,故聋鸣无明显波动;心主血脉,舌乃心之苗,气血瘀阻,故舌见瘀点,甚则紫暗,脉见涩象。

治法:活血化瘀,通络开窍。

方药:通窍活血汤加减。可加丹参、地龙以助活血化瘀,加石菖蒲宣壅开窍,气虚加黄芪、党参益气;血虚加当归、何首乌养血;阴虚者可配合耳聋左慈丸;阳虚者可配合补骨脂丸。

5. 肾脏亏损,耳窍失养

临床表现:耳鸣绵绵,声如蝉鸣,夜间益著,甚则虚烦失眠,听力渐减,房劳之后加重;兼可见头昏眼花,腰膝酸软,虚烦失眠,夜尿频多,发脱齿摇,或见五心烦热,多梦,寝寐不宁。舌红,少苔,脉细数等。

证候分析:肾精亏损,耳失所养,不能上奉于耳,则耳鸣耳聋;肾主骨生髓,脑为髓之海,齿为骨之余,肾元亏损,髓海空虚,则头昏眼花、发脱齿摇;肾主水,肾气不固,则夜尿频多;腰为肾之府,肾虚则腰膝酸软;肾阴不足,虚火内扰心神,则虚烦失眠;五心烦热,多梦,并见舌红、少苔、脉细弱或细数。

治法:补肾填精,充养耳窍。

方药:肾阴虚者,耳聋左慈丸加减。亦可选用杞菊地黄丸或左归丸等加减。肾阳虚者,治宜温补肾阳,右归丸或肾气丸加减。

6. 气血亏虚,耳窍失养

临床表现:耳鸣耳聋时轻时重,遇劳则甚,突然起立时加重。全身兼有倦怠乏力,食欲不振,脘腹胀满,大便溏薄,面色无华,心悸失眠。舌质淡红,苔薄白,脉细弱。

证候分析:气血生化之源不足,清阳不升,耳窍失养,则耳鸣耳聋;气虚则倦怠乏力、声低气怯;血虚则面色无华;蹲位站立时,头部气血不足,故耳鸣耳聋突然加重;脾虚失运,则食少、便溏;血虚心神失养,则心悸失眠;舌质淡红、苔薄白、脉细弱为气血不足之象。

治法:益气养血,通利耳窍。

方药:用八珍汤加减。可加石菖蒲芳香通窍,心悸夜寐不宁者,可加龙眼肉、酸枣仁、炙远志之类以养心安神。亦可用归脾汤加石菖蒲、磁石以健脾养心,开窍聪耳。若气虚为主者,亦可选用益气聪明汤加减。

## 二、针灸治疗

1. **体针** 局部取穴与远端辨证取穴相结合,局部可取耳门、听宫、听会、翳风为主,每次选取 2 穴。风热侵袭者,可加外关、合谷、曲池、大椎;肝火上扰,可加太冲、丘墟、中渚;痰火郁结,可加丰隆、大椎;气滞血瘀,可加膈俞、血海;肾精亏损,加肾俞、关元;气血亏虚,加足三里、气海、脾俞。实证用泻法,虚证用补法,或不论虚实,一律用平补平泻法,每日针刺 1 次。

2. **耳针** 针刺内耳、肾、肝、神门、皮质下等穴位,中等刺激,留针 20 min 左右。亦可用王不留行籽贴压以上穴位,以调理脏腑功能。

3. **穴位注射** 可选用听宫、翳风、完骨、耳门等穴,药物可选用当归注射液、丹参注射液、维生素 $B_{12}$ 注射液等,针刺得气后注入药液,每次每穴注入 0.5~1 ml。

4. **穴位敷贴** 用吴茱萸、乌头尖、大黄三味为末,温水调和,敷贴于涌泉穴,有引火下行的作用,适用于肝火、痰火、虚火上扰所致耳鸣耳聋。

## 三、导引法

1. "营治城郭"法 详见耳科总论"耳病的防治"篇。
2. 除耳鸣功 详见耳科总论"耳病的防治"篇。
3. "鸣天鼓"法 详见耳科总论"耳病的防治"篇。
4. 鼓膜按摩法 详见耳科总论"耳病的防治"篇。

【预防与调护】

(1) 积极防治引起耳鸣耳聋的各种疾病,是防治耳鸣耳聋的关键。
(2) 避免使用耳毒性药物,若因病情需要必须使用,应严密监测听力变化。
(3) 避免噪声刺激。
(4) 晚上睡前用热水洗脚,有引火归元作用,可减轻耳鸣症状。

【预后与转归】

耳鸣、耳聋预后与病程、年龄、治疗是否及时得当等因素有关,病程短者,经过及时恰当的治疗,可全部或部分恢复听力,耳鸣减轻或消失;若病程较长者,往往难以恢复听力,且可能有顽固性的耳鸣。小儿可因耳聋而丧失学习语言的机会,导致聋哑。

【儿童患者诊疗注意事项】

(1) 新生儿及婴幼儿听力障碍常因患儿语言表达所限而延误治疗,新生儿及婴幼儿时期要定期做听力筛查,早期发现,早期治疗。

(2) 学龄前儿童即使是轻中度耳聋,也应及早治疗矫正,以免影响语言发育。

(3) 孕母、乳母及儿童忌用耳毒性药物,如链霉素、卡那霉素、庆大霉素等。

(4) 部分患儿听力下降可因异物、耵耳所致,临床时要仔细检查耳部,如发现异物或耵聍过多,取出后再行听力检查。

(5) 部分患儿听力下降常因耳胀、脓耳延误治疗所致,临床时应详询病史,仔细检查,积极治疗原发病。

(6) 家长要避免过早给儿童佩戴耳机、使用手机,以免高强度音乐损伤听力。

【古代文献摘录】

《素问·六元正纪大论篇》:"木郁之发……甚则耳鸣眩转,目不识人,善暴僵仆。"

《诸病源候论·卷二十九》:"劳动经血,而血气不足,宗脉则虚,风邪乘虚,随脉入耳,与气相击,故为耳鸣。"

《诸病源候论·卷二十九》:"劳伤于肾,宗脉虚损,血气不足,故为劳聋。"

《景岳全书·卷二十七》:"若精气调和,肾气充足,则耳目聪明,若劳伤血气,精脱肾惫,必致聋聩。故人于中年之后,每多耳鸣,如风雨,如蝉鸣,如潮声者,是皆阴衰肾亏而然……老人之耳多见聪不内居,而声闻于外,此正肾元不固,阳气渐涣之征耳。"

《明医杂著·卷三》:"耳鸣证,或鸣甚如蝉,或左或右,或时闭塞,世人多作肾虚治,不效,殊不知此是痰火上升,郁于耳中而为鸣,郁甚则壅闭矣。"

《外科证治全书·卷二》:"耳鸣者,耳中有声,或若蝉鸣,或若钟鸣,或若火熇熇然,或若流水声,或若簸米声,或睡着如打战鼓,或风入耳。"

《医林改错·上卷》:"两耳通脑,所听之声归于脑……耳窍通脑之道路中,若有阻滞,故耳实聋。"

【西医学中主要相关疾病认识】

1. 耳聋  目前国际通用的耳聋分级为国际标准化组织(ISO)1964年公布的标准,以 500 Hz、1 000 Hz 和 2 000 Hz 的平均听阈为准,听力损失 26~40 dB、41~55 dB、56~70 dB、71~90 dB 和 >90 dB 依次为轻度聋、中度聋、中重度聋、重度聋和极度聋。根据耳聋发生部位和性质不同可分为三类:传导性聋、感音神经性聋和混合性聋。

2. 耳鸣  耳鸣的发生机制尚不很明确,根据发病原因不同可分为耳源性耳鸣与非耳源性耳鸣两大类。临床上大约有 40% 的耳鸣患者找不到明显的病因。

由于耳鸣的病因与发病机制十分复杂,因此尚缺乏特效治疗。对于病因明确者,应针对病因治疗。目前应用于临床的针对耳鸣的治疗方法主要有心理治疗、中医治疗、掩蔽治疗、药物治疗、电刺激治疗、手术治疗等。

## 第十节 耳眩晕

耳眩晕是指因邪犯耳窍,或脏腑虚弱,耳窍失养,或痰浊水湿泛溢耳窍所致的以头晕目眩、耳鸣耳聋、恶心呕吐等为主要临床表现的耳部疾病。西医学中的内耳疾病如梅尼埃病、良性阵发性位置性眩晕、前庭神经元炎、药物中毒性眩晕等所引起的眩晕可参考本篇进行辨证论治。

中医学中眩和晕在表现形式上有所不同。眩即目眩，指视物昏花缭乱或眼前发黑；晕为头晕或头运，指身体有运转不定的感觉。《丹溪心法·卷四》谓："眩者言其黑运转旋，其状目闭眼暗，身转耳鸣，如立舟船之上，起则欲倒。"两者可以单独出现，也可以同时并见。两者兼见者，乃称眩晕。中医文献中尚有眩运、眩冒、旋晕、头眩、掉眩、脑转、风眩等别称。耳眩晕是因耳窍功能失调引起的眩晕。其临床特点是：眩晕突然发作，自觉天旋地转，站立不稳，但神志清楚，多伴有恶心呕吐、耳鸣耳聋等症状，属中医传统所论"眩晕"的范畴，是"眩晕"中的一种特殊证候。

关于耳眩晕的临床特点及其病因病机，早在《内经》里已有类似记载，如《灵枢·口问》云："上气不足，脑为之不满，耳为之苦鸣，头为之苦倾，目为之眩。"《灵枢·海论》亦谓："髓海不足，则脑转耳鸣，胫酸眩冒，目无所见，懈怠安卧。"其后，历代医家从不同侧面做了进一步的论述，如《医林绳墨·卷三·眩运》有"真眩运"一名："其症发于仓卒之间，首如物蒙，心如物扰，招摇不定，眼目昏花，如立舟舡之上，起则欲倒，恶心冲心，呕逆奔上，得吐少瘥，此真眩运也。"

【病因病机】

耳眩晕为脏腑内伤所致，以脾、肾之虚居多，又有风火、痰浊等不同因素之兼杂。其病根属虚，病象如实，因此，大多属本虚标实之证。

1. 风邪外袭，上扰清窍　　风性主动，善行而数变，若因气候突变，或起居失常，遭致风邪外袭，引动内风，上扰清窍，则可致耳平衡失司，发为眩晕。

2. 痰浊中阻，蒙闭清窍　　饮食不节，或劳倦、思虑过度，伤于脾胃，致脾失健运，不能运化水湿，聚湿生痰。痰浊阻遏中焦，清阳不升，浊阴不降，清窍为之蒙蔽，发为眩晕。

3. 肝阳上亢，扰乱清窍　　肝为风木之脏，内寄相火，体阴而用阳，喜条达而主升发，主疏泄，赖肾精以充养，若情志不遂，易致肝气郁结，气郁化火，肝阴暗耗，阴不制阳，风阳上扰清窍，则眩晕；若素体阴虚，水不涵木，则肝阳上亢，扰乱清窍，亦可致眩晕。

4. 肾精亏虚，髓海不足　　肾主藏精而生髓，脑为髓之海。若先天禀赋不足，后天失养，或房劳过度，耗伤肾精，则肾精亏损，髓海空虚，不能濡养清窍，而发为眩晕。

5. 肾阳亏虚，寒水上泛　　久病体虚，肾阳不足，温煦失职，不能温化水液，寒水上泛清窍，发为眩晕。

6. 气血不足，耳窍失养　　若久病不愈，耗伤气血，或失血之后，虚而不复，或脾气虚弱，运化失常，气血生化之源不足，且升降失常，清阳不升，而致上部气血不足，清窍失养，而发为眩晕。

7. 气血瘀滞，闭塞耳窍　　跌仆坠落，头颅外伤，血溢脉外，气滞血瘀，或病久气虚血瘀，或痰瘀交阻，致脑络痹阻，耳窍闭塞，气血不能荣养清窍，发为眩晕。

眩晕一证，与肝、脾、肾关系最为密切，虚者多责之于脾、肾，实者多责之于肝。临床上各型之间多有兼杂，肾阴虚者可致髓海空虚，且每兼肝阳上亢，肾阳虚则寒水上泛，脾虚者，气血不足，又多兼痰浊之邪，肝火上扰又多伤阴。

【诊断要点】

1. 病史　　本病大多有反复发作史，部分患者可有应用耳毒性药物史或感冒史。

**2. 临床症状** 眩晕发作时的典型症状是诊断本病的主要依据。本病的典型症状是：突然发作旋转性眩晕，患者感自身或周围物体沿一定方向与平面旋转，或为摇晃浮沉感，站立不稳，体位变动或睁眼时眩晕加重，因此患者常闭目静卧，但意识清楚；可伴有恶心呕吐、汗出肢冷、面色苍白等症状，持续时间短则数分钟至数小时、长则数日甚至数星期；多数患者眩晕发作时可伴有耳鸣及听力减退，部分患者可伴有耳内胀满感，在发作间歇期，耳鸣耳聋可减轻或消失，反复发作后可遗留顽固性的耳鸣耳聋。

**3. 局部检查** 外耳道及鼓膜检查多无异常发现。

**4. 其他** 眩晕发作时可见自发性水平性或水平旋转性眼球震颤；部分患者可显示波动性感音性听力减退；前庭功能在初发时有病侧的优势偏向，多次发作者，病侧前庭功能亦可减退甚至消失，或有向健侧的优势偏向或正常。

## 【鉴别诊断】

**1. 类眩晕** 临床上部分患者诉说头晕或头昏，实际上是头重脚轻感或晕厥感以及莫可名状的头部不适感，为类眩晕，并非真正的眩晕，与本病的旋转性眩晕不同，应注意鉴别。

**2. 中枢性眩晕** 中枢性眩晕一般持续时间较长，数日至数月，眩晕程度与体位变动无关，多伴有中枢症状及意识障碍而耳部症状不明显，根据这些特点可与耳眩晕鉴别。

## 【辨证论治】

辨治思路：根据耳眩晕发病原因，多从风、火、痰、虚进行论证。以"急则治其标，缓则治其本"为治疗原则。发作期以实证为多见，如风邪外袭、痰浊中阻、肝阳上扰等，亦可见于虚中挟实，如寒水上泛等；在发作间歇期以虚证为多见，如髓海不足、气血不足等。临床上应针对不同情况进行辨证论治。

## 一、内治法

**1. 风邪外袭，上扰耳窍**

临床表现：突发眩晕，如坐舟车，恶心呕吐。可伴有发热恶风，鼻塞流涕，咳嗽，咽痛。舌质红，苔薄黄，脉浮数。

证候分析：风性主动，风邪外袭，引动内风，上扰清窍，故眩晕突发，如坐舟车，恶心呕吐；风邪袭表，正邪相争，则发热恶风；风邪犯肺，肺气不宣，故鼻塞、流涕；风邪袭肺，肺气上逆，故咳嗽；舌质红、苔薄黄、脉浮数为风热之象。

治法：疏风散邪，清利头目。

方药：桑菊饮加减。方用桑叶、菊花、薄荷、连翘疏风散邪；桔梗、杏仁宣降肺气；可加入蔓荆子、蝉衣清利头目；眩晕较甚者，可加入天麻、钩藤、白蒺藜以息风；呕恶较甚者，可加半夏、竹茹以降逆止呕。咽痛较甚，可加射干、玄参、牛蒡子、蒲公英以清利咽喉。

**2. 痰浊中阻，蒙闭清窍**

临床表现：眩晕而见头重如裹，胸闷不舒，呕恶较甚，痰涎较多，或见耳鸣耳聋，心悸，纳呆倦怠。舌苔白腻，脉濡滑。

证候分析：痰浊中阻，清阳不升，浊阴不降，清窍为之蒙蔽，故眩晕、头重、耳鸣、耳聋；痰阻中焦，气机升降不利，故胸闷、心悸；痰湿困脾，脾胃升降失常，故呕恶痰涎、纳呆倦怠；舌苔白腻、脉濡滑均为痰湿之征。

治法：燥湿健脾,涤痰息风。

方药：半夏白术天麻汤加减。方中用二陈汤燥湿化痰,加白术健脾燥湿,入天麻以息风。湿重者,倍用半夏,加泽泻；痰火互结者,加黄芩、黄连、胆南星；呕恶较甚者,加竹茹。因痰致眩,当责于脾,故眩晕缓解后,应注意健脾益气、调理脾胃以杜绝生痰之源,防止复发,可用六君子汤加减以善后。

3. 肝阳上亢,扰乱清窍

临床表现：眩晕每因情绪波动、心烦恼怒时发作或加重,可伴头痛,耳鸣耳聋,口苦咽干,面红目赤,急躁易怒,胸胁苦满,少寐多梦。舌质红,苔黄,脉弦细数。

证候分析：肝气郁结,化火生风,风火上扰清窍,或水不涵木,肝阳偏亢,风阳升动,故眩晕、耳鸣、耳聋、面红目赤；肝喜条达而恶抑郁,肝气郁结则急躁易怒；气机郁滞则胸胁苦满；肝火灼伤津液则口苦咽干；肝藏魂,魂不守舍,则少寐多梦；舌质红、苔黄、脉弦细数均为阴虚阳亢之征。

治法：滋阴潜阳,平肝息风。

方药：天麻钩藤饮加减。方中用天麻、钩藤、石决明平肝潜阳息风；黄芩、栀子清肝火；牛膝、杜仲、桑寄生、益母草滋养肝肾；茯神、夜交藤安神定志。若眩晕较甚,偏于风盛者,可加龙骨、牡蛎以镇肝息风；少寐多梦较甚者,可重用茯神、夜交藤,加远志、炒枣仁以清心安神；阴虚较甚者,可加生地、麦冬、玄参、何首乌、白芍；偏于火盛者,可加龙胆草、丹皮以清肝泄热,或用龙胆泻肝汤以清泻肝胆之火。

因阳亢火盛,每致伤阴,故眩晕缓解后,应注意滋阴养液,以潜降肝阳,可用杞菊地黄丸调理善后,并应注意调理情志,防止复发。

4. 肾精亏虚,髓海不足

临床表现：眩晕发作较频繁,发作时耳鸣较甚,听力减退明显。伴精神萎靡,腰膝酸软,心烦失眠,多梦遗精,记忆力差,手足心热。舌质红,少苔,脉细数。

证候分析：肾精亏损,髓海不足,清窍失养,故眩晕经常发作、耳鸣耳聋、记忆力差、精神萎靡；阴虚则阳亢,相火妄动,扰乱心神,故失眠多梦、遗精；腰为肾之府,肾虚则腰膝酸软；阴虚生内热,故手足心热；舌质红、少苔、脉细数均为阴虚之征。

治法：滋阴补肾,填精益髓。

方药：杞菊地黄丸加味。方中用六味地黄丸滋肾填精；枸杞子、菊花养肝血、潜肝阳；临床上还可加入白芍、何首乌以柔肝养肝；眩晕发作时可加入石决明、牡蛎以镇肝潜阳；精髓空虚较甚者,可加入鹿角胶、龟甲胶以增强填补精髓之力。心肾不交,心烦失眠,多梦者,加夜交藤、阿胶、酸枣仁、柏子仁等交通心肾；亦可用左归丸加减。

5. 肾阳亏虚,寒水上泛

临床表现：眩晕时心下悸动,咳嗽咯痰稀白,恶心欲呕,或频频呕吐清涎,耳内胀满、耳鸣耳聋。伴腰痛背冷,四肢不温,精神萎靡,夜尿频而清长。舌质淡胖,苔白润,脉沉细弱。

证候分析：肾阳不足,温煦失职,不能温化水液,寒水上泛清窍,故眩晕发作、耳内胀满、耳鸣耳聋；寒水凌心则心下悸动,咳嗽咯痰稀白；寒水上犯中焦,脾胃升降失常,则恶心欲呕或频频呕吐清涎；肾阳虚衰,精气不足则腰痛背冷,四肢不温,精神萎靡,夜尿频而清长；舌质淡胖、苔白润、脉沉细弱均为阳虚之征。

治法：温肾壮阳,散寒利水。

方药：真武汤加减。方中附子大辛大热，温肾壮阳，化气行水；生姜散寒利水；茯苓、白术健脾利水；配以白芍养阴以缓和附子之辛燥。寒甚者，可加川椒、细辛、桂枝、巴戟天等药，以加强温阳散寒的作用。

#### 6. 气血不足，耳窍失养

临床表现：眩晕时发，每遇劳累时发作或加重，发作时面色苍白，神疲思睡，耳鸣耳聋。兼唇甲不华，食少便溏，少气懒言，动则喘促，心悸，倦怠乏力。舌质淡，脉细弱。

证候分析：脾气虚弱，气血生化不足，清阳不升，清窍失养，故眩晕时发、耳鸣耳聋；劳则耗气，故每遇劳累时发作或加重；气少则神疲思睡，血虚不能上荣头面，则面色苍白、唇甲不华；血虚不能养心，则心悸，气虚则少气懒言、倦怠乏力；脾虚不运，故食少便溏；舌质淡、脉细弱为气血不足之象。

治法：补益气血，健脾安神。

方药：补中益气汤加减。方中用党参、黄芪、炙甘草、白术、陈皮健脾益气；当归养血补血；配少量升麻、柴胡引药上行。若血虚较明显，可选加枸杞子、何首乌、熟地、白芍等以加强养血之力，或用归脾汤加减。

#### 7. 气血瘀滞，闭塞耳窍

临床表现：眩晕时作，耳鸣耳聋，伴有头痛，心悸健忘，失眠多梦。或见面色晦暗，口唇发紫，肌肤甲错。舌质紫暗，或有瘀点、瘀斑，脉细涩或弦涩。

证候分析：瘀血阻窍，脑络不通，清窍失养，故眩晕、耳鸣、耳聋；心血瘀阻，心神失养，故心悸健忘、失眠多梦。瘀血内阻，气血不畅，肌肤失养，故面色晦暗、口唇发紫、肌肤甲错，舌质紫暗，或有瘀点、瘀斑，脉细涩或弦涩，为瘀血之征。

治法：行气活血，祛瘀通窍。

方药：通窍活血汤。方中麝香辛香走窜，活血通络，开通诸窍；老葱辛温通窍，鲜姜辛温发散，助麝香通窍活血；佐以赤芍、川芎、桃仁、红花活血化瘀；大枣之甘，配合鲜姜之辛，辛甘发散，调和营卫；使以黄酒活血通窍，以助药势。若见神疲乏力、自汗等气虚证者，加黄芪以益气固表止汗；畏寒肢冷，感寒加重者，加桂枝、附子温经通脉；遇风加重者，可重用川芎，加荆芥、防风、白芷、天麻祛风止眩。

## 二、针灸治疗

1. **体针** 根据不同的病因病机，循经取穴，并根据病情虚实而采用不同的手法。

主穴：百会、头维、风池、风府、神门、内关。

配穴：风邪外袭者，配合谷、外关；痰浊中阻者，配丰隆、中脘、解溪；肝阳上扰者，配行间、侠溪、肝俞；寒水上泛者，配肾俞、命门；髓海不足者，配三阴交、关元、肾俞；上气不足者，配足三里、脾俞、气海。

操作：实证用泻法，虚证用补法，如属虚寒，可配合灸法。每日1次。

2. **耳针** 可选肾、肝、脾、内耳、神门、额、心、胃、枕、皮质下、交感等穴，每次取2～3穴，中强刺激，留针20～30 min，间歇捻针，每日1次。或用王不留行籽以胶布贴压在以上穴位上，不时按压该穴位以加强刺激。

3. **头皮针** 取双侧晕听区针刺，每日1次，5～10次为1个疗程。

4. **穴位注射** 可选用合谷、太冲、内关、风池、翳风、四渎等穴，每次取2～3穴，每穴注射5%葡萄糖液1～2 ml，或维生素$B_{12}$注射液0.5 ml，隔日1次。

## 【预防与调护】

（1）本病虽症状严重，但不会危及生命，应解除患者的恐惧心理，鼓励患者加强锻炼，注意劳逸结合。

（2）发作期间，患者应卧床休息，注意起立时因突然眩晕而跌倒。症状缓解后尽早下床活动。

（3）卧室应保持安静，减少噪声，光线宜暗，空气要流通。

（4）宜低盐饮食，禁烟、酒、咖啡及浓茶。

（5）避免过度疲劳，情志开朗，生活规律，减少复发。

## 【预后与转归】

耳眩晕属难治性疾病之一，相当一部分患者经过治疗，眩晕可得到缓解，但容易复发，多次发作后，可遗留顽固性的耳鸣及不可逆性耳聋，但一般不会危及生命。也有部分患者治疗后很少再发作。

## 【古代文献摘录】

《素问·至真要大论篇》："厥阴之胜，耳鸣头眩，愦愦欲吐。"

《素问玄机原病式·五运主病》："诸风掉眩，皆属肝木。掉，摇也，眩，昏乱旋运也，风主动故也。所谓风气甚而头目眩运者，由风木旺，必是金衰，不能制木，而木复生火，风火皆属阳，多为兼化，阳主乎动，两动相搏，则为之旋转。"

《丹溪心法·头眩》："头眩，痰挟气虚并火，治痰为主，挟补气药及降火药。无痰则不作眩，痰因火动，又有湿痰者，有火痰者。"

《景岳全书·卷十七》："眩运一证，虚者居其八九，而兼火兼痰者，不过十中一二耳……在丹溪则曰，无痰不能作眩，当以治痰为主，而兼用他药。余则曰，无虚不能作眩，当以治虚为主，而酌兼其标。"

## 【西医学中主要相关疾病认识】

1. 梅尼埃病　是以膜迷路积水为基本病理改变，以反复发作的旋转性眩晕、波动性感音性听力损失、耳鸣和耳内胀满感为临床特征的特发性内耳疾病。其确切病因尚不明确。多发于中年人，首次发病年龄以30～50岁居多，一般单耳发病。诊断主要依据典型的发作史，并参考听力学检查及前庭功能检查，同时应排除其他引起眩晕的疾病。本病尚无特效疗法，发作期以对症处理为主，尽快缓解眩晕、恶心、呕吐，可选用前庭神经抑制剂、镇静剂或自主神经调整药物、神经营养剂及血管扩张药以改善微循环。还可应用抗组胺药及脱水剂。对发作过于频繁且症状较重，严重影响工作和生活，经保守治疗无效者，可考虑手术治疗。

2. 良性阵发性位置性眩晕　本病是在某一特定头位或头位变换时，伴有眼震的短暂阵发性眩晕，为周围性眩晕最常见的疾患之一。其特点是：激发头位(患耳向下)时出现眩晕症状，眼震发生于头位变化后3～10 s后，持续数秒，一般为30 s之内，眩晕则常持续于60 s之内，可伴恶心呕吐，一般无耳鸣及听力障碍。本病多见于中年患者，确切病因不明，一般认为与耳石脱落进入并沉积于半规管有关。治疗可应用抗眩晕药、体位疗法、前庭习服疗法、管石改变位置法及手术疗法等。部分患者可有一定的自愈倾向。

3. 前庭神经元炎　常发生于春天及初夏，有流行趋势，故又称流行性眩晕，多发生于中年人，其临床表现可分两型：① 单次发作型：突然强烈的旋转性眩晕发作，伴明显的恶心呕吐，水平旋转性眼震，一般无耳鸣耳聋。持续数日或数周(不超过3周)，通常数日后症状逐渐缓解，征象完全消失于6个月后。痊愈后极少复发。② 多次发作型：表现为反复发作旋转性眩晕或为平衡障碍及不稳感，眩晕不如单次发作那样强烈，无听觉及中枢神经系征象。一般认为本病多数与病毒感染有关。治疗包括卧床休息，避免声、光刺激以及应用抗眩晕药。

4. 药物中毒性眩晕　有应用耳毒性药物的病史，常见于应用氨基糖苷类抗生素的过程中或使用后一段时间内，多同时伴有耳蜗功能损害，因此，除眩晕外，常有耳鸣及耳聋。眩晕起病慢，程度轻，持续时间长，非发作性，停止使用耳毒性药物后，眩晕可因代偿而逐渐消失，但听力常难以恢复正常。

## 第十一节　耳面瘫

耳面瘫是指因风邪阻络或气虚血瘀,耳部脉络痹阻所致的以口眼㖞斜为主要特征的疾病。本病好发于成年人,单侧面瘫多见。西医学中的周围性面瘫可参考本病进行辨证施治(其中化脓性中耳炎所致的面瘫可参考"脓耳变证"一节的"脓耳面瘫")。

本病在古代文献中有"僻""口㖞斜僻"等别称,早在《内经》中已有论述。如《灵枢·经筋》曰:"卒口僻,急者目不合,热则筋纵,目不开。颊筋有寒,则急引颊移口,有热则筋弛纵缓,不胜收故僻。"《金匮要略·中风历节病脉证并治》进一步指出:"贼邪不泻,或左或右,邪气反缓,正气即急,正气引邪,㖞僻不遂。"历代医家对本病的认识,多遵《内经》《金匮要略》之旨。如《诸病源候论·卷一》说:"风邪入于足阳明、手太阳之经,遇寒则筋急引颊,故使口㖞僻,言语不正,而目不能平视。"

【病因病机】

本病多因正气不足,脉络空虚,风邪乘虚入中脉络,气血痹阻,筋脉弛缓而发病。

1. 风邪外袭,邪阻脉络　风邪(可夹寒、热、痰等)外袭,痹阻耳部脉络,导致面部筋脉弛缓失用,则发为面瘫。

2. 气虚血瘀,筋脉失养　素体虚弱或久病迁延不愈,气血不足,气虚血运无力,血瘀滞于耳部脉络,筋脉失于荣养,弛缓失用而成面瘫。

【诊断要点】

1. 病史　可有面部受风史。

2. 临床症状　面瘫常突然发生,额弛睛露,额部皱纹消失,鼻唇沟变浅,人中沟、口角歪斜,偏向健侧,鼓腮漏气,口角下垂,口水外溢。

3. 局部检查　可通过静态观察及闭眼、皱额、鼓腮、咧嘴、吹口哨5个动作的动态观察以评估面瘫的程度。

【鉴别诊断】

本病应与中枢性面瘫相鉴别。后者闭目正常、双侧额纹对称。

【辨证论治】

辨治思路:本病以"通、补"为治疗大法,即祛风通络,补气活血。

## 一、内治法

本病发病突然,常无明显诱因,初起多以风邪侵袭为主或夹有寒、热、痰等邪气,日久迁延不愈常为气虚血瘀之证。

1. 风邪外袭,邪阻脉络

临床表现:突然发生单侧口眼㖞斜,面部麻木,或伴完骨部疼痛,头痛拘紧。舌质淡红,苔薄白,脉浮。

证候分析:风邪夹寒或夹热、夹痰,犯及耳窍,痹阻耳部脉络,耳面部筋脉失于气血之濡润,故患侧面部麻木,筋脉弛缓,口眼㖞斜,偏向健侧;邪气痹阻,不通则痛,故耳后完骨疼痛,头痛拘紧;舌质淡红、苔薄白、脉浮是风邪外束之象。

治法:解表散邪,祛风通络。

方药:牵正散加减。方中白附子辛散,可去头面之风,僵蚕解络中风痰,全蝎善行,独入肝经,为祛风通络之药,诸药合用以达祛风通络的目的。若偏于风热者,见发热恶风、咽痛、咳嗽、舌质红、苔薄黄、脉浮数,可在牵正散的基础上加桑叶、菊花、金银花、连翘,也可与银翘散加减使用。若偏于风寒者,可用荆防败毒散加减。若有肝经风热,加天麻、钩藤、菊花、牛膝、地龙。若风寒夹痰者,见头面麻木重胀感,舌淡红,苔腻,脉濡缓,可用正容汤加减。

2. 气虚血瘀,筋脉失养

临床表现:病程日久,单侧口眼㖞斜,表情呆滞,下睑外翻流泪,眼干涩。舌质淡暗,或有瘀点,脉细涩。

证候分析:病程日久则耗伤气血,气为血帅,气虚则血行乏力,经脉失于血气濡润,故表情呆滞、口眼㖞斜;气虚血弱,眼失所养,眼睛缺乏津液滋润而干涩;舌质淡暗或有瘀点、脉细涩为血瘀之象。

治法:益气活血,化瘀通络。

方药:补阳还五汤加减。方中重用生黄芪补气以活血,小剂量用桃仁、红花、归尾、川芎、赤芍、地龙活血以通络,可加用白附子、僵蚕、全蝎祛风化痰通络。

## 二、针灸治疗

1. **体针** 取太冲、风池、翳风、翳明、阳白、迎香、地仓、合谷、攒竹、太阳、四白、人中、听会、颊车等穴位,采用局部近取与循经远取相结合的方法,面部诸穴酌予针刺或透穴,初期用泻法,后期用补法。

2. **灸法** 灸患侧面部穴位,如四白、迎香、地仓、颊车、太阳等穴。

3. **穴位注射** 取颊车、下关、地仓、曲池、翳风等穴,针刺得气后注入药液。药物可选用丹参注射液、黄芪注射液或维生素$B_1$、维生素$B_{12}$注射液等。

4. **皮肤针(梅花针)** 用皮肤针叩刺阳白、太阳、四白、地仓、颊车、合谷等穴,以局部皮肤略有潮红为度。

5. **耳穴贴压** 主穴:面颊、肝、口、眼、皮质下。配穴:肾上腺、脾、枕、额。主、配穴各选2~3穴,用王不留行籽贴压。

6. **穴位敷贴** 马钱子粉0.3~0.5 g,撒于风湿止痛膏上,敷贴患处,或交替贴敷于下关、颊车、地仓、太阳、阳白、翳风等穴位。

## 三、其他治疗

1. **按摩** 颜面局部按摩,以行气活血,疏通经络。
2. **理疗** 可配合超短波理疗。

【预防与调护】

(1) 因眼睑不能闭合,要对患眼进行防护,可戴眼罩或以纱布短期覆盖。

(2) 每日自行按摩患侧，以免日久面部肌肉萎缩。

【预后与转归】

本病及时综合治疗，大多可痊愈，预后良好。但也有部分患者仅能部分恢复或恢复较差，其中部分可遗留面部抽搐、岩神经痛、鳄鱼泪（进食时同侧流泪）等后遗症。

【古代文献摘录】

《诸病源候论·卷三十七》："偏风口㖞是体虚受风。风入于夹口之筋也。足阳明之筋，上夹于口，其筋偏虚而风因乘之，使其经筋偏急不调，故令口㖞僻也。"

《卫生保鉴·卷八》："凡㖞向右者，为左边脉中风而缓也，宜灸左㖞陷中二七壮。凡㖞向左者，为右边脉中风而缓也，宜灸右㖞陷中二七壮。艾炷大如麦粒，频频灸之，以取尽风气，口眼正为度。"

【西医学中主要相关疾病认识】

**周围性面瘫** 为面神经核或面神经核以下的面神经受损所导致的面肌麻痹。引起周围性面瘫的病因很多，其中80%属原发性（称为贝尔面瘫），感染性（如耳带状疱疹）亦较常见。此外，外伤、肿瘤等亦可造成面神经损害导致周围性面瘫。面神经功能一般分为六级，可通过静态及面肌运动状态下综合观察来评估，其中一级为面肌功能正常，六级为面肌完全瘫痪。镫骨肌反射测定、味觉检查及泪腺分泌检查可了解面神经的损害部位，肌电图、神经电图及神经兴奋性试验有助于了解面神经的损害程度。主要应用药物治疗（如糖皮质激素、血管扩张剂、B族维生素等）及物理治疗，对保守治疗效果不理想者，可施行手术治疗。

## 第十二节 耳　异　物

耳异物是指因外来物体误入外耳道，所致的以耳内不适或伴瘙痒感，甚至疼痛、耳鸣等为主要症状的外耳疾病，又称外耳道异物。外来异物包括了一切可进入外耳道的动、植物及非生物类异物。

历代中医文献根据进入外耳道异物的不同而有不同的称谓，如《肘后备急方·卷六》中有"百虫入耳""蚰蜒入耳""蜈蚣入耳""耳中有物"等，《太平圣惠方·卷三十六》中有"飞蛾入耳""蚊虫入耳"等。

【病因病机】

本病多见于儿童，因其年幼无知将异物塞入耳内。成人多为挖耳或外伤遗留物体于耳内，或野营露宿昆虫入耳，工作中意外事故异物溅入耳内。根据异物种类不同，一般可分以下三类。

1. **动物类异物** 包括蚊、蝇、蟑螂、飞蛾、蚂蚁、水蛭、蛆等一类可能进入耳道的小动物，多在夜间睡觉等情况下偶尔飞入或爬入耳内，在外耳道爬行、骚动而致病。

2. **植物类异物** 包括谷类、豆类、小果核等，多因小儿年幼无知，玩耍时将异物塞入，或劳动中进入，这类异物遇水体积膨胀，可阻塞耳窍而为病。

3. **非生物类异物** 包括小石块、沙粒、铁屑、木屑、小玻璃球、断棉签、树枝、火柴棒、纸团等，常因不慎进入或小儿无知塞入或因挖耳、治疗、外伤时进入耳道，若为锐利异物，可刺伤耳道肌肤，若为较大之异物压迫耳道，使局部肌肤受损或脉络不通而致病。

【诊断要点】

1. **病史** 多有异物入耳史。

2. **临床症状** 耳内可有耳鸣、耳痛、瘙痒、听力下降、眩晕、反射性咳嗽等，轻者可无明显症状。

根据异物的种类、形态、大小和所在部位，而有不同的症状。一般来说，动物类异物或形体较大、尖锐、有刺激性异物，症状较明显；体小而光滑，无膨胀性、刺激性异物，其症状较轻或无明显症状。

动物类异物进入耳道后，在耳道内爬行、骚动，使患者躁扰不安，引起难以忍受之痛痒，或刺激鼓膜产生擂鼓样耳鸣及眩晕，甚至导致鼓膜穿孔、出血；异物较大或植物性异物遇水膨胀阻塞耳道，可致耳鸣、听力下降、眩晕、耳痛、反射性咳嗽等，压迫较甚者可致外耳道肌肤红肿、糜烂、疼痛。若异物嵌顿外耳道峡部，则疼痛较剧(彩图11)。

3. **局部检查** 外耳道检查，有异物存在，即可做出明确诊断。

【辨证论治】

辨治思路：本病的治疗，以外治为主，通过各种方法，将异物取出为治疗原则。根据进入外耳道异物的种类、形态、大小和所在位置的深浅，选择适当的方法取出异物。

1. **动物类异物** 先用植物油、酒、姜汁、丁卡因等滴入外耳道内，使虫体失去活动能力，然后用镊子取出，或用外耳道冲洗法。使用此法时应注意，在虫体未失去活动能力前，不宜贸然取出，以免引起骚动更甚，损伤耳道皮肤或鼓膜。古书曾记载有在暗室中以亮光贴近耳部将虫诱出。

2. **不规则异物** 应根据具体情况用耵聍钩或枪状镊取出，耵聍钩应沿外耳道壁与异物的缝隙或外耳道前下方进入，将异物钩出。对已膨胀、体积过大的异物，可夹碎成小块，分块取出，或先用95%乙醇滴入，使其脱水缩小后，再行取出。

3. **圆球形异物** 可用刮匙或耵聍钩，沿外耳道壁与异物间的缝隙伸到异物后方，然后轻轻地将异物向外拨动。切勿用镊子或钳子夹取，以防异物滑入耳道深部。

4. **质轻而细小异物** 可用凡士林或胶黏物质涂于棉签头上，将异物粘出，或用带负压的吸管将其吸出。细小能移动异物，亦可用冲洗法将其冲出，冲洗时应注意勿正对异物冲洗，以免将异物冲入深处。遇水膨胀、易起化学反应、锐利的异物，以及有鼓膜穿孔者，忌用冲洗法。

5. **其他** 对于躁动不安不合作的儿童，而异物又较难取出时，可考虑在全身麻醉下取出异物。若因异物损伤而致耳道肌肤红肿、焮痛、糜烂等症，可参考"耳疖、耳疮"篇治疗。

【预防与调护】

(1) 发现有异物入耳，应到医院取出，不要自行盲目挖取，以免损伤外耳道皮肤及鼓膜或将异物推向深处。异物取出后，外耳道应保持干燥与清洁，以防外邪乘虚入侵。

(2) 戒除挖耳习惯，以免断棉签、火柴棒等物遗留耳内。加强对小儿的看护，教育小孩不要将细小物体放入耳内。野外露宿者，应加强防护，以防昆虫入耳。

【预后与转归】

预后良好，如动物类或较大异物损伤鼓膜，则会影响听力。

【儿童患者诊疗注意事项】

(1) 耳异物是儿童常见病。多因儿童年幼无知或好奇将异物塞入耳道所致。但由于患儿表达能力有限而无法及时诊疗。部分患儿可继发耳疮或耳道结石症。

（2）儿童耳异物取出时动作要轻巧，防止患儿配合不当引起耳道或鼓膜损伤。必要时可考虑全麻下取出异物。

（3）应教导患儿家长注意看护，防止异物入耳。

## 第十三节 耵 耳

耵耳是指因耵聍阻塞耳道所致的以耳内胀闷、堵塞或听力减退等为主要表现的外耳疾病。

耵聍俗称耳垢、耳屎，乃耳窍正常分泌物，有保护耳道及黏附灰尘或异物的作用，多可自行排出。若耵聍分泌过多或排出受阻，耵聍凝结，阻塞耳道，引起症状者，则成耵耳。本病相当于西医学中之耵聍栓塞。

《内经》中已有"耵耳"的记载，《灵枢·厥病》云："若有干耵聍，耳无闻也。"而"耵耳"一名则首见于《仁斋直指方论·耳论》谓："人耳间有津液，轻则不能为害，若风热搏之，津液结聊成核塞耳，则令暴聋，谓之耵耳。"

【病因病机】

一般情况下，耵聍可随进食、说话等活动，自行排出，若因风热湿邪外犯耳窍，与耵聍搏结，集结成块，阻塞外耳道，可致耳窍不通而为病。亦有因耳道狭窄、畸形、瘢痕、肿物、异物或因年老肌肉松弛，下颌关节运动无力等影响耵聍排出，而致耵聍堆积，阻塞耳道而为病。

【诊断要点】

1. 病史　可有耵耳反复发作史，或游泳、洗浴耳窍进水等病史。

2. 临床症状　视耵聍大小及阻塞部位不同而症状各异。外耳道未完全阻塞者多无症状；完全阻塞外耳道时，可有胀闷、闭塞感、耳痛及听力减退；压迫鼓膜时，可引起耳鸣、眩晕；长期压迫耳道，可致外耳道红肿、疼痛、糜烂等。

3. 局部检查　外耳道可见黄褐色或棕黑色块状物堵塞，质地不等，或松软如泥，或坚硬如石，多与外耳道壁紧贴，不易活动（彩图12）。

4. 其他　听力检查为传导性耳聋。

【辨证论治】

辨治思路：本病的治疗以外治法为主。

1. 器械取出法　对可活动的、部位浅、未完全阻塞外耳道的耵聍可用枪状镊或耵聍钩取出。耵聍较大而坚硬，难以取出者，先用5％碳酸氢钠溶液滴入耳内，每日3～5次，浸泡之，2～3日待其软化后，再行取出。也可用无刺激的香油或白酒或其他植物油浸泡耵聍。

2. 外耳道冲洗法　耵聍坚硬无法用器械取出者，可先将耵聍软化，然后一次或分次冲洗干净。

3. 吸引法　如遇不能用冲洗法取耵聍的患者，可在软化耵聍后，用吸引器慢慢将耵聍吸出。

4. 其他　若耵聍较大，压迫外耳道，或污水入耳而引起外耳道红肿疼痛、糜烂等症者，可参考

"耳疮"进行辨证治疗。

【预防与调护】

（1）发现有耵聍堵塞耳道后，必须到医院由专科医生处理，不要自己盲目挖耳，以免将耵聍推向深部或损伤外耳道及鼓膜。若为少许耵聍，大多可自行排除，不必做特殊处理。

（2）有鼓膜穿孔或脓耳病史者，忌用冲洗法。

（3）取耵聍时应耐心细致，以免损伤外耳道及鼓膜。

（4）戒除挖耳习惯，避免炎症长期刺激耳道，以免导致耵聍分泌过多或排出障碍。

【预后与转归】

预后良好，但易反复发生。若处理耵聍损伤外耳道皮肤时，可引起耳疮。

【古代文献摘录】

《圣济总录·卷一百一十五》："风热搏于经络，则耳中津液结聚，如麸片之状，久则丸结不消，或似蚕蛹，致气窍不通，耵聍为聋。"

《圣济总录·卷一百一十五》："治耵聍塞耳聋，强坚不可挑，塞耳，猪脂膏方。"

《诸病源候论·卷二十九》："耳耵聍者，耳里津液结聚所成，人皆有之，轻者不能为患，若加以风热乘之，则结成丸核，塞耳，亦令耳暴聋。"

# 第四章 鼻科总论

**导学**

本章内容主要包括鼻科学的基本理论，即鼻的生理功能、与脏腑经络的关系，鼻病的病因病机、局部四诊、辨证和防治。

掌握鼻的生理功能、鼻与脏腑经络的关系、鼻病的脏腑辨证。熟悉鼻病的病因病机、鼻病的症状辨证、内治法及其代表方剂。了解鼻病的八纲辨证、鼻病的外治法及针灸治法。

## 第一节 鼻的生理功能

鼻位居面中，为肺之窍，属肺系。鼻经颃颡，连咽喉，接气道，通肺；内应脏腑，司呼吸，主嗅觉，卫五脏，助发音。

头为诸阳之会，诸阳之气上汇于头面，鼻又称"明堂"，居头面之中，为阳中之阳的部位，也是清阳交会之处。《医学正传·卷之五》谓："面为阳中之阳，鼻居面中，一身之血运到面鼻，皆为至清至精之血。"鼻也是血脉多聚之处，清阳之气和营血随血脉上荣鼻窍。

鼻的主要生理功能有：

1. **司呼吸，通天气** 鼻属肺系，且为肺系之首，其前孔与外界相通，后孔经颃颡、咽喉与肺相通，为呼吸之气出入的通道。鼻吸纳天地之清气以卫养五脏，为肺系之门户，《三因极一病证方论·卷十六》谓："肺为五脏华盖，百脉取气于肺，鼻为肺之阊阖，吸引五臭，卫养五脏，升降阴阳，故鼻为清气道。"《仁斋直指方·卷二十一》谓："鼻者，清气出入之道路也，阴阳升降，气血和平，则一呼一吸，荣卫行焉。"

鼻对呼吸之气有清化和温润作用。《严氏济生方·鼻门》谓："夫鼻者，肺之所主，职司清化。"鼻毛可屏障尘埃，清化吸入气体，鼻中津液乃肺脏所化生，能温润呼吸之气。《素问·宣明论篇》说："五脏化液，肺为涕。"《疮疡经验全书·卷七》说："鼻居面中……而鼻孔为肺之窍，其气上通于脑，下行于肺。"由于鼻之血运丰富，清阳之气充塞多汇于此，因此对呼吸之气，特别是对吸入之清气具有温润、清化的作用。

2. **主嗅觉，辨五气** 鼻司嗅觉，感受气味。鼻主嗅觉有赖于肺气之清肃和鼻窍通利，《灵枢·脉度》指出："肺气通于鼻，肺和则鼻能知香臭矣。"肺脏健旺，鼻得荣养，则鼻窍通利而有嗅觉。《简

《明医彀·卷五》谓："肺开窍于鼻,肺气清顺,鼻气通利而知香臭。"

鼻主嗅觉的功能与其他脏腑和经脉有一定关系。《医林改错·脑髓论》谓："鼻通于脑,所闻香臭归于脑。"脑是维持鼻之嗅觉功能的基础。除此之外,鼻主嗅觉的功能与心、脾、肾等脏腑的功能密切相关。如《难经·四十难》曰："《经》言肝主色,心主嗅、脾主味,肺主声,肾主液。鼻者,肺之候,而反知香臭;耳者肾之候,而反闻声,其意何也? 然,肺者西方金也,金生于巳,巳者南方火也,火者心,心主臭,故令鼻之香臭。"只有这些脏腑功能正常,鼻气通畅,才能知香臭。反之,可以出现嗅觉失常。

3. **司清化,御邪毒** 鼻为肺系之首,外通天气,乃气体出入之门户,鼻为人体抗御外邪侵袭的藩篱。《素问·刺法论篇》谓："黄帝曰:五疫之至,皆相染易,无问大小,病状相似,不施救疗,如何可得不相移易者? 岐伯曰:不相染者……天牝从来,复得其往,气出于脑,即不邪干。""天牝"指鼻。《景岳全书·卷二十七》："鼻为肺窍,又曰天牝。"鼻窍有温润、清化吸入之气的作用。四时之气,冷热燥湿不同,但入肺之气必须温润适度,不热不燥,冷热调和适度,洁净无邪,而要完成这一重要生理功能则非鼻窍莫属。天气入鼻,经鼻的温润调和,阴津的凉濡净化,从而使入肺之气保持濡润清化、阴阳和调而不伤娇脏。

4. **通肺气,助发音** 声音始出于喉,经口、鼻、会厌、唇舌之开阖、共鸣而形成洪亮清晰的语声。《素问·六节藏象论篇》说："五气入鼻,藏于心肺,上使五色修明,音声能彰。"若鼻窍堵塞,通气不畅,则鼻鼽、声嘶声暗,音声不彰。《内外伤辨惑论·卷上·辨口鼻》谓："鼻气不利,声重浊不清利,其言壅塞。"

## 第二节 鼻与脏腑经络的关系

鼻为外窍,内应脏腑,通过经络与五脏六腑发生密切的联系。其行呼吸、主嗅觉、协发音、司清化的生理功能的产生与发挥,与脏腑经络功能密不可分。脏腑病变可反映于鼻,鼻窍受邪亦会内传脏腑。

### 一、鼻与脏腑的关系

鼻通过经络与五脏六腑发生密切的联系,其中与肺、脾胃、肝胆、肾、心等脏腑的关系比较密切。

#### (一) 鼻与肺

肺位居人体上部,为华盖。肺主气,司呼吸,亦主宣发肃降,通调水道,开窍于鼻。《灵枢·五阅五使》谓："鼻者,肺之官也。"肺主鼻,鼻是肺之外候,肺气充沛,肺之精气上注鼻窍,鼻窍得养而有生理功能。《灵枢·脉度》谓："肺气通于鼻,肺和则鼻能知香臭矣。"两者相互协调,才能完成其司呼吸、协发音、主嗅觉、御外邪的生理功能。《严氏济生方·鼻门》说："夫鼻者,肺之所主,取司清化,调适得宜,则肺脏宣畅,清道自利。"

外邪犯肺亦可致鼻病。《诸病源候论·卷二十九》谓："肺脏为风冷所乘,则鼻气不和,津液壅塞而为鼻齆。"肺脏虚损,鼻失煦养则亦致鼻塞。《灵枢·本神》谓:"肺气虚,则鼻塞不利、少气。"肺的功能失调,是鼻病的主要病机之一。《严氏济生方·鼻门》谓:"夫鼻者,肺之候……其为病也,为衄,为痈,为息肉,为疮疡,为清涕,为窒塞不通,为浊脓,或不闻香臭。此皆肺脏不调,邪气蕴积于鼻,清道窒塞而然也。"临床上,外感六淫,肺失宣降,则邪壅于鼻,导致鼻塞不利、鼻涕量多等症;肺气亏虚,或肺阴不足,鼻窍失养,亦致鼻塞、失嗅等症。

鼻为肺之外窍。《医学摘粹·杂证要法》:"鼻病者,手太阴之不清也。"据此,观察鼻的状态可推测肺脏的病变。《医学心悟·首卷》说:"鼻头赤色者为肺热。""鼻孔煽张为肺气将绝。"

鼻病多从肺论治。《杂病源流犀烛·卷二十三》说:"肺和则鼻病自已。"临床上常用疏风宣肺、补肺固表、芳香通窍、清肺泄热等法治疗鼻病。

### (二) 鼻与脾胃

鼻居面之中央,中央在五行属土,鼻尖与脾相应。《医学心悟·卷五》谓:"鼻准属脾土。"胃之经脉夹鼻,两鼻翼与胃相应。《景岳全书·卷二十七》谓:"鼻为肺窍……然其经络所至专属阳明。"脾胃互为表里,脾属阴土,胃属阳土,两者乃升降枢纽。脾胃健,清升浊降,则鼻窍自利。

脾为气血生化之源,主升发清阳,统血;鼻为清窍,为一身血脉多聚之处,清阳交会之所。脾气健旺,气血充沛,清阳升发,充养鼻窍,嗅觉灵敏。《医学正传·卷之五》说:"面为阳中之阳,鼻居面中,一身之血运到面鼻,皆为至清至精之血。"

脾胃功能失职,气血生化之源不足,则鼻失所养,易为邪毒滞留而致鼻病。《素问·玉机真脏论篇》谓:"脾为孤脏……其不及,则令人九窍不通。"饮食失节,脾失健运,气不上达,鼻窍失煦而为病。《证治准绳·杂病·第八册》谓:"若因饥饱劳役,损脾胃,生化之气既弱,其营运之气不能上升,邪塞孔窍,故鼻不利,而不闻香臭也。"脾脏蕴热,移于肝,则鼻衄。《诸病源候论·卷二十九》谓:"脾移热于肝,则为惊衄。"脾胃积热,上攻于肺,则鼻内生疮。《杂病源流犀烛·卷二十三》谓:"又有鼻内生疮者,由脾胃蕴热移于肺也。"

脾脏发生病变,可循经反映于鼻准。《素问·刺热论篇》说:"脾热病者,鼻先赤。"

鼻病可从脾胃论治。《保婴撮要》说:"鼻色赤,乃脾胃实热,用泻黄散;微赤,乃脾经虚热,用异功散加升麻、柴胡。"饮食失节,损伤脾胃所致的鼻病治宜调补脾胃,《东垣试效方·卷五》谓:"若因饥饱劳役损伤脾胃,生化之气既弱,其营运之气不能上升,邪害空窍,故不利而不闻香臭也。宜养胃气,使营运阳气宗气上升,鼻则通矣。"临床上常有温阳通窍、益气通窍、除湿通窍等治法。

### (三) 鼻与肝胆

胆为奇恒之腑,足少阳胆经之脉有分支行于鼻、通于脑。胆为中精之腑,其性刚烈。肝主疏泄,调畅气机,肝胆互为表里。肝胆失调可致鼻病。胆热上炎,移热于脑,则发为鼻渊。《素问·气厥论篇》说:"胆移热于脑,则辛鼻渊。鼻渊者,浊涕下不止也。"肝经火热,移热于脑,则发为鼻衄。《医林绳墨·卷七》说:"亦有肝移热于脑,则迫血妄行而为鼻衄之证。"故鼻渊、鼻衄等常从肝胆论治。《保婴撮要·卷四》说:"因惊仆气散,血无所羁而鼻衄……左脸青而兼赤者,先用柴胡清肝散。"临床上常有清肝泄热通窍、疏肝解郁通窍等治法。

### (四) 鼻与肾

督脉循行于鼻梁至鼻尖,肾之经脉交会于督脉;鼻为肺窍,肺肾同源,金水相生,《类证治裁·卷二》谓:"肺为气之主,肾为气之根,肺主出气,肾主纳气,阴阳相交,呼吸乃和。"故鼻与肾有间接络属关系。

肾为先天之本,受五脏六腑之精而藏之。肾之阴液有滋润、濡养四肢百骸、五官九窍之功。肾阳为一身阳气之根本,有温煦形体、蒸化水液之功,鼻窍依赖肾阳的温煦方能维持正常的呼吸、嗅觉功能。

肾虚可致鼻病。《素问·宣明五气篇》谓:"五气为病……肾为欠为嚏。"肾阴不足,鼻窍失养,甚或虚火上炎,上灼鼻窍,则发为鼻衄、鼻槁等症。《秘传证治要诀·卷之十》谓:"有不因伤于冷而涕多,涕或黄或白,或时带血如脑髓状,此由肾虚所生。"

某些鼻病亦可从肾论治。《医学入门·卷四》说:"凡鼻涕、鼻渊、衄久甚不愈者,非心血亏则肾水少,养血则血升而火自降,补肾则水升而火自清。"临床上常有温肾通窍、滋肾通窍等治法。

**(五)鼻与心**

心为君主之官,藏神,主血脉。心血不足,则鼻失滋养而为鼻槁、鼻衄之病。鼻之山根与心相应。《灵枢·五色》认为:五色望诊中,山根部属心。鼻同属心肺之门户。

心主神明,又主嗅,鼻主嗅觉的功能是在心的主宰之下。《难经·四十难》说:"心主臭,故令鼻知香臭。"

心脏失调,为邪热所伤,可致鼻衄。《诸病源候论·卷十》说:"心主血,肺主气而开窍于鼻,邪热伤于心故衄。"《素问·五脏别论篇》谓:"五气入鼻,藏于心肺,心肺有病,而鼻为之不利也。"

一些鼻病切心脉可查鼻疾。《医学入门·卷一》说:"右寸洪数,鼻衄、鼻齇;左寸浮缓,鼻涕、风邪。"

某些鼻病亦可从心论治。《灵枢·热病》说:"苛轸鼻,索皮于肺;不得,索之火,火者心也。"临床上常有清心通窍、养血通窍、泻火通窍等治法。

## 二、鼻与经络的关系

鼻位居阳中之阳,是血脉多聚之处,又是清阳交会之处。循行鼻部和鼻旁的经脉多属阳经,而阴阳经脉相互交接,故阴经亦有相络于鼻窍的。《灵枢·邪气脏腑病形》谓:"十二经脉,三百六十五络,其血气皆上于面而走空窍……其宗气上出于鼻而为臭。"由于经脉气血皆上走空窍,胸中的宗气也上出于鼻,鼻才能司其正常生理功能,可见鼻与经络气血关系十分密切。

十二经脉及奇经八脉中,直接循行于鼻或鼻旁者,有手足阳明、少阳、太阳、手少阴、足厥阴、督脉、任脉、阴蹻脉、阳蹻脉等十二条经脉。另外,尚有足太阳、足阳明经筋循行于鼻。

直接循行于鼻的主要经脉循行路线是:

鼻窍居于头面中央,为多气多血之窍道,循行于鼻窍的经脉有7条,通过经络的联系,将鼻窍与全身五脏六腑紧密联系。脏腑之经气要温煦鼻窍,脏腑之阴液要滋润鼻窍,均须依赖经络的通畅,因此经络的通畅与否在鼻科的生理活动和病机变化中起着重要作用。《灵枢·邪气脏腑病形》说:"十二经脉,三百六十五络,其血气皆上于面而走空窍……其宗气上出于鼻而为嗅。"在十二经脉中循行于鼻窍的经脉如下。

**1. 手阳明大肠经** 其经脉起于示指末端,沿着示指内侧向上循行,其分支上走颈部,通过面颊,左右交叉于人中,分布在鼻孔两侧,与足阳明胃经相接。本经在鼻部的病证有鼻塞、鼻衄、鼻涕增多、头昏头痛、鼻渊、喷嚏、鼻甲肿大、肌膜充血等。常用穴位有二间、合谷、偏历、禾髎、迎香等。

**2. 足阳明胃经** 其经脉起于鼻翼两侧,向上循行到鼻根,并与足太阳经交会,再向下沿鼻的外侧循行，进入上齿龈内。本经在鼻部的病证有鼻塞、嗅觉障碍、鼻衄、鼻甲肿大、肌膜充血等。常用穴位有巨髎、地仓、大迎、头维、足三里等。

3. **手太阳小肠经** 其经脉起于小指外侧端，沿着手背外侧向上循行，其分支上颊抵鼻旁。本经在鼻部的病证有鼻塞、头痛、鼻涕增多等。常用穴位有少泽、前谷、后溪、腕骨、阳谷等。

4. **足太阳膀胱经** 其经脉起于目内眦，上额交巅顶，其分支从头顶到颞颥部。本经在鼻部的病证有鼻塞、鼻衄、喷嚏清涕、头昏头痛、鼻涕增多、鼻甲肿大、肌膜充血等。常用穴位有攒竹、眉冲、睛明、曲差、承光、通天、玉枕、天柱、肺俞、飞扬、昆仑、足通谷、至阴等。

5. **手少阳三焦经** 其经脉起于环指末端，向上循行第四、第五掌骨之间，其分支从膻中上出缺盆，沿颈项向上系耳后，直上，出耳上角，再曲折下行至面颊部，到达眶下部。本经在鼻部的病证有鼻塞、头痛、鼻涕多、鼻甲肿大等。常用穴位有关冲、液门、中渚等。

6. **足少阳胆经** 其经脉起于目外眦，向上循行至头角，其支脉从目外眦分出下行大迎，会合于手少阳，抵于颃，经颊车下行于颈。本经在鼻部的病证有鼻塞头痛、浊涕多、鼻甲肿大、肌膜充血等。常用穴位有头临泣、目窗、承灵、风池等。

7. **督脉** 其经脉起于小腹内，下出于会阴，上行巅顶，沿前额下行鼻柱。本经在鼻部的病证有鼻塞、鼻痒、喷嚏频频、清涕如水、头痛、鼻甲肿大、肌膜淡白。常用穴位有风府、强间、百会、前顶、囟会、上星、素髎等。

8. **任脉** 其经脉起于小腹内，下出会阴却向上循行至咽喉部，再上行环绕口唇，经过面鼻旁，进入目眶下。此外，阴跷脉、阳跷脉等经脉也上循鼻旁。这些经脉在鼻部的病证有鼻渊、鼻疔、鼻塞、头痛等。常用穴位有印堂、鼻通等。

# 第三节　鼻病的病因病机

鼻常易遭外力所伤，以致鼻衄、鼻破肉损、骨折鼻塌；又易为外邪直接侵犯，内传脏腑，发生各种鼻病。外犯六淫之邪，多为风、热、寒、湿；脏腑病变，以肺、脾、胆、肾、心等脏腑为主。

## 一、鼻病的病因

鼻为头面清窍，居头面正中。五脏精华之血，六腑清阳之气，皆上达于头面清窍，以维持正常的呼吸、嗅觉功能。若脏腑功能失调，气血失和，鼻窍失养，则可致各种鼻病。

### （一）时邪

鼻为气体出入的通道，外邪常从口鼻而入，易导致各种鼻病。当六气太过或不及，非其时而有其气，皆可致各种鼻病。外犯六淫之邪，多与风、热、寒、湿有关。

1. **风邪** 风者为六淫之首，其性开泄、走窜，常与其他外邪合而为害。鼻为肺系之首，风邪侵犯人体，鼻窍首当其冲，邪壅鼻窍致各种鼻病。风邪挟热壅遏肺系，肺气失宣，客于清窍则鼻塞、涕稠且多、鼻干、嗅觉障碍、肌膜充血、鼻甲肿大，或鼻衄。风邪挟寒侵犯，肺气闭郁，壅遏鼻窍则可见鼻塞、流清涕、喷嚏频作、鼻痒、头昏头痛、身热恶寒、肌膜苍白、鼻甲肿大等。风邪若与湿邪、热邪合而为病,熏灼鼻窍,则鼻尖、鼻翼或鼻前庭痒痛,局部潮红湿烂,或黄水浸淫,或皮肤皲裂,鼻甲肿大,鼻涕浓稠,苔薄脉浮。

2. **寒邪** 寒为阴邪,寒邪侵入,伤人阳气,壅遏清窍。可见鼻塞不通、鼻涕清稀,或清涕如水、喷嚏频作、鼻甲肿大、肌膜淡白,或鼻内赘生息肉,舌白,脉迟。

3. **燥邪** 燥为秋令主气,其气干燥,易伤津液。其邪多从口鼻而入,侵犯肺脏,肺系干燥失润,常致鼻窍干疼、肌膜干燥少津、鼻涕稠浊,或鼻前庭皮肤皲裂,或鼻内肌膜萎缩、痂皮增多,或充血糜烂、渗血,舌干少津。

4. **湿邪** 湿邪重浊黏滞,常与热邪合而侵入,可见鼻塞、涕黄稠量多、嗅觉障碍、头昏头闷、身重乏力、鼻肌膜充血、鼻甲肿大,或鼻前庭潮红糜烂、黄水浸淫,或鼻内有息肉,舌苔腻。

5. **火邪** 火邪有时称为热邪。火性炎上,上攻鼻窍可见鼻窍疼痛较剧,鼻涕浓稠,鼻尖、鼻翼和鼻前庭肿起充血、疼痛拒按;或伤阳络而至鼻衄,出血量多且势猛等。火热之邪常耗气伤津,可见鼻干且疼痛,舌红脉数。

6. **疫疠** 疫疠又谓疠气、瘟疫、疫气,类似今之传染病。其侵犯人体可致各种鼻病,常见有梅毒、结核、麻风等,可见鼻塞流涕、鼻痒,或局部溃疡糜烂、脓痂,鼻衄反复发作。

### (二) 七情内伤

在有七情内伤所致的鼻科疾病中,主要是郁怒伤肝,致肝气不疏,肝气郁结,气机不利,气滞血瘀,血行不畅,瘀滞鼻窍,鼻窍失养。常见鼻甲肥大、肌膜色紫暗、鼻塞不通,或鼻内有赘生物。若恼怒生气,气有余便是火,气火上逆,燔灼鼻窍,则鼻窍干痛、鼻衄时作、肌膜充血。

若思虑太过,损伤心脾,阴血暗耗,脾脏受损,生化不足,鼻窍失养,则鼻肌膜色淡白,或鼻甲萎缩、鼻腔宽大、肌膜干燥少津、嗅觉障碍、鼻涕浓稠结痂或涕中带血等。《医学纲目·卷二十七》谓:"损伤脾胃,生发之气既弱,则营运之气不能上升,邪塞孔窍,故鼻不利。"

### (三) 饮食不节

饮食不节系指过饥、过饱或偏食所引起的各种鼻病。

1. **饥饱失常** 过饥则摄入不足,气血生化匮乏,日久则气血不足,鼻窍失养,则或喷嚏频频、清涕如水、嗅觉障碍,或见鼻腔干燥、鼻甲萎缩。

2. **饮食偏嗜** 过食辛辣醇酒厚味,伤及脾胃,运化失职,饮食停聚,内酿湿热,湿热上蒸鼻窍,可致嗅觉障碍、鼻塞、脓涕增多;或鼻内息肉增生、鼻痒痛;或鼻前庭充血糜烂、黄水浸淫;或鼻前庭生疔疮疖肿。若湿热上蒸鼻窍,则鼻尖红赤,日久而成酒渣鼻。若湿热熏浊,损伤阳络,则鼻衄时作。

### (四) 痰饮瘀血

脏腑气化功能活动失调,水液代谢失常,水津停滞而成痰饮。其停留于鼻窍,则常有鼻塞、鼻涕增多、嗅觉减退、鼻甲肿大。若痰浊停聚,壅滞鼻窍,则浊涕量多、鼻塞持续、嗅觉障碍、鼻内息肉增生。若顽痰积聚日久,腐败肌膜,则鼻塞、鼻气臭秽、鼻衄,或涕中带血、鼻内赘生肿瘤、颈部淋巴结肿大。

若瘀血阻滞鼻窍血脉,则鼻塞持续、嗅觉障碍、涕多头痛、鼻肌膜色紫暗、鼻甲肥大、表面成桑椹状。瘀血阻滞,鼻窍失养,常有鼻塞鼻干、鼻涕清稀或涕少、嗅觉障碍,或鼻腔宽大、鼻甲萎缩。若痰瘀相凝,停聚鼻窍,腐败鼻内肌膜,则有鼻塞持续、嗅觉障碍或丧失、鼻气臭秽、赘生肿瘤;或鼻涕带血、导致鼻䘌。

**（五）外伤**

鼻骨脆薄，突出于面部，易遭外力直接所击。轻者皮破肉损、鼻衄，重者可致鼻骨骨折，残留于内。此外，手术不当亦是引起鼻病的原因之一。由外来暴力、打斗跌仆，或手术等引起的各种鼻病，则有鼻窍局部青紫肿胀，或皮肉破损，或鼻骨骨折，或鼻窍流血等。

## 二、鼻病的病机

急性鼻病，多因外感邪毒，而致肺、胃、肝、胆、脾等脏腑失调，为实邪所伤；久病多因于邪毒滞留，而致肺、脾、肾等脏腑虚损。

**（一）脏腑病机**

1. **肺脏失调**

（1）肺气虚弱：肺虚清气不能上达于鼻，气不煦鼻，鼻失温养，以致鼻病，《灵枢·本神》云："肺气虚，则鼻塞不利。"

（2）肺阴不足：鼻窍须赖肺阴的滋润濡养方能完成正常的生理功能，肺阴不足，鼻窍失于濡养，可致鼻病。

（3）邪热犯肺：邪热炽盛，上炎鼻窍，损及鼻窍肌膜，而致鼻病。

（4）燥邪伤肺：燥邪外犯，肺津受伤，鼻窍失养干燥，致鼻病。

2. **脾脏失调**　脾胃为后天之本，化生气血。脾气虚弱，气血化生不足，则鼻窍失养而致病。脾虚运化失职，水湿停聚鼻窍，则鼻涕量多，缠绵难愈。

（1）脾气虚弱：气血生化之源不足，鼻窍失于濡养，致鼻病。

（2）脾胃湿热：湿热内蕴脾胃，熏蒸鼻窍，致鼻病。

（3）脾虚湿困：脾虚不能胜湿，湿浊内生困于脾脏，致清阳不升，水湿潴留，停聚鼻窍，致鼻病。

（4）脾不统血：脾虚气弱，气不摄血，致鼻病。

（5）胃火上炎：胃热内炽，肠胃湿热壅盛，邪热上炎，可致鼻病。

（6）脾阳亏虚：先天禀赋阳虚，久病伤阳，过用苦寒攻伐之品损伤阳气，鼻窍失于温养，致鼻病。

3. **肝脏失调**　肝主疏泄而藏血，鼻病可因肝脏失调，疏泄失职，气机不利引起。

（1）肝气郁结：经气痞塞，气机升降失常，或气郁化火，壅滞鼻窍，可致鼻病。

（2）肝胆火热：肝胆火热循经搏结鼻窍，灼腐肌膜，化腐成脓，可致鼻病。

（3）胆腑郁热：胆腑郁热，移热于脑，壅遏鼻窍，致鼻病。

4. **肾脏失调**　肾为先天之本，元阴、元阳之宅，水火之脏，精能化气、生髓、充养鼻窍。

（1）肾阴亏虚：先天禀赋不足，或久病伤肾，房劳过度，肾阴不足，鼻窍失养，致鼻病。

（2）肾阳亏虚：素体阳虚，或过用苦寒，久病伤阳，阳虚鼻窍失于温煦致病。

此外，心脏失调，如心脾两虚、邪犯心经、心经热盛等均可致鼻病。

**（二）气血病机**

气血是人体生命活动的重要物质基础，各种原因所致的气血失调均可导致鼻病。

1. **气失调**

（1）气虚：久病或大病后，或年老体弱，气虚摄纳不足，或气虚下陷，升举无力，鼻窍失于温煦，致鼻病。

(2) 气滞：气机阻滞，气行不畅，壅滞鼻窍，致鼻病。

2. 血失调

(1) 血瘀：打斗跌仆，或金创手术外伤，或气机阻滞，血行不畅，瘀滞鼻窍，致鼻病。

(2) 血虚：久病、失血，或血液生化不足，鼻窍失养，致鼻病。

## 第四节 鼻局部四诊

### 一、望诊

望诊可直接观察外鼻、鼻腔，间接观察鼻窦。

1. **外鼻** 观察鼻的外形、状态、肤色及润泽情况。正常鼻位于面部中央，观察鼻梁是否端正挺直，有无偏斜、塌陷、畸形；鼻翼是否两侧对称；鼻梁、鼻翼及鼻孔周围皮肤有无红肿、斑疹、疱疹；正常鼻部皮肤较厚，表面有适量油脂，注意是否油脂过多，甚至阻塞毛孔；或有油脂过少、皮肤干裂、粗糙、脱落皮屑等。

2. **鼻腔** 观察鼻前庭有无红肿、疱疹、溃疡，有无隆起，有无鼻毛脱落。借助鼻镜和灯光，观察鼻腔黏膜，有无苍白或红肿，观察鼻腔内黏膜是否干燥，甚至萎缩、痂皮附着；观察鼻腔内分泌物情况，是否过多或过少，分泌物是否清稀或浓稠，颜色属透明无色或是白色、黄色、铁锈色等；观察鼻中隔有无偏曲、棘突、溃疡、穿孔等；观察鼻腔内有无息肉、新生物、异物等。

3. **鼻窦** 鼻窦望诊需借助工具，利用鼻内镜和灯光，可以在一定程度上对鼻窦腔内望诊，未做过鼻窦手术的患者一般仅能望到鼻窦开口，做过鼻内镜鼻窦手术鼻窦开口较大者用鼻内镜可以进入鼻窦开口进一步观察鼻窦内情况。可观察鼻窦内黏膜颜色、肿胀情况、有无息肉和其他新生物等。

此外，利用 X 线、CT、MRI 等影像学方法可了解鼻窦内有无黏膜肿胀，有无息肉、囊肿及其他新生物。

### 二、闻诊

闻诊包括嗅气味、听声音检查两个部分。

1. **嗅气味** 一是检查者注意患者鼻部气味，注意有无腥秽恶臭味；二是检查者利用酒精、香水等无色溶液，检查患者嗅觉。

2. **听声音** 让患者发音，观察其有无闭塞性鼻音、开放性鼻音；听患者的呼吸声，注意有无吹哨样声音或其他异常声音。

### 三、问诊

问诊重点围绕与鼻病相关的特有症状进行询问，如鼻塞、鼻涕、头痛、嗅觉。

1. **问鼻塞** 注意鼻塞的起病情况，如突发或渐发；鼻塞的时间长短，间歇鼻塞还是持续鼻塞；

遇寒加重还是遇热加重;有无使用麻黄素或其他滴鼻药,用药后鼻塞有无缓解或加重;有无与鼻塞相关的全身性疾病,如慢性肝、肾疾病等。

2. **问鼻涕** 注意鼻涕的量、色、质。鼻涕量多还是量少;鼻涕无色透明还是色白,或色黄;鼻涕是否带有铁锈色,或带血,或呈黄水样;鼻涕清稀还是浓稠;鼻涕量多量少变化与时间有无关系;鼻涕是否容易擤出;鼻涕是否往鼻咽部流;鼻涕是否容易形成干痂。

3. **问头痛** 注意头痛是否与鼻病相关。头痛的时间长短,上午明显还是下午明显;头痛的性质,浅表疼痛还是深部疼痛,钝痛还是锐痛、胀痛;疼痛的部位,在犬齿窝、眼眶、眉弓,还是巅顶、枕部;疼痛程度与鼻塞、鼻涕是否相关,鼻涕擤出后头痛是否减轻等。

4. **问嗅觉** 注意患者嗅觉是否敏感,是否有异常嗅觉;患者嗅觉变化病程长短;嗅觉变化与鼻塞呼吸不畅是否相关;嗅觉变化与鼻涕是否相关。

## 四、切诊

1. **外鼻触诊** 注意鼻梁、鼻骨有无塌陷、偏斜;鼻前庭有无皮下肿块;如有肿胀,触之是否疼痛,或疼痛加重。

2. **鼻腔内触诊** 借助探针等工具,探查下鼻甲柔软程度,探针触之凹陷、探针离之复原,感觉弹性是否正常;如有鼻息肉或其他鼻内新生物,触之软硬程度,是否容易出血等。

# 第五节 鼻病的辨证

鼻病的辨证,是辨别鼻病的证候,即将四诊收集的资料进行综合分析,辨识、辨明鼻病与脏腑经络、气血津液之间的内在联系,以及与各病变之间的相互关系,为鼻病的正确诊疗提供依据。

## 一、鼻病八纲辨证

鼻病八纲辨证,是将四诊收集所得的鼻病的症状和体征,结合有关的全身症状,用阴阳、表里、寒热、虚实八纲进行综合分析、归纳,以辨明鼻病的部位、性质,以及其与脏腑经络、气血津液之间的相互关系的一种辨证方法。

### (一)鼻病表里辨证

表里辨证,是辨别鼻病的部位和病势趋向的辨证方法。在鼻科临床,常因鼻病初起,病位较浅,病情较轻,属于表证。因病位较深、病情较重的鼻病,属于里证。然而临床上,表里错杂的情况时可发生,须结合全身和鼻窍局部的表现,树立整体观念。

1. **鼻病表证** 鼻病表证是由风邪挟寒邪或挟热邪侵犯人体,壅遏肺系,鼻窍不利所表现出的一系列鼻病证候。有发病快、病程短等特点。如鼻窍窒塞,呼吸不利,鼻涕量多,涓涓而下,嗅觉障碍,鼻齆声粗,全身兼见头身疼痛,身热恶寒或喷嚏时作,舌淡,苔白,脉浮紧或浮数等。

2. **鼻病里证** 鼻病里证是由脏腑虚损,气血失和,鼻窍失养;或脏腑功能失调,气火上炎,熏灼鼻窍;或鼻科表证治不及时,或失治、误治等致表邪入里所致鼻病证候。如鼻窍持续窒塞日久,鼻涕量多,或鼻腔干燥,鼻涕脓稠,不易擤出而结痂,鼻气腥臭,嗅觉障碍,或喷嚏频频,或鼻衄反复,经久不愈,或鼻腔内有赘生物等。

### (二) 鼻病寒热辨证

在鼻科临床中,由邪热外侵,脏腑蕴热,结聚鼻窍所致的鼻病属于鼻病热证;由感受寒邪或脏腑虚寒,无力托邪外出,邪凝鼻窍所致的鼻病属于鼻病寒证。

1. **鼻病热证**　鼻病热证是由邪热侵袭人体、内蕴脏腑或素体阴虚阳亢,脏腑功能相对亢进所致的鼻病证候。如鼻尖、鼻翼、鼻前庭充血肿胀,疼痛拒按,或鼻塞头痛,鼻涕脓稠不易擤出,鼻窍出血,色深红量多,身热心烦,舌红,苔黄,脉数等。

2. **鼻病寒证**　鼻病寒证是由阳虚阴盛,机体活动虚衰,或感受寒邪所致的鼻病证候。如反复发作的鼻痒,喷嚏频频伴清涕如水,或持续鼻塞,鼻涕清稀量多,舌淡,苔白,脉沉细无力等。

### (三) 鼻病虚实辨证

鼻病虚实辨证,是辨别邪正盛衰在鼻窍的反映的过程。鼻病实证是指邪气过盛,壅遏鼻窍所致的证候;鼻病虚证是指正气不足,鼻窍失养所致的证候。

1. **鼻病实证**　鼻病实证是由邪气过盛,壅遏鼻窍所致的鼻病证候。如鼻塞不利,鼻涕黄浊黏稠,腥臭,嗅觉障碍,或鼻衄,色深量多,心烦易怒,舌红,苔厚腻,脉滑数等。

2. **鼻病虚证**　鼻病虚证是由脏腑功能失调或功能活动降低,以致正气不足,鼻窍失于温养所致的鼻病证候。如鼻窍窒塞持续,鼻涕清稀,遇冷加重,喷嚏卒发,或鼻窍流血,血色淡红,点点滴滴,面色无华,气短懒言,倦怠乏力,舌淡,苔白,脉缓弱等。

### (四) 鼻病阴阳辨证

鼻病阴阳辨证是鼻病八纲辨证的总纲。临床上,鼻病阳证可统领鼻病表证、鼻病热证、鼻病实证,鼻病阴证可统领鼻病里证、鼻病寒证、鼻病虚证。鼻病证候虽然复杂多变,但总不外阴阳两大类,因此,鼻科临床辨证之要也必须辨明其证候之属阴属阳。《素问·阴阳应象大论篇》故曰:"善诊者,察色按脉,先别阴阳。"鼻病阴证、鼻病阳证既相互对立,在一定的条件下又相互转化。

## 二、鼻病脏腑辨证

鼻为呼吸气体出入之要冲,有司嗅觉、助发音之功,属肺系。脏腑之经气和阴液滋润濡养鼻窍,鼻窍方能完成呼吸、嗅觉等功能。此外,鼻与脾、肾、肝等脏腑关系密切,因此,鼻病的脏腑辨证,主要围绕肺、脾、肾、肝胆等脏腑的病机变化辨证。

### (一) 肺病的辨证

1. **风邪壅肺鼻证**　是由风邪犯肺,壅塞肺系,肺气闭郁,失其宣畅,邪壅于鼻所致的鼻病证候。
临床表现:鼻塞不通,鼻齆声重,鼻涕增多,喷嚏时作,嗅觉减退,头昏头痛,发热恶寒,舌苔薄,脉浮。

2. **燥邪犯肺鼻证**　是由燥热之邪灼伤肺津,津少不能濡养鼻窍所致的鼻病证候。
临床表现:鼻内干燥,鼻孔煤黑,灼痛不适,涕少而稠,不易擤出,或鼻衄时作,舌红,苔黄少津,脉数。

3. **肺阴虚损鼻证**　是由劳损、久咳致肺阴虚损,鼻窍失养,或阴虚生热,虚火上炎,熏灼鼻窍所致的鼻病证候。

临床表现：鼻干不适，鼻内灼热，涕少而稠，不易擤出，或干结成痂，鼻衄时作，色深红，或鼻气腥臭，形体消瘦，口干咽燥，舌红少津，脉细数。

4. **肺气虚弱鼻证**　是由素体虚弱或久病伤肺，致肺气虚弱，鼻失温煦所出现的鼻病证候。

临床表现：鼻塞不通，呼吸不利，嗅觉障碍，喷嚏时作，清涕如水，遇寒加重，气短乏力，易感外邪，舌淡，脉弱。

### （二）脾病的辨证

1. **胃热上炎鼻证**　因胃热内炽，或肠胃湿热壅盛，邪热上炎鼻窍所致的鼻病证候。

临床表现：鼻准、鼻翼或鼻前庭红赤肿胀、疼痛，鼻涕脓臭而稠，鼻干，口臭，心烦，大便燥结，或鼻衄量多势猛，色鲜红，舌红，苔黄，脉数有力。

2. **脾胃湿热鼻证**　因感受湿热之邪，或过食肥甘醇酒，湿热内酿，上蒸鼻窦所致的鼻病证候。

临床表现：鼻塞，鼻涕浓稠量多，嗅觉障碍，头昏闷胀，舌红，苔黄腻，脉滑数。

3. **脾胃虚弱鼻证**　是由脾胃虚弱，统摄无权或生化不足，水谷精微不能上达，致鼻窍失养所表现出的鼻病证候。

临床表现：鼻窍窒塞，鼻涕黏多或清稀，嗅觉障碍，头昏头晕，少气懒言，或喷嚏时作，或鼻衄色淡，渗渗而出，舌淡，苔白，脉弱无力。

4. **脾阳虚弱鼻证**　因素体虚弱，或久病伤阳，或过用寒凉攻伐之品损伤阳气，阳虚鼻失温养所致的鼻病证候。

临床表现：鼻塞难通，遇寒加重，嗅觉障碍，鼻涕清稀，点点滴滴，喷嚏频频，四肢不温，畏寒，纳呆，大便稀溏，稍遇风冷则诸证加重，舌淡嫩，苔白，脉弱。

### （三）肝病的辨证

1. **胆腑郁热鼻证**　是由胆腑郁热，移热于脑，热壅鼻窍所致的鼻病证候。

临床表现：鼻塞，鼻涕浓稠，色黄量多腥臭，头昏头痛，口苦心烦，耳鸣耳聋，舌红，苔黄，脉弦数。

2. **肝火上炎鼻证**　是由肝郁化火，气火上炎，熏灼鼻窍所致的鼻病证候。

临床表现：鼻内干燥疼痛，鼻涕稠浊，量少难擤，或结痂，或鼻衄量多势猛，色深，头痛头晕，口苦，心烦易怒，舌红，苔黄干，脉弦数。

3. **肝胆湿热鼻证**　是由肝胆湿热蕴结，熏蒸鼻窍所致的鼻病证候。

临床表现：鼻塞，鼻涕稠浊，色黄量多，或鼻涕胶结难擤，嗅觉障碍，头昏头胀，口苦心烦，舌红，苔黄腻，脉滑数。

### （四）肾病的辨证

1. **肾阳虚弱鼻证**　是由素体阳虚，或久病，房劳过度，损及肾阳，阳气不能上达温煦鼻窍所致的鼻病证候。

临床表现：鼻涕清稀如水，喷嚏频频，稍遇风冷即发作，鼻塞难通，面色㿠白，腰膝冷痛，形寒肢冷，舌淡，苔白，脉沉无力。

2. **肾阴不足鼻证**　久病伤肾，或房劳过度，或失血耗液，损及肾阴，肾阴不足，不能上濡鼻窍所致的鼻病证候。

临床表现：鼻干不适，鼻涕干结，嗅觉障碍，或鼻衄时作，腰膝酸软，耳鸣盗汗，唇红颧赤，舌苔薄,脉细。

#### (五)脏腑兼病的病证
脏腑兼病的病证是指与鼻关系密切的两个或多个脏腑功能失调所引起的鼻病证候。

1. **肺脾气虚鼻证**　是由素体虚弱,或久病损及肺脾,肺脾气虚,鼻窍失养所致的鼻病证候。

临床表现:鼻塞头痛,嗅觉障碍,鼻涕增多或清稀,鼻痒,喷嚏时作,或鼻衄色淡量少,渗渗而出,或鼻涕干结,气短乏力,面色㿠白,舌淡,苔白,脉细弱。

2. **脾肾阳虚鼻证**　是由先天禀赋不足,或久病耗伤阳气,阳虚鼻窍失于温煦所致的鼻病证候。

临床表现:鼻塞难通,嗅觉障碍,鼻痒,喷嚏频频,清涕如水,点点滴滴,四肢不温,腹胀纳呆,下利清谷,舌胖嫩,苔白,脉沉弱。

### 三、鼻病主要症状辨证

#### (一)辨鼻塞

鼻塞,是鼻病的常见症状。辨鼻塞,是辨鼻塞的部位、性质、原因、时间等。根据鼻塞的部位不同,可分为单侧鼻塞、双侧鼻塞;根据鼻塞的性质不同,可分为阵发性鼻塞、间歇性鼻塞、持续性鼻塞、进行性鼻塞;根据鼻塞的时间不同,可分为初病鼻塞、鼻塞日久等。

鼻塞卒发,鼻痒,喷嚏频频,清涕如水,鼻肌膜灰白,鼻甲肿胀者,多为风寒外邪侵袭,邪滞鼻窍,或肺脏素虚,卒感风寒,或禀赋特异者,触及花粉、皮毛、异气、异味所致。鼻塞较重,鼻涕混浊,嗅觉障碍,身热恶风,鼻肌膜充血,鼻甲肿大,口苦心烦,舌红,苔黄,脉滑,多为胆热上炎。

鼻塞日久,反复发作,时轻时重,鼻涕色白,嗅觉障碍,感寒鼻塞加重,鼻肌膜色淡,鼻甲肿大者,多为肺气虚寒,鼻窍失于温煦。若鼻塞日久,鼻涕色白,量多,鼻肌膜色淡白,纳呆,腹胀,便溏,舌淡,脉弱者,多为脾胃虚弱。若鼻塞日久,头昏头痛,鼻涕不易擤出,鼻肌膜暗红,鼻甲肥大,表面凹凸不平呈桑椹状者,多为瘀血凝结。鼻塞日久,持续不通,或进行性加重,鼻中道有半透明之赘生物者,多为湿热痰浊,凝聚而成鼻痔。若鼻塞持续,鼻涕浓稠而腥臭,或鼻涕带血,鼻腔有赘生物者,多为血瘀痰凝之恶候。若鼻塞持续,鼻涕浓稠而臭,病程不长者,可疑为鼻异物。

若鼻塞、鼻干、鼻臭、脓涕结痂或带血丝,鼻腔宽大,鼻甲萎缩者,多为肺阴虚损,鼻窍失濡,或脾虚鼻窍失养。

#### (二)辨鼻涕

鼻涕为五液之一,通过脏腑作用,由津液转化而来。正常鼻涕为鼻腔内的津液,有濡润鼻内肌膜,湿润、调节呼吸出入气体的温度、湿度的作用。临床上可根据鼻涕的量、颜色、性质、气味,并结合其全身表现辨别其寒热虚实。

涕多,为外邪侵袭,肺失宣降,邪滞鼻窍,津液停聚而致。肺气虚寒,鼻窍失于温养,则水液上注鼻窍而涕多;脾失健运,水液停聚鼻窍,可致涕多;肾阳不足,蒸化失职,水湿上泛,停聚鼻窍,可致鼻涕增多。此外,骤感花粉、异气,或异物入鼻等可致鼻涕增多。总之,鼻涕量多,多为湿证。鼻涕量少,多为热盛阴伤或脏腑虚损,鼻窍失养。

在临床上还需辨鼻涕颜色。涕白,多为虚证、寒证。若涕白初起量多,伴鼻塞,头昏痛者,多为风寒外邪侵犯。若涕白量多日久,鼻肌膜色淡白,鼻甲肿大,舌体胖,舌苔白者,多为脏腑虚损,或脾失健运,水湿泛溢。涕黄,多为实证、热证。若涕黄稠初起,鼻塞头昏者,多为风热外邪侵袭。若涕黄稠量多,反复发作,口干口苦,心烦,鼻肌膜充血,鼻甲肿大者,为胆腑郁热或脾胃湿热。若涕黄如水,点滴而下,反复发作者,多为痰湿内停所致鼻部痰包。涕红,多为实证。若鼻病初起,涕红,鼻干痛者,多为风热外邪侵犯,或燥热之邪侵犯。若涕红而淡如水,反复发作,鼻腔内弥漫性渗血,面色㿠白,气短乏力者,多为脾不统血。

鼻涕黏稠,多为实证、热证;鼻涕清稀,多为虚证、寒证。

### (三) 辨鼻痒

鼻痒即鼻窍皮肤和肌膜作痒,常伴有喷嚏。鼻痒常由肺、脾、肾等脏腑阳气虚损,鼻窍失于温养,或由风、湿、热邪侵犯鼻窍或鼻前庭所致。此外,血虚生风也可致鼻痒。

**1. 鼻部皮肤作痒** 若外鼻及鼻前庭皮肤痒,局部肿起,疼痛剧而拒按者,多为热毒炽盛上炎于鼻。若局部皮肤痒而潮红,湿烂,黄水浸淫者,多为风、湿、热之邪侵犯。若鼻前孔皮肤瘙痒,粗糙结痂,干燥脱屑者,多为血虚生风,风动而痒。

**2. 鼻内肌膜作痒** 禀质特异者卒遇风冷、刺激性气体、粉尘、花粉等,最易出现鼻痒不适。若鼻腔内卒然发痒,喷嚏时作,清涕,鼻塞,恶风者,多为感受风寒外邪;若鼻痒,喷嚏频频,清涕如水,反复发作,稍遇风寒则发作者,多为卫表虚弱;若鼻痒,喷嚏频频,清涕如水,气短乏力,少气懒言,面色㿠白者,多为肺气虚寒;若鼻痒,清涕点点滴滴,喷嚏时作,口淡不渴,脘腹纳呆,大便稀溏,多为脾阳虚弱;若鼻痒,伴清涕,喷嚏频频,腰膝酸软,肢冷恶寒,耳鸣耳聋者,多为肾阳不足。

### (四) 辨鼻痛

鼻痛包括外鼻、鼻前庭及鼻腔内疼痛,须仔细辨别。

若鼻尖、鼻翼红赤,肿胀疼痛者,多为火毒上炎。若鼻梁青紫,肿胀疼痛,或皮肉破损,或触压鼻梁痛增,或有骨摩擦音者,多为外伤。若鼻前庭及上唇部皮肤潮红,肿胀疼痛,局部糜烂,脂水浸淫,或结黄色痂壳,舌苔黄腻者,多为湿热上蒸。

若鼻内灼热干燥,疼痛,鼻肌膜充血者,多为燥热伤肺。若鼻内干灼,微痛不适,鼻涕不易擤出而结痂,鼻肌膜萎缩者,多为脏腑虚损,虚火上炎。若单侧鼻内疼痛,鼻涕脓稠臭秽,或带血丝者,多为鼻腔异物。若鼻内疼痛较剧,或痛连头颈,鼻塞,涕中带血,耳内闭塞,耳鸣者,多由邪毒结聚于颃颡所致。

### (五) 辨鼻干

鼻干是指鼻窍干燥少津,粗糙不适,灼热干燥或火热干燥等不适的临床症状。

秋冬之季,若鼻前庭皮肤干燥,皲裂疼痛者,或鼻内干燥不适,鼻气热,鼻塞畏风,多为燥邪犯肺。

若鼻前庭皮肤干燥,粗糙脱屑,干痒不适者,或鼻内干燥,灼热疼痛,有脓痂,肌膜充血,或鼻肌膜干燥少津,鼻甲萎缩者多为阴虚鼻失濡养,或血虚生风。

此外,常用辛香温燥药物,或长期处于干燥、粉尘环境者,均可致鼻干。

### (六) 辨嗅觉障碍

嗅觉功能是鼻窍的重要生理功能之一,古人认为鼻司嗅觉,内通于脑。《医林改错·卷上·脑髓说》:"鼻通于脑,所闻香臭归于脑。"鼻为气体出入之门户,腥、燥、焦、香、腐五气和酸、甘、苦、咸、辛五味浮游于天气,随呼吸之气入鼻,通于脑,则辨知香臭。

若嗅觉障碍初起,鼻塞涕多,头痛发热,舌红,苔白,脉浮者,多为外邪侵袭所至。

若嗅觉障碍反复发作,鼻塞脓涕量多,头痛,口苦咽干,舌红,苔黄,脉弦数者,多为胆腑郁热。

若嗅觉迟钝，伴清涕如水，喷嚏频频，稍遇风寒则加重，鼻腔肌膜灰白或淡白，舌苔薄，脉弱者，多为表虚卫外不固，或脏腑虚损，鼻窍失养。

嗅觉障碍持续，鼻内干燥，鼻涕脓稠，胶结成块，不易擤出，鼻甲萎缩，鼻腔宽大者，多为脏腑虚损，鼻窍失养。

此外，打斗跌仆、鼻部手术之后，也常发生嗅觉障碍。

### （七）辨鼻源性头痛

头为诸阳之会，十二经脉，三百六十五络皆上汇于头。五脏精华之血、六腑清阳之气亦上注于头，则头面清窍方能维持正常的生理活动。鼻为头面清窍，与脏腑经络有十分密切的关系。因此，不论外感邪毒、内伤脏腑所致的鼻病，均可致头痛。在临床中由鼻病所致的头痛十分普遍，故辨别头痛的寒热虚实是十分重要的。

若头昏头痛初起，鼻塞，涕多，伴全身不适，畏寒发热，苔白，脉浮者，多为外邪犯肺。若头胀痛偏于两太阳穴，鼻塞，鼻涕浓稠，伴口苦咽干，舌红，苔黄，脉弦数者，多为胆热移脑。若头额昏闷胀痛，鼻塞难通，鼻涕浓稠量多，伴胸脘痞闷，腹胀纳呆，舌红，苔腻，脉滑者，多为脾胃湿热上蒸。

若头痛隐隐，反复发作，鼻塞，嗅觉障碍，鼻涕黏白，稍遇风寒则诸症加重伴舌淡，苔白，脉弱者，多为脏腑虚寒，鼻窍失煦。若头刺痛伴鼻塞持续，嗅觉障碍，多为瘀血内闭。

另外，鼻中隔严重偏曲、鼻腔异物、鼻部肿瘤、鼻息肉等均可因鼻塞而致头痛。

### （八）辨鼻衄

血从鼻中出者，谓之鼻衄，外感、内伤均可致衄。鼻衄可为疾病的常见症状或早期症状，或为疾病加重的信号。因此，通过辨鼻衄量、色、质等，有助于正确辨别鼻衄的病位、病势及寒热虚实。鼻衄的程度各异，轻者表现为涕中间断性带血丝，重者则可为血块，甚或凶猛的出血，有些甚至可以危及生命。具体而言：

鼻衄量多者多为实证、热证。若鼻衄量多，势猛，口渴欲饮，心烦，口臭，大便燥结，舌红，苔黄，脉数者，多为胃火炽盛，灼伤阳络。若鼻衄量多，色鲜红，反复发作，心烦易怒，口苦咽干，常于情绪激动或情志突变时发作，舌红，脉弦数者，多为肝火上炎，火灼脉络。若鼻衄量多，突然发作，头昏痛，发热恶寒，舌红，苔薄，脉浮者，多为外邪犯肺。

鼻衄量少者多为阴血亏虚、虚热内生或气血不足、气不摄血之证。若鼻衄量少，时发时止，鼻干灼热，鼻腔肌膜潮红，口唇干燥，渴欲饮水不解，舌红，脉弱者，多为脏腑阴虚，虚火上炎，灼伤脉络。若鼻衄量少，或涕中带血，鼻涕浓稠，胶结成痂，鼻甲萎缩，鼻肌膜干燥，鼻腔宽大，舌红，脉细者，多为肺阴虚损，鼻窍失养。若鼻衄量少或涕中带血，涕浓稠而臭秽，病程较短者，多为鼻腔异物。若鼻衄量少，渗渗而出，反复发作，面色㿠白，神疲乏力，气短懒言，舌淡，脉弱者，多为脾不统血，血不循经。

此外，外伤、高血压、肝脏疾病、中毒、肿瘤或妇人经行前后等也可致鼻衄。

## 第六节　鼻病的防治

鼻病的防治包括两个方面，即预防与治疗。

## 一、鼻病的预防

鼻为肺系之首,邪毒、异气、粉尘、花粉等常首先从鼻侵犯人体,因而保持鼻窍清洁,防止粉尘、异气入鼻是十分重要的。鼻病的预防主要涉及以下几方面。

1. 保持鼻腔清洁,防止粉尘、异气入鼻　在大量粉尘、烟雾弥漫、空气污秽等不洁环境下作业的人员应戴劳保口罩,以免粉尘、邪毒停聚鼻窍,内伤脏腑,致生鼻疾。

2. 戒除不良挖鼻习惯　鼻肌膜柔嫩,血管丰富,外伤后易出血,故应戒除挖鼻习惯。

3. 教育儿童,防止异物入鼻　教育儿童勿将玩具、豆类、食品、纸屑及昆虫等放入鼻腔,以免引起异物入鼻。

## 二、鼻病的治疗

鼻病的治疗方法有内治法、外治法、针灸疗法、导引法等,可根据病情选用一种或数种治法。

### (一) 内治法

1. 疏风宣肺法　常用于外邪侵袭,邪滞肺系,壅遏鼻窍所致的鼻病。症见鼻塞难通,鼻齆声重,嗅觉减退,香臭难辨,鼻涕增多,或恶寒发热,头昏头痛,舌苔薄白,脉浮。本治法是用具有疏风解表、宣肺通窍作用的药物组成的方剂,通过解表祛邪,使邪从表解,鼻窍通利,已达到治疗目的。常用方剂如葱豉汤、银翘散、桑菊饮等,常用药物如荆芥、薄荷、桑叶、金银花、石菖蒲等。

2. 芳香通窍法　常用于邪犯肺系,滞留鼻窍所致的鼻病。症见鼻窍阻塞,呼吸不利,头昏头闷,嗅觉失灵,香臭难辨,或鼻齆,耳内胀闷如物堵塞,鼻甲肿胀,舌苔薄白,脉弦。本治法是用具有芳香走窜、宣肺通窍作用的药物组成的方剂,通过辛散祛邪,使邪去窍通,气息通畅,以达到治疗目的。常用方剂如苍耳子散,常用药物如苍耳子、辛夷、薄荷、白芷、菊花、藿香、佩兰、石菖蒲等。

3. 清热解毒法　常用于鼻部痈疽疮疖,以及火热内炽,邪毒上炎,搏结鼻窍所致的鼻病。症见鼻尖、鼻翼、鼻前庭红赤肿胀,疼痛拒按等。本治法是用具有清热泻火、解毒消肿作用的药物组成的方剂,通过清泻热毒,使鼻窍热清肿消,以达治疗目的。常用方剂如银花解毒汤、五味消毒饮、普济消毒饮等,常用药物如金银花、黄连、连翘、夏枯草、野菊花、蒲公英、黄芩、山栀等。

4. 排脓泄浊法　常用于因湿浊停聚,壅遏鼻窍所致的鼻病。症见鼻涕脓浊,色黄量多,鼻窍窒塞,鼻肌膜肿胀,鼻腔积脓,或鼻涕清稀量多,头昏头胀,胸闷纳呆,四肢乏力,舌苔腻,脉弦等。本治法是用具有渗湿泄浊、化痰除涕作用的药物组成的方剂,通过祛除湿邪,使鼻窍脓消涕止,以达到治疗目的。常用方剂如温胆汤、二陈汤等,常用药物如半夏、陈皮、枳实、竹茹、砂仁、泽泻、白术等。

5. 理气活血法　常用于因忧思郁怒,七情气郁,肝气郁结,气滞血瘀所致的鼻病。症见鼻窍窒塞难通,鼻肌膜肿胀,表面凹凸不平呈桑椹状,色紫赤,头昏头痛,心烦易怒,脉弦数等。本治法是用具有理气行气、活血化瘀作用的药物组成的方剂,通过理气活血,使气机畅达,瘀血得消,以达到治疗目的。常用方剂如丹栀逍遥散、桃红四物汤、通窍活血汤或越鞠丸等,常用药物如柴胡、香附、郁金、枳壳、桃仁、红花、苍术、栀子等。

6. 补肺固表法　常用于因肺气虚寒,腠理疏松,卫表不固,邪气乘虚犯鼻所致的鼻病。症见鼻塞鼻痒,喷嚏频作,清涕如水,鼻肌膜灰白,神疲乏力,舌淡,脉弱等。本治法是用具有补肺益气、固表散寒作用的药物组成的方剂,通过补肺固表,使鼻得肺气充养,以达到治疗目的。常用方剂如玉屏风散、四君子汤等,常用药物如黄芪、白术、人参、防风、荆芥、山药、桂枝、羌活等。

7. **凉血止血法** 常用于因脏腑蕴热,内入血分,血热上攻鼻窍,灼伤鼻窍脉络所致的鼻病。症见鼻内出血,鼻气灼热,或鼻干疼痛,鼻肌膜红赤糜烂,舌红,脉数有力等。本治法是用具有清热凉血、止血消衄作用的药物组成的方剂,通过清热凉血,使鼻衄自止,以达到治疗目的。常用方剂如十灰散、四生丸,常用药物如大蓟、小蓟、白茅根、茜草根、大黄、黄芩、侧柏叶、茜草根等。

8. **补脾益气法** 常用于因脾气虚弱,中气不足,鼻窍失于温煦所致的鼻病。症见鼻涕清稀,色白量多,鼻塞头昏,嗅觉减退,鼻甲肿大,色深红,少气懒言,四肢倦怠,舌淡,脉弱者。本治法是用具有补益脾气、健脾温中的药物组成的方剂,通过温胃健脾,补中益气,使鼻窍肌膜得以温养,以达到治疗目的。常用方剂如参苓白术散、补中益气汤等,常用药物如党参、茯苓、莲子肉、黄芪、山药、白术、扁豆等。

9. **滋补肺肾法** 常用于因肺肾阴虚,鼻窍失养所致的鼻病。症见鼻塞,鼻腔干燥,灼热疼痛,鼻涕浓稠,干结难擤,嗅觉减退,鼻气腥臭,鼻腔宽大,肌膜萎缩,干燥少津,舌红,脉细数等。本治法是用具有补益肺肾、滋阴润燥的药物组成的方剂,通过润肺补肾,滋阴降火,使鼻窍肌膜得以滋养,以达到治疗目的。常用方剂如养阴清肺汤、百合固金汤,常用药物如百合、熟地、生地、麦冬、白芍、当归等。

## (二) 外治法

鼻病的外治法主要是药物外治。根据病情,运用具有泻火解毒、清热消肿、芳香通窍、清热凉血、泻热止血、祛痰排脓等作用的药物,在患鼻局部使用。

外治法中局部用药的方法很多,有用疏风宣肺、芳香通窍药煎水,趁热蒸气熏鼻,以润通鼻窍。有用清热消肿、芳香通窍药煎水滴鼻,以通鼻窍。有用清热泻火、凉血止血药研成极细末吹鼻,以止鼻衄。亦有用泻火解毒、消肿定痛药研末涂敷患侧鼻部,以消鼻肿。治疗时可根据病情选用一种或两种外治法,再配合内服药,其疗效较之单纯用一种方法更有效。

1. **滴鼻法** 选用具有疏风宣肺、芳香通窍作用的药物,如辛夷、薄荷、荆芥、苍耳子等,制成适当浓度的药液滴鼻,以达到治疗目的。常用于因鼻甲肿大所致的嗅觉障碍,头昏头痛,或鼻塞,鼻涕增多,鼻肌膜红肿等鼻病。

若鼻涕较多,宜先擤尽鼻涕再滴药,几分钟后擤尽鼻涕再滴药,如此反复几次。

若鼻腔干燥,脓浊黏稠鼻涕干结成痂,鼻肌膜萎缩者,可用油剂如芝麻油滴鼻,或可用蜂蜜滴鼻。

2. **蒸气吸入法** 选用具有芳香避秽、宣肺利窍作用的药,如薄荷、藿香、白芷、佩兰等,煎水趁热用鼻吸入药物蒸气,或用雾化器将药液雾化后吸入鼻内。常用于鼻窍窒塞,嗅觉减退,头晕头痛,或鼻气臭秽难闻,鼻涕脓臭等鼻病。

3. **吹药法** 选用具有疏风宣肺、祛痰利窍作用的药,如薄荷、藿香、牙皂、防风等,研极细末,利用喷粉器或纸管,吹撒少许于鼻内。常用于鼻塞,嗅觉减退,鼻流清涕,量多等鼻病。

4. **塞鼻法** 选用具有清热泻火、凉血止血作用的药,如生地、丹皮、炒蒲黄、血余炭等,研极细末,以棉片蘸药末填塞患侧。常用于治疗鼻腔出血。

5. **外敷法** 选用具有清热泻火、消肿解毒作用的药末,如金黄散、青敷散等,用水、蜂蜜等调成糊状,涂敷外鼻患侧皮肤肿处。常用于外鼻之痈疽疮疖等。

## (三) 针灸治疗

循行于鼻部的经络有手足阳明经、手足太阳经、任督二脉及阳跷脉等。针灸治疗鼻病是利用针刺或艾灸某些腧穴,根据"虚者补之""实者泻之"的原则,采用近部取穴治疗。常用方法有体针、耳针、艾灸等。

1. **体针** 常用穴位见表4-1。

表4-1 鼻病常用腧穴

| 穴位名 | 归经 | 取穴 | 进针(寸) | 主治 |
|---|---|---|---|---|
| 二间 | 手阳明大肠经 | 示指桡侧掌指关节凹陷中 | 直刺0.2~0.3 | 鼻衄,咽喉肿痛 |
| 合谷 | 手阳明大肠经 | 手背第一、第二掌骨间,平第二掌骨中点 | 直刺0.5~1 | 鼻衄,头痛 |
| 偏历 | 手阳明大肠经 | 阳溪穴上3寸 | 直刺、斜刺0.5~1 | 鼻衄,耳鸣 |
| 曲池 | 手阳明大肠经 | 曲肘,肘横纹与肱骨外上中点 | 直刺1~1.5 | 鼻塞,头痛 |
| 禾髎 | 手阳明大肠经 | 水沟穴旁0.5寸 | 直刺、斜刺0.3~0.5 | 鼻塞 |
| 迎香 | 手阳明大肠经 | 鼻翼外缘中点旁开0.5寸 | 斜刺0.3~0.5 | 鼻塞,鼻痒,喷嚏 |
| 天府 | 手太阴肺经 | 肱二头肌外缘 | 直刺0.5~1 | 鼻塞,鼻衄 |
| 尺泽 | 手太阴肺经 | 肱二头肌肌腱桡侧缘 | 直刺0.8~1.2 | 鼻塞,鼻衄,头痛 |
| 孔最 | 手太阴肺经 | 尺泽与太渊连线上 | 直刺0.5~1 | 鼻塞,头昏 |
| 列缺 | 手太阴肺经 | 桡骨茎突上,腕横纹上 | 向上斜刺0.3~0.5 | 鼻塞,嗅觉障碍,流涕 |
| 太渊 | 手太阴肺经 | 掌后横纹桡侧端 | 直刺0.3~0.5 | 鼻塞流涕,鼻痒,喷嚏 |
| 足三里 | 足阳明胃经 | 犊鼻下3寸 | 直刺1~2 | 鼻塞流涕,喷嚏,鼻痒,嗅觉障碍 |
| 巨髎 | 足阳明胃经 | 瞳孔直下,平鼻翼下缘 | 斜刺、平刺0.3~0.5 | 鼻干,鼻痛,鼻衄 |
| 目窗 | 足少阳胆经 | 发际后1.5寸 | 平刺0.3~0.5 | 鼻塞流涕,头昏头痛 |
| 承灵 | 足少阳胆经 | 目窗后2.5寸 | 平刺0.3~0.5 | 鼻痒,喷嚏,清涕,鼻塞,鼻衄 |
| 风池 | 足少阳胆经 | 胸锁乳突肌与斜方肌之间 | 斜刺0.8~1.2 | 喷嚏清涕,鼻痒,鼻衄 |
| 攒竹 | 足太阳膀胱经 | 眉头凹陷中 | 平刺0.5~0.8 | 嗅觉障碍,鼻塞,脓涕多,头痛 |
| 眉冲 | 足太阳膀胱经 | 攒竹穴直上 | 平刺0.5~0.8 | 鼻塞,头晕头痛,涕多,嗅觉障碍 |
| 曲差 | 足太阳膀胱经 | 神庭穴旁1.5寸 | 平刺0.5~0.8 | 鼻痒,喷嚏,鼻塞,鼻衄 |
| 承光 | 足太阳膀胱经 | 曲差穴后2寸 | 平刺0.3~0.5 | 鼻塞流涕,头晕头痛 |
| 玉枕 | 足太阳膀胱经 | 后发际直上2.5寸,旁开1.3寸 | 平刺0.3~0.5 | 鼻塞,头痛 |
| 天柱 | 足太阳膀胱经 | 后发际正中直上0.5寸,旁开1.3寸 | 直刺、斜刺0.5~0.8 | 鼻塞,流涕,头重头昏 |
| 肺俞 | 足太阳膀胱经 | 第三胸椎棘突下,旁开1.5寸 | 斜刺0.5~0.8 | 鼻衄,鼻塞 |
| 飞扬 | 足太阳膀胱经 | 昆仑上7寸,承山外下 | 直刺1~1.5 | 鼻痒,喷嚏,清涕,鼻衄 |
| 昆仑 | 足太阳膀胱经 | 外踝高点与跟腱之间 | 直刺0.5~0.8 | 鼻衄,头晕目眩 |
| 通谷 | 足太阳膀胱经 | 第五跖关节前缘 | 直刺0.2~0.3 | 鼻衄,鼻塞,头晕,头痛 |
| 至阴 | 足太阳膀胱经 | 足小趾外侧趾甲角旁 | 浅刺0.1 | 鼻塞,鼻衄,头晕,头痛 |
| 印堂 | 奇穴 | 两眉头连线的中点 | 平刺0.3~0.5 | 鼻塞,脓涕量多,鼻衄,头胀痛 |
| 太阳 | 奇穴 | 眉梢与目外眦之间 | 直刺、斜刺0.3~0.5 | 鼻塞,头昏痛 |
| 鼻通 | 奇穴 | 鼻唇沟上端尽处 | 向内上平刺0.3~0.5 | 涕脓浊,鼻塞,头闷胀 |
| 风府 | 督脉 | 后发际正中直上1寸 | 直刺、斜刺0.5~1 | 嗅觉障碍,鼻塞,流涕 |
| 百会 | 督脉 | 后发际正中直上7寸 | 平刺0.5~0.8 | 流涕,头痛闷,鼻塞 |

以上穴位,根据病情每次选3~5穴,分别采用补法或泻法,或留针,或强刺激。也可配合艾灸治疗。

2. **耳针、耳穴压豆** 耳针是在耳穴针刺治疗;耳穴压豆是在耳穴用胶布粘贴小颗粒的植物种子(如王不留行籽、油菜籽等),不时按摩进行治疗。常用穴位如下。

内鼻:耳屏内侧面的下1/2,咽喉穴的下方。主治伤风鼻塞,喷嚏清涕,鼻腔出血,鼻干,鼻涕稠浊等。

肾上腺:下屏尖旁。主治鼻塞,鼻干,鼻甲萎缩,鼻腔出血,喷嚏清涕等。

内分泌:耳甲腔穴底部,屏间切迹内。主治喷嚏频作,鼻痒,清涕,鼻干,鼻甲萎缩,鼻出血,鼻塞等(图2-1)。

3. **穴位注射** 根据病情,选用中药或西药针剂注射于相应的穴位。常用穴位有迎香、印堂、太阳、眉冲、足三里、风池等。热证者可注射鱼腥草、红花、银黄注射液等,虚证、寒证者可注射当归、川芎注射液等。

4. **灸法** 艾灸有温通经络,行气活血,祛寒除湿,强壮保健等作用,《医学入门·卷五》曾言"药之不及,针之不到,必须灸之"。本法多用于治疗虚寒性鼻病。常用的方法有直接灸、隔姜灸、悬灸等。常用穴位有肺俞、膈俞、百会、上星、悬钟、丘墟、太白、公孙、三阴交等。

### (四)其他疗法

1. **按摩** 多用于鼻塞持续,头痛头昏,嗅觉障碍,喷嚏,清涕等鼻病。按摩常用的穴位有迎香、太阳、攒竹、风池等。《杂病源流犀烛·卷二十三》中记载有"常以手中指,与鼻梁两边揩二三十遍,令表里俱热,所谓灌溉中岳,以润于肺也"。即先互相摩擦两手鱼际至热后,沿鼻根两侧至迎香,上下反复按摩至热,然后用两手大拇指沿攒竹穴至太阳穴,每次5~10 min。患者也可自行按摩,每日2~3次。

2. **导引** 是以肢体运动、呼吸气息的自我调节和自我按摩相结合的有疏通经络、气血流畅、自我保健作用的一种疗法。如《保生秘要·卷三》载有"归元念过命门,想肾水上升昆仑,降脐,次以左乳下经络,推至涌泉,虚而吸之",即排除杂念,无思无虑,在凝神炼意中好像把"肾水"上升到头顶,然后再从头顶下降到肚脐部,迂回到左乳下,在下达脚底涌泉穴。把气轻轻地吹出后再收回来吸入。或如《保生秘要·卷三》中谓:"观鼻端定神,渐运入内,逆上顶门,转下于肾,经元海,溯涌泉而定神。"即配合呼吸气息的调节,使经络通畅,气血调和,起到治疗鼻疾,或预防鼻病的作用。

# 第五章 鼻科各论

**导学**

本章包括鼻疔、鼻疳、伤风鼻塞、鼻窒、鼻槁、鼻干、鼻衄、鼻渊、鼻息肉、鼻鼽、鼻异物、鼻损伤、杨梅鼻烂13个常见中医鼻科病证。

应熟悉各病证病名含义,并了解与之相关的主要西医病名;熟悉各病证的病因病机,掌握其诊断要点,掌握除鼻异物、鼻损伤外其余各病内治之辨证分型、治法、代表方剂;熟悉鼻异物、鼻损伤的外治法;了解其余各病证的主要外治法、针灸治疗、预防护理。

## 第一节 鼻疔

鼻疔是指因邪毒内炽、火毒上攻所致的发生于鼻尖、鼻翼、鼻前庭及其附近部位的疔疮疖肿,以局部红肿疼痛,粟粒状突起,顶有脓点为主要临床表现。疔者,钉也,其形小根深状如钉盖,故谓鼻疔,《外科证治全书·卷四》曰:"疔疮者,言其疮形如钉盖之状也。"若能自行破溃,脓液排出而愈。若处理不当(如挤压等),邪毒走窜,正气托毒无力,内陷营血,可转为疔疮走黄的重证。西医学中的鼻疖可参考本篇进行辨证论治。

在古代医籍中有"白疔""白刃疔""鼻尖疔""鼻柱痈"等别称。鼻疔一名始见于《证治准绳·疡医·卷之三·疔疮》,书中说:"鼻疔生于鼻内,痛引脑门,不能运气,鼻如大瓶,黑色者不治。"《医宗金鉴·外科心法要诀》说:"鼻疔生在鼻孔内,鼻窍肿塞、胀痛引脑门,甚则唇腮俱作浮肿,由肺经火毒拧结而成。"不仅描述了鼻疔的症状,并对其病因有了明确的认识。

【病因病机】

1. **邪毒外袭,火毒上攻** 因外伤或挖鼻、拔鼻毛损伤鼻窍肌肤或毛囊,邪毒侵袭,毒聚鼻窍,加之恣食膏粱厚味、辛辣炙煿,肺胃积热,致火毒结聚,循经上犯鼻窍而为病。

2. **火毒炽盛,内陷营血** 头为诸阳之首,鼻为血脉多聚之处,其脉络内通于脑。若治不及时,或治疗不当,则火毒势猛,正气托毒无力,邪毒走窜,内陷营血及心包,而成疔疮走黄之危候。

【诊断要点】

1. **病史** 有挖鼻、拔鼻毛、早期失治、妄行挤压史。

2. **临床症状** 鼻部疼痛,脓成时有跳痛感。全身可伴有发热、头痛、便秘、全身不适等症状。若疔疮走黄可出现头痛如劈,鼻肿如瓶,目胞合缝,憎寒壮热,烦躁不安,恶心呕吐,或神昏谵语,痉厥等。

3. **局部检查** 可见鼻前庭或鼻尖、鼻翼处丘状隆起红赤,继之疮顶有黄白色脓点(彩图13),甚者其周围红赤、肿起,或上唇、面颊和下睑红肿。如疔疮走黄,则见疮头紫暗,顶陷无脓,根脚散漫,鼻肿如瓶,目胞合缝等。

【鉴别诊断】

**鼻疳** 鼻疔与鼻疳均为鼻部的红肿热痛。但鼻疔病变较局限,多以疼痛为主症;鼻疳病变范围较广,痒痛症状明显,表现为鼻孔处皮肤潮红、糜烂、流水、结痂等。

【辨证施治】

辨治思路:本病多由火毒上攻所致,临证主要应辨其顺逆,顺证治以清热解毒,逆证当治以泻火解毒,凉血清营。

## 一、内治法

1. **邪毒外袭,火毒上攻**

临床表现:初起鼻部局限性潮红、隆起,状如粟粒,继之则渐长如椒目,色红而周围发硬,焮热微痛;重者痛连面唇,疼痛持续,或跳痛,脓成则疮顶见黄白色脓点,疮顶高凸,触之柔软。可兼有头痛、发热、全身不适等症。舌质红,苔白或黄,脉数。

证候分析:外伤或挖鼻致邪毒外袭,火毒上攻鼻窍,蒸灼肌肤,毒聚鼻窍而成疔疮,故见局部红肿疼痛;毒火久聚,灼伤肌肤,腐肉为脓;热毒壅盛,正邪相搏,故见发热;邪毒上扰,故头痛;舌质红、苔白或黄、脉数为热盛之征。

治法:疏风清热,解毒消肿。

方药:五味消毒饮加减。病初恶寒发热,加连翘、荆芥、防风以疏风解表;疼痛较甚者,加归尾、赤芍、丹皮以助活血止痛;脓成不溃者,加穿山甲、皂角刺以助消肿溃脓;若病情严重,可配合用黄连解毒汤加减。

2. **火毒炽盛,内陷营血**

临床表现:疮头紫暗,顶陷无脓,根脚散漫,鼻肿如瓶,目胞合缝,局部灼热疼痛。可伴有头痛剧烈如刀劈,高热,烦躁,呕恶,神烦昏冒,脊背痉厥,抽搐,烦渴引饮,大便燥结等症。舌质红绛,苔厚黄燥,脉洪数。

证候分析:火毒炽盛,蒸灼鼻窍,则见红肿剧痛、鼻肿如瓶、疮头紫暗、顶陷无脓、目胞合缝;火毒势猛,托毒无力,邪毒走窜,入于营血,内陷心包,内扰心神,则高热头痛、恶心呕吐、烦躁不安、神昏谵语、痉厥等重症;舌质红绛、苔厚黄燥、脉洪数均为火毒内盛之征。

治法:泻火解毒,清营凉血。

方药:清营汤合犀角地黄汤加减。清营汤清营透热,犀角地黄汤清热凉血,泄热解毒。如出现神烦昏冒,则以清营汤合犀角地黄汤煎水吞服安宫牛黄丸、至宝丹或紫雪丹,以清热开窍,镇痉安神。

## 二、外治法

1. **外敷** 以内服中药渣再煎,以药液敷患处;或选用野菊花、蒲公英、鱼腥草等捣烂外敷。

2. **涂敷**　选用玉露膏、金黄膏涂敷患部，或紫金锭、四黄散调水涂敷。

3. **其他**　脓成顶软者，局部消毒后用尖刀挑破脓头（以脓出为限），忌将疮顶切开过多，以免导致脓毒走散。

### 三、针灸治疗

**刺血法**　取同侧耳尖、耳背或耳垂，用三棱针点刺放血，或少商、商阳、中冲点刺放血，以泻热解毒。

【预防与调护】

(1) 保持鼻部清洁，禁忌一切挤压、触碰、挑刺、灸法及早期切开引流，以免脓毒扩散。

(2) 忌食辛辣炙煿及肥甘厚味，多吃蔬菜，多饮水。

(3) 戒除挖鼻及扯鼻毛之坏习惯，根治其他鼻病，注意治疗全身消耗性疾病，提高机体抗病能力。

【预后与转归】

本病如能正确处理，及时治疗，预后较好。若正虚邪炽，或失治误治，可发生疔疮走黄之变证，如不及时处理，则可危及生命。

【古代文献摘录】

《素问·生气通天论篇》："高梁之变，足生大疔。"

《中藏经·论五丁状候》："白丁，起于鼻下，初起如粟状，根赤头白，或顽麻，或痒痛，使人憎寒头重，壮如伤寒，不欲食，胸膈满闷，喘促昏冒者死，未者可治，此疾不过五日，祸必至矣，宜急治之。"

《医宗金鉴·外科心法要诀·鼻部》："鼻疔生在鼻孔中，鼻窍肿引脑门疼，甚则唇腮俱浮肿，肺经火毒蟾离宫。注：此证生于鼻孔内，鼻窍肿塞，胀痛引脑门，甚则唇腮俱作浮肿，由肺经火毒，凝结而成。宜蟾酥丸汗之，再用蟾酥丸细研末，吹入鼻窍。若肿硬外发，用离宫锭涂之。此症初起之时，须当速治，迟则毒气内攻，以致神昏、呕哕、鼻肿如瓶者逆。"

《外科证治全书·卷二》："鼻疔生鼻孔内，肿胀痛引脑门，寒热交作，甚则唇腮俱作浮肿。"

【西医学中主要相关疾病认识】

**鼻疖**　为鼻前庭、鼻尖、鼻翼等处的毛囊、皮脂腺或汗腺的局限性化脓性炎症。多因挖鼻或拔鼻毛致皮肤损伤，继发感染，多为金黄色葡萄球菌感染。糖尿病患者及一般抵抗力低下者也易患此病。海绵窦血栓性静脉炎为鼻疖最严重的颅内合并症。治疗时应用抗生素类药物，预防感染扩散。疖未成熟者，氦-氖激光局部照射等理疗，消肿止痛。疖已成熟者，可待其自行穿破，或用小探针蘸少许50%硝酸银腐蚀脓头。

# 第二节　鼻疳

鼻疳是指由于邪毒侵袭或湿热郁蒸及血虚化燥而致的以鼻前孔及其附近皮肤红肿、糜烂、渗液、结痂、灼痒或皲裂，经久不愈，反复发作为主要特征的鼻病。西医学中的鼻前庭炎及鼻前庭湿疹等疾病可参考本篇进行辨证论治。

对鼻疳病的论述，较早的文献见于《诸病源候论·卷四十八》，其中指出："匿鼻之状，鼻下两边赤，发时微有疮而痒是也，亦名赤鼻，亦名疳鼻。"由于多见于小儿，故该书列"小儿杂病诸候"讨论了本病的病名、病因病机及症状。同时指出本病具有反复发作、缠绵难愈的特点,如:"小儿耳鼻口间生疮,世谓之月食疮,随月生死,因以为名也。"《医宗金鉴·外科心法要诀》称本病为"鼻疳"。在历代古医籍中本病又有"鼻疮""鼻䘌疮""鼻䘌""䘌鼻""赤鼻""疳鼻"等不同病名。

【病因病机】

本病病因主要为肺脾失调、挖鼻损伤、脓涕浸渍、饮食所伤、体质禀异等因素引起。其病机主要是肺中蕴热,复感邪毒或脾胃湿热,上蒸鼻窍和久病伤津,血虚化燥,肌肤失养所致。

1. **风热客肺,热毒上蒸** 平素肺有伏热,复感风热邪毒,或脓涕经常浸渍鼻孔,或因挖鼻伤损肌肤,邪毒乘虚所凑,引动肺经伏热上蒸,两邪相聚,蒸灼鼻窍而为病。

2. **脾胃失调,湿热郁蒸** 恣食肥甘酒酪、辛辣炙煿,致脾胃壅滞,湿热内生,或平素小儿脾胃呆滞,饮食不节,更易积食成疳,疳热循经熏蒸鼻窍肌肤,发为鼻疳。如《医宗金鉴·外科心法要诀》说:"鼻疳者,因疳热攻肺而成。"

3. **血虚化燥,鼻失滋养** 鼻病日久,余邪未清,邪热久稽,阴血暗耗,血虚生风化燥,鼻失濡养而表现出皮肤皲裂、粗糙、增厚。

本病的病位在鼻前孔及其附近皮肤,但其发生与肺、脾、津、血等相关。其病机分虚、实两端。肺经蕴热或脾胃湿热上蒸者属实,由于湿热缠绵,故病程较长或反复发作;病久者邪热稽留,耗伤阴津,血燥生风者,多属虚证。

【诊断要点】

1. **病史** 可有过敏、鼻渊、挖鼻等病史。
2. **临床表现** 病急者,鼻前孔及附近皮肤红肿、灼热疼痛、水疱、糜烂、渗液、结痂、灼痒,经久不愈或反复发作(彩图14)。病程久者,局部多见皲裂、粗糙、脱屑、瘙痒。

【鉴别诊断】

**鼻疔** 鼻疔主要发生部位在鼻尖、鼻翼及鼻前庭等部位。局部红肿突起,根盘紧束,焮热硬痛。成熟后顶现黄白色脓头,溃后脓出即愈。发病急,病程短,一般3～5日。故可在病位、病程及主要症状等方面对两者进行鉴别。

【辨证论治】

辨治思路:鼻疳的辨证,多着眼于虚实两端。实证者,发病急,局部多有灼痒、红肿、糜烂、渗液等临床表现,呈现风、热、湿为患之特性。而虚证多表现为病程长,局部肌肤皲裂、粗糙、脱屑、瘙痒,具备血虚生风化燥之特性。根据局部风、热、湿、血燥等不同病机变化,故有"疏风、清热、燥湿、养血"等治法。

## 一、内治法

1. **风热客肺,热毒上蒸**

临床表现:鼻前孔处色红肿胀,灼热、干燥瘙痒或疼痛,起红色丘疹或水疱,抓搔后糜烂并有脂水渗出,干后结有黄色痂皮。小儿可见啼哭、烦躁,或见头痛、恶风、鼻息灼热感。舌质红,苔薄黄,脉浮数。

证候分析:肺有伏热,复感风热邪毒,内外邪热,熏灼鼻窍肌肤,使气血壅滞,则见鼻前孔处皮肤出现丘疹且灼热疼痛。热胜则局部灼热干燉、红肿、结痂。热毒挟湿,上蒸肌肤,则局部有水疱、糜烂、溢出脂水。风邪挟燥,伤肺耗津,则鼻窍肌肤干燥瘙痒。

治法:清泻肺热,疏风散邪。

方药:泻白散合银翘散加减。泻白散清泻肺经伏热而解毒,银翘散疏风散热,透邪外出。若局部瘙痒,可加入蝉蜕、紫草、浮萍疏风止痒;若热毒壅盛,局部焮热、红肿痛甚者,可加黄连、牡丹皮、蒲公英以清热解毒,凉血消肿;若发热、便秘,可加火麻仁、生大黄以通便泻热;若湿热重者,局部皮肤糜烂、渗溢脂水,加黄柏、苦参燥湿清热。

2. 脾胃失调,湿热郁蒸

临床表现:鼻前庭及上唇肌肤潮红肿胀,常有糜烂并脂水淋漓,干后结黄浊厚痂,时有鼻塞。病程较长,经久不愈或反复发作。小儿可兼有腹胀、大便黏腻、啼哭易怒。舌红,苔黄腻,脉滑数。

证候分析:脾胃失调,湿热内生,上蒸鼻窍,腐蚀肌肤,则鼻窍肌肤糜烂潮红,湿浊浸渍肌肤,则有糜烂及脂液淋漓;湿热蕴积,则成黄浊厚痂;局部肿胀及干痂阻塞鼻孔,呼吸不利,故生鼻塞。湿性黏滞缠绵,蕴伏不散,故病程较长,经久不愈或反复发作。小儿脏腑娇嫩,脾胃易伤而多生积滞,积滞化热而出现食少、腹胀、大便黏腻、啼哭烦怒等症;舌红、苔黄腻、脉滑数均为湿热郁蒸,湿重于热之象。

治法:清化湿热,和中解毒。

方药:三仁汤加减。方中杏仁、白蔻仁、薏苡仁宣通气机,和畅脾胃而渗湿;半夏、厚朴理气醒脾而燥湿;通草、滑石、竹叶清热解毒而利湿;全方合用,主治温病初起,湿重于热者,最为相宜。

若小儿因脾胃呆滞,食积成疳,疳热上攻而致鼻中生疮,肌肤糜烂渗液,并见腹胀、大便黏腻、啼哭烦怒者,可加入炒槟榔、鸡内金、使君子、焦三仙以和中消积杀虫;若小儿脾胃素虚,健运失常而致湿浊内生者,可用参苓白术散以健脾和中,化湿利浊。

3. 血虚化燥,鼻失滋养

临床表现:鼻前孔及上唇肌肤干燥瘙痒,有灼痛或异物感,患处肌肤增厚、皲裂,或见疮面上盖以鳞屑或干痂,鼻毛脱落。伴有口咽干燥,面色萎黄,身瘦腹胀,毛发干枯,大便秘结。舌质红,少苔,脉细数。

证候分析:邪毒久羁,反复渗液,耗伤阴血,津亏血虚,生风化燥,鼻失滋养,故鼻前孔及上唇皮肤粗糙、增厚、皲裂、结痂、鼻毛脱落;血燥生风,则鼻干而痒甚,阴虚生内热则见鼻窍灼热干痛、异物感;血虚化燥,肌肤失润,故见鳞屑样干痂;舌质红、少苔、脉细数为血虚化燥之象。

治法:滋阴润燥,养血息风。

方药:四物消风饮加减。方中生熟地、当归、川芎、赤白芍滋阴养血,润燥荣鼻;荆芥、薄荷、柴胡疏风止痒,引邪外出;黄芩解毒清热而兼凉血;甘草调和诸药。

若鼻部肌肤干燥、粗糙、皲裂者,可加玄参、麦冬、何首乌等以滋阴养血而润燥;痒甚,加蝉蜕、防风、白鲜皮以祛风止痒;若局部见有脓痂或脓痂下皮肤潮红,加野菊花、金银花等以清热解毒。

## 二、外治法

用清热解毒、燥湿收敛的中药外洗或外敷。

1. **外洗法** 选用以下方药煎水局部外洗。

(1) 用内服中药渣再煎,外洗患处。

(2) 用苦楝树叶、桉树叶、藿香叶各30 g煎水洗患处。

(3) 用苦参、苍术、黄柏各15 g煎水清洗患处。

(4) 局部黄水淋漓,可用明矾 3 g、生甘草 10 g 煎水外洗患处。

2. **外敷法** 根据局部病变情况,酌情选用下列方药。

(1) 湿热盛,局部红肿、糜烂、渗液者,可用青蛤散调敷患处。或用苦参、黄柏各 15 g,研末,以生地黄汁调敷患处。

(2) 局部糜烂不愈,流黄水多者,可用瓦松或五倍子适量,烧灰研细末涂敷。

(3) 局部干燥、皲裂、脱屑者,用黄连膏、紫归油外涂。

(4) 局部灼热、焮痛者,用辰砂定痛散以麻油调敷。

### 三、针灸治疗

1. **体针** 可取合谷、曲池、外关、少商等穴,提插捻转,用泻法。每日 1 次。

2. **耳针** 取鼻、肺、胃、下屏间等穴,或埋针,或用王不留行籽贴压,经常用手轻捻贴穴,维持刺激。

### 【预防与调护】

(1) 积极治疗鼻腔、鼻窦疾病,以减少鼻涕对鼻前孔及其附近皮肤的刺激。

(2) 本病发生时,局部忌用热水洗烫或肥皂水清洗。

(3) 戒除挖鼻、拔鼻毛等不良卫生习惯。

(4) 发生鼻疳,局部有结痂时要待其自行脱落,不可因痒而用手指挖鼻或抓搔,以免染毒加重病情。

(5) 忌食辛辣炙煿及腥荤发物,如鱼、虾、蟹等。

(6) 加强小儿或乳母的乳食调养,治疗疳积或寄生虫病,以免疳热上攻。

### 【预后与转归】

鼻疳治疗及时,多预后良好。若治不及时,或对引起本病之病因治不彻底,鼻疳多缠绵不愈,反复发作,症状时轻时重。

### 【儿童患者诊疗注意事项】

(1) 本病为小儿常见病,或与旋耳疮等病并发,治疗时应兼顾。

(2) 婴幼儿内服中药困难,除了尽量内服少量中药以外,应重视外治方法。

(3) 外治本病,一般不宜在局部用水清洗,可以用中药液或低浓度过氧化氢溶液水清洗,亦可用植物油搽洗。

(4) 小儿皮肤娇嫩,搽鼻涕时应动作轻缓,避免皮肤破损而导致本病。

### 【古代文献摘录】

《诸病源候论·卷四十八》:"䘌鼻之状,鼻下两边赤,发时微有疮而痒是也。亦名赤鼻,亦名疳鼻。然鼻是肺气之所主,肺候皮毛,其气不和,则风邪客于皮毛,次于血气。夫邪在血气,随虚处而入停之,其停于鼻两边,与气血相搏成疮者,谓之䘌鼻也。"

《医宗金鉴·外科心法要诀》所说:"鼻䘌疮多小儿生,鼻下两旁斑烂形,总由风热客于肺,脓汁浸淫痒不痛。"

### 【西医学中主要相关疾病认识】

1. **鼻前庭炎** 其病因主要与鼻腔分泌物和有害粉尘刺激有关。本病有急、慢性之分,急性者多有鼻前庭剧痛,鼻前庭及其附近皮肤弥漫性红肿、糜烂;慢性者多见鼻前庭痒、灼热、干和异物感。同时,鼻前庭皮肤增厚,可有结痂或皲裂,鼻毛脱落稀少。治疗:对因治疗,如急性鼻炎、慢性鼻炎、鼻窦炎等。急性期:局部湿热敷或红外线照射;慢性期:结痂可用3%过氧化氢溶液清洗后,涂用1%~2%黄降汞软膏或抗生素软膏,渗出可涂擦5%氧化锌软膏,糜烂和皲裂可涂10%硝酸银软膏及抗生素软膏。

2. 鼻前庭湿疹  主要由慢性鼻病之脓性分泌物浸渍所致,也可由面部慢性湿疹漫延而来。具有变态反应体质的小儿,可因进食某种食物或乳制品而诱发本病。在病变过程中,常合并某些病毒、细菌和真菌感染。其临床表现主要为鼻前庭及上唇皮肤的浅表性水疱、糜烂、渗出。治疗方法:全身一般予抗生素口服,并配合抗组织胺药,如氯苯那敏、苯海拉明之类,以及维生素B、维生素C、钙片等,必要时可配合地塞米松或泼尼松等类固醇激素。外治:急性期局部用碱性醋酸铝溶液、0.1%高锰酸钾、0.1%氯化钾或温水湿敷,然后涂甲紫溶液、10%~15%氧化锌软膏、5%白降汞软膏、可的松抗生素软膏之类。

# 第三节 伤风鼻塞

伤风鼻塞是指因风邪侵袭所致的以鼻塞、流涕、打喷嚏为主要症状的鼻病。本病四季均可发生,但以秋季和冬春之交多发。西医学中的急性鼻炎可参考本篇进行辨证施治。

伤风鼻塞俗称"伤风"或"感冒"。古代医家对其论述多散载于"伤风""嚏""流涕""鼻塞"等病范畴内。《世医得效方·卷十》首次提出"伤风鼻塞"一名:"茶调散治伤风鼻塞声重,兼治肺热涕浊。"《医林绳墨·卷七》明确指出本病的病因病机为"触冒风邪,寒则伤于皮毛,而成伤风鼻塞之候,或为浊涕,或流清水"。

【病因病机】

风为百病之长,常挟寒携热侵袭人体。本病多因气候变化,寒热不调,或生活起居不慎,过度疲劳,使正气虚弱,风邪乘虚侵袭而为病。初起属风寒居多,继则寒郁化热而呈风热之候,亦可直接感受风热之邪为病。

1. 风寒外袭,肺失宣肃  肺为娇脏,开窍于鼻,外合皮毛。若腠理疏松,卫表不固,风寒之邪乘虚外袭皮毛,卫阳被郁遏,内犯于肺,则肺失宣肃,寒邪遏于鼻窍而发为本病。

2. 风热袭肺,壅遏鼻窍  鼻属肺系,乃呼吸之门户,风热邪毒从口鼻而入,直犯鼻窍,或风寒之邪,郁久化热犯肺,致肺失清肃,风热邪毒壅遏清窍而为病。

【诊断要点】

1. 病史  发病前多有受凉或疲劳史。

2. 临床症状  初起鼻痒、干燥灼热感,打喷嚏,鼻塞,流水样鼻涕;随之,鼻塞渐重,鼻涕渐呈黏黄涕,嗅觉减退,语声重浊;后期,鼻塞逐渐减轻,鼻涕渐消。全身可有周身不适、发热、恶寒、头痛等。小儿全身症状较重,可有呕吐、腹泻、倦怠,甚则壮热、抽搐等。

3. 局部检查  鼻黏膜充血肿胀,鼻腔内有较多鼻涕,初期为水样,后渐转为黄黏性。

【鉴别诊断】

应与时行感冒、鼻衄、呼吸道急性传染病前驱期相鉴别。

## 【辨证论治】

辨治思路：本病以"辛散、通窍"为治疗之大法。但须注意表散不宜太过，以免耗散元气；补益不宜太早，以防留有余寇。

### 一、内治法

#### 1. 风寒外袭，肺失宣肃

临床表现：鼻塞声重，喷嚏频作，流涕清稀。可有头痛，恶寒发热。舌质淡，舌苔薄白，脉浮紧。

证候分析：风寒束表，正气抗争，驱邪外出，故喷嚏频作；肺失宣散，邪壅鼻窍，故鼻塞声重、鼻肌膜淡红肿胀；肺失肃降，水道不利，故流涕清稀；风寒束表，卫阳被郁，营卫失调，故见恶寒发热、头痛；舌质淡红、苔薄白、脉浮紧均为外感风寒之征。

治法：辛温解表，散寒通窍。

方药：通窍汤加减。方中以麻黄、防风、羌活、藁本疏风散寒解表；川芎、白芷、细辛疏散风寒通窍；升麻、葛根辛甘发散，解表升阳；苍术发汗除湿；甘草调和药性。川椒大热，不利表散，可去而不用。亦可用荆防败毒散、葱豉汤加减。

#### 2. 风热袭肺，壅遏鼻窍

临床表现：鼻塞较重，鼻流黏稠黄涕，鼻痒气热，喷嚏时作。可有发热，头痛，恶风，口渴，咽痛，咳嗽痰黄。舌质红，舌苔薄黄，脉浮数。

证候分析：风热外袭，肺失宣降，风热上扰鼻窍，故见鼻塞较重、鼻肌膜色红肿胀、鼻流黏黄涕、鼻痒气热、喷嚏时作；风热犯肺，肺失肃降，故咳嗽痰黄；发热、恶风、头痛、口渴、咽痛、舌质红、舌苔薄黄、脉浮数均为风热犯肺之征。

治法：疏风清热，宣肺通窍。

方药：银翘散加减。方中以银翘散辛凉透表，清热解毒。若头痛较甚，加蔓荆子、菊花以清利头目；咽部红肿疼痛，加板蓝根、射干以清热解毒利咽；咳嗽痰黄，加前胡、瓜蒌以宣肺止咳化痰。亦可选用桑菊饮加减。

### 二、外治法

1. **滴鼻** 用芳香通窍类的中药滴鼻剂滴鼻，改善通气引流。

2. **蒸气或雾化吸入** 可用内服中药或薄荷、辛夷煎煮蒸气熏鼻，亦可用疏风解表、芳香通窍的中药煎煮过滤后行雾化吸入。

此外，据古医籍记载有吹药或塞药法：如用苍耳散，或辛夷花、薄荷适量，研末，每用少许吹入鼻内，或塞鼻内。

### 三、针灸治疗

1. **体针** 鼻塞者，取迎香、印堂穴；头痛、发热者，取太阳、风池、合谷、曲池穴。针刺，强刺激，留针 10～15 min。

2. **艾灸** 风寒证或清涕多者，取迎香、上星，温和灸。每次 10 min，每日 1～2 次。

### 四、其他疗法

1. **穴位按摩** 风寒犯鼻证，取风门、风池、迎香、合谷；风热犯鼻证，取大椎、曲池、合谷、鱼际、迎香。头痛,加太阳。每日1次。

2. **导引法** 《保生秘要》曰:"先擦手心极热,按摩风府百余次,后定心以两手交叉紧抱风府,向前拜揖百余,俟汗自出,勿见风,定息气海,清坐一香,饭食迟进,则效矣。"

【预防与调护】

(1) 病中应多饮开水,饮食宜清淡、须戒生冷,勿使风邪变成寒中。
(2) 鼻塞时勿强力擤鼻,以防邪毒窜入耳窍,引发耳疾。
(3) 平素应注意起居有常,调适寒暖,尤其要注意项背足部的保暖。
(4) 流感期间避免出入公共场所,注意居室通风。

【预后与转归】

伤风鼻塞经适当休息,及时治疗,多能痊愈,病程一般5~7日。若邪毒甚,或治疗不及时,可并发鼻渊、喉痹、耳胀等。少数患者,因失于治疗,病情迁延不愈,可致鼻窒。

【古代文献摘录】

《景岳全书·卷二十七》:"鼻塞证有二:凡由风寒而鼻塞者,以寒闭腠理,则经络壅塞而多鼽嚏,此证多在太阳经。宜用辛散解表自愈,如川芎散、神愈散及麻黄、紫苏、荆芥、葱白之类皆可择用。"

《杂病源流犀烛·卷二十三》:"鼻为肺窍,外象又属土,故寒伤皮毛,则鼻塞不利。新者偶感风寒,必兼喷嚏、清涕、声重,宜参苏饮、羌活冲和汤……若风热壅盛,郁于肺中,亦致鼻俞声重,宜疏散之,宜抑金散、川芎茶调散。"

《景岳全书·伤风》:"盖凡风邪伤人,必在肩后颈根、大杼、风门、肺俞之间,由此达肺最近最捷,按而酸处即其边也。故凡气体薄弱及中年以后,血气渐衰者,邪必易犯,但知慎护此处,或昼坐则常令微暖,或夜卧则以衣帛之类密护其处,勿使微凉,则可免终身伤风咳嗽之患。"

【西医学中主要相关疾病认识】

**急性鼻炎** 是由病毒感染引起的鼻黏膜急性炎症。以鼻塞、流涕、打喷嚏为主要症状。全年均可发病,多发于冬春季气候突变、寒暖交替之时。多由病毒感染引起,以鼻病毒、腺病毒、流感或副流感病毒、冠状病毒等为多见,可引起继发性细菌感染。受凉、过劳、烟酒过度、维生素缺乏、内分泌失调、全身慢性疾病,以及鼻腔疾病,口腔、咽部的感染病灶等局部因素为其诱因。本病局部可用血管收缩剂,改善鼻通气,促进鼻分泌物排出;全身给予抗病毒药、支持疗法及对症治疗。合并细菌感染者,可加用抗生素。

# 第四节 鼻窒

鼻窒是指因脏腑虚弱,邪滞鼻窍所致的以长期鼻塞为特征的慢性鼻病。鼻塞可呈交替性、间歇性、持续性,可伴有流涕,头痛,嗅觉下降等症状。西医学中的慢性鼻炎等疾病可参考本篇进行辨证施治。

本病在历代文献中又称"鼻塞""鼻齆""齆鼻"等。鼻窒一名首见于《素问·五常政大论篇》,书中曰:"大暑以行,咳嚏,鼽衄,鼻窒。"《素问玄机原病式·六气为病》曰:"鼻窒,窒,塞也。"

【病因病机】

本病多为脏腑虚弱,邪滞鼻窍所致,尤以肺脾虚弱及气滞血瘀为多。多因素体肺脾虚弱,伤风鼻塞反复发作,邪毒留滞鼻窍所致。也可因邪气久滞,肺经伏热致发病。

1. **肺经蕴热,壅塞鼻窍**　伤风鼻塞失治误治,迁延不愈,浊邪伏肺,久蕴不去,肺经蕴热,失于宣降,邪热熏蒸鼻窍,肌膜肿胀,鼻窍不通而为病。

2. **肺脾气虚,邪滞鼻窍**　久病体弱,肺气耗伤,肺卫不足,肺失清肃,邪毒留滞鼻窍。或饮食劳倦,病久失养,损伤脾胃,水湿失运,浊邪滞留鼻窍而为病。

3. **邪毒久留,血瘀鼻窍**　伤风鼻塞失治,或邪毒久犯,素体虚弱,正虚邪滞,气血不行,浊邪久滞,壅阻鼻窍,气滞血瘀而为病。

【诊断要点】

1. **病史**　可有伤风鼻塞反复发作史。
2. **临床症状**　以鼻塞为主要症状,鼻塞呈间歇性或交替性。病变较重者,可呈持续性鼻塞,鼻涕不易擤出,久病者可有嗅觉减退。或伴有头昏、头重等症。
3. **局部检查**　早期鼻腔黏膜充血,尤以下鼻甲肿胀明显,色红或暗红,表面光滑,触之柔软,有弹性,血管收缩剂收缩鼻腔,黏膜及下鼻甲缩小明显。病久者下鼻甲黏膜肥厚,暗红色,表面多呈桑椹状或结节状,触之有硬实感,弹性差,血管收缩剂对鼻腔黏膜的收缩不敏感。

【鉴别诊断】

1. **鼻渊**　鼻渊之鼻塞同时多见鼻涕量多,黏脓性或脓性,头昏痛等。检查见鼻道内脓性分泌物多。
2. **鼻息肉**　鼻息肉之鼻塞多单侧,渐进性,涕多,检查见鼻腔内赘生物。

【辨证论治】

辨治思路:本病多由肺脾气虚,邪滞鼻窍所致,主要症状为鼻塞。治疗时应根据病机不同,在辨证的基础上,采用通窍法。可分为清热宣肺通窍、益气散邪通窍、行气活血通窍等。

## 一、内治法

**1. 肺经蕴热,壅塞鼻窍**

临床表现:间歇性或交替性鼻塞,时轻时重,鼻涕色黄而黏。可伴有鼻气灼热,口干,咳嗽痰少而黄。舌尖红或舌质红,苔薄黄,脉数。

证候分析:肺经蕴热,熏蒸鼻窍,故鼻肌膜充血肿胀;肺失清肃,鼻塞,涕黄,咳嗽痰少;舌尖红或舌质红、苔薄黄、脉数乃肺经蕴热之象。

治法:清热散邪,宣肺通窍。

方药:黄芩汤加减。选用黄芩、栀子、桑白皮解毒,清泻肺热;连翘、薄荷、荆芥疏风清热通鼻窍;赤芍、麦冬入血入阴,一凉血,一养阴;桔梗清肺热,并载药直达病所。

**2. 肺脾气虚,邪滞鼻窍**

临床表现:鼻塞间歇性或交替性,遇寒加重,鼻涕白而黏或稀清,头晕头重,倦怠乏力,少气懒言,面色㿠白,咳嗽痰稀,恶风怕冷,易感冒。舌淡,苔白,脉浮无力或缓弱。

证候分析:肺脾气虚,卫气不固,外邪易犯,邪毒易滞,故鼻塞;阴阳相争,阳气偏盛时则症状轻,阴气偏盛时症状重,故鼻塞间歇性,或呈交替性,遇寒症状加重;证属虚寒,故鼻内肌膜肿胀色淡,流涕清稀;肺气不足,则气短;肺不布津,聚而生痰,肺气上逆,则咳嗽;气虚,则面色㿠白;食欲欠佳、大便时溏、体倦乏力为脾气虚弱之征。

治法：补益肺脾，散邪通窍。

方药：肺气虚为主者，可选用温肺止流丹加减。方中人参、甘草、诃子补肺敛气；细辛、荆芥祛风散寒通窍；桔梗、鱼脑石散结除涕；可加辛夷、苍耳子等通鼻窍，加五味子、白术、黄芪补益肺脾。

若脾气虚为主者，可用补中益气汤加减，以健脾益气，升阳通窍。易患感冒或遇风冷则鼻塞加重者，可合用玉屏风散以益气固表。

3. *邪毒久留，血瘀鼻窍*

临床表现：鼻塞重，或持续性鼻塞，鼻涕黏白或黏黄，鼻音重，或嗅觉减退，头痛头胀。可伴有耳胀闷堵塞，听力下降等症状。舌质暗红或有瘀点，脉弦或弦细。

证候分析：病久，邪毒久滞，壅阻脉络，气滞血瘀，鼻腔壅滞，鼻塞持续，鼻甲暗红肥厚；浊邪阻滞脉络，蒙蔽清窍，故头痛头胀、耳胀闷堵塞感；舌质暗红或有瘀点，脉弦涩为气滞血瘀之征。

治法：行气活血，化瘀通窍。

方药：通窍活血汤加减。方中桃仁、红花、赤药、川芎活血化瘀，散壅滞；麝香（可用人工麝香代）、老葱通阳开窍；红枣补益气血以扶正；黄酒温通血脉，引诸药入络。可加用祛痰散结之药，以祛浊除涕通鼻窍，如石菖蒲、丝瓜络、浙贝等；头胀痛、耳堵者，加柴胡、升麻、菊花以理气散邪。

## 二、外治法

1. *滴鼻*  可用芳香通窍的中药滴鼻剂滴鼻或 1% 麻黄素液滴鼻，或糖皮质激素类滴鼻剂。

2. *超声雾化吸入*  可用中药煎煮液，如苍耳子散，或用柴胡、当归、丹参等注射液做超声雾化经鼻吸入。

3. *吹鼻*  鹅不食草干粉或碧云散吹鼻（这一方法目前临床较少用，因为药粉进入鼻腔对鼻黏膜及其纤毛的运动是否有影响尚缺乏临床研究的依据）。

4. *下鼻甲注射*  鼻甲肥大者，可选用当归、川芎、黄芪、复方丹参、鱼腥草等注射液做下鼻甲注射，每次每侧注射 1~2 ml，5~7 日 1 次，5 次为 1 个疗程。

5. *热熨法*  可用荜茇、天南星研末，炒热包裹，温熨囟前 20 min，每日 1~2 次，温经散寒而通窍。

6. *灼烙法*  适用于下鼻甲肥大，持续性鼻塞，药物治疗效果不佳者。表麻后用烙铁或高频电刀，蘸上麻油，烧灼下鼻甲，每 7~10 日灼烙 1 次，3 次为 1 个疗程。亦可用射频、微波治疗。

7. *下鼻甲部分切除术*  对下鼻甲肥大硬实、诸法不效者，可行下鼻甲部分切除术。

## 三、针灸治疗

1. *针刺*  取穴迎香、合谷、上星穴，头痛配风池、太阳、印堂。中等刺激，留针 15 min，每日或隔日 1 次。

2. *艾灸*  取穴人中、迎香、风池、百会，肺气虚者配肺俞、太渊，脾虚者配脾俞、胃俞、足三里。灸至局部发热为度，隔日 1 次。

【预防与调护】

(1) 增强体质，避免受风受凉，积极防治伤风鼻塞。

(2) 戒除烟酒，注意饮食卫生和环境保护，避免粉尘长期刺激。

(3) 避免局部长期使用血管收缩类滴鼻剂,以防导致药物性鼻炎。鼻涕多时正确擤鼻(压一侧鼻翼,擤另一侧鼻腔的鼻涕),不可强行擤鼻,以免邪毒入耳,引发中耳疾病。

## 【预后与转归】

本病若在早期治疗得当,可获痊愈。长期失治,则缠绵难愈,并可引发鼻渊、耳胀耳闭、喉痹等疾病。

## 【古代文献摘录】

《诸病源候论·卷二十九》:"肺主气,其经手太阴之脉也,其气通鼻。若肺脏调和,则鼻气通利,而知臭香。若风冷伤于脏腑,而邪气乘于太阴之经,其气蕴积于鼻者,则津液壅塞,鼻气不宣调,故不知香臭,而为齆也。其汤熨针石,别有正方,补养宣导,今附于后。"

《东垣试效方·卷五》:"若因饥饱劳役,损伤脾胃,生发之气既弱,其营运之气不能上升,邪害空窍,故不利而不闻香臭也。宜养胃气,使营运阳气宗气上升,鼻则通矣。"

《景岳全书·卷二十七》:"大都常塞者多火,暴塞得多风寒,当以此为辨。"

## 【西医学中主要相关疾病认识】

**慢性鼻炎** 是鼻腔黏膜和黏膜下层的慢性炎症。若表现为鼻黏膜的慢性充血肿胀,称慢性单纯性鼻炎;若发展为鼻黏膜和鼻甲骨的增生肥厚,称慢性肥厚性鼻炎。慢性单纯性鼻炎以间歇性或交替性鼻塞为特点,鼻涕量略多,呈黏液性,检查见下鼻甲黏膜肿胀,呈红色,表面光滑,触之柔软,有弹性,若用1%~2%麻黄素液做鼻黏膜收缩,则鼻甲迅速缩小,一般适合于非手术治疗。慢性肥厚性鼻炎以持续性鼻塞为特点,鼻涕量多,呈黏液性或黏脓性,不易擤出,检查见下鼻甲黏膜肥厚,呈暗红色,表面不平,呈结节状或桑椹样,触之硬实,无弹性,局部用血管收缩剂后黏膜收缩不明显,适合于手术治疗为主。

## 第五节 鼻槁

鼻槁是指由于燥邪侵袭,内灼肺鼻,或肺肾阴虚、脾气虚弱,鼻失滋养所致的以鼻内干燥感、肌膜萎缩,甚或鼻腔宽大为主要特征的慢性鼻病。女性多于男性。西医学中的萎缩性鼻炎可参考本篇进行辨证施治。

鼻槁首见于《灵枢·寒热病》:"皮寒热者,不可附席,毛发焦,鼻槁腊,不得汗。"《难经》《金匮要略》及后世医家亦有"鼻槁""鼻燥"等记载,但多指症状而言,并非病名。

## 【病因病机】

本病的病因以脏腑气阴亏虚为主,与燥邪犯鼻有关。病机主要是气阴亏虚而致鼻窍失养。

1. **肺阴亏虚,燥邪犯鼻** 肺为娇脏,喜润恶燥。肺阴亏虚,又值久处干燥、多尘、高温环境,燥热之邪耗伤肺鼻津液,鼻窍失养,发为鼻槁。

2. **肾阴虚损,鼻失濡养** 先天禀赋不足,素体虚弱,或久病及肾,肾阴暗耗。肾为一身阴液之根本,肾阴亏虚则阴液匮乏,阴液不能上输于鼻,鼻失滋养而为病。

3. **脾气虚弱,鼻失温养** 脾生肺,脾土为肺金之母。饮食不节,劳伤过度,损伤脾胃,日久脾胃虚弱,气血精微生化不足,无以上输润养鼻窍而为病。此外,若脾不化湿,湿蕴化热,湿热熏灼鼻窍亦可导致本病。

4. **痰瘀阻络,鼻失滋养** 病久失治,痰瘀互结,闭阻脉络,或情志内伤、饮食劳倦日久,致生五脏内热上干鼻窍,炼津成痰,灼血为瘀,痰瘀互结,壅塞鼻络,血行不畅,鼻窍失于气血荣养而发为鼻槁。

【诊断要点】

1. **病史** 可有慢性鼻病、鼻特殊传染病史,有害粉尘、气体长期刺激史,或鼻腔手术史。
2. **临床表现** 鼻内干燥感,鼻塞,甚则嗅觉减退或丧失,易鼻出血,或有鼻气臭秽。
3. **局部检查** 鼻黏膜干燥、萎缩,鼻甲缩小,尤以下鼻甲为甚,鼻腔宽大,甚则从前鼻孔可直接看到鼻咽部(彩图15);鼻腔内或有黄绿、灰绿色脓痂充塞。

【鉴别诊断】

**鼻窒** 两者都有鼻塞,但鼻窒的鼻塞多呈间歇性或交替性,病重者可呈持续性,嗅觉障碍多为间歇性,一般无鼻气异臭;鼻甲肿胀,鼻腔内无脓痂充塞。鼻槁的鼻塞多呈持续性,有鼻干、鼻气臭秽,甚则嗅觉减退或丧失;鼻腔内或有黄绿、灰绿色脓痂充塞,鼻肌膜干燥、萎缩,鼻甲缩小,尤以下鼻甲为甚,鼻腔宽大,甚则从前鼻孔可直接看到鼻咽部。

【辨证论治】

辨治思路:鼻槁以气阴亏虚,窍失濡润为基本病机。其发病终因脏腑功能失调所致,邪热犯鼻当属次要因素。故本病治疗应标本兼顾,调节脏腑阴阳以治其本,祛除燥热邪毒以治其标。

## 一、内治法

1. **肺阴亏虚,燥邪犯鼻**

临床表现:鼻内干燥,灼热疼痛,涕痂带血。可有咽痒干咳。舌尖红,苔薄黄少津,脉细略数。

证候分析:肺阴亏虚,燥热袭肺,耗伤肺鼻津液,故鼻内干燥、灼热疼痛、鼻肌膜干燥;燥热伤络,则涕痂带血;燥热伤肺,肺失清肃,故咽痒干咳;舌尖红、苔薄黄少津、脉细略数亦为肺热阴亏之征。

治法:清燥润肺,宣肺散邪。

方药:清燥救肺汤加减。方中以桑叶、石膏清宣肺经燥热;麦冬、人参、阿胶、火麻仁养阴生津润燥;杏仁、枇杷叶宣肺散邪;甘草调和诸药。鼻衄者,加白茅根、茜草根等凉血止血。

2. **肾阴虚损,鼻失濡养**

临床表现:鼻干较甚,鼻衄,嗅觉减退。可有咽干燥,干咳少痰,或痰带血丝,腰膝酸软,手足心热或耳鸣耳聋。舌红,少苔,脉细数。

证候分析:肾阴素虚,阴液不能上承,鼻失滋养,兼以虚火上炎,灼伤鼻窍肌膜,故见鼻干甚、鼻衄、嗅觉减退、涕痂积留鼻窍、鼻肌膜红干、鼻甲萎缩、鼻气恶臭;阴虚肺燥,故见干咳少痰;虚火灼伤阳络,则痰带血丝;肾阴不足,腰膝失养,虚火上炎,故见腰膝酸软,手足心热,耳鸣耳聋;舌红、少苔、脉细数亦为阴虚之征。

治法:滋养肺肾,生津润燥。

方药:百合固金汤加减。方中以熟地、生地、百合、麦冬、玄参滋养肺肾之阴,生津润燥以清虚热;白芍、当归养血益阴;贝母、桔梗清肺而利咽喉;甘草调和诸药。若鼻衄,加白茅根、旱莲草、藕节凉血止血;腰膝酸软,耳鸣耳聋者,加牛膝、杜仲以补肾强腰聪耳。

3. **脾气虚弱,鼻失温养**

临床表现:鼻内干燥,鼻涕腥臭如浆如酪,头痛头昏,嗅觉减退或丧失。常伴纳差腹胀,倦怠乏力,面色萎黄,唇淡。舌淡,苔白,脉缓弱。

证候分析:脾胃虚弱,气血生化不足,水谷精微不能上输,鼻失滋养,故见鼻内干燥、肌膜色淡、干萎较甚、鼻腔宽大;脾虚湿盛,湿蕴化热,熏蒸鼻窍,故见鼻涕腥臭如浆如酪、涕痂积留;脾气虚弱,清阳不升,清窍失养,故头痛头昏、嗅觉减退;纳差腹胀、倦怠乏力、面色萎黄、唇舌色淡、苔白、脉缓弱均为脾气虚弱之征。

治法:健脾益气,养血润燥。

方药:补中益气汤合四物汤加减。以补中益气汤健脾益气,升清化浊;四物汤养血活血生肌。鼻涕腥臭重、痂皮多者,加薏苡仁、土茯苓、鱼腥草以清热祛湿化浊;嗅觉失灵者,加苍耳子、辛夷、白芷、薄荷以宣发肺气,芳香通窍;纳差腹胀,加砂仁、陈皮、麦芽以助脾之运化。

4. **痰瘀阻络,鼻失滋养**

临床表现:鼻内干燥,气息臭秽,涕黏黄痂带血,嗅觉减退或丧失。可有胸胁胀痛,月经先后不定期或痛经、经色紫暗,肌肤甲错。舌质暗淡或边尖有瘀斑,苔腻,脉细涩。

证候分析:久病失治,痰瘀阻络,鼻失荣养,故鼻内干燥,嗅觉减退或丧失,鼻肌膜红干、鼻甲萎缩;痰热壅鼻,故气息臭秽,涕黏黄痂带血;痰瘀内阻,气机不畅,故胸胁胀痛;气滞血瘀,任脉不利,故月经先后不定期或痛经、经色紫暗;"瘀血不去,新血不生",故肌肤甲错;舌质暗淡或边尖有瘀斑,苔腻,脉细涩为虚中夹瘀夹痰之征。

治法:豁痰祛瘀,益气养血。

方药:圣愈汤合清气化痰丸加减。圣愈汤以四物调肝养血,人参、黄芪益气养血,令气旺血行,瘀去络通。清气化痰丸以胆南星清热化痰,黄芩、瓜蒌仁降肺火,化热痰,陈皮理气化痰,杏仁宣肺利气,使热清火降,气顺痰消。可佐加白芥子、威灵仙、蜈蚣、川牛膝、丹参、归尾、鸡血藤、桃仁、红花、赤芍、水蛭、穿山甲、土鳖虫等增强化痰祛瘀通络之力。

## 二、外治法

1. **鼻腔冲洗** 用中药煎水或0.9%氯化钠溶液冲洗鼻腔,以清除鼻内痂块,减少鼻腔臭气,每日1~2次。

2. **滴鼻** 宜用滋养润燥药物滴鼻,如复方薄荷樟脑滴鼻液滴鼻,也可用蜂蜜、芝麻油加冰片少许滴鼻,每日2~3次。

3. **蒸气或雾化吸入** 可用内服中药,再煎水,或用清热解毒排脓中药煎水,或用鱼腥草注射液,做蒸气或雾化吸入,每日1~2次。

4. **下鼻甲注射** 可选用当归注射液或丹参注射液做双下鼻甲注射,每侧0.5~1ml,3~5日注射1次。

此外,据古医籍记载有吹鼻法:如用鱼脑石散等吹鼻内,每日2~3次。

## 三、针灸治疗

1. **体针** 取迎香、禾髎、足三里、三阴交、肺俞、脾俞等穴,中弱刺激,留针,10次为1个疗程。
2. **耳针** 取内鼻、肺、脾、肾、内分泌等穴针刺,或用王不留行籽贴压上述耳穴。
3. **艾灸** 取百会、足三里、迎香、肺俞等穴。悬灸至局部发热,呈现红晕为止,每日或隔日1次。

4. **迎香穴埋线** 常规消毒,局部麻醉,用埋线针将羊肠线 1 cm 埋入迎香穴皮下。线头勿露出皮肤,术后以纱布覆盖 3 日。每月 1 次,连续 3～6 次。

### 四、按摩治疗

每晚临睡前自行按摩迎香、合谷、印堂、鱼际、关元、足三里穴,每次 2～3 穴。

【预防与调护】

(1) 保持鼻腔清洁湿润,及时清除积留涕痂。
(2) 禁用减充血剂滴鼻。
(3) 加强营养,多食蔬菜、水果及豆类食品,忌辛辣炙煿燥热之物,戒烟酒。
(4) 积极防治各种鼻病及全身慢性疾病。
(5) 注意劳动保护,改善生活与工作环境,减少粉尘吸入,在高温、粉尘多的环境,要采取降温、除尘通风、空气湿润等措施。

【预后与转归】

本病一般病程长,缠绵难愈。部分患者可并发喉痹、耳鸣及听力减退。

【古代文献摘录】

《笔花医镜·卷二》:"鼻燥者,邪化火而液干也,贝母瓜蒌散主之。"
《医学入门·卷四》:"又有不必外感,四时鼻塞干燥,不闻香臭,宜清金降火消痰之药,清气化痰丸、上清丸。"
《万氏秘斋片玉心书·卷五》:"鼻干者,心脾有热,上蒸于肺,故津液枯竭而结,当清热生津,导赤散吞服抱龙丸治之。"

【西医学中主要相关疾病认识】

**萎缩性鼻炎** 是一种发展缓慢的以鼻黏膜萎缩或退行性变为病理特征的慢性炎症,病变可蔓及鼻咽、口咽、喉咽等处。局部无臭味者为单纯性萎缩性鼻炎,有臭味者为臭鼻症。临床上有原发性和继发性两种。前者病因尚不明确,后者可继发于鼻部炎症、高浓度有害粉尘及气体的长期刺激、鼻腔手术不当、特殊传染病等。本病多发生于山区和气候干燥地区。女性多于男性,体格瘦弱者多于健壮者。目前尚无特效疗法,局部治疗可采用鼻腔冲洗、鼻内用药及手术治疗以减轻局部症状;全身治疗可补充维生素及微量元素等。

## 第六节 鼻 干

鼻干是由于风燥异气内犯肺鼻,或胃腑积热上蒸鼻窍所致的,以鼻腔干燥为主要表现的鼻部疾病。西医学中的干燥性鼻炎可参考本篇进行辨证施治。

鼻干最早见于《素问·热论篇》,其曰:"伤寒……二日阳明受之,阳明主肉,其脉挟鼻络于目,故身热目疼而鼻干,不得卧也。"历代医籍对本病的记载不多。《金匮要略·黄疸病脉证并治》说:"酒黄疸者,或无热,靖言了了,腹满,欲吐,鼻燥。"故本病又有"鼻燥"之称。

【病因病机】

本病的病因与风燥异气犯肺,酒毒湿热熏鼻有关。病机则为津伤鼻窍失润。

1. **燥邪伤津,鼻窍失润** 肺系上通天气,鼻为肺之外窍,呼吸出入之要冲。风为阳邪,风胜则干。气候干燥寒冷,刮风时起,风邪外袭,搏于肺脏,上传于鼻,风盛津液干燥,鼻窍失润而为鼻干。燥为热邪,易伤津液。环境高温、烟熏火燎、尘土飞扬,燥邪犯肺,内伤津液,易致肺鼻津损,鼻窍失润而为鼻干。

2. **胃热炽盛,上灼鼻窍** 嗜食辛辣炙煿、温燥、煎炒之物,火热内生,火灼伤津;或外邪入里化热,以致胃腑积热,火热循阳明经上干肺窍,鼻受熏炽,失润而干。

【诊断要点】

1. **病史** 多有久居气候干燥寒冷环境史,或久处高温、有害粉尘、有害气体的环境史,以及大量吸烟、饮酒史,也可有维生素缺乏、贫血等慢性病史。

2. **临床表现** 鼻腔内有干燥感、异物感、灼热感,或有刺痒感,鼻涕较少,患者经常打喷嚏,喜欢挖鼻、揉鼻,以减轻症状,常因此而发生鼻衄,但量不多,可伴有口干唇干、干咳无痰等。症状时轻时重,干燥季节尤甚。嗅觉正常。

3. **局部检查** 鼻黏膜干燥、结痂、充血,以鼻腔前端较明显;鼻中隔前下方黏膜可有糜烂;无鼻黏膜及鼻甲萎缩;嗅觉正常。

【鉴别诊断】

**鼻槁** 两者都有鼻内干燥感,易出血。但鼻干无嗅觉障碍,无鼻气异臭;下鼻甲前端可有少许干痂黏附,但鼻腔内无黄绿、灰绿色脓痂,无鼻甲萎缩。鼻槁有鼻塞,鼻气臭秽,甚则嗅觉减退或丧失;鼻腔内或有黄绿、灰绿色脓痂充塞,鼻黏膜干燥、萎缩,鼻甲缩小,尤以下鼻甲为甚,鼻腔宽大,甚则从前鼻孔可直接看到鼻咽部。

【辨证论治】

辨治思路:应以祛除邪热为要,佐以生津润鼻。邪热既除,则阴津自复,鼻窍得润。

## 一、内治法

1. **燥邪伤津,鼻窍失润**

临床表现:鼻干,裂痛,刺痒,喷嚏,鼻涕稠厚,时有擤鼻带血。可伴咽痒干咳,时欲少饮。舌质偏红,少苔,脉细略数。

证候分析:燥热袭肺,耗伤津液,鼻窍失润,故鼻干、裂痛、鼻涕稠厚,鼻肌膜干燥、色暗红;痂皮刺激鼻腔,故鼻内刺痒、喷嚏;燥热伤络,则擤鼻带血;燥热伤肺,肺失清肃,故咽痒干咳,时欲少饮;舌质偏红、少苔、脉细略数亦为肺热津亏之征。

治法:清宣燥邪,滋润鼻窍。

方药:桑杏汤加减。方中以桑叶、豆豉宣肺散邪,杏仁宣肺利气,沙参、贝母、梨皮润肺止咳,栀子清泄胸膈之热。肺热重者,加黄芩、连翘;干咳少痰者,加玄参、生地、麦冬、玉竹;鼻衄,加白茅根、丹皮、炒栀子凉血止血;大便秘结,加火麻仁、郁李仁之类润肠通便。

2. **胃热炽盛,上灼鼻窍**

临床表现:鼻干不适,鼻息气热,鼻内疼痛,容易出血。常伴口燥咽干,喜冷饮,口臭,或齿龈肿胀、糜烂、出血,小便黄,大便干结。舌质红,苔黄,脉洪数有力。

证候分析:胃腑积热,循经上干肺窍,鼻受熏炽,故见鼻干不适、鼻息气热、鼻内疼痛,鼻肌膜呈深红色、干燥、鼻中隔肌膜糜烂;火热灼伤鼻内脉络,故容易出血;阳明热盛,胃火腐肉,故齿龈肿胀、糜烂、出血；腐臭之气上冲，故口臭；热盛伤津，故见口燥咽干，喜冷饮，小便黄，大便干结；舌质红、苔黄、脉洪数有力均为阳明热盛之征。

治法：清泻胃火，导热下行。

方药：调胃承气汤加减。方中以大黄泻热通便，荡涤肠胃积热；以芒硝助大黄泻热通便，并能软坚润燥；以炙甘草缓和泻热攻下之力。鼻出血者，加生地、白茅根、丹皮、炒栀子凉血止血；口燥咽干者，加玄参、麦冬、天花粉。

鼻干一病总由邪热攻于上焦，耗伤津液所致，鼻窍失润。其治疗应酌情选用黄芩、栀子、龙胆草、黄连、知母、桑白皮、地骨皮之类清除邪热，使邪去阴复。可配合沙参、麦冬、五味子、玄参、玉竹、生地之类养阴生津，用牡丹皮、赤芍之类凉血活血，用阿胶、桑椹子、何首乌、女贞子之类滋阴养血生津。患者常兼有大便不畅，故当酌用火麻仁、瓜蒌仁之类润肠通便。在秋燥季节，尚须选用桑叶、杏仁、枇杷叶之类清轻宣肺。

## 二、外治法

1. **滴鼻** 宜用滋养润燥药物，如芝麻油、0.9％氯化钠溶液、复方薄荷油、清鱼肝油滴鼻，每日2～3次。
2. **涂鼻** 鼻中隔有糜烂者，可局部涂用黄连膏或紫连膏。
3. **蒸气雾化吸入** 可用内服中药，再煎水，经鼻蒸气雾化吸入，每日1～2次。
4. **鼻部按摩** 可屈中指、示指中节，沿鼻背上下揉推，以感热为度，每日1次。

## 三、针灸治疗

**体针** 取迎香、合谷、通天穴，每日1次，10次为1个疗程。

【预防与调护】

(1) 改善生活与工作环境，加强个人防护，避免吸入干燥、多灰尘的空气。
(2) 戒烟酒，戒除挖鼻的不良习惯。
(3) 保持鼻腔清洁湿润。
(4) 多吃富含维生素的食物，保持大便通畅。
(5) 禁用减充血剂滴鼻。

【预后与转归】

本病多可控制症状，但容易复发，平时的预防与调护甚为重要。

【古代文献摘录】

《医学见能·卷一》："鼻根红赤，孔内干燥结煤者，阳明经燥气也，宜加味升葛汤。"

《太平圣惠方·卷三十七》："夫鼻干无涕者，由脏腑壅滞，内有积热，攻于上焦之所致也。凡肺气通于鼻，主于涕。若其脏挟于风热，则津液不通，皮毛枯燥，两颊时赤，头痛鼻干，故令无涕也。"

《四圣悬枢·卷一》："温病冬水失藏，相火升炎，胃津既涸，脾精亦亡，太阴之湿，久化阳明之燥。春夏病感，卫阳遏闭，营热郁发，土焦金燔，燥气愈甚。其经挟鼻络目，行身之前，故目痛鼻干，而身热不卧。"

【西医学中主要相关疾病认识】

**干燥性鼻炎** 以鼻黏膜干燥、鼻分泌物减少为主要表现的鼻腔慢性炎性疾患，秋冬干燥季节多发或加重。病因尚不甚明确,多认为与工作环境及外界气候有关,维生素缺乏、贫血、大量吸烟、喝酒可致鼻黏膜改变,引发本病。局部治疗可鼻内滴用润滑药液,全身可补充维生素 A、维生素 $B_2$、维生素 C、维生素 E 等增强营养。

## 第七节 鼻 鼽

鼻鼽是指由于脏腑虚损,阳气不足,腠理疏松,卫表不固,不任风寒,或禀质特异,异气侵袭或肺经郁热,上犯鼻窍所致的以突然和反复发作的鼻痒、喷嚏频频、清涕如水、鼻塞等为主要特征的鼻病。

本病发病基本无年龄、性别差异。西医学中的变态反应性鼻炎、血管运动性鼻炎、嗜酸性细胞增多性非变应性鼻炎等疾病可参考本篇进行辨证施治。

鼻鼽首见于《内经》,《灵枢·口问》谓:"阳气和利,满于心,出于鼻,则为嚏。"历代医籍对本病的记载较多,如《刘河间医学六书·素问玄机原病式》谓:"鼽者,鼻出清涕也。""嚏,鼻中因痒而气喷作于声也。"故本病又有"鼽嚏""鼽鼻""鼽水""鼻流清水"之称。

### 【病因病机】

多由脏腑虚损,卫表不固,腠理疏松,风寒异气乘虚侵袭,使肺失通调,津液停聚,壅塞鼻窍,邪正相搏于鼻窍所致。本病虽表现在肺系,但其病机变化与脾、肾有一定关系。

1. **肺气虚寒,卫表不固** 肺气虚寒,卫表不固,则腠理疏松,风寒之邪或异气易于乘虚而入。肺经受邪,邪气循经上聚鼻窍,肺气通调失常,津液停聚,气机受阻而发为鼻鼽。

2. **脾气虚弱,清阳不升** 脾气虚弱,化生不足,健运失职,散精无力,清阳不升,鼻失滋养,御邪不力,外邪或异气从口鼻侵犯人体,发为鼻鼽。

3. **肾阳亏虚,温煦失职** 肾阳亏虚,气化不足,温煦失职,摄纳无权,腠理疏松,阳虚不能温运气血上养鼻窍,鼻窍失于温养,外邪或异气易于侵袭,发为本病。

4. **肺经郁热,上犯鼻窍** 若肺经素有郁热,复感外邪,内外邪热结聚,壅遏肺系,上犯鼻窍,发为鼻鼽。

### 【诊断要点】

1. **病史** 可有过敏史及家族史。
2. **临床症状** 具有突发性和反复发作性的特点。以鼻痒、阵发性喷嚏、大量水样鼻涕、鼻塞为主要表现,或伴有眼痒、流泪、腭痒等症状。
3. **局部检查** 发作期鼻黏膜多为苍白、灰白或浅蓝色,亦可充血色红;鼻甲肿大,鼻腔有较多水样分泌物(彩图 16)。间歇期上述体征多不明显。
4. **辅助检查** 免疫学检查如皮肤变应原测试、鼻黏膜激发试验、血清总 IgE 及血清或鼻分泌物特异性 IgE 检测、组胺释放试验、嗜碱粒细胞脱颗粒试验等有助于本病的诊断。

### 【鉴别诊断】

**伤风鼻塞** 两者都有鼻痒、喷嚏,流水样鼻涕和鼻塞。但伤风鼻塞为感受风邪所致,常伴发热、恶寒等全身症状,病程较短,数日后可愈;鼻鼽是由脏腑虚损,不任风寒异气侵袭所致,其发病具有突发性和反复发作性的特点,发作突然,消失也快,无发热、恶寒等全身症状,病程较长。

## 【辨证论治】

辨治思路:本病发作期多为虚实夹杂证,缓解期多以脏腑亏虚为主,肺、脾、肾三脏虚损是本病之根本,因而补益肺、脾、肾乃本病之主要治疗原则,或可辅以清降肺经郁热之品。

## 一、内治法

### 1. 肺气虚寒,卫表不固

临床表现:鼻痒遇寒加重,喷嚏频频,清涕如水,鼻塞,嗅觉减退。畏风怕冷,自汗,气短懒言,语声低怯,面色苍白。舌质淡,舌苔薄白,脉虚弱。

证候分析:肺气虚损,卫表不固,风寒异气乘虚而入,故鼻痒遇寒而发;邪正相搏,则喷嚏频频;肺失通调,气不摄津,则涕清如水;水湿停聚鼻窍,则鼻肌膜肿胀,淡白或灰白色,下鼻甲肿大,鼻塞不通;肺气虚弱,则气短懒言、语声低怯;肺气虚寒,腠理疏松,故畏风怕冷,自汗;面色苍白、舌质淡、舌苔薄白、脉虚弱为肺气虚寒之征。

治法:温肺散寒,益气固表。

方药:温肺止流丹加减。《辨证录·卷三》说:"兹但流涕而不腥臭,正虚寒之病也。热证宜用清凉之药,寒证宜用温和之剂,倘概用散而不补,则损伤肺气,而肺金益寒,愈流清涕矣,方用温肺止流丹。"方中以人参、甘草、诃子补肺敛气,细辛、荆芥疏风散寒,桔梗、鱼脑石散结除涕。此方性温味辛,使既能温肺,又能祛邪。若鼻痒甚,可酌加僵蚕、蝉蜕;若畏风怕冷,清涕如水者,可酌加桂枝、干姜、大枣等。临床上亦可用玉屏风散合苍耳子散加减,以玉屏风散益气固表,苍耳子散辛散风邪以通窍。

缓解期可用玉屏风散或四君子汤固护肺卫之气,以达到改善体质、减少发作的目的。

### 2. 脾气虚弱,清阳不升

临床表现:鼻痒,清涕涓涓而下,喷嚏频频,鼻塞。面白无华,形体消瘦,食少纳呆,脘腹胀满,大便溏薄,神疲乏力,四肢倦怠,少气懒言。舌质淡,舌体胖大,边有齿痕,舌苔薄白,脉弱无力。

证候分析:脾气虚弱,化生不足,鼻窍失养,风寒异气乘虚而入,则鼻痒;正气格邪外出,则喷嚏频频;脾不运湿,停聚鼻窍,故鼻塞,清涕涓涓而下,下鼻甲肿大,肌膜淡白或灰白色;脾失健运,输布失职,则脘腹胀满,大便溏薄,食少纳呆;神疲乏力,少气懒言,四肢倦怠,舌质淡胖,边有齿痕,脉弱无力均为气虚之征。

治法:益气健脾,升阳通窍。

方药:补中益气汤加减。补中益气汤功能补中益气,升阳举陷。病发时,加泽泻、辛夷花、白芷、细辛,以助散寒除湿通窍之力。若腹胀便溏,清涕如水,点滴而下者,可酌加淮山药、干姜、砂仁等;若畏风怕冷,遇寒则喷嚏频频者,可酌加防风、桂枝等。

亦可选用参苓白术散加减。若脾阳虚甚,可用理中汤加减。

### 3. 肾阳亏虚,温煦失职

临床表现:鼻痒,喷嚏频频,清涕如水,鼻塞,易于晨暮发作。面色㿠白,形寒肢冷,精神不振,腰膝酸软,五更泄泻或久泄不止,小便清长,夜尿频数,耳鸣耳聋,头晕目眩。舌质淡,舌苔白,脉沉细无力,两尺尤甚。

证候分析:肾阳不足,温煦失职,风寒异气易从口鼻、肌表入侵,则发鼻痒;正邪相争,故喷嚏频频;肾阳虚弱,气化失职,寒水上泛,津停鼻窍,而鼻塞,清涕如水,下鼻甲肿大,肌膜淡白;晨暮阴凉,又值人体阳气初生、内敛之际,其时易受风寒异气侵袭,肾阳不足者尤甚,故易于晨暮发病;面色㿠白,形寒肢冷,精神不振,腰膝酸软,五更泄泻或久泄不止,小便清长,夜尿频数,耳鸣耳聋,头晕目眩,舌质淡,舌苔白,脉沉细无力等均为肾阳虚之征。

治法:温补肾阳,固肾纳气。

方药:金匮肾气丸加减。方中六味地黄丸滋补肝肾,补泻并用,使补而不腻;配以肉桂、附子以温补肾中元阳,以少火生阳。若鼻塞甚,清涕多,可加半夏、陈皮、薏苡仁;若喷嚏兼有腹胀、便溏,加干姜、人参、吴茱萸;若鼻塞、鼻痒、怕风,则加黄芪、防风。

**4. 肺经郁热,上犯鼻窍**

临床表现:鼻痒,喷嚏频频,流清涕或黏涕,鼻塞,胸闷气粗,常在闷热天气发作。或见咳嗽,咽痒,咽干烦躁等症状。舌质红,舌苔白或黄,脉数。

证候分析:邪热久郁肺经,肺失清肃,又复感温热邪气,两邪相搏,则发为鼻痒、喷嚏;邪热迫津外泄,则流清涕或黏涕;邪热煎熬津液,故口干烦躁;舌质红、舌苔白或黄、脉数为肺热之征。

治法:清宣肺气,通利鼻窍。

方药:辛夷清肺饮加减。方中黄芩、栀子、石膏、知母、桑白皮清泻肺热;辛夷花、枇杷叶、升麻宣肺疏气,清通鼻窍;百合、麦冬清养肺金,全方有清肺热、通鼻窍之功。

在缓解期,可以于本方中酌加黄芪、山药等以固肺御邪。

## 二、外治法

1. **滴鼻** 可选用芳香散邪通窍的中药滴鼻剂滴鼻。
2. **嗅鼻** 可用白芷、川芎、路路通、细辛、辛夷共研细末,置瓶内,时时嗅之。
3. **塞鼻** 细辛膏,棉裹塞鼻。
4. **涂鼻** 可用鹅不食草干粉,加入凡士林,制成药膏,涂入鼻腔,每日2~3次。或用干姜适量,研末,蜜调涂鼻内。

## 三、针灸治疗

1. **体针** 可选迎香、印堂、风池、风府、足三里等为主穴,以上星、合谷、禾髎、肺俞、脾俞、肾俞、三阴交等为配穴。每次主穴、配穴各选1~2穴,留针20 min,每日1次,针用补法,10次为1个疗程。
2. **耳针** 可用针刺或耳压法。取穴:过敏点、肺、脾、肾、肾上腺、内分泌、内鼻、皮质下。每次选穴3~5个,若用耳压法,可用中药王不留行籽压贴耳穴,两耳交替,3日轮换1次,并嘱患者每日自行按压2~3次。
3. **穴位注射** 可选取风池、迎香、禾髎、肺俞、脾俞、肾俞、足三里等穴,药物可选当归注射液、人参注射液或维生素$B_1$、维丁胶性钙、胎盘组织液等,每次1~2穴,每穴0.5~1 ml。每日1次,10次为1个疗程。
4. **艾灸** 主穴为百会、上星、印堂、身柱,配穴为膏肓、命门、肺俞、肾俞、足三里、三阴交、气海等穴。用艾条悬灸或隔姜灸,或艾炷直接灸(神阙、涌泉不能直接灸),每次选穴1~2个,每穴悬灸20 min,10次为1个疗程。

## 四、其他疗法

1. **按摩** 通过按摩以疏通经络,使气血流通,祛邪外出,宣通鼻窍。方法:患者自行先将双手大鱼际摩擦至发热,再贴于鼻梁两侧,自鼻根至迎香穴反复摩擦至局部觉热为度;或以两手中指于鼻梁两边按摩20~30次,令表里俱热,早、晚各1次;再由攒竹向太阳穴推按至热,每日2~3次;患者亦可用手掌心按摩面部及颈后、枕部皮肤,每次10~15 min;或可于每晚睡觉前,自行按摩足底涌泉穴至发热,并辅以按摩两侧足三里、三阴交、腰骶部两肾及命门间等。

2. **穴位敷贴** 用白芥子20 g,甘遂、细辛各10 g,共为末,加麝香0.6 g,和匀,在夏季三伏中分3次用姜汁调敷肺俞、膏肓、百劳等穴,每次贴30~60 min除去。3年为1个疗程。

## 【预防与调护】

(1) 注意观察,寻找诱因,发现易发因素,应尽量去除或避免之。
(2) 避免服食生冷、油腻、鱼虾等腥荤之物。
(3) 常做鼻部按摩。

## 【预后与转归】

本病若积极治疗,可控制症状,但极易复发。本病可并发鼻息肉、鼻渊、哮喘、耳胀耳闭、喉痹等。若发作期受孕,下一代禀赋易亏,易出现婴儿湿疹、鼻鼽、哮喘等症。

## 【古代文献摘录】

《礼记·月令》:"季秋行夏令,则其国大水,冬藏殃败,民多鼽嚏。"
《马王堆汉墓帛书》:"阳明脉……其所产病:颜痛、鼻肌(鼽)。""颔颈痛……为十病。"
《素问·气交变大论篇》:"岁金不及,炎火乃行……民病肩背瞀重,鼽嚏,血便下注。"
《古今医统大全·卷六十二》:"鼽涕者,热客太阴肺之经也。盖鼻者,足阳明胃经所主,阳明脉左右相交,注于鼻孔。又鼻者肺之窍,故肺气通于鼻。其邪热干于二经,发于鼻而为窒塞、鼽涕之证。"

## 【西医学中主要相关疾病认识】

1. **变态反应性鼻炎** 为鼻黏膜的Ⅰ型变态反应性疾病,可为常年性和季节性发病。为机体接触变应原后,产生特异性IgE,附着于肥大细胞、嗜碱性粒细胞的细胞膜上,使鼻黏膜致敏。当相同的变应原再次进入机体时,变应原即与介质细胞膜表面的IgE发生桥连,并激发细胞膜产生一系列生化变化,使之脱颗粒,释放大量生物活性介质,导致鼻黏膜毛细血管扩张,通透性增高,组织水肿,腺体分泌增加,嗜酸性粒细胞聚集,感觉神经末梢敏感性增强,从而产生鼻痒、喷嚏、流清涕、鼻塞、鼻黏膜苍白水肿等症状。有特异性治疗和非特异性治疗两大类:特异性治疗包括避免疗法及免疫疗法,非特异性治疗包括药物治疗(糖皮质激素、抗组胺药、肥大细胞稳定剂、减充血药、抗胆碱药等)和手术治疗(如筛前神经切断、翼管神经切断术等)。目前药物治疗是变应性鼻炎的首选方法。

2. **嗜酸细胞增多性非变应性鼻炎** 其病因不明,发病多与环境气候、湿度等非特异性因素有关。其临床症状及鼻腔检查所见与变应性鼻炎相同,鼻分泌物中可找到较多的嗜酸粒细胞,但变应原皮肤试验及特异性IgE抗体阴性,类固醇激素治疗有效。

3. **血管运动性鼻炎** 为鼻黏膜的高反应性疾病,与神经内分泌系统的失调有关。其临床症状与变应性鼻炎极为相似,并与情绪变化有关。变应原激发试验和其他实验室检查均为阴性结果,鼻分泌物涂片无典型改变。治疗以药物为主,可应用减充血药及抗组胺药。

# 第八节 鼻 渊

鼻渊是指外邪侵袭、脏腑邪热郁结或虚损所致的以鼻流浊涕、量多不止为主要特征的鼻病。

临床上常伴有头痛、鼻塞、嗅觉减退等症状。本病有虚证与实证之分,实证起病急,病程短;虚证病程长,缠绵难愈。西医学中的急性、慢性鼻窦炎等可参考本篇进行辨证施治。

鼻渊一病,最早见于《内经》,《素问·气厥论篇》说:"胆移热于脑,则辛頞鼻渊。鼻渊者,浊涕下不止也。"继《内经》后,历代医家对本病的论述也较多,并根据《内经》对其病机、病位、症状特点的论述,又有"脑漏""脑渗""脑崩""脑泻"等病名。

本病一年四季皆可发病,且多见于少年儿童。发病后常因患儿有鼻塞,头昏,头痛,腹胀,纳呆等症状而严重影响其生长发育。

## 【病因病机】

鼻渊的发生,多由于脏腑失调,邪犯鼻窍,或邪热气盛,湿热蕴结,困结鼻窍,或脏腑虚损,鼻窍失养,运化失职,痰浊凝聚鼻窍而发病。

1. **外邪侵袭,循经犯鼻** 外邪侵袭,是本病发病的主要原因。鼻为肺之外窍,乃气息出入之通道。外邪侵犯人体首先从口鼻入,壅塞肺系,停聚鼻窍,发为本病。起居不慎,冷暖失调,或过度疲劳,风热袭表伤肺,或风寒外袭,邪壅肺系,肺失清肃,邪聚鼻窍而为病。

2. **胆腑郁热,移脑犯鼻** 胆为刚腑,内寄相火,其气上通于脑。若情志不遂,恚怒失节,疏泄失职,气郁化火,气火内炽,循经上犯,移热于脑,火灼津伤,损及鼻窍,迫津下渗为涕,而为鼻渊。《济生方·鼻门》谓:"热留胆腑,邪移于脑,遂致鼻渊,鼻渊者浊涕下不止也,传为衄血瞑目,故得之气厥也。"脏腑蕴热,邪热上熏头面清窍,痰热壅遏于鼻,胆火循经上犯,移热于脑,损及鼻窍,迫津下渗为涕,而为鼻渊。

3. **肺经郁火,壅遏鼻窍** 肺为华盖,为娇脏,开窍于鼻,肺气通于鼻。"鼻涕多者,多由于火,故曰肺热甚,则鼻涕出。"(《景岳全书·卷二十七》)肺脏素有蕴热,或外受邪热,邪热壅肺,肺失宣畅,邪热上攻,壅遏鼻窍,发为本病。《素问玄机原病式》谓:"肺热盛则出浊涕。凡痰、涎、涕、唾稠浊者,火热极盛,销烁致之然也。"《辨证录·卷四》谓:"人有鼻塞不通,浊涕稠黏,已经数年……谁知是肺经郁火不宣。"

4. **脾胃湿热,蒸灼鼻窍** 脾胃为后天之本,互为表里,有受纳腐熟,输布水谷精微之功。脾主升,而胃主降。若饮食失节,过食肥甘煎炒,醇酒厚味,内酿湿热,湿热熏蒸鼻窍而发为本病。《景岳全书·卷二十七》谓:"此症多由酒醴肥甘,或久用热物,或火由寒郁,以致湿热上熏,津汁溶溢而下,离经腐败,有作臭者,有大臭不堪闻者。"

5. **肺气虚寒,邪滞鼻窍** 久病失治,病后失养,或治不得法,致肺脏虚损。肺虚,鼻窍失于温煦,加之肺虚,卫阳不固,易为邪犯,正虚托邪无力,邪滞鼻窍,而发为本病。《灵枢·本神》谓:"肺气虚,则鼻塞不利少气。"脏腑虚损,运化失职,化生不足,鼻窍失养,发为本病。

6. **脾气虚弱,鼻失温养** 饮食失节,过食生冷,或久病失养,或疲劳思虑过度,损及脾胃,致脾胃虚弱,气血精微化生不足,鼻窍失于气血精微之濡养,加之脾虚运化失职,湿浊上泛,凝聚鼻窍,滞而不去,致涕多不止,发为鼻渊。

## 【诊断要点】

1. **病史** 多有外感病史或急性、慢性鼻炎发作史。
2. **临床症状** 鼻涕量多、鼻塞、头痛、嗅觉减退。
3. **局部检查** 鼻黏膜充血肿胀,鼻甲肿大,尤以中鼻甲为甚,中鼻道或嗅裂可见黏性或脓性分泌物,持续日久者可见中鼻甲息肉样变或息肉形成(彩图17)。

4. 其他　鼻窦X片或鼻窦CT等有助于本病的诊断。

**【辨证论治】**

辨治思路:本病以"通、排、补"为治疗之大法,即芳香通窍、祛痰排脓、补益肺脾。

## 一、内治法

### 1. 外邪侵袭,循经犯鼻

临床表现:鼻塞,鼻涕量多而白黏或黄稠,嗅觉减退,头痛。可兼有发热畏风,汗出,咳嗽,痰多,头额、眉棱、颌面部疼痛。舌质红,舌苔薄白,脉浮数。

证候分析:风热外袭或外感风寒,郁而化热,客于肺系,致肺气闭郁,邪热壅盛,循太阴经上犯鼻窦,停聚鼻窍,致鼻塞、鼻甲充血肿大,蒸灼鼻窦肌膜,化腐成脓,故鼻涕量多而白黏或黄稠。

治法:疏风散邪,宣肺通窍。

方药:银翘散加减。方中银花、连翘辛凉透邪,解毒清热;荆芥、薄荷、牛蒡子、淡豆豉辛凉宣散,解表祛邪;桔梗、甘草宣肺气,祛痰排脓。若鼻涕量多者,可酌加蒲公英、鱼腥草、瓜蒌等;若鼻塞甚者,可酌加苍耳子、辛夷等;若鼻涕带血者,可酌加白茅根、仙鹤草、茜草等;若头痛者,可酌加柴胡、藁本、菊花等。

### 2. 胆腑郁热,移脑犯鼻

临床表现:鼻涕脓浊,量多,色黄或黄绿,或有腥臭味,鼻塞,嗅觉减退,头痛剧烈。口苦,咽干,目眩,耳鸣耳聋,寐少梦多,急躁易怒。舌质红,舌苔黄或腻,脉弦数。

证候分析:胆热上犯于脑,下注于鼻,蒸灼鼻窦,化腐成脓,故鼻涕黏稠如脓,色黄腥臭,不易擤出;火热灼伤脉络,故涕中带血;火热炽盛,肌膜红肿,加之涕液壅阻鼻道,故鼻塞重,嗅觉差;胆经火热上冲于脑,故头痛剧烈;火热壅遏,气血不通,故肌膜红赤肿胀;舌红、苔黄、脉弦数为胆腑郁热之征。

治法:清泻胆热,利湿通窍。

方药:龙胆泻肝汤加减。方中柴胡、龙胆草、黄芩、栀子清肝泻火;泽泻、车前子、木通清热利湿;生地、当归滋阴养血,以防过用苦寒伤正;甘草调和诸药。若鼻塞甚者,可酌加苍耳子、辛夷、薄荷等;若头痛甚者,可酌加菊花、蔓荆子。

### 3. 肺经郁火,壅遏鼻窍

临床表现:鼻塞,涕黏稠色白、黄稠,不易擤出,或涕中带血,头昏痛,嗅觉减退,或咳嗽痰稠,头额或眉棱骨疼痛。头痛,咳嗽,痰少而黄稠,咽痛,口渴。舌质红,苔黄,脉数。

证候分析:肺经蕴热,邪热挟痰浊蒸灼鼻窦,化腐成脓,故鼻流黄浊涕,鼻塞不利,鼻肌膜红肿;肺失宣降,肺气上逆,故咳嗽;津液输布障碍,津聚为痰,加之热邪灼津,故痰少而黄;热灼津液,故口渴;热邪壅肺,咽喉不利而咽痛;舌红、苔黄、脉数为肺经蕴热之征。

治法:清宣肺脏,泻热通窍。

方药:方可选用泻白散加黄芩、栀子。方中桑白皮、地骨皮清肺泻热,兼退虚热;甘草、粳米养胃和中;黄芩、栀子清肺泻热。若鼻塞,咳嗽痰多者,可酌加杏仁、紫菀、款冬花等;若鼻塞,涕多者,可酌加半夏、陈皮、苍耳子、辛夷等;若鼻涕浓稠带血者,可酌加白茅根、仙鹤草、茜草等。

### 4. 脾胃湿热,蒸灼鼻窍

临床表现:鼻塞重而持续,鼻涕黄浊而量多,或擤出鼻涕后鼻通气有所改善,嗅觉减退。倦怠乏力,胸脘痞闷,头昏闷,或头重胀,纳呆食少,小便黄赤。舌质红,苔黄腻,脉滑数。

证候分析:足阳明胃经循行于鼻部,脾胃湿热,循经上犯壅塞清窍,故持续性鼻塞;湿热上蒙,故头胀痛;鼻为清窍,以通为用,湿热壅塞,故嗅觉减退,甚至消失。湿重者涕多,热重者涕黄,味臭。舌红、苔黄腻、脉滑数为湿热之征。

治法:清热利湿,化浊通窍。

方药:甘露消毒丹加减。方中藿香、石菖蒲、白豆蔻、薄荷芳香化浊,行气醒脾;滑石、茵陈、黄芩、连翘、木通清热利湿;辅以贝母、射干止咳利咽。若鼻塞甚者,可酌加苍耳子、辛夷等;若头痛者,可酌加白芷、川芎、菊花等;若鼻涕带血者,可酌加仙鹤草、白茅根、鱼腥草、蒲公英等。

5. 肺气虚寒,邪滞鼻窍

临床表现:鼻塞或重或轻,鼻涕黏白,稍遇风冷则鼻塞加重,鼻涕增多,喷嚏时作,嗅觉减退。气短乏力,语声低微,面色苍白,自汗畏寒,头昏,头胀,咳嗽痰多。舌质淡,苔薄白,脉缓弱。

证候分析:肺气虚弱,清肃无力,寒邪滞留鼻窍,与津液互结,化为浊涕,故鼻流浊涕,色白或黄;肺虚邪滞,气血不畅,加之津液停聚鼻窍,故嗅觉减退;鼻塞,随正气来复鼻塞时轻,气虚卫外不固,腠理疏松,故遇风冷时症状加重。

治法:温补肺脏,益气通窍。

方药:温肺止流丹加减。方中细辛、荆芥疏散风寒;人参、甘草、诃子补肺敛气;桔梗、鱼脑石除涕。临床应用时可加辛夷花、苍耳子、白芷以芳香通窍。若头额冷痛,可酌加羌活、白芷、川芎等;若畏寒肢冷,遇寒加重者,可酌加防风、桂枝等;若鼻涕多者,可酌加半夏、陈皮、薏苡仁等;若喷嚏、流清涕者,可酌加黄芪、白术、防风等。

6. 脾气虚弱,鼻失温养

临床表现:鼻涕白黏或黄稠,量多,嗅觉减退,鼻塞较重。腹胀便溏,脘腹胀满,肢困乏力,食少纳呆,面色萎黄,头昏重,或头闷胀。舌淡胖,苔薄白,脉细弱。

证候分析:脾气虚弱,运化失健,湿浊滞留鼻窍,浸淫鼻窦,故鼻涕黏,色白量多,无臭味;湿浊壅滞肌膜,故鼻甲肿胀,鼻塞重,嗅觉减退;头昏头重胀、纳差、便溏腹胀、舌淡、苔白、脉缓弱为脾虚湿困之征。

治法:补益脾胃,益气通窍。

方药:参苓白术散加减。方中人参、白术、茯苓、甘草共为四君子汤,以补脾益气;山药、扁豆、薏苡仁、砂仁健脾渗湿,芳香醒脾;桔梗开宣肺气,祛痰排脓。若鼻涕浓稠量多者,可酌加陈皮、半夏、枳壳、瓜蒌等;若鼻塞甚者,可酌加苍耳子、辛夷;若涕中带血者,可酌加白茅根、仙鹤草等。

## 二、外治法

1. **滴鼻法** 用具有芳香通窍作用的药物滴鼻,以疏通鼻窍,利于引流。
2. **熏鼻法** 用芳香通窍,行气活血的药物,如苍耳子、辛夷、薄荷、川芎、白芷各15 g,煎水,令患者用鼻趁热吸入热气,反复多次。
3. **理疗** 可配合局部加中药超短波或红外线等物理治疗。
4. **导引** 《保生秘要·卷三》说:"用中指尖于掌心搓令极热,熨搓迎香二穴,可时搓时运,兼行后功,此法并治不闻香臭。"《养生引导法·卷二十·鼻门》说:"东向坐,不息三通,手捻鼻两孔,治鼻中患。交脚踑坐,治鼻中患……去其涕唾,令鼻道通,得闻香臭。"

### 三、针灸治疗

1. **体针** 每次选主穴和配穴各1~2穴,每日针刺1次,7~10日为1个疗程,手法以捻转补法为主,留针20 min。

主穴:迎香、攒竹、上星、禾髎、印堂、阳白。

配穴:合谷、列缺、足三里、三阴交。

2. **耳针** 用耳针或王不留行籽埋于肺、肝、胆、脾、内鼻等。

3. **灸法** 每次选取主穴及配穴各1~2穴,悬灸20 min,灸至患者焮热,皮肤潮红为度,7~10日为1个疗程,虚证多用灸法。

主穴:囟会、前顶、迎香、四白、上星。

配穴:足三里、三阴交、肺俞、脾俞、肾俞、命门。

4. **穴位按摩或穴位注射** 可选取迎香、合谷,自我按摩。每次5~10 min,每日1~2次,或用两手大鱼际,沿两侧迎香穴上下按摩至发热,每日数次。或可以棉片蘸该药液热敷印堂、阳白等穴位,每日早、晚各1次,7日为1个疗程。

【预防与调护】

(1) 及时治疗伤风鼻塞、喉痹疾病。

(2) 注意保持鼻腔通畅,或可让患者做低头运动,以利窦内分泌物排出。

(3) 忌用力擤鼻,以免鼻腔分泌物通过咽鼓管进入中耳腔,发生耳病。

(4) 鼻腔通气欠佳时,可用两手鱼际搓揉两迎香穴至热;或以拇指按压两攒竹、太阳、睛明等穴。

(5) 积极防治牙病,预防牙病导致鼻渊。

【预后与转归】

本病一般预后较好。病程较长者,易致迁延难愈。脓涕长期倒流至咽部,可诱发喉痹或乳蛾。鼻涕倒流入咽部,可刺激咽部引起咳嗽,称为"鼻源性咳嗽"。若擤鼻方法不当,可诱发耳胀耳闭或脓耳。

【儿童患者诊疗注意事项】

(1) 鼻塞、鼻涕量多是儿童鼻渊的常见临床表现。头痛、嗅觉减退等症状常因患儿表达能力有限而无法及时查知。部分患儿以鼻涕倒流至咽部引发的咳嗽痰多、恶心、干呕等为疾病主要表现。

(2) 部分患儿的鼻渊可因异物入鼻所致,临床时应详询病史,认真仔细检查。若有异物,须及时取出。

(3) 应教导患儿及家长正确的擤鼻涕方法,避免造成耳胀耳闭或脓耳。

(4) 对儿童鼻渊患者使用有毒性的通窍药物(如苍耳子、细辛等)时应注意减轻药量。

(5) 灸法适用于儿童鼻渊患者辨证属虚寒证者。

【古代文献摘录】

《圣济总录·卷一六》:"夫脑为髓海,藏于至阴,故藏而不泻,今胆移邪热上入于脑,则阴气不固,而藏者泻矣,固脑液下渗于鼻,其证浊涕出不已,若水之有渊源也。"

《医醇賸义·卷三》:"阳邪外烁,肝火内燔,鼻窍半通,时流黄水,此火伤之脑漏也。"
《医碥·伤寒论》:"盖鼻渊,属风热入脑,热气涌涕伤鼻。"
《辨证录·卷三》:"人有鼻塞不通,浊涕黏稠,已经数年……谁知是肺经郁火不宣。"
《外科正宗·卷四》:"脑漏者,又名鼻渊。总因风寒凝入脑户,与太阳湿热交争乃成。"

【西医学中主要相关疾病认识】

1. 急性鼻窦炎　多继发于急性鼻炎。其病理改变主要是鼻窦黏膜的急性卡他性炎症和化脓性炎症,严重者可累及骨质,并可引起周围组织和邻近器官的并发症。致病菌多为化脓性球菌,此外,厌氧菌感染亦不少见。

2. 慢性鼻窦炎　多因急性鼻窦炎反复发作未彻底治愈迁延而致,双侧发病或多窦发病极常见。根据其不同的病理变化,可分为水肿浸润型、浸润型和浸润纤维型。病因和致病菌与急性化脓性鼻窦炎相似。特异性体质与本病关系甚为密切。本病亦可慢性病引起(如牙源性上颌窦炎)。

# 第九节　鼻息肉

鼻息肉是指脏腑失调,湿热蕴结,或脏腑虚损,寒湿凝聚所致的以鼻塞、涕多、鼻内可见半透明之赘生物为主要临床表现的鼻病。本病常并发于鼻鼽、鼻渊等鼻病。西医学中的鼻息肉与本病同名,可参考本篇进行辨证论治。

本病尚有"鼻痔""鼻瘜肉"等别名。鼻息肉,首见于《灵枢·邪气脏腑病形》,其中曰:"若鼻息肉不通。"《诸病源候论·卷二十九》谓:"肺脏为风冷所乘,则鼻气不和,津液壅塞而为齆,冷搏于血气,停结鼻内,故变生息肉。"而且认为本病系鼻腔内赘生物,影响呼吸。《圣济总论·卷一百一十六》谓:"附于鼻间,生若赘疣,有害于息,故名息肉。"

【病因病机】

本病的形成多与湿邪、痰浊有关,湿邪致病又有寒湿与湿热的不同。

1. 肺脾气虚,寒湿凝聚　素体肺脾气虚,表卫不固,水湿不行,寒邪外袭,水湿不行,阻遏气机,寒湿凝聚鼻窍,困结日久则形成息肉。

2. 运化失调,湿热蕴积　素属痰湿之躯,或脾胃运化失职,湿热痰浊壅结鼻窍,或素嗜炙煿厚味,致使湿热内生,上蒸头面,结滞鼻窍,壅遏日久而成息肉。

【诊断要点】

1. 病史　多有鼻窒反复发作,或鼻鼽、鼻渊日久迁延病史。

2. 临床症状　鼻塞日久,逐渐加重,嗅觉减退,涕多,头昏头痛。

3. 局部检查　一侧或双侧鼻腔内可见灰白色、半透明,如龙眼、荔枝等质软无痛的赘生物(彩图18),为本病的主要诊断依据。若息肉较多较大,可引起鼻外形的改变,鼻梁变宽而膨大。

【鉴别诊断】

鼻菌　鼻菌单侧发病多,鼻腔可见新生物,质地较硬,如菜花样,色晦暗,或溃疡,常有出血,活检可确诊。

**【辨证施治】**

辨治思路：鼻息肉多采用手术疗法，对于早期息肉小者、有手术禁忌证或不接受手术者，可采用保守疗法，包括中药内服、外用等。

## 一、内治法

**1. 肺脾气虚，寒湿凝聚**

临床表现：渐进性或持续鼻塞，日渐加重，鼻涕清稀或涕白黏，时有喷嚏，嗅觉减退，遇寒冷时症状加重。可伴有畏寒肢冷、纳呆便溏、乏力、易患感冒等症。舌淡，苔白腻，脉缓弱。

证候分析：肺脾气虚，寒邪外袭，水湿不行，气机阻遏，寒湿凝聚鼻窍，日久而成，故鼻内息肉、鼻涕清稀、便溏纳呆。肺失清肃，息肉阻滞，则鼻塞，嗅觉减退，寒湿致病，故遇冷时症状加重。舌淡、苔白腻、脉缓弱乃寒湿凝聚之象。

治法：温化寒湿，散结通窍。

方药：参苓白术散合温肺止流丹加减。若鼻塞重，加辛夷、苍耳子等宣通鼻窍；清涕多，可加五味子、乌梅等收敛止涕；气短乏力，加升麻、黄芪。

**2. 运化失调，湿热蕴积**

临床表现：鼻塞持续，日渐加重，鼻涕黏稠，嗅觉减退，头晕头胀。可伴有纳呆，脘腹胀满，便溏不爽，口中黏腻，渴不多饮等。舌质红，苔黄腻，脉滑数。

证候分析：脏腑失调，湿热浊邪壅结鼻窍，日久息肉成形，鼻窍不通，湿热蕴蒸，故涕黄黏。湿热停聚，肺失清肃，故头胀、头昏。舌质红、苔黄腻、脉滑数乃湿热蕴积之象。

治法：清热利湿，散结通窍。

方药：甘露消毒丹合辛夷清肺饮加车前子、泽泻、僵蚕等。方中藿香、石菖蒲、白豆蔻、薄荷芳香化浊，行气醒脾；滑石、茵陈、黄芩、连翘、木通清热利湿；栀子、石膏、知母、桑白皮清肺胃之热，辛夷花、枇杷叶宣疏肺气。加用车前子、泽泻、僵蚕以泻湿解毒。若头痛，加白芷、蔓荆子等疏散风邪，清利头目。方中百合、麦冬甘寒碍湿，可减去不用，浙贝母、射干功在止咳利咽，可弃而不用。

手术后的患者，为防止或减少复发，可辨证用药。多从补益肺脾，宣通鼻窍入手，可选用温肺止流丹、补中益气汤、参苓白术散及玉屏风散等扶正祛邪；同时合用苍耳子散、辛夷清肺饮等加减。

## 二、外治法

1. **滴鼻** 用芳香通窍的中药滴鼻剂滴鼻以疏通鼻窍。

2. **涂敷** ① 用有腐蚀收敛作用的中草药末，如硇砂散、明矾散、苍耳子散加冰片、明矾、苦丁香、细辛，研成细末，用水或香油调和，放于棉片上，敷于息肉根部或表面。或于息肉摘除后1周敷药，可减少复发。② 苦丁香、甘遂各18 g，青黛、草乌、枯矾各3 g，共研细末，麻油调和，点涂于息肉上。或用瓜蒂、细辛等份，研末，每用少许吹息肉处。

3. **息肉内注射** 可用消痔灵注射液等药，每次用药液2～3 ml注射于息肉内，每3日1次。每周1～2次，5～7次为1个疗程。

4. **其他** 手术摘除息肉，保守治疗无效者，可通过手术摘除鼻息肉。

**【预防与调护】**

积极防治各种慢性鼻病，如鼻鼽、鼻渊等，预防并发鼻息肉。

## 【预后与转归】

本病病程较长,内治难获速效,手术可迅速去除息肉,术后患者应予以清热除湿,补益正气之中药调理,但术后部分患者仍有复发的可能。

## 【古代文献摘录】

《灵枢·邪气脏腑病形》:"肺脉急甚为癫疾;微急为肺寒热,怠惰,咳唾血,引腰背胸,若鼻息肉不通。"

《诸病源候论·鼻门》:"端坐伸腰,徐徐以鼻纳气,以右手捻鼻,徐徐闭目吐气。除目暗,泪苦出,鼻中息肉,耳聋;亦能除伤寒头痛洗洗,皆当以汗出为度。又云:东向坐,不息三通,以手捻鼻两孔。治鼻中息肉。"

《外科正宗·卷四》:"由肺气不清,风湿郁滞而成。""鼻内息肉,结如榴子,渐大下垂,闭塞鼻孔,使气不得宣通。"

## 【西医学中主要相关疾病认识】

**鼻息肉及鼻息肉病** 鼻息肉及鼻息肉病是鼻-鼻窦黏膜的慢性炎症性疾病。鼻息肉是极度水肿的鼻黏膜在重力作用下而形成的鼻腔赘生物;鼻息肉病则具有多发性鼻息肉,合并增生性鼻窦炎、支气管哮喘和(或)阿司匹林不耐受等临床特征。鼻镜检查可见鼻腔内有单个或多个表面光滑赘生物,多为灰白色,亦可见淡黄色,或淡红色如荔枝肉状半透明肿物。单发者多有一根蒂,多发者根基较广。触诊柔软不痛,可移动,不易出血。初发及单发息肉,体积较小者,皮质激素喷鼻剂喷鼻,可阻止息肉生长,或使之消失。息肉体积较大而堵塞总鼻道者,可选择手术,现多采用功能性鼻内镜手术,易于彻底清除鼻腔及窦内病变黏膜。

# 第十节　鼻　衄

鼻衄,即鼻出血。是因热伤血络,或气不摄血所致的血不循经,溢于脉外,以鼻窍出血为临床特征的病证。是多种疾病的常见症状之一。

鼻衄一证最早见于《内经》,始称"衄",如《灵枢·百病始生》曰:"阳络伤则血外溢,血外溢则衄血。"古人根据病因和症状及发病情况的不同尚有不同的命名,如"伤寒鼻衄""时气鼻衄""温病鼻衄""虚劳鼻衄""经行鼻衄""红汗""鼻洪""鼻大衄"等。

西医学以鼻出血为主要临床表现者可参考本篇辨证论治。

## 【病因病机】

鼻为清窍,血脉多聚之处。鼻衄的发生主要由于外感六淫、酒食不节、情志过极、劳倦过度以及热病或久病,引起肺、脾、胃、心、肝、肾等脏腑功能失调,血液不循经脉正常运行,溢于清道所致。在临床上可分为虚、实两大类。实证者,多因火热气逆,迫血妄行而致。虚证者,多因阴虚火旺或气不摄血而致。

1. **风热犯肺,灼伤鼻窍**　外感风热燥邪,首先犯肺,致肺失清肃,邪热循经,上犯鼻窍,热伤阳络,迫血妄行,血溢清道而鼻衄。如《外科正宗·卷四》说:"鼻中出血,乃肺经火旺,迫血妄行,而从鼻窍出也。"

2. **胃火炽盛,迫血妄行**　胃中素有积热,或因暴饮烈酒,过食辛辣,致胃热炽盛,火热内燔,循经上炎,损伤鼻络,迫血妄行而为鼻衄。如《寿世保元·卷四》中谓:"衄血者,鼻中出血也,阳热怫郁,致动胃经,胃火上烈,则血妄行,故衄也。"

3. **肝火上逆,蒸迫鼻窍**　情志不舒,肝气郁结,郁久化火,循经上炎;或暴怒伤肝,肝火上逆,血随火动,木火刑金,灼伤鼻窍脉络,血溢脉外而致鼻衄。如《疡科心得集·卷上》中谓:"有因七情所伤,内动其血,随气上溢而致者。"

4. **心火亢盛,迫血妄行** 思虑劳神太过,情志之火内发或外感温热邪毒,邪热困肺,逆传心包致心火亢盛,入于营血,迫血妄行,损伤肺窍阳络,血溢脉外,发为鼻衄。如《诸病源候论·卷十》说:"心主血,肺主气而开窍于鼻,邪热伤于心,故衄。"

5. **肝肾阴虚,虚火伤络** 素体阴虚或劳损过度;久病热病,阴津被耗,致肝肾阴虚,水不涵木,肝不藏血,虚火上炎,损伤肺窍阳络,血溢脉外而致鼻衄。如《景岳全书·卷三十》说:"衄血虽多由火,而惟阴虚者为尤多。正以劳损伤阴,则水不制火,最能动冲任阴分之血。"

6. **脾不统血,血溢脉外** 久病不愈,忧思劳倦,饮食不节,损伤脾胃,致脾气虚弱,统摄无权,气不摄血,血不循经,渗溢于鼻窍而为鼻衄。

鼻衄的病因虽然复杂,但其病机变化可以归纳为火热灼络和气不摄血两个方面。在证候上亦表现为虚、实两端。由外感风热燥邪、胃热炽盛、肝火上逆、心火亢盛而致衄者属实火证;阴虚火旺,虚火上灼及脾气虚弱,不能摄血致衄者则属虚证或虚实夹杂证。在病机转化上,常发生实证向虚证转化。如火热上灼致出血者,反复发作,阴分必伤,虚火内生;出血既多,气亦不足,气虚阳衰,更难摄血。若一旦发生鼻洪,出血量大势猛,则有气随血脱,失血亡阳之虞。

【诊断要点】

1. **病史** 可有外感病史,或鼻外伤及心血管病等病史。
2. **临床表现** 鼻中出血,单侧多见,双侧同时发生少见;轻者,仅涕中带血;较重者,渗渗而出或点滴而下;严重者,血涌如泉,鼻口俱出,甚者出现气随血脱之危证。
3. **局部检查** 前鼻镜或间接鼻咽镜或鼻内镜下,寻找出血点或渗血面。鼻中隔前下方易出血区和鼻腔后部的鼻-鼻咽静脉丛为鼻衄的好发部位。同时鼻咽顶部、咽隐窝、鼻窦是肿瘤好发区,亦为鼻衄多发之处。
4. **其他** 血液系统、心血管系统、头颈部影像学等方面的相关检查必要时也应进行。

【鉴别诊断】

1. **鼻损伤** 鼻损伤有明确的头面或鼻外伤史,如碰撞、挖鼻、鼻腔异物等原因而致鼻衄。其血多来自受伤一侧的鼻孔,严重者可有鼻骨骨折、鼻中隔脱位,全身症状不明显。
2. **经行衄血** 经行衄血每逢经期或行经前后一二日,出现有规律的吐血或衄血又称逆经或倒经。多见于青、中年妇女。若为子宫内膜异位于肺部,在月经期亦出现吐衄证,肺部摄片检查,可见病灶。

【辨证论治】

## 一、内治法

辨治思路:鼻衄属于耳鼻咽喉科急症。本着"急者治其标,缓者治其本"的原则,应先用外治法止其血,再辨证求因,配合内治法。若因出血量大而出现气虚血脱者,应及时抢救处理。

1. **风热犯肺,灼伤鼻窍**

临床表现:鼻中出血,点滴而下,量不多而色鲜红,鼻腔肌膜干燥、灼热感。鼻塞涕黄,咳嗽痰少,口干咽痛,恶风发热。舌质红,苔薄黄,脉浮数。

证候分析:鼻为肺窍,邪热灼伤鼻窍脉络,则鼻中衄血,且血色鲜红;热邪在表,故出血量不多,点滴而下；邪热犯肺，耗伤肺津，故鼻腔干燥、灼热感；鼻塞涕黄，咳嗽痰少，口干咽痛，恶风发热，舌红、苔薄黄、脉浮数均为肺经风热之征。

治法：疏风清热，凉血止血。

方药：桑菊饮加减。桑菊饮疏风清热，加白茅根、栀子炭、牡丹皮、侧柏叶等凉血止血。肺热壅盛而表证不明显者，减薄荷、桑叶、菊花，加黄芩、桑白皮、旋覆花以清泻肺热，降气止血；口干咽痛者，加玉竹、天花粉、玄参、马勃以养阴利咽；咳嗽痰少，加象贝母、枇杷叶以润肺止咳。

2. 胃热炽盛，迫血妄行

临床表现：鼻中出血，量多，血色鲜红或深红，鼻肌膜色深红而干燥。口干口臭，或见齿衄，渴喜凉饮，大便秘结，小便短赤。舌质红，苔黄厚干，脉洪数或滑数。

证候分析：胃热炽盛，火热内燔，迫血外溢，故鼻出血量多，色鲜红或深红；热盛伤津，故鼻肌膜深红而干燥，口干而渴喜凉饮；口臭、便秘、溺赤、舌红、苔黄厚而干、脉洪数或滑数均为胃热炽盛之象。

治法：清胃泻火，凉血止血。

方药：凉膈散加减。方中以黄芩、栀子清热泻火；连翘、薄荷疏解外邪；竹叶清热利尿，引热下行；大黄、芒硝、甘草利膈通便；全方通过泻热降气而止血。可加入凉血止血药，如生地、牡丹皮、白茅根、藕节炭以凉血止血。

若胃热伤津，鼻干而衄，烦渴引饮，可用玉女煎加减。

3. 肝火上逆，蒸迫鼻窍

临床表现：鼻衄暴发，量多，血色深红，鼻肌膜色深红。头痛头晕，耳鸣，急躁易怒，口苦咽干，面红目赤，胸胁胀痛。舌质红，苔黄，脉弦数。

证候分析：肝主藏血及主疏泄，体阴而用阳。肝气化火，肝火上逆，迫血妄行，溢于清道，故鼻衄量多，血色深红及鼻肌膜色深红；肝火上炎，扰于清窍，故见头晕头痛，耳鸣、口苦咽干，面红目赤；肝气郁结，气机不畅，故胸胁胀痛，急躁易怒；舌质红、苔黄、脉弦数为肝经火旺之象。

治法：清肝泻火，凉血止血。

方药：龙胆泻肝汤加减。用龙胆泻肝汤以清肝泻火，加石决明、代赭石、煅龙骨、川牛膝以潜阳降气，血随下行而止衄；方中可随证加入仙鹤草、白茅根、茜草根、旱莲草等以清热止血。便秘者，加生大黄、芦荟以通便泻热。

4. 心火亢盛，迫血妄行

临床表现：鼻衄血色鲜红，鼻肌膜红赤。面赤，心烦失眠，口渴身热，口舌生疮，便秘溺赤。舌尖红，苔黄，脉数。

证候分析：心主血脉，其华在面，开窍于舌。心火亢盛，迫血妄行，上溢清道，故鼻中出血；心火上炎，故面赤、舌尖生疮；心火扰神，故心烦失眠；火热伤津，故口渴身热或便秘；心火移热于小肠，故溺赤；舌尖红、苔黄、脉数属心火上炎之象。

治法：清心泻火，凉血止血。

方药：泻心汤加减。方中以大黄、黄芩、黄连苦寒直折，清心泻火。同时可合犀角地黄汤凉血止血。若心烦不寐，口舌生疮，可合用导赤散等以清心泻火，导热外出。

5. 肝肾阴虚，虚火伤络

临床表现：鼻衄色红，量不甚多，时作时止，鼻肌膜色淡红或干嫩。口干少津，头晕眼花，心悸耳鸣，五心烦热，健忘失眠，腰膝酸软或颧红盗汗。舌红，少苔，脉细数。

证候分析：肝肾阴虚，虚火上炎，伤及血络，故鼻衄，时作时止；肝肾阴虚，精血不足，则出血量不多，鼻肌膜色淡红干嫩；口干少津、头晕眼花、心悸耳鸣、五心烦热、健忘失眠、腰膝酸软或颧红盗汗、舌红、少苔、脉细数均为肝肾阴虚，虚火上炎之征。

治法：滋补肝肾，养血止血。

方药：知柏地黄汤加减。本方主要在于滋补肝肾，清降虚火。应加入旱莲草、女贞子、仙鹤草、阿胶以养血止血。鼻衄病程长，出血量少，但缠绵不止者，可加入茜草根、桑螵蛸、白及以收敛止血。

6. 脾不统血，脉伤血溢

临床表现：鼻衄常发，渗渗而出，色淡红，量多或不多，鼻肌膜色淡，缠绵难愈。面色无华，少气懒言，神疲倦怠，食少便溏。舌淡，苔白，脉缓弱。

证候分析：脾气虚弱，气不摄血，故鼻衄量不多，渗渗而出或量多暴脱；脾虚则气血生化无源，故血色淡红，鼻肌膜色淡，缠绵难愈；面色无华，少气懒言，神疲倦怠，食少便溏，舌淡、苔白、脉缓弱均属脾气虚弱之象。

治法：健脾益气，摄血止血。

方药：归脾汤加减。以归脾汤益气生血，阳生阴长，使生化有源而养血摄血。本方可酌加仙鹤草、茜草、白及、阿胶收敛止血而不留瘀。

临证中无论何种原因引起的鼻衄，总因鼻中出血而使营血耗伤，故出血量多者，每见血虚之象，如面色苍白、心悸、神疲、脉细等，除按以上辨证用药外，可配合和营养血之法，适当加入黄精、何首乌、桑椹子、生熟地等养血之品。若因鼻衄量大势猛，出血过多而致气随血脱或失血亡阳之证，症见汗多肢凉、面色苍白、四肢厥逆，或神昏、脉微欲绝者，宜急用独参汤益气固脱，或用参附汤回阳救逆。

## 二、外治法

对于正在发生鼻出血的患者，宜遵照"急则治其标"的原则，立即止血。常用止血方法如下。

1. **冷敷法**　取坐位，以冷水浸湿毛巾或用冰袋敷于患者前额或后颈部，以凉血止血。

2. **压迫法**　用手指紧捏患者双侧鼻翼 10～15 min，或用指甲掐压患者入前发际正中线 1～2 寸处，以达止血目的。

3. **导引法**　令患者双足浸于温水中，或以大蒜捣烂成泥状或用吴茱萸粉调成糊状，敷于与出血鼻腔同侧足底涌泉穴上。有引火下行的作用，以协助止血。

4. **滴鼻法**　香墨(药墨)浓研，滴入鼻中，或用血管收缩剂滴鼻。

5. **吹药法**　选用云南白药、蒲黄、血竭、血余炭、马勃粉、三七粉等具有止血作用的药粉吹入鼻腔，黏附于出血处，以达到止血目的。亦可用棉片或明胶海绵蘸取上述药物，贴于出血处或填塞鼻腔。

6. **烧灼法**　适用于反复少量出血且能找到固定出血点者。烧灼前先用1%丁卡因和0.1%肾上腺素棉片麻醉和收缩出血点及附近黏膜，然后用30%～50%硝酸银溶液或30%三氯醋酸烧灼出血点。烧灼范围宜小且避免烧灼过深，烧灼后涂以软膏。近年来亦常用 YAG 激光烧灼出血点，以凝固止血。

7. **鼻腔填塞法**　用于出血较剧、渗血面较大或出血部位不明者。可用明胶海绵或凡士林纱条填塞患侧鼻腔，以持续加压达到止血目的。若鼻腔填塞未能奏效者，可用后鼻孔填塞法(具体方法见"附篇")。

另外还可在局麻下行冷冻、射频、微波等治疗。对上述方法治疗无效者，可行手术结扎颈外动脉、上颌动脉等。

### 三、针灸疗法

1. **体针** 肺经风热证者,取尺泽、曲池、合谷、天府、迎香;胃热炽盛者,取内庭、历兑,或至阴、昆仑;肝火上逆者,取巨髎、太冲、风池、阳陵泉、阴郄,伴高血压,加刺人迎或曲池;心火亢盛者,取阴郄、少冲、少泽、迎香,泻法;肝肾阴虚者,取迎香、肺俞、太冲、太溪;阴虚阳亢证,加刺三阴交、行间;脾失统血证,取脾俞、肺俞、足三里、迎香、膈俞。实证用泻法,并可用三棱针点刺少商、商阳出血;虚证用补法或平补平泻法。

2. **耳针** 取内鼻、胃、肾上腺、额、肝、肾等穴,每次2~3穴,捻转1~2 min,每日1次。

【预防与调护】

(1) 鼻衄患者,多较紧张、恐惧或烦躁。接诊时,先安定患者情绪,使之镇静,必要时可给予镇静剂。

(2) 鼻衄患者一般取坐位或半卧位,疑有休克时,可取平卧低头位。嘱患者将流入口中血液尽量吐出,以免咽下刺激胃部引起呕吐。

(3) 遇有活动性出血的患者,应先止血,然后再做必要的检查,寻找出血的原因,必要时请其他科会诊。检查操作时,动作要轻巧,忌粗暴,以免造成新的出血点。

(4) 积极治疗可以引起鼻衄的各种疾病,戒除挖鼻、揉鼻等不良习惯。

(5) 出血期宜少活动,多休息。禁食辛辣刺激之品,以免助热生火。可多食清淡甘凉之菜蔬、水果,并保持大便通畅。

(6) 平时加强身体锻炼,预防感邪。调养情志,保持心情舒畅,忌忧郁暴怒。

【预后与转归】

及时止血,针对病因积极预防和治疗,则预后良好。若反复出血或出血量多者可致气血两虚,甚则可危及生命。

【儿童患者诊疗注意事项】

(1) 儿童鼻出血较常见,出血原因多见于全身因素,少见于局部因素。

(2) 儿童鼻出血原因多见实证火热,迫血妄行。常由外感、饮食辛辣肥腻过多等所致。

(3) 儿童鼻出血出血部位在鼻腔前部为多,鼻腔后部较少。

(4) 儿童鼻出血易自止,多数情况下不必在鼻腔填塞过多凡士林纱布条之类。小儿皮肤娇嫩,尤其不能粗暴填塞,以免加重损伤、出血。

【古代文献摘录】

《诸病源候论·鼻衄候》:"凡血与气,内荣脏腑,外循经络,相随而行于身,周而复始。血性得寒则凝涩,热则流散。而气,肺之所生也,肺开窍于鼻,热乘于血,则气亦热也,血气俱热,血随气发于鼻,为鼻衄。"

《三因极一病证方论·卷九》:"病者积怒伤肝……皆能动血,蓄聚不已,停留胸间,随气上溢,入于清气道中,发为鼻衄。"

《景岳全书·卷三十》:"衄血之由内热者,多在阳明经,治当以清降为主。微热者,宜生地、芍药、天冬、麦冬、玄参、丹参或局方犀角地黄汤、生地黄饮子、麦门冬散之类主之。热甚者宜芩、连、栀、柏或茜根散、抽薪饮、加减一阴煎。若兼头痛口渴者,宜玉女煎、白虎汤之类主之。或阳明极热,下不通而火壅于上者,宜拔萃犀角地黄汤之类通其下而上自愈。"

《证治汇补·卷之二》:"脾为后天之本,三阴之首也。脾气健则元气旺而阴自固;肾为先天之本,三阴之蒂也,肾水足则龙火潜而阴亦宁。故血证有脾虚者,当补脾以统其血,有肾虚者,当壮水以制其阳,有肾中阳虚者,当益火以引其归,能于三法而寻绎之,其调摄血门一道,思过半矣。"

《疡科心得集·卷上》:"鼻衄者,或心火,或肺火,或胃火,迫血妄行,上干清道而为衄也。有因六淫之邪,流传经络,涌泄清道而致者;有因七情所伤,内动其血,随气上逆而致者;有因过食膏粱积热而致者。治法,外因者,以辛凉清润为主,如羚羊角、犀角、细生地、石斛、生石膏、知母、玄参、连翘、山栀、丹皮等。内因者,若系肝阳化风上逆,则宜甘咸柔婉,如阿胶、生地、石决明、天冬、麦冬之属。若肾阴亏损,虚阳浮越者,则以滋潜为主,如六味丸、虎潜丸之类。其由饮食不节而火盛者,则用和阳消毒,如黄连解毒汤是也。"

### 【西医学中主要相关疾病认识】

**鼻出血** 引起鼻出血的主要原因有局部和全身之分,局部包括:① 外伤。② 鼻腔、鼻窦炎症。③ 鼻中隔病变。④ 鼻、鼻窦、鼻咽恶性肿瘤及血管性良性肿瘤。全身包括:① 凝血障碍:血液病、肝肾功能损害、营养不良、中毒。② 血管异常:动脉硬化、风湿热、遗传性毛细血管扩张症。③ 血流异常:高血压、心力衰竭。④ 其他原因:急性发热性传染病、内分泌失调。

鼻出血常见的并发症为失血性休克,老年人可诱发心绞痛、心肌梗死等。

对于鼻出血的治疗主要是止血治疗,包括:① 鼻腔前端的较小出血点可尝试压迫止血。② 1%麻黄素或0.1%肾上腺素棉片止血。③ 出血点的激光、冷冻、微波、化学腐蚀剂烧灼止血等。对于较大出血应进行前鼻孔或后鼻孔填塞出血,如凡士林纱条、明胶海绵、磺碘纱条、气囊、水囊等。以上止血措施效果不好时可根据出血来源行颈外动脉结扎术、颌内动脉结扎术、筛前动脉结扎术、上唇动脉结扎术等。全身治疗包括应用止血药物及针对病因治疗。

## 第十一节 鼻 异 物

鼻异物是指异物误入鼻腔并留存在鼻腔内,滞留时日过久,可出现鼻塞、流秽臭脓、血涕、头痛等症状的鼻部疾病。本病多见于小儿。

### 【病因病机】

儿童因无知好玩将小物件塞入鼻腔;进食不慎或呕吐时食物经鼻咽部进入鼻腔;枪弹、爆炸、外力将异物冲击入鼻内;露宿野外时不注意防范,小昆虫偶然进入鼻内;医源性异物遗留在鼻内;精神病患者自行将异物塞入鼻内等。临床常见鼻腔异物有三类。

1. **植物类** 黄豆、花生粒、玉米、瓜子、果核等,可致鼻塞,流浊涕,若滞留时间较长,异物遇水膨胀,感染后则症状加重。

2. **生物类** 小昆虫、蚂蚁、水蛭等,当活性生物进入鼻腔,可爬行骚动,造成鼻腔疼痛、出血。

3. **非生物类** 纸团、橡皮、玻璃球、粉笔、纽扣、泡沫、沙石、弹头、弹片等,此类异物因粗糙、尖锐、化学反应,滞留鼻内并且过久,阻碍通气,使鼻腔黏膜破损、糜烂,细菌感染后,出现鼻塞、疼痛、流恶臭浊涕。

### 【诊断要点】

1. **病史** 可回忆有异物入鼻病史。

2. **临床症状** 因其异物的种类、大小、滞留时间长短不同而有不同的临床表现。异物滞留,可出现患侧鼻塞不通,滞留已久,有黏脓涕或脓血涕,伴有臭味。昆虫类异物,常有骚动爬行感。若异物进入的位置较深,损伤部位较多时,可有出血、头痛、视力障碍。

儿童因无法了解病史,若出现无名原因的单侧鼻塞、流脓血涕,且伴秽臭者,应首先考虑鼻腔异物。

3. 检查　鼻腔检查发现异物,可确立本病诊断。如怀疑有异物但被分泌物遮挡时,可将浓涕吸除后再行窥视。疑似金属异物时,可行X线摄片协助诊断。

## 【辨证论治】

本病以外治为主,可根据异物的性质、形态、大小及存留的位置,采取适当的取出法。小儿不合作者,可考虑在全麻下取出。有合并感染者,可参考相关章节内治。

1. **细小异物**　可先用减充血剂滴鼻,充分暴露鼻腔,吸除鼻腔分泌物,在明视下用镊子夹持取出,注意不能将异物推入鼻咽部,以免进入下咽部,造成误吸入喉。

2. **圆形异物**　如珠子、豆子、纽扣等,可用异物钩或小刮匙,绕至异物后方,由后向前拨出。不可用镊子夹取,因金属镊在镊持圆形异物时要滑动,难以固定,反而会将异物推向深处。

3. **质软或条状异物**　如纸团、纱条等,可直接用镊子夹取,镊夹抽出时,要注意有无断裂段存留。

4. **形态不整或体形较大的异物**　不能一次性取出或可能会划伤鼻腔组织时,可采用将异物夹碎分次取出的方法。如确定经前鼻孔难以取出之异物时,可采用仰卧低头位取出法,首先在鼻腔、口咽部给予1%的利多卡因表面麻醉,将异物推向鼻咽部,经口腔取出,但必须防止异物下落到喉咽部,误吸入气管,造成呼吸道阻塞。

5. **动物性异物**　须先将其麻醉或杀死后再钳取出。

6. **较深的金属异物**　需在X线观察下手术取出。

异物取出后,如局部黏膜有糜烂、破损者,可用减充血剂滴鼻,以防术后粘连;已有粘连,则分离后填入吸收性明胶海绵或凡士林纱条隔离直至伤口愈合。有感染者,给予适宜的抗生素,或者中药、中成药内服。

## 【预防与调护】

(1) 提高对儿童鼻腔异物的警惕性,发现鼻塞、流臭秽涕等症状,要及时到医院诊治,以免贻误时间,加重病情。

(2) 医务人员在取出鼻腔填塞物后,应仔细检查,并清点填塞物,以免有所遗留。

(3) 发现异物,不要慌张,尤其是小儿患者,要防止异物滑入气管,引起窒息。

(4) 嘱患者不可盲目用手或其他不恰当器械自行挖取异物,以免将异物推向鼻腔深处,造成不必要的损伤。

(5) 异物停留日久或不及时处理,可并发鼻窒、鼻渊、鼻结石、鼻甲萎缩、鼻中隔穿孔、鼻腔组织粘连等病证,可致头痛、鼻衄臭脓涕。

(6) 如异物取出方法不当,被推向鼻咽部滑入口咽,有吸入气管或吞入胃内的可能。

## 【古代文献摘录】

《普济方·卷六十四》:"治误食物落鼻中,及入眼不出,用皂角末,吹取嚏即出。"

《诸病源候论·卷二十九·食诸物误落鼻内候》:"颃颡之间,通于鼻道,气入有食物未下喉,或因言语,或因嚏咳而气则逆,故食物因气逆者,误落鼻内。"

# 第十二节 鼻损伤

鼻损伤是指鼻部遭受外力打击而致的瘀血留内,局部青紫肿胀、疼痛剧烈,或皮肉破损裂开,鼻梁骨折、衄血而痛为主要表现的鼻病。鼻外伤后应及时救治处理,以免日后遗有畸形,不仅有碍容貌,而且影响呼吸、发音及共鸣功能。

中医学对外伤的最早认识,可追溯至《内经》。《素问·缪刺论篇》曰:"人有所堕坠,恶血留内,腹中满胀,不得前后,先饮利药。"对鼻外伤有明确记载的始见于宋代陈言《三因极一病证方论·卷九》,其中曰"若堕马,打仆损伤,致血淖溢,发为鼻衄,名为伤衄";至明代王肯堂《证治准绳·疡医篇》有"头目鼻耳伤"之专论,其论鼻外伤曰:"凡鼻两孔伤,凹者可治,血出无妨,鼻梁打仆跌磕凹陷者,用补肉膏敷贴。若两鼻孔跌磕伤开孔窍,或刀斧伤开孔窍,用封口药掺伤处,外以散血膏贴之退肿。"延及清代,骨伤科专著较多,涉及鼻外伤病因、症状表现、内外治法(包括整复法)的论述已较为全面。如清代钱秀昌《伤科补要·鼻梁骨断》说:"鼻梁骨,下至准头,伤而出血,可治。外将止血定痛散敷之,内服接骨紫金丹。或鼻破歪落,用整端法,用药敷贴可也。"清代吴谦《医宗金鉴·正骨心法要旨》对此也有详细论述,并指出外鼻断离者,可"用缀法",即缝合整复法。清代赵廷海在《救伤秘旨·总论》《救伤秘旨续刻·跌打损伤辨生死诀》对鼻损伤的病因、治法及预后亦有较明确的认识。

【病因病机】

鼻高耸于面中,易受外伤,如拳击、棍棒、车辆碰撞或跌仆、坠高,头部鼻额面着地,或金枪利器伤鼻均可致鼻外伤。由于鼻受外力打击的器械、方向及受力大小不同,其病因病机可分四个方面。

1. 钝器所伤,恶血留内　多由钝器如重物、车辆或拳头碰撞等挫伤,致鼻脉损伤,血溢脉外,恶血留内,瘀滞皮肉之间,故局部青紫肿胀、疼痛难忍。

2. 锐器损伤,皮肉破损　多由锐器如刀割、金创所伤,致鼻部皮肉破损,开裂,甚至部分断离。

3. 直接暴力,骨折畸形　受直接暴力重创,如车辆、剧烈运动如打球或踢球、拳击、小儿跌伤鼻额部着地,突然暴力量冲撞鼻部,多可致鼻骨及鼻窦骨折或畸形。

4. 损及血脉,伤鼻衄血　外力剧烈撞击于鼻,损伤外鼻皮肉,伤及鼻脉,血溢脉外,清道衄血或鼻骨骨折,脉络破裂而衄血。

【诊断】

1. 病史　多有鼻外伤史。
2. 临床症状　鼻部及周围面部肿胀疼痛、鼻中衄血、鼻塞及呼吸、发音、咬合失常。
3. 检查

(1) 外鼻挫伤,鼻部多青紫肿胀或衄血,可伴有鼻骨骨折。

(2) 鼻部受锐器所伤,多有皮肉裂开,伤缘整齐或不整,或见部分断离。

(3) 鼻骨骨折、鼻梁塌陷、歪斜。同时多见鼻中隔脱离中线及鼻中隔血肿。若为移位性鼻骨骨折上述表现明显,并触之有骨擦音;若非移动性鼻骨骨折则外形不变,触之骨折处有明显压痛和变形。鼻骨正侧位 X 线拍片可确诊。

### 【辨证论治】

#### 1. 钝器所伤,恶血留内

临床表现:鼻及周围面部如眼睑、眶下及唇部青紫,肿胀疼痛,触之益甚。若有鼻中隔血肿,则见鼻中隔膨隆、鼻塞。若继发染毒,局部多有红肿、发热及跳痛。

证候分析:多因钝器撞击鼻部,致脉络损伤,血溢脉外,恶血瘀积于皮肉之间,故局部青紫肿胀;恶血瘀滞,脉络不通,壅阻气血,故局部疼痛,触之益甚。若恶血积于鼻中隔,清道受阻,故见中隔血肿处膨隆、鼻塞;若感受邪毒,热毒化火,壅遏气血,热腐肌肉,故见鼻部发热、红肿及跳痛。

治疗:本证以局部恶血留内,气滞血瘀为主,治疗思路应内外合治,以外治为主。

(1) 外治:鼻伤初起,早期可用冷敷以止血,防止离经之血留内。24 h 后,可改用热敷,以活血散瘀,消肿止痛,促使肿胀及瘀血消退。并局部涂敷行气活血、散瘀止痛药物,如红花油、玉龙油等。忌用力揉擦,以防再度出血。

伴鼻中隔血肿者,宜在表面麻醉及无菌操作下,切开引流以防染毒形成脓肿,引流后用凡士林纱条加压填塞鼻腔,防止再度出血。

(2) 内治

治法:活血消肿,散瘀止痛。

方药:复元活血汤加炒五灵脂、蒲黄、刘寄奴。若血肿染毒者,合五味消毒饮以解毒消肿。

#### 2. 锐器损伤,皮肉破损

临床表现:轻者鼻及面部皮肤擦伤渗血,重者皮肉裂开,伤缘整齐或不整,甚至外鼻部分断离,局部有出血及肿胀疼痛。

证候分析:鼻及面部受钝力或锐器所伤,轻者,仅有表皮擦伤;重者,则皮肉裂开,伤缘明显,甚或部分断离脱落。鼻络受损则渗血,损伤鼻脉则出血。气血瘀滞不通,则见局部肿胀疼痛。

治疗:以外治为主,酌情配合内治。

(1) 外治:轻者,用 0.9% 氯化钠溶液或 3% 过氧化氢溶液清理伤口,涂以止血消肿、散瘀止痛之药物,如万花油;重者,若伤口较深较长,应仔细清创,取出异物,尽量保留破损之皮瓣,谨慎对位缝合,防止形成明显瘢痕。处理后应注射破伤风抗毒素。皮损严重者,应予植皮或面部整容修复。

(2) 内治

治法:活血祛瘀,消肿止痛。

方药:复元活血汤合失笑散。如出血者,配云南白药、白及、三七等止血药。因感染邪毒伤口边缘红肿者,合五味消毒饮以解毒消肿。

#### 3. 直接暴力,骨折畸形

临床表现:鼻骨骨折无移位者,局部轻微肿胀疼痛。若一侧骨折而移位,则见鼻梁歪斜;双侧骨折而移位者,则见鼻梁塌陷,触诊骨折处有压痛、骨移位;粉碎性骨折,则在按压时有摩擦感或触之有捻发音;若伤后瘀肿较甚,难以判断有无骨折,可行 X 线摄片协助诊断。严重的鼻骨骨折,可有鼻中隔骨折、脱位而致鼻塞。检查见鼻中隔偏离中线,突向一侧鼻腔。

证候分析:鼻梁骨,质薄而脆位于面中,易受暴力撞击而发生骨折或塌陷,形成畸形。鼻脉受损,血渗于皮下,故有瘀肿疼痛。鼻为气体呼吸之道,若受伤后,用力擤鼻,空气易经鼻黏膜损伤处逸入皮下,发生皮下气肿,故触之有捻发音。

治疗:

(1) 外治:骨折无移位者,可参考"鼻面瘀肿"证治疗。骨折有移位而成塌陷或畸形者,应及早手法复位。若因鼻及面部肿胀较剧,一时难以准确复位者,可延迟数日,待肿胀消退,再行复位,但最迟不宜超过2周,以免形成骨痂,或错位愈合,则不易整复("鼻骨骨折整复法"操作详见"附篇")。

对于鼻中隔脱位,应予复位钳伸入鼻腔夹住鼻中隔,将其扶正复位,再用凡士林纱条填塞双侧鼻腔24~48 h,以达到固定及止血的目的。若难以复位者,日后可行手术以矫正其偏曲。

(2) 内治:根据局部瘀肿程度和骨折整复情况,分三期治疗。初期,宜活血祛瘀,消肿止痛,用复元活血汤合失笑散加减。有出血者,加云南白药、白及、三七粉等止血药。中期,瘀肿疼痛减轻,断骨尚未接稳,动则作痛,治宜行气活血,和营生新,用正骨紫金丹祛瘀止痛,生新接骨。后期,瘀肿疼痛已消,断骨初愈,尚未坚实,气血虚弱,治宜补气养血,坚骨壮筋,用人参紫金丹加减。

4. 损及血脉,伤鼻衄血

临床表现:外鼻受伤,鼻窍溢血,量多少不一。或受伤后数日,仍有反复衄血。出血甚者,则出现面色苍白、眩晕、心悸、脉微欲绝、血压下降等危症;检查时应力求准确判断出血部位,并应注意观察全身变化。

证候分析:鼻脉损伤,血不归经而外溢,故衄血。若鼻之较大脉络受损,则出血量大势猛,甚至气随血脱,而致面色苍白、眩晕、心悸、脉微欲绝、血压下降;若伤损复杂,部位较深,则鼻受伤后数日内仍有衄血。

治疗:以外治止血为主。

(1) 外治:多用鼻腔填塞法。

(2) 内治

治法:祛瘀止血,养血和血。

方药:失笑散加白及、阿胶、云南白药、三七。若出血量多者,加当归补血汤、生脉散以益气生血,养血和血;若鼻伤后大衄不止而见面色苍白,脉微欲绝,血压下降者,应根据"有形之血不能速生,无形之气须当急固"的原则,用独参汤或参附汤治以益气回阳,止血固脱,同时配合相关抢救措施。

【预防与调护】

(1) 有伤口者,要注意保持局部的清洁,以防感染邪毒而加重病情。
(2) 有瘀肿者,不要用力揉擦患处,以防损伤加重或再度出血。
(3) 有骨折者,要防止再度碰撞或按压,以免骨折端移位,难以愈合,或形成畸形。
(4) 应着重进行各项安全宣传教育,避免意外事故发生,是预防本病的关键。

【预后与转归】

本病伤势轻者,预后较好。若伤势较重,或延误治疗,则可遗留畸形,影响面容或呼吸功能。若合并鼻及周围器官损伤,则可遗留其他功能障碍,甚至危及生命。

【古代文献摘录】

《医宗金鉴·正骨心法要旨》:"中血堂,即鼻内下脆骨空虚处也。若被打仆损伤,血流不止,神气昏迷者,宜塞鼻丹塞于鼻中,外复以新汲冷水,淋激头顶。视其人如气虚,内服人参紫金丹;如血瘀,服苏子桃仁汤。服后如血仍不止,饮食不进,气虚目闭面黄者,八日死。凡跌打损伤鼻梁骨者,无妨。"

《救伤秘旨续刻·跌打损伤辨生死诀》:"凡头上伤,或筋管穴通之处,血来必涌,须预调备止血之药。打开看时,内有碎骨断发等类,必要尽行取出,速以药敷好。必用玉贞散盖护,防其伤风。"

### 【西医学中主要相关疾病认识】

**鼻外伤** 鼻外伤以外鼻挫伤、鼻骨骨折、鼻中隔脱位及鼻窦骨折为多见。同时应注意鼻外伤的并发症,如颅前窝颅底骨折及硬脑膜撕裂引起的脑脊液鼻漏;鼻周围的眶壁、上颌骨等处也是面部及鼻外伤易累及之处。对鼻外伤的处理方法主要有:止血、止痛、清创缝合、鼻骨复位、注射破伤风抗毒素、预防感染等。

## 第十三节 杨梅鼻烂

杨梅鼻烂系指由交媾不洁,杨梅邪毒由外而入,侵犯人体,犯及肺脾,或肝肾亏虚,邪毒入里,疳生于鼻,终致鼻烂的病证。其主要症状为鼻塞、疼痛、脓涕、嗅觉减退、鼻烂等。西医学中的鼻梅毒可参考本篇进行辨证施治。

### 【病因病机】

1. **邪毒犯肺,结聚鼻窍** 杨梅邪毒由外而入,侵犯人体,犯及肺脾,结于鼻而致本病。
2. **杨梅毒盛,损及肝肾** 杨梅结毒壅盛,久治未愈,或素体虚弱,耗伤气血,致肝肾亏虚,杨梅邪毒走窜,结聚于鼻而致本病。
3. **邪毒久留,气血瘀滞** 邪毒久留,日久未愈,病久多瘀,气机不利,气血瘀滞,邪毒壅遏于鼻而致本病。

### 【诊断要点】

1. **病史** 多有梅毒病史、梅毒接触史或家族史。
2. **临床症状** 鼻塞、疼痛、脓涕、嗅觉减退。
3. **局部检查** 外鼻皮肤出现结节,甚至糜烂,覆有干痂或渗出物,鼻黏膜充血、糜烂,甚至形成塌鼻和鼻中隔穿孔,或见梅毒瘤,鼻黏膜萎缩。
4. **其他** 取病变部位渗出物查见梅毒螺旋体、梅毒血清学试验阳性和活检可做出诊断。

### 【辨证论治】

辨治思路:治疗大法以清血解毒、扶正祛邪为主,并结合全身症状辨证治之。

### 一、内治法

1. **邪毒犯肺,结聚鼻窍**

临床表现:鼻塞、疼痛、脓涕、嗅觉减退。咳嗽气短,声音低祛,倦怠乏力,纳少便溏。舌质淡红,苔白,脉缓弱。

证候分析:杨梅邪毒由外而入,犯及肺脾,结于鼻,故鼻塞、疼痛、脓涕、嗅觉减退;肺气虚,肺不主气,故咳嗽气短,声音低祛;脾气虚弱,运化失调,故纳少便溏,气血不足无以充养肌肤,故倦怠乏力;舌质淡红,苔白,脉缓弱为肺脾气虚之象。

治法:清血解毒,健脾补肺。

方药:解毒天浆散。方中以金银花、连翘、蝉蜕疏风清热,解毒宣肺;川芎、当归活血补血;防己、土茯苓、木瓜、南藤除湿泻浊解毒;皂角刺、白鲜皮通络解毒;天花粉清热益阴排浊;兼以防风、薏苡仁补益肺脾。

2. 杨梅毒盛,损及肝肾

临床表现:鼻塞,疼痛,脓涕,嗅觉减退。可伴有头晕目眩,面色无华,腰酸耳鸣,神疲乏力。舌质淡,苔薄白,脉沉细而弱。

证候分析:杨梅邪毒壅盛,损及肝肾,日久未愈,或素体虚弱,耗伤气血,肝肾亏虚,杨梅邪毒走窜,结聚于鼻,则鼻塞,疼痛,脓涕,嗅觉减退;肝血亏虚不能上养头目,故头晕目眩,面色无华;肾精不足,髓海空虚,故腰酸耳鸣,神疲乏力;舌质淡,苔薄白,脉沉细而弱为精血不足之象。

治法:清血解毒,滋补肝肾。

方药:杞菊地黄汤合芎归二陈汤。方中以杞菊地黄汤补益肝肾,芎归二陈汤泻浊活血解毒。

3. 邪毒久留,气血瘀滞

临床表现:鼻塞,疼痛,脓涕,嗅觉减退。口苦咽干。舌质红或暗红,舌边或有瘀点,苔微黄,脉弦。

证候分析:邪毒久留,日久未愈,病久多瘀,气机不利,气滞血瘀,结于鼻,故鼻塞,疼痛,脓涕,嗅觉减退;肝郁化火,则口苦咽干;舌质红或暗红,舌边或有瘀点为气滞血瘀之象。

治法:清血解毒,化瘀散结。

方药:茯苓汤。方中以土茯苓、桔梗排浊解毒,乳香、没药化瘀散结,防风固表扶正。

## 二、外治法

1. 清创　清洗创面,保持局部清洁,用熏洗结毒方外洗。组成:苍术30 g,点红川椒9 g。用法:用水5碗,煎至4碗,入罐内,将患处对罐口,以热气熏之。半热,倾药盆内,淋洗患处,以洁净布拭干,后搽解毒紫金膏。

2. 敷散　肿块未溃可用冲和膏或神仙碧玉膏外敷,溃后用冬青树枝制末掺之,或外用鹅黄散。脓尽用生肌散收口。

3. 其他　对于瘢痕所致的畸形可行修补成形手术。

## 【预防与调护】

洁身自爱,避免接触,早期发现,早期治疗。

## 【预后与转归】

早期治疗,预后尚可。晚期治疗,预后不佳。

## 【古代文献摘录】

《续医说》:"吴人不识,呼为广疮,又以其形似,谓之杨梅疮。若患者血虚者,服轻粉重剂,致生结毒,鼻烂足穿,遂成痼疾,终身不愈。"

《医宗金鉴·外科心法要诀》:"杨梅疮生有二般,精华气化是其原。"

《本草纲目·土茯苓条下集解》:"土茯苓,楚蜀山普中甚多蔓生,昔人不知用此。近世(孝宗)弘治(武宗)正德间,因杨梅疮盛行,率用轻粉药取效,毒瘤筋骨,溃烂终身。至人用此,遂为要药。"

## 【西医学中主要相关疾病认识】

**鼻梅毒** 一期梅毒皮肤早期可见斑丘疹,质硬,数日后渐隆起皮面。表皮破溃后形成溃疡,边缘整齐,基底浸润,质硬,表面附有带血的溢液,干后成黑色痂,周围有明显水肿,鼻多变形。鼻黏膜初疮多发生于鼻前庭,溃疡面隆起如蕈样,质硬,患侧鼻翼和面颊呈充血性水肿。二期梅毒主要表现为梅毒性鼻炎,似上呼吸道感染,以鼻塞、流涕为特征。检查鼻中隔可见暗红色境界清晰的斑疹。鼻黏膜充血,亦可发生扁平湿疣,基底有浸润。三期梅毒多在梅毒传染3～10年后出现症状,主要病变为树胶肿,病变多侵犯鼻翼、鼻前庭、鼻中隔骨部、鼻甲、鼻腔底等处。皮下出现质硬结节,如不及时治疗,中央软化穿破,可形成溃疡。梅毒瘤发生于黏膜和骨膜或软骨膜之间者呈现为境界不清的肿瘤样新生物,质硬。主要症状为鼻塞、疼痛、脓涕、嗅觉减退。亦可见梅毒瘤性浸润斑块,质硬,暗红色,也可出现溃疡,梅毒瘤浸润消退后鼻黏膜萎缩。梅毒瘤发生于软骨膜和鼻骨时,常使鼻中隔骨部或硬腭穿孔。如软骨和骨部均被破坏,鼻梁下塌可形成鞍鼻。

# 第六章 咽喉科总论

**导学**

本章内容主要包括咽喉科学的基本理论,即咽喉的生理功能、与脏腑经络的关系,咽喉病的病因病机、局部四诊、辨证和防治。

掌握咽喉的生理特点及功能、咽喉与脏腑经络的关系、咽喉病的脏腑辨证。熟悉咽喉病的病因病机、咽喉病的症状辨证、内治法及其代表方剂。了解咽喉病的八纲辨证、咽喉病的外治法及针灸治法。

## 第一节 咽喉的生理功能

咽喉,是咽与喉的合称。咽与喉的生理功能既有区别又有联系。喉在前,上通鼻、咽,下连气道,通于肺脏,为肺之系。咽在后,上通口腔,下接食道,直贯胃腑,为胃之系。《内经》对咽与喉生理功能论述比较特殊,在《灵枢·忧恚无言》说:"咽喉者,水谷之道也;喉咙者,气之所以上下者也;会厌者,音声之户也;口唇者,音声之扇也;舌者,音声之机也;悬雍垂者,音声之关也;颃颡者,分气之所泄也。"在这段论述中,"咽喉"指咽,为饮食水谷之通道;"喉咙"指喉,是呼吸发声之器官。会厌、口唇、舌、悬雍垂等,在发声和语言中协同发挥作用。颃颡,相当于现代解剖之鼻咽部,此处是鼻腔、口腔和咽喉三个方向的汇合处,呼吸之气和音声在此处交汇、分流。

《难经·四十二难》则提出:"咽门重十二两,广二寸半,至胃长一尺六寸;喉咙重十二两,广二寸,九节。"这是把咽与食道称为"咽门",把喉与气管称为"喉咙",这样就明确了咽与喉的区别。但是由于《内经》把咽称为"咽喉",把喉称为"喉咙",对后世产生了较大影响,自古以来一直存在咽与喉两者"既有分别,又常混称"的现象。此外,古代限于客观条件,不能观察到喉的内部,对咽与喉疼痛、阻塞等症状也区分不清,所以常常将咽喉两者与脏腑经络的联系相混合,两者的病名、症状和病机也混称。由于咽喉两者在症状、病机、辨证、治疗等方面都难以决然分开,本书在明辨咽与喉区别的基础上,将咽喉内容合并论述。

咽需液养,喉赖津濡。人体通过咽喉与大气相通,有气体交换。《素问·阴阳应象大论篇》说:"清阳出上窍。"咽喉为上窍,须有清阳之气温润,才能发挥其生理功能。咽喉喜温喜润,恶寒恶燥。寒冷、干燥空气、烟熏火烤、辛辣食物等均易伤及咽喉。咽喉为通行水谷和呼吸之要道,咽喉宜空宜通,若有阻塞,轻则疼痛不能饮食,重则危及生命。《儒门事亲·喉后缓急砭药不同解二十一》说:

"咽以纳物,故通于地。会厌与喉,上下以司开合,食下则吸而掩,气上则呼而出……相交为用,缺一则饮食废而死矣。"

具体而言,咽喉的主要生理功能有:

1. **司吞咽,行水谷**　咽具有吞咽饮食水谷的功能,通过颃颡、咽门、嗌、喉关等协同作用,咽能运送饮食至胃。《太平圣惠方·咽喉论·卷三十五》谓:"夫咽喉者,生于肺胃之气也。咽者咽也,空可咽物,又谓之嗌,主通利水谷,胃气之道路。"

2. **通气息,发声音**　喉位于鼻与气管之间,为肺与气管通气息到达鼻窍的通道。喉又是发声音的器官。喉的声门开启,可以通过呼吸之气,声门关闭,可以发声音,或者屏气息,便于使劲发力。

3. **排浊物,御邪毒**　咽喉为关隘,脏腑功能正常,咽喉功能得健,能行水谷、通气息,也能让痰浊等物从口排出,起到排除邪毒的功能。

4. **生共鸣,出语言**　咽喉的共同作用可形成共鸣,并且在语言形成中起重要作用,使声门产生的声音变成清晰、悦耳的语言声音。

## 第二节　咽喉与脏腑经络的关系

### 一、咽喉与脏腑的关系

喉为肺系,咽为胃系,咽喉的生理功能正常有赖于脏腑阴津、阳气的滋养温煦。咽喉与肺、脾胃、肝、肾等脏腑关系密切。

#### (一) 咽喉与肺

肺属金,主气,司呼吸。喉为肺系,为肺气之通道。《疮疡经验全书·卷一》说:"喉应天气,乃肺之系。"肺的经气、阴液温煦滋润于咽喉,咽喉方能维持正常的吞咽、呼吸、发音等功能。若肺脏功能失调,则可以发生各种咽喉疾病。

若外邪犯肺,壅遏肺系,肺气闭郁,失其宣畅之机,则可见咽喉不适,呼吸不利,声嘶嗄哑,喉痛等。

若肺脏蕴热,邪热内炽,上炎于喉,则可见咽喉疼痛、干燥,异物感,吞咽不利,呼吸不利,咳嗽痰稠等。

若肺气虚损,气化生不足,气不上达,咽喉失于温煦,则可见气短乏力,声疲音怯,说话费力,音质粗糙,音量减少,音色暗而不亮,痰稀量多等。

若肺阴亏损,阴液不足,咽喉失于滋养,则可见咽喉干灼疼痛,声音嘶哑,疲软无力,音质失润而发沙等。

#### (二) 咽喉与脾胃

脾胃为后天之本,为水谷之海,主运化水谷而统血,有受纳腐熟、输布水谷精微的功能。咽为胃系,为水谷之通道。咽喉与脾胃的关系十分密切,脾胃功能失常则可致多种咽喉疾病。

若胃火炽盛,邪热上炎,燔灼咽喉,则可见咽喉疼痛较剧,甚或吞咽困难,口渴心烦,大便燥结,口气臭秽等。

若脾胃湿热蕴结,熏蒸咽喉,则可见咽喉疼痛,口腻,黏着感,吞咽不利,脘腹痞闷,咽部异物感,声音不扬或声嘶等。

若脾气虚弱,中气不足,气不上达,则可见气短乏力,声疲音暗,说话费力,或声音嘶哑,咳嗽痰稀等。

### (三)咽喉与肝

肝藏血,主疏泄,喜条达而恶抑郁,若肝脏功能正常,气机调畅,气血调和,咽喉通利而不为病。若肝脏功能失调,气机不利,则可致各种咽喉疾病。

若肝气郁结,肝失调达,气机不利,气滞痰凝,有形之痰与无形之气凝聚咽喉,则可致咽部异物感,吞咽不利,声嘶或卒然声哑,痰涎增多等。

若肝胆湿热蕴结,熏蒸咽喉,则可致咽喉疼痛,吞咽不利,甚或吞咽困难等。

### (四)咽喉与肾

肾为先天之本,五脏六腑之根,受五脏六腑之精气而藏之。四肢百骸、五官九窍皆受肾脏阴液的滋润濡养,受肾脏阳气的温煦,方能维持其生理功能。若肾脏功能失调,则可致咽喉各种疾病。

若肾阴虚损,阴液不足,不能上达滋润咽喉,则可致咽喉干燥,灼热疼痛,吞咽不利,咽部异物感,声音不扬或嘶哑等。

若肾阳不足,温煦失职,气化无权,则可见咽喉不适,吞咽不利,咳嗽,痰涎增多,咽部异物感,声音不扬等。

## 二、咽喉与经络的关系

咽喉是经脉循行交会之要冲,经络循行全身,并将咽喉与全身联系起来,使咽喉与脏腑有着密切的关系。脏腑的经气、阴液通过经络温煦、滋养咽喉,脏腑的病机变化也循经反映于咽喉,因此经络的通畅在咽喉的生理活动及病机变化中起着重要的作用。在十二经中除足太阳膀胱经外,其余诸经都直接循行于咽喉。《增删喉科心法》说:"夫人身五脏六腑,十二经脉,除足太阳经,其余十一经,皆内循咽喉。"

1. **手太阴肺经** 其经脉起于中焦,下络大肠向上,沿着胃的上口,通过横膈向上,从肺与喉咙相联系的肺系横行出来,向下沿臂内侧循行。本经在咽喉的病症多为咽喉肿胀疼痛,呼吸不利,吞咽不利,咽部异物感,声音嘶哑,扁桃体充血肿大,声带小结或息肉等。常用穴位有列缺、经渠、太渊、鱼际、少商等。

2. **手阳明大肠经** 其经脉起于示指末端,沿示指内侧向上循行。其分支上走颈部,通过面颊,进入下齿龈,回绕至上唇,交叉于人中,分布于鼻孔两侧,与足阳明胃经相接。本经在咽喉的病症多为咽喉充血,肿胀疼痛,吞咽不利,甚则吞咽困难,声音不扬或嘶哑,扁桃体充血肿大,或表面有脓点,咽部肌膜充血肿胀,声带充血等。常用穴位有商阳、二间、三间、合谷、温溜、手三里、曲池、天鼎、扶突等。

3. **足阳明胃经** 其经脉起于鼻翼两侧,向上循行到鼻根,与旁侧足太阳经交会,向下沿鼻外侧入上齿龈内。其面部分支,从大迎前向下走人迎,循喉咙入缺盆。本经在咽喉部的病症多为咽喉肿起疼痛,吞咽困难,扁桃体充血肿大,或表面有脓点,喉部肌膜充血,声音嘶哑等。常用穴位有人迎、水突、缺盆、大迎、颊车等。

4. **足太阴脾经** 其经脉起于足大趾末端,沿大趾内侧向上,经膝股部内侧前缘进入腹,通过横膈上行,循咽喉两旁,连舌根分布于舌下。本经在咽喉部的病症多为咽喉疼痛,异物感,吞咽不利,声音嘶哑等。常用穴位有隐白、太白、商丘、三阴交、阴陵泉等。

5. **手太阳小肠经** 其经脉起于小指外侧端,向上沿手背外侧循行。其分支从缺盆向上沿颈上达面颊,循目外眦入耳中;另一分支从颊部向上循行至目眶下。本经在咽喉部的病症多为咽喉肿胀疼痛,吞咽不利,咽部异物感等。常用穴位有少泽、前谷、后溪、天窗、天容等。

6. **足少阴肾经** 其经脉起于足小趾下,向足心循行,沿踝后向上循行,从肾向上通过肝和横膈进入肺中,循喉咙及舌根部。本经在咽喉的病症多为咽喉不适、干灼疼痛,咽部异物感,声音嘶哑,声音不扬,说话费力,咽喉肌膜潮红,声门闭合欠佳等。常用穴位有涌泉、然谷、太溪、照海等。

7. **手少阳三焦经** 其经脉起于小指、次指之端,上出两指间,循手表腕,出臂外两骨之间,上贯肘,循臑外上肩,而交出足少阳之后,入缺盆,布膻中,散络心包,下膈,遍属三焦。其支者,从膻中,上出缺盆,上项,系耳后,直上出耳上角,以屈下颊至出其支者,从耳后入耳中,出走耳前,过客主人,前交颊,至目锐眦。本经发生病变主要表现为咽喉肿痛,咽部异物感,吞咽不利,声音不扬,或声嘶声哑等。常用穴位有关冲、液门、中渚、阳池、外关、翳风、三阳络、四渎等。

8. **足少阳胆经** 其经脉起于目外眦向上至额角部,下耳后,循颈行手少阳之前。其分支从目外眦下大迎,合于手少阳抵于颇,循颊车下至颈。本经在咽喉部的病症有咽喉肿起疼痛,牙关开合不利,咽部异物感,吞咽不利,声嘶声哑等。常用穴位有风池、足窍阴等。

9. **督脉** 其经脉起于小腹内,下出于会阴,向后循行于脊柱,向上至巅顶,沿前额下行鼻柱。本经在咽喉部的病症有咽喉不适、肿起疼痛,吞咽不利,声嘶等。常用穴位有风府、百会、前顶、上星、神庭等。

10. **任脉** 其经脉起于小腹内,下出会阴,向上行于阴毛部,向上达于咽喉部,环绕口唇。本经在咽喉部的病症有咽干不适,灼热疼痛,吞咽不利,口眼㖞斜,声嘶声哑等。常用穴位有天突、廉泉、承浆等。

## 第三节 咽喉病的病因病机

咽喉为饮食水谷、呼吸气体出入的通道,为语言及发音的重要器官。由于咽喉所处的位置特殊,与脏腑经络的关系密切,受外界可变因素的影响较多,因此病因复杂,在诊治咽喉疾病时应全面综合分析。外因多由外邪侵袭,感染疫毒所致;内因多由脏腑经络功能失调、气血失和、咽喉失养,导致咽喉疾病。过度用嗓、高声吼叫、滥用嗓音等,也可致各种嗓音疾病。虽然咽喉疾病发生的原因较多,但不外时邪侵袭、七情内伤、饮食不节、痰饮瘀血、用嗓不当,或滥用嗓音,以及外伤等。这些致病因素都可引起机体正邪相争,脏腑经络、气血津液等功能失调,而致各种咽喉病证。

### 一、咽喉病的病因

#### (一)时邪

时邪即天时不正之气的总称,包括风、寒、暑、湿、燥、火六淫及疫疠之气。六淫之中,以风、寒、热邪引起的咽喉病较多见。

1. **风邪** 风为百病之长,善行而数变。其所致的咽喉病常有起病急、传变快、病情重等特点,如锁喉风、暴喑、乳蛾、喉痈等。

风邪为六淫病邪的第一致病因素,风邪侵犯人体,咽喉首当其冲,且寒、湿、燥、火等诸邪常多依附于风邪而侵犯机体,因此在六淫病邪所致的咽喉病中,风邪常与其他外邪夹杂合而致病。

风邪挟寒由皮毛或口鼻而入,肺气郁遏,风寒结聚,客于咽喉,则咽喉疼痛不适,吞咽不利,咽喉发痒,咳嗽痰稀量多,声音不扬或嘶哑等。若气候骤变,起居不慎,风邪挟热邪从口鼻直犯咽喉,则咽喉充血肿胀,疼痛,吞咽困难,声音嘶哑,口干等。若居处潮湿,涉水冒雨,气候剧变,致风、寒、湿三气夹杂侵犯咽喉,闭阻经络。气血运行不畅,邪聚咽喉部关节,则咽喉不适,吞咽不利,声音不扬,或声音嘶哑,呼吸不利等。

2. **寒邪** 寒为阴邪,性凝滞收引,易伤阳气。因此,寒邪所致的咽喉病常有发病缓慢,症状较轻,病程较长,或反复发作等特点。

若寒湿之邪凝聚咽喉,则可见咽喉疼痛不适,咽部有异物感,痰涎增多,吞咽不利,声音不扬,说话费力,畏寒肢冷,或声疲声喑,或声音嘶哑,破裂肿胀,活动受限,声带闭合欠佳,力度下降,苔白,脉沉。

3. **湿邪** 湿亦为阴邪,其性重浊黏滞。因此,湿邪致咽喉病有发病较慢,咽喉肿胀,分泌物增多,咽干不欲饮,状若阴虚,缠绵难愈等特点。

若湿热合邪,熏蒸咽喉,则可见咽喉肿胀疼痛,吞咽不利,咽部异物感,痰涎增多,咽干不欲饮,咳嗽痰稠,声音嘶哑等。

若风湿侵袭,犯于咽喉,则咽喉不适,吞咽不利,或咽喉肿胀疼痛不甚,或痛无定处,声音不扬或嘶哑,说话费力等。

4. **燥邪** 燥邪为敛肃之气,性干涩燥烈,易伤津液。故燥邪所致咽喉病多见于秋天或久晴干燥无雨之季,有发病较缓,病情较轻,咽喉干燥,疼痛欲饮水等特点。临床常表现为咽喉干燥疼痛,口干唇燥,渴欲饮水,咳嗽痰少或胶黏难咯,或痰中带血,声音沙哑等。

5. **火(热)邪** 火(热)属阳邪,性炎上,易耗伤阴液。因此,火邪致咽喉病有发病快,病情重,变化迅速,局部充血肿胀,疼痛剧烈等特点。

若火热壅结咽喉,则咽喉充血肿胀,疼痛,吞咽困难,汤水难咽,高热,甚则神烦昏冒,烦渴引饮,呼吸不利,肌膜或扁桃体充血肿大,表面有脓点,或局部肿胀充血,形成咽喉部痈疡。若会厌充血肿胀,则呼吸不利,甚至呼吸困难,吞咽困难,语声难出,或咽喉肌膜糜烂充血等。

6. **疫疠** 疫疠,又谓瘟疫、疫气、戾气、毒气、异气等,是一种传染性很强的致病因素。《温疫论》说:"温疫之为病,非风非寒,非暑非温,乃天地间别有一种异气所感。"疫疠致咽喉病具有发病较速,病情较重,症状相同,传染性强等特点。多从口鼻而入,咽喉首当其冲,无论老幼强弱,皆相染病。其病的发生与流行,常与自然界气候反常,久旱、久晴、酷暑、湿雾瘴气,以及环境、饮食不洁等有密切关系。

(1) 白喉:白喉疫疠,从口鼻侵犯,则咽喉疼痛,吞咽困难,呼吸不利,扁桃体有白色伪膜,并逐渐扩大蔓延至喉关内外,也可向上蔓延至鼻,向下蔓延至喉或气道等。伪膜拭之不去,强行拭去则易出血,且迅速生新伪膜,细菌培养可见白喉杆菌。

(2) 烂喉痧:烂喉痧又谓疫喉痧、喉痧、疫痧等。疫毒从口鼻侵犯,则咽喉红肿疼痛,吞咽不利,高热恶寒,恶心呕吐,肌膜糜烂,其上有白色分泌物如伪膜,易拭去,舌面光滑,舌红如杨梅,全身有猩红痧疹,唯口唇四周苍白无疹,痧疹退后皮肤脱屑。

(3) 喉癣:喉癣常由肺痨并发,肺肾不足,瘵虫蚀喉所致。咽喉干痒、溃烂疼痛、腐物叠生、形似苔藓。

(4) 杨梅疫毒:杨梅疫毒侵犯,则咽喉不适,声嘶声哑,呼吸不利,吞咽不利,或咽喉肌膜充血、腐溃,甚则硬腭穿孔,或肌膜表面有圆形或卵圆形,大小不一的灰白色斑,或局部瘢痕收缩、狭窄,颈部淋巴结肿大,质硬等。

(5) 艾滋病:艾滋病疫毒(人类免疫缺陷病毒,HIV)侵犯,则咽痛不适,吞咽困难,声音嘶哑,呼吸困难,咽部、口腔或舌的腹面、侧缘有茸毛状黏膜白斑病,或念珠菌病。若发生于食管,可致严重的吞咽困难,或咽部可有白色乳酪样的真菌感染,形成呈白斑样的粗糙表现等。

### (二) 七情内伤

在七情所致的咽喉疾病中,以恼怒伤肝为常见。若情志不遂,恼怒伤肝,致肝失疏泄,气机不利,肝气郁结。气滞则痰凝,无形之气与有形之痰结聚咽喉,则可致咽部如有炙脔,异物感,哽哽不利,吞之不入,咯之不出。若情志不遂,肝气郁结,气滞血瘀,脉络痹阻,则可致声带小结、息肉等。若气滞痰凝,宿血结搏咽喉、颃颡等,则可致喉菌、喉瘤、颃颡癌等。

### (三) 饮食不节

饮食不节是指经常或长期处于饮食过饥或过饱状态,或偏嗜某些食物所致的咽喉疾病。

1. 过饥  摄纳不足,常处于饥饿状态,气血生化之源匮乏,久之则气虚血少,咽喉失于充养,则声嘶、声喑、声哑,少气懒言,气短乏力,动则气喘,说话费力,声带振动乏力,闭合欠佳,力度下降,舌淡,苔薄,脉弱等。

2. 过饱或偏嗜  摄纳过度,或暴饮暴食,或饮食辛辣醇酒厚味等。《外科正宗·卷五》说:"实火者,过饮醇酒,纵食膏粱……哺餐辛烈,多致热积于中,久则火动痰生,发为咽肿,甚则风痰上壅,咽门闭塞,少顷扬水不入,声音不出。"脾胃负担过重,致饮食积滞食滞日久,郁而化热,生湿生痰,湿热痰浊上蒸咽喉,则致咽喉疼痛、异物感,或局部充血肿胀,或扁桃体充血肿大,表面有脓点,吞咽困难。

### (四) 痰饮瘀血

1. 痰饮  肺、脾、肾三脏的气化功能障碍,或三焦水道失调,导致水液的代谢失常,水液停滞而为痰、为饮。或多由外邪犯肺,肺脏失清或肺脏虚损,输布失职,水湿停聚而为痰;或由脾虚失运,聚湿为痰;亦可由肾阳虚衰,气化失职,水湿泛溢,结聚为痰为饮。湿痰聚结咽喉,则咽喉肿胀,疼痛不适,吞咽不利或困难,或咳嗽,痰涎增多,声嘶声哑。扁桃体充血肿大,表面有脓点,声带充血肿胀,或声带有小结、息肉。若痰浊与瘀血结聚于咽喉,则咽喉有新生肿物,苔腻,脉弦。

2. 瘀血  由于气虚、气滞、血寒等,血运不畅而凝滞,或由于内外伤,气虚失摄,或血热妄行等,致血离经脉,积存于体内而形成瘀血。瘀血聚结于咽喉,则有咽喉不适,吞咽不利,或吞咽梗阻感,声嘶声沙,肌膜暗红,或咽喉部赘生肿物,声带增厚或有小结、息肉等。

### (五) 外伤

咽喉外伤,包括烫伤、化学灼伤、枪弹伤、金刃伤、跌打损伤、异物外伤、烧伤、手术外伤等。伤后可有咽喉红肿剧痛,高热,流涎,吞咽不利,声音嘶哑,气急等。若发生于小儿,则病情较重,甚则可因严重并发症而死亡。

咽喉枪弹伤、金刃、跌仆打斗、异物刺伤等,可见咽喉肌膜瘀血肿痛,局部破损出血,呼吸不利,或呼吸困难、声嘶等。

此外,由于过度用嗓、高声吼叫或发声方法不当等,皆可致声嘶声哑、声带小结、息肉等。

## 二、咽喉病的病机

可概括为脏腑病机和气血病机两个方面。

### (一) 脏腑病机

**1. 肺脏失调** 咽为气流的隘道,与喉道构成呼吸之要冲,肺气的宣畅,受到咽喉的制约,咽喉功能,靠肺气的宣养,肺气充沛,咽喉滋润,卫外力强,若肺脏失调,咽喉之功能也将受到影响。

(1) 风热犯肺:风热邪毒从口鼻而入,侵犯咽喉,经肺系或卫表内犯于肺,上蒸于咽喉致咽喉病。

(2) 风寒袭肺:风寒邪毒从肌表而入,风寒束肺,肺卫被郁,寒邪结聚,凝滞咽部而致咽喉病。

(3) 阴虚肺燥:多因素体阴虚,久病耗阴或邪热伤阴所致。虚热内生,耗灼肺阴,咽部失于濡养而致咽喉病。

(4) 肺气虚弱:久咳久喘耗伤肺气。肺气耗伤,精气不能上输咽喉,咽喉失于濡养而致咽喉病。

**2. 脾胃失调**

(1) 脾胃积热:热邪传里,或过食辛热炙煿,热邪蕴积,脾胃上炎,循经而直犯咽喉而致咽喉病。

(2) 脾胃虚弱:饮食失调或忧思劳倦,脾胃虚弱,水谷精微化生不足,咽喉失养致咽喉病。

**3. 肝脏失调**

(1) 肝气郁结:情志郁结,郁怒伤肝,肝气郁结,咽喉气机不利而致咽喉病。

(2) 肝脾失调:郁怒伤肝,饮食劳倦伤脾,肝气郁结,肝脾失调,肝郁则气滞,脾虚则聚湿为痰,痰气相逆,上结咽喉而致咽喉病。

(3) 肝火上逆:肝郁气滞,郁而化火,肝火上逆,或暴怒伤肝,熏灼咽喉致咽喉病。

(4) 肝肾阴虚:久病不愈,耗损肝肾,肝肾阴虚,水不制火,咽喉失养,虚火灼咽喉致咽喉病。

(5) 肝胆湿热:感受湿热,湿郁化热,湿热蕴结肝胆,上攻咽喉致咽喉病。

**4. 肾脏失调**

(1) 肾阴亏损:久病或过劳,或房事过度,肾阴亏损,咽喉失于濡养致咽喉病。

(2) 肾阳不足:先天禀赋不足,真阳不足,或房欲伤精,或泄泻伤肾,肾阳不足,无根之火上犯,客于咽部致咽喉病。

### (二) 气血病机

**1. 气失调**

(1) 气虚:凡身体衰弱,劳累过度,言语过多,病后失调,均可致气虚,咽喉失养致咽喉病。

(2) 气滞气逆:七情郁结,饮食失调,气机不利而致气滞,或情志不舒,肝气郁结,肝气上逆,均可致咽喉病。

**2. 血失调**

(1) 血虚:脾胃虚弱,生化不足,七情过度,暗耗阴血。血虚,无以上荣咽喉,咽喉失养致咽喉病。

（2）血瘀：过用寒凉，血受寒凉而泣，致气血不和，声音不利，或见痰热内郁，郁久化热，经脉阻滞致咽喉病。

## 第四节 咽喉局部四诊

### 一、望诊

望诊主要观察口咽部、鼻咽部、喉咽及喉部。

1. **口咽部** 口咽部应在患者张口时观察软腭、扁桃体、悬雍垂和舌根部。先观察这些部位有无红肿、有无化脓、有无新生物、有无溃疡。再用压舌板轻压舌背，同时令患者发出"啊"的声音，患者发音时咽腔扩大，此时便于观察，可以仔细观察软腭的颜色、厚薄、活动情况；腭弓颜色、活动情况；扁桃体是否充血、肿大，有无脓点、有无角化物；悬雍垂是否肿胀，或过长、过短；舌根部有无滤泡、新生物。

2. **鼻咽部** 观察鼻咽部可用间接鼻咽镜。首先观察鼻咽部黏膜有无充血、肿胀，两侧是否对称，有无出血点或新生物；然后依次仔细观察鼻咽顶部和鼻咽两侧，表面是否光滑，有无新生物、溃疡及出血点。

3. **喉咽及喉部** 观察喉咽及喉部可用间接喉镜。喉的上端是会厌，会厌周围属喉咽部。喉咽部重点观察有无异物停留，有无分泌物潴留，有无新生物。喉部首先观察会厌，有无充血、肿胀、化脓，会厌活动是否正常。其次观察喉腔内，声带是否充血、肿胀，声带表面是否光滑，是否有声带小结、声带息肉或其他新生物，或有声带黏膜下出血，还要观察声带开启和闭合是否正常；喉腔还要观察室带、披裂等处是否充血、肿胀，两侧是否对称。

观察鼻咽部、喉咽及喉部时，用硬管喉镜、导光纤维喉镜等设备，可以观察得更细致，并且可以摄影分析。此外，利用X线、CT、MRI等影像方法，对了解咽喉部有无新生物，以及新生物是否侵犯颅骨、喉软骨，具有较重要的作用。

### 二、闻诊

闻诊包括嗅气味和听声音两部分。

1. **嗅气味** 注意患者呼出气体有无气味、咽喉分泌物有无特殊臭味。

2. **听声音** 听声音情况，洪亮、清晰，还是低沉、嘶哑，甚至失声；有无软腭或咽部其他部位病变导致共鸣失常（开发性鼻音）；对于不能言语的患者，注意其咳嗽、哭笑时是否有声音。此外对于呼吸困难患者，还要听其呼吸声音是否缓慢或急促，有无痰鸣音等。

### 三、问诊

对咽喉病主要临床表现如咽喉疼痛、吞咽困难、声音嘶哑、咳嗽咯痰等做重点问诊。

1. **问咽喉疼痛** 注意咽痛的起病情况，如突发或渐发；咽痛的时间长短，是否有进食某些特殊食物病史；患者空咽唾液疼痛明显，还是饮水、进食时疼痛明显，如果饮水或进食时疼痛明显者，属于吞咽困难；咽痛部位，重点在咽喉部还是咽喉以下，甚至是胸骨前区；是否发音时咽喉疼痛明显加重，甚至因疼痛而不能发音；吞咽冷饮或是热饮，是否疼痛加重或减轻。

2. **问吞咽** 患者能否饮水，能否吞咽食物；吞咽饮食时有无明显疼痛部位。

3. **问声音** 声音嘶哑起病情况，如因为感冒还是因为多言，病程已久还是新病，或是长期声音嘶哑，近期加重；声音嘶哑与职业是否相关，与情绪是否相关。

4. **问咳嗽** 咳嗽是否与咽干、咽痒相关；咳嗽时干咳还是少痰，或者多痰。

5. **问咯痰** 咯痰量多、量少；咯痰颜色白色、黄色或是其他颜色，是否带血；咯痰来源是从肺与气管咳出，还是用力抽吸鼻涕之后咽部有痰咯出。

## 四、切诊

对颌下、喉结及颈前区、颈侧面触诊，了解有无肿块、肿块软硬度、粘连情况；了解上述部位有无肿大淋巴结；用压舌板轻触软腭，观察软腭运动情况；用压舌板轻压咽部红肿处，观察成脓情况；用压舌板轻压扁桃体，观察有无脓液流出；若有咽部伪膜，须观察伪膜是否能剥离，若剥离则观察伪膜情况。

# 第五节　咽喉病的辨证

咽喉是人体呼吸出入，饮食水谷的要冲，具有呼吸、饮食、吞咽、发音等生理功能，这些功能与脏腑密切相关。

咽喉是脏腑在头面的外候，脏腑的病机变化可循经反映于咽喉。反之，咽喉有病也可循经辨别脏腑失调情况。因此，对咽喉疾病的辨证，要以脏腑为基础，以症状为依据，辨明其阴阳、表里、寒热、虚实的属性及与脏腑经络、气血津液之间的内在联系，以及各病种间的相互关系，从而以整体观、系统论认识咽喉局部证候。

### 一、咽喉病八纲辨证

咽喉病表现错综复杂，八纲辨证可剥茧抽丝，执简驭繁。在临床上，咽喉疾病皆可分为阴证、阳证两大类，咽喉病阳证进一步可分为咽喉病表证、咽喉病热证、咽喉病实证；咽喉病阴证进一步可分为咽喉病里证、咽喉病寒证、咽喉病虚证。

#### （一）咽喉病表里辨证

临床上常将咽喉病初起，病位较浅，病情较轻，病程较短，兼有发热、畏风等邪未入里者归属于咽喉病表证；将病位较深，病情较重，病程较长的咽喉疾病归属于咽喉病里证。临床常通过表里辨证以辨识咽喉疾病的病变部位和病势趋向。

1. **咽喉病表证** 咽喉病表证是指由六淫外袭，肺失宣降，咽喉不利，功能失调所致的咽喉病证。在临床上主要是由风热、风寒等外邪侵入所致。如咽喉疼痛，吞咽不利，声音嘶哑，兼见发热畏风，头昏头痛，苔白，脉浮等。

2. **咽喉病里证** 咽喉病里证是由失治、误治，邪气由浅入深；或病久失养，脏腑虚损；或由情志、饮食所伤，气血失调所致咽喉病证。如咽喉肿胀疼痛，呼吸困难，痰涎壅盛，汤水难下，或咽喉干燥，灼痛不适，咽部异物感，声嘶无力等。

### （二）咽喉病寒热辨证

寒证是由脏腑虚损，无力托邪，阳气不足，或感受寒邪所致的证候。热证是由感受热邪，机体阳气偏盛，阳盛阴虚所致的证候。在咽喉科临床中，除热证、寒证外，还有寒热错杂者、真寒假热、真热假寒者，须细细辨识。

1. **咽喉病寒证** 咽喉病寒证是指由于机体感受寒邪，或阴盛阳衰，脏腑功能活动低下，咽喉失于温煦所致的咽喉病证。如咽喉疼痛不适日久，异物感，痰涎清稀量多，声音嘶哑，说话费力，面色㿠白，腰膝冷痛，形寒肢冷，舌淡，苔白，脉沉无力等。

2. **咽喉病热证** 咽喉病热证多指由于外感火热之邪，或脏腑蕴热，邪热内炽，或情志不遂，郁而化火，或饮食不节，郁积化火，邪热上炎咽喉所致的咽喉病证。如咽喉疼痛，甚则汤水难咽，渴喜饮冷，发热心烦，口气热臭，面赤气粗，舌红，苔黄，脉数等。

### （三）咽喉病虚实辨证

咽喉病虚实辨证是辨别咽喉疾病的邪正盛衰。实证即邪气较盛的证候，虚证为正气虚弱为主的证候。在咽喉病疾病的发生发展过程中，由于个体差异，常有虚实夹杂、真虚假实、真实假虚等证。

1. **咽喉病虚证** 咽喉病虚证是脏腑虚弱，气血虚衰，正气不足，咽喉失于滋养、温煦的咽喉病证。如咽喉干燥，灼热不适，痰涎增多，声嘶、声哑、声疲、声喑，说话费力，气短懒言，自汗乏力，舌淡，苔白，脉细无力等。

2. **咽喉病实证** 咽喉病实证是由邪气过盛或脏腑功能失调，热毒、痰饮、水湿、瘀血等结搏于咽喉所致的咽喉病证。如咽喉肿胀疼痛，疼痛日渐加剧，吞咽困难或汤水难下，声嘶、声哑、口臭，心烦，呼吸气粗，面赤发热，痰涎涌盛，舌红，苔黄，脉数有力等。

### （四）咽喉病阴阳辨证

咽喉疾病可用阴阳两纲来统领表里、寒热、虚实六纲。阴阳相互对立，相互制约，相互转化，因此在咽喉疾病的发生发展过程中，咽喉病阴证可以转化为咽喉病阳证，咽喉病阳证也可转化为咽喉病阴证。《素问·阴阳应象大论篇》说："重阴必阳，重阳必阴。""寒极生热，热极生寒。"因此，在临床中，及时把握咽喉疾病的动态变化是提出正确治疗原则的关键。

## 二、咽喉病脏腑辨证

咽喉系经脉循行交会之要冲。喉在前，为肺之系，乃肺气之通道。咽在后，为胃之系，乃胃气之通道。脏腑之气、阴液循经温煦、滋润咽喉，咽喉方能维持正常的生理功能。反之，脏腑的病机变化也循经反映于咽喉。因此，咽喉的呼吸、发声、吞咽功能的异常变化，常为脏腑功能失调、经络瘀滞痹阻等病机变化在咽喉局部的表现。

### （一）肺病的辨证

1. **风热犯肺咽喉证** 由风热外犯，邪壅肺系，客于咽喉所致的咽喉证。

临床表现：咽喉疼痛，有异物感，吞咽不利，声嘶声哑，恶寒发热，头痛身疼，舌红，苔薄白，脉浮等。

2. **肺燥热咽喉证**　多由燥热犯肺,烁灼咽喉所致的咽喉证。

临床表现:咽喉疼痛,干燥而痒,声音干沙,干咳少痰,或痰中带血,口干欲饮,舌红干,脉数等。

3. **肺阴虚咽喉证**　多由劳损或久咳,肺阴暗耗,咽喉失养,或阴虚火旺,虚火上炎所致的咽喉证。

临床表现:咽喉干灼疼痛,有异物感,声嘶声哑,说话费力,干咳痰稠,或咳痰带血,舌红少津,脉细数等。

4. **肺气虚咽喉证**　多由素体肺虚,久咳久喘或过度用嗓,耗伤肺气,肺气虚不能上荣咽喉所致的咽喉证。

临床表现:咽喉有异物感,声音不扬,声嘶音沙,声音低怯,或气坠声喑,音哑无力,说话费力,面色㿠白,舌淡,脉弱等。

### (二) 脾病的辨证

1. **胃火炽盛咽喉证**　胃腑素有蕴热,或邪热犯胃,过食辛辣煎炒之品,致胃火炽盛上炎咽喉所形成的咽喉证。

临床表现:咽喉疼痛剧烈,吞咽时痛增,甚者汤水难咽,疼痛连及耳窍,牙关开合不利,发热,心烦,口气热臭,舌红,苔黄干,脉数有力等。

2. **脾胃湿热咽喉证**　多由感受湿热之邪,或过食醇酒肥甘,湿热内酿,上蒸咽喉所致。

临床表现:咽喉肿胀疼痛,有异物感,吞咽不利,吞咽时疼痛增剧,口气臭秽,痰多黄稠,脘腹胀闷,舌红,苔黄腻,脉弦滑等。

3. **脾胃气虚咽喉证**　多由饮食失调,或吐泻太过,或劳倦损伤,脾胃气虚,致气不上达咽喉所致。

临床表现:气短乏力,声疲,声喑,说话不能持久,语声低怯,形体消瘦,面色不华,纳呆腹胀,大便溏泄,舌淡,苔白,脉弱等。

### (三) 肝病的辨证

主要是肝气郁结证,多由情志不遂,肝气郁结,气机不利,气滞咽喉所致。

临床表现:咽喉有异物感,或如梅核,或如炙脔,吞之不入,吐之不出,但不碍饮食。或情志抑郁,心烦易怒,或卒然声哑,脘痞腹胀,苔薄,脉弦等。

### (四) 肾病的辨证

1. **肾阴虚咽喉证**　先天禀赋不足,或素体虚弱,或久病伤肾,房劳伤阴,或过用攻伐,致肾阴虚损,咽喉失养所致的肾阴虚咽喉证。

临床表现:素体虚弱,咽喉干燥,灼热疼痛,声音低怯,或声嘶音沙,有异物感,或咽喉疼痛,腰膝酸软,唇红颧赤,舌红,苔薄而干,脉细数等。

2. **肾阳虚咽喉证**　素体阳虚,或久病、房劳过度,损及肾阳,肾阳不能上达以温煦咽喉所致的咽喉证。

临床表现:咽喉不适,咳喘痰多,稍遇风寒则加重,伴腰膝冷痛,形寒肢冷,舌淡,苔白,脉沉无力等。

### (五) 脏腑兼病的辨证

1. **肺胃热盛咽喉证**　肺胃素有积热,邪热蕴结,复感风热邪毒,内外邪热上炎所致的咽喉证。

临床表现：咽喉灼热干燥，肿胀疼痛，吞咽时疼痛加剧，声嘶，或壮热烦渴，呼吸气粗，口气热臭，痰鸣气促，舌苔黄干，脉数有力等。

2. **脾肾阳虚咽喉证** 由素体虚弱，或病久耗气伤阳，或攻伐太过，阳气虚损，咽喉失于温煦所致的咽喉证。

临床表现：咽喉不适，咳喘痰多，声音低怯，说话费力，咽喉肌膜腐溃流脓，脓液清稀或伴有臭秽，形寒肢冷，舌淡体胖，苔白，脉沉弱等。

### 三、咽喉病主要症状辨证

咽喉病主要症状的辨证，是将咽喉的局部症状与全身症状进行综合分析、归纳，以辨别疾病的属性、病变部位的深浅、邪正的盛衰，以及与脏腑经络的关系，从而做出正确的诊断，制定相应的治疗原则。

此外，在辨证中还应注意，咽喉疾病有发病快、变化迅速、易转为危重证候的病机特点，须及时有效地治疗。《重楼玉钥》说："人之一身百症皆可致危，独咽喉之症，尤危之危者，不炊黍间，毙可立俟！虽居近良医之门，旋发旋至，犹若恨晚。"

#### （一）辨疼痛

咽喉疼痛，是咽喉疾病的主要症状之一。咽部疼痛可见于咽喉一侧或两侧，常与红肿伴发，一般以阳证、实证、热证居多。多为外感六淫之邪客于咽喉，或脏腑实火，火毒上炎咽喉所致。若脏腑阴虚，虚火上炎所致的咽喉疼痛，其疼痛较轻微，灼热干燥，午后为甚。

咽喉微痛，病程较短，有异物感，声音嘶哑，伴发热恶寒，鼻塞声重，苔白，脉浮者，多为风邪犯肺；病程较长，咽喉微红，干燥少津，舌红，苔少，脉细数者，多为肺肾阴虚。

咽喉剧痛，吞咽困难，口渴饮冷，肌膜充血，局部肿胀，舌红，苔黄，脉洪数者，多为肺胃热甚；若局部肌膜腐烂、溃疡，舌红，苔腻，脉滑者，多为湿热上蒸。

咽喉干痛，咳嗽痰少，或痰中带血，肌膜干燥，舌红少津，脉数者，多为燥热伤肺；若病程较长，咽喉灼热，吞咽不利，舌红，苔少，脉细数者，多为阴虚火旺。

咽喉隐痛，有异物感，吞咽不利，胸闷胁痛，多为肝气郁结；咽干灼热，肌膜潮红，干燥少津者，多为虚火上炎。

咽喉刺痛，吞咽时加重，有骨鲠或误吞异物病史，多为骨鲠、咽及食道异物；病程较长，刺痛隐隐，舌边尖有瘀点者，多为气滞血瘀。

#### （二）辨脓液

咽喉腐溃，或喉痈破溃，多有脓液渗出，临床上常根据脓液的质、量、色进行辨证。

1. **辨脓质** 脓液质稀，色白者，多为虚证、寒证。脓液质稀，色白，量多不止，反复发作，经久不愈者，多为脾气虚弱。脓液质稠色黄者，多为实证、热证。脓液质稠色黄，量多者，多为湿热壅盛。

2. **辨脓量** 脓液量多，质稀者，多属湿证。脓液量多，质稠者，多属热证。脓液量少，质稀者，多属虚证。

3. **辨脓色** 脓液色白者，多属虚证、寒证。脓液色黄者，多属实证、热证。脓液色青者，多为肝经风火。脓液色红者，多为热毒炽盛或热入血分。脓液色黑，污浊臭秽者，多为热毒炽盛，气血衰败。

### （三）辨声音

咽喉及唇、舌、齿都是发声、语言的重要器官。语音的变化,病变在咽喉口腔,病机与脏腑经络密切相关。脏腑功能正常,气血健旺,则声音洪亮;脏腑功能虚损,气血失调,则声音低微。《景岳全书·卷二十八》说:"声音出于脏气,凡脏实则声弘,脏虚则声怯。"因此,脏腑生理功能及病机改变是咽喉声带变化的根本。临床上常根据声音的变化,综合全身症状,辨别咽喉疾病。

1. **辨声嘶**　声嘶初起,咽喉疼痛,咳嗽痰多,发热恶风,声带充血肿胀者,苔薄白,脉浮者,多为风邪犯肺。声嘶日久,咽喉干痛,喉痒咳嗽,肌膜潮红,干燥少津者,多为阴虚内热。声嘶渐重,说话费力,声带水肿、肥厚,或声带小结、息肉,舌紫暗,尖边有瘀点者,多为气滞血瘀痰凝。

2. **辨音量**　发声较低,咽喉疼痛,声带肿胀,发热恶寒,舌苔薄白,脉浮者,多为风邪外犯。声嘶不语,哭笑有声,咽喉不肿,情志抑郁者,多为肝郁气滞。语声难出,痰鸣气促,咽喉充血肿胀,舌红,脉数者,多为痰热俱甚,上犯咽喉。语声低微,气短乏力,声带闭合不全,舌淡,脉弱者,多为肺脾气虚。形体瘦弱,腰膝酸软,耳鸣耳聋,舌红苔少,脉细数者,多为肝肾阴虚。

此外,妇人怀孕后期,声嘶声哑,不能出声者,谓"子喑",为胎阻胞脉所致,产后可恢复。

### （四）辨红肿

咽喉肿胀充血,是咽喉病的常见症状。因此,辨别咽喉红肿大,是咽喉病的重要内容。红肿常与疼痛同时出现,实证、热证,红肿较甚,疼痛明显;虚证、寒证,红肿较轻,疼痛轻微。

咽喉红肿初起,疼痛,有异物感,发热畏风,舌边尖红,苔薄黄,脉浮数者,多为风热犯肺;咽喉疼痛,肌膜色淡,苔白,脉浮紧者,多为风寒表证。

咽喉焮红肿胀,疼痛较剧,吞咽困难,口渴饮冷,或扁桃体化脓肿,舌红,苔黄,脉数者,多属肺胃热甚。

咽喉红肿高凸,疼痛剧烈,口气热臭,吞咽困难,舌红,苔黄,脉洪数者,多为热毒炽盛,血肉腐败。肿处触之不软者,尚未成脓;触之柔软者,为脓已成。

咽喉肿胀凸起,红而晦暗,有异物感,吞咽不利,舌紫红或有瘀点者,多为邪入血分,或气滞血瘀。

### （五）辨腐烂

腐烂是指咽喉肌膜腐溃糜烂。多为风热邪毒侵袭,感染时行疫病,脾胃湿热火毒熏蒸,脏腑虚损,咽喉失养所致。临床上常根据患部腐溃糜烂的深浅、周围的形态、色泽的变化、病程的长短等辨证。

咽喉腐烂初起,疼痛较剧,周围充血肿胀,吞咽时疼痛较甚,多为风热侵袭,热灼肌腐;腐溃周围有黄白色腐物形成的伪膜,伪膜不易拭去,如强行拭去则易出血,迅即为新的伪膜所覆盖,多为感染时行疫疠。

咽喉腐烂分散,溃口较浅,周围充血,反复发作,纳食痛甚者,多为心脾积热;溃口周围充血,或有脓液者,多为湿热熏蒸;腐烂分散,时发时止,局部潮红,缠绵难愈者,多为阴虚火旺。

咽喉腐烂深陷,若表面凹凸不平,疼痛出血,或腐膜腥臭,常流污秽血水,多为火毒困结,腐灼肌膜;溃口边缘凹凸不平,参差不齐,咽喉干灼疼痛,多为肺脏阴虚,虚火上灼;久不愈合,或此伏彼起,面色淡白,头昏乏力,多为气血虚弱。

## 第六节　咽喉病的防治

咽喉病的防治包括两个方面,即预防与治疗。

### 一、咽喉病的预防

咽喉病的预防,是指发病前采取一定的措施,防止咽喉病的发生与发展。在喉科临床中,一些咽喉疾病通过采取一定的措施,是可以预防其发生或发展的,从而避免或减少咽喉病的发生。因而预防在喉科临床中是十分重要的。

1. **用嗓合理,饮食适度**　咽喉为气息出入,饮食水谷之通道,同时又是发声的重要器官,良好的饮食习惯和正确的发声方法,既可以提高机体抵抗疾病的能力,又可预防咽喉疾病的发生和发展。若饮食过量,过食膏粱厚味、煎炒炙煿,则湿热熏蒸,上攻咽喉,则可发为咽喉红肿疼痛,吞咽困难,呼吸不利等喉症;若滥用嗓音高声吼叫,则可致咽喉疼痛,发声困难,声嘶音沙,甚至失音等;咽喉已病后之饮食宜忌,需视其具体病情分别对待。如咽喉部痈疽疮疖,宜饮食清淡,忌食辛辣煎炒、肥甘醇酒;如声嘶音沙,咳嗽痰多,咽喉疼痛者,宜戒除烟酒,忌食辛辣温燥等。咽喉是饮食水谷、呼吸气息的重要通道,养成良好的饮食习惯,是减少咽喉疾病发生发展的一个重要因素。

2. **从容饮食,细嚼慢咽**　咽喉为饮食水谷之通道。温热柔软而嚼细的食团是饮食水谷顺利通过咽喉、食道,进入胃腑防止异物哽喉的重要因素。若饮食过速,咀嚼不细,常可致谷芒、竹签、鱼骨等刺伤咽喉,发为咽喉红肿疼痛,吞咽不利等;若食鸡、鸭、鱼时嬉戏打闹,或吞咽过速,常可致骨鲠;若食太冷、太烫之食过速,常可致咽喉冻伤和烫伤;若义齿过松,应及时换配合适之义齿,以免脱落,刺伤咽喉或致食道异物。

3. **讲究卫生,戒除烟酒**　咽喉是呼吸发声的重要器官,若烟酒过度,熏灼咽喉声带,常可致咽喉不利,声嘶音哑,痰涎增多,常欲吭喀。特别是职业用嗓者,更宜戒除烟酒的不良刺激。

4. **防止异物,误入咽喉**　教育儿童勿将玩具、笔帽等放入口内嬉戏玩耍,以免引致咽喉异物。成人亦不宜将铁钉、针头含于口内作业,以免误入咽喉、食道。外出旅行不宜用手捧沟边、河边、水田内的水饮用,以免水蛭及其他昆虫误入咽喉。

### 二、咽喉病的治疗

咽喉与肺、脾、胃、肝等脏腑之关系较为密切,这些脏腑的功能失调,常循经反映于咽喉,咽喉的病机变化亦可影响脏腑功能。

因此,在咽喉疾病的辨证与治疗时应有整体观。既要重视全身脏腑经络的整体变化,又要兼顾咽喉局部表现。在喉科临床中不论外感内伤等皆可致各种咽喉疾病,皆可用八纲辨证、气血津液辨证、脏腑辨证等进行辨证论治。

#### (一)　内治法

1. **宣肺利咽法**　常用于由外邪侵犯,邪滞肺系,结搏咽喉所致之咽喉疾病。症见咽喉红肿疼痛、咽喉异物感,声嘶,或恶寒发热。本治法是用具有疏风解表、宣肺利咽作用的药物组成的方剂,通过解表祛邪,使咽喉通利以达治疗目的。常用的方剂如喉科六味汤,常用的药物如荆芥、薄荷、桔梗、甘草等。

2. **清热泻法**　常用于肺胃蕴热,火热上炎,搏结咽喉所致的咽喉疾病。症见咽喉红肿疼痛,吞咽困难,呼吸气粗,面赤壮热等。本治法是用有泻火解毒、清热消肿作用的药物组成的方剂,通过解毒消肿,使热清肿消以达治疗目的。常用的方剂如银翘马勃散,常用的药物如银花、马勃、连翘等。

3. **利膈通便法**　常用于实热内炽、积滞肠胃,热毒上炎咽喉所致之咽喉疾病。症见咽喉红肿疼痛,壮热烦渴,大便秘结等。本治法是用具有泻热通便、解毒清肿作用之药物组成的方剂,通过利膈通便,使毒去热清以达治疗目的。常用的方剂如大承气汤,常用的药物如大黄、芒硝、枳实等。

4. **疏肝解郁法**　常用于情志不遂、七情气郁,肝气不疏,气滞痰凝所致咽喉病。症见有咽喉不适,如物噎塞,喉中如有梅核、炙脔,吞之不下,吐之不出,心烦易怒,胸脘痞闷等。本治法是用具有疏肝解郁、理气行滞作用的药物组成的方剂,通过行气疏肝,使气行滞清以达治疗目的。常用的方剂如柴胡疏肝散,常用的药物如柴胡、香附、枳壳等。

5. **活血化瘀法**　常用于因瘀血内停于咽喉所致之咽喉疾病。症见有咽喉不适,吞咽不利,音喑声嘶,咽部肌膜紫暗,舌尖边有瘀点,或咽喉各部赘生物增生等。本治法是用具有行气活血、化瘀消肿作用的药物组成的方剂,通过活血化瘀,使血行瘀散,以达治疗目的。常用的方剂如血府逐瘀汤,常用的药物如桃仁、红花、柴胡、牛膝等。

6. **祛痰利咽法**　常用于因痰浊上犯,停聚咽喉所致之咽喉疾病。症见咽喉肿胀,痰涎增多,咽痒咳嗽,气促痰鸣等。本治法是用具有宣肺止咳、化痰利咽作用的方剂,通过清咽化痰,使痰除肺清,咽喉通利以达治疗目的。常用的方剂如贝母瓜蒌散,常用的药物如贝母、瓜蒌、桔梗等。

7. **滋阴利咽法**　常用于因脏腑阴虚,虚火上炎,咽喉失养所致之咽喉疾病。症见咽喉干燥,灼热疼痛,声音沙哑,说话费力,气短乏力,心烦咳嗽,痰少而稠,舌质红而少津,脉细数等。本治法是用具有润燥养阴、滋阴降火作用的药物组成的方剂,通过滋养阴液,使火降咽利以达治疗目的。常用的方剂如百合固金汤,常用的药物如麦冬、百合、生地、熟地等。

8. **益气利咽法**　常用于因气不足,咽喉失于温煦所致之咽喉疾病。症见咽喉不适,异物感,气短懒言,说话费力,自汗乏力,面色苍白,舌质淡嫩,脉虚无力等。本治法是用具有温中益气作用的药物组成的方剂,通过补益中气,使气煦咽喉以达治疗目的。常用的方剂如补中益气汤,常用的药物如人参、白术、黄芪、升麻等。

### (二) 外治法

外治法是在咽喉局部直接施治的方法,包括药物外治和非药物外治两大类。药物外治可运用具有清热泻火、消肿止痛、清咽利喉等作用的药物,根据咽喉疾病的特点,从外部施治的方法,外治法常与内治法配合以治疗咽喉疾病。

1. **吹药法**　用具有清热解毒、消肿止痛作用之药物,常用者如冰片、麝香、硼砂、朱砂等共研成极细末,用喷粉器或干净纸卷筒,吹布于咽喉患部,每日2~3次。常用于因咽喉红肿疼痛,或咽喉溃烂,吞咽不利等咽喉疾病。

药粉应研至极细,才能更好地发挥治疗作用。若局部溃腐,有脓,口气臭秽者,可先用漱口药,含漱后再吹药;吹药时动作宜轻柔敏捷,药粉均匀吹布于咽喉患部;吹药时患者应暂停呼吸,以免药粉吸入气道。

2. **含漱法** 用具有清热泻火、芳香避秽作用之药物,常用者如薄荷、银花、藿香、连翘等煎水制成漱口液含漱,每日含漱2~3次,若病情较重者可多漱。常用于咽喉溃腐,患处红赤,或有脓液,口气臭秽等咽喉疾病。因所用之药物多系芳香之品,不宜久煎。

3. **蒸气吸入法** 用具有清热消肿、芳香辛散作用之药物,常用者如荆芥、薄荷、香薷、白芷等煎水趁热熏蒸或吸入咽喉,每日2~3次。常用于因咽喉肿起疼痛,吞咽困难,汤水难咽等咽喉疾病。

4. **含化法** 是用具有润肺利咽、宣肺开音作用之药物,常用者如蝉蜕、麦冬、石斛、天花粉、僵蚕、桔梗、甘草、薄荷、玄参等制成丸剂、片剂含于口内,慢慢含咽,使药物较长时间作用于咽喉患部,每日2~3次。常用于因咽喉疼痛不适,吞咽不利,异物感,咽喉干燥,声音沙哑等咽喉疾病。小儿应慎用含化法,以免药物误入气道。

5. **烟熏法** 将巴豆用吸水纸包裹,打碎巴豆,其油吸附于纸上,取其油纸,捻成条状,用火点燃,吹灭明火,以其油烟熏入鼻内,其涕涎俱出,牙关自开,然后再根据病情给予内服药和外用药以配合治之。常用于因咽喉肿起疼痛,牙关开合不利或牙关紧闭等咽喉急性病。

6. **探吐法** 用桐油加适量温开水稀释,用硬鸡翎或硬鸭翎蘸桐油水探入咽喉内,促其呕吐,致痰涎随呕吐而出。此法目前临床少用。此外亦有用手指探入咽喉内刺激,促其呕吐者。常用于咽喉急性病,痰涎涌盛,壅塞咽喉,阻塞气道,呼吸不利,甚至呼吸困难者。探吐后应即时漱口,以漱去残余桐油,以免桐油刺激。

7. **刺破排脓法** 用三棱针,或小尖刀刺破或挑破痈肿以排尽脓毒。常用于喉痈所致之咽喉疼痛,肿起,触之柔软,有波动感等喉痈熟者。

施术时患者仰坐,靠定不动,以压舌板压定舌根,于痈肿最高处,有波动感而浅薄之处,用三棱针或小尖刀轻轻刺入挑破,亦可用空针抽尽脓毒,若一次脓毒未尽可隔日再施术,施术时动作宜轻,刺入不可太深;施术后可用空针吸0.9%氯化钠溶液冲洗脓腔,或用含漱法漱口,以保持创口清洁,术后应忌食辛辣炒煎及较硬食物,戒除烟酒等不良刺激。

8. **外敷法** 用具有泻火解毒、消肿止痛作用之药物,常用者如如意金黄散、黄连膏等冷开水调敷患侧颊部或颈部,以消肿解毒。此外亦有用附子捣烂如泥,敷于脚心涌泉穴以治疗咽喉疾病虚寒证。常用于因喉痛或其他咽喉疾病致面颊、颈项肿胀者。

9. **烙法** 用喉科专用烙铁,在酒精灯上烧红,蘸香油后,迅速烙于扁桃体上,根据病情每次10~20烙,隔日1次,可连续烙15~20次,至扁桃体或赘生物缩小平复为止。若患部表面有烙后之白膜,可轻轻钳除或刮去后再烙。常用于治疗病程较长的乳蛾、石蛾,以及一些咽喉部赘生物。

烙铁选择应大小适度,烙时勿伤及周围其他组织,每次烙时动作宜敏捷轻柔,不可过深,若扁桃体红肿化脓,患者发热恶寒者,不宜施烙。

### (三) 针灸治疗

咽喉是经脉循行交会之处,在十二经中,除手厥阴心包经和足太阳膀胱经间接通于咽喉外,其余诸经皆直接循行于咽喉。脏腑之精气循经上濡咽喉,则咽喉之气息出入通畅,饮食水谷通利,发音语言洪亮等。若脏腑失调,经络欠通,则咽喉失养而为病。

针灸治疗咽喉疾病,按照虚者补之、实者泻之的原则,辨证确定治疗方案,针刺或灸特定腧穴。腧穴选择有近部取穴、远部取穴及随证取穴等。具体治疗时有体针、耳针、水针、艾灸等方法。

1. **体针** 体针就是在体表选取一些穴位,用毫针进行针刺的方法。根据经络循行之部位与所属脏腑之致病规律,以及咽喉疾病以吞咽不利,呼吸不利,咽喉疼痛,声音沙哑等为主要临床表现之特点,咽喉疾病之针灸治疗多在头面颈部及与咽喉有关的经脉上取穴针刺。常用穴位主要是以手太阴肺经、手阳明大肠经等经脉穴位为主,常用者见表6-1。

表6-1 咽喉科疾病常用腧穴

| 穴位名 | 归经 | 取穴 | 进针(寸) | 主治 |
| --- | --- | --- | --- | --- |
| 少商 | 手太阴肺经 | 拇指桡侧指甲根角旁0.1寸 | 直刺1分 | 咽喉肿痛 |
| 尺泽 | 手太阴肺经 | 肘横纹中,肱二头肌桡侧凹陷中 | 直刺1~1.5寸 | 咽喉肿痛 |
| 商阳 | 手阳明大肠经 | 示指末节桡侧,指甲根角旁0.1寸 | 直刺或斜刺0.2~0.3分 | 咽喉肿痛,声嘶音沙,风热乳蛾 |
| 合谷 | 手阳明大肠经 | 手背,第一、第二掌骨间,当第二掌骨桡侧中点 | 直刺或斜刺0.5~1寸 | 咽喉肿痛,声嘶音沙,喉痛等 |
| 曲池 | 手阳明大肠经 | 屈肘,肘横纹外端与肱骨外上髁连线的中点 | 直刺0.5~1寸 | 咽喉肿痛 |
| 扶突 | 手阳明大肠经 | 喉结旁约3寸,胸锁乳突肌之胸骨头与锁骨头之间 | 直刺0.5~1寸 | 咽喉肿痛 |
| 天鼎 | 手阳明大肠经 | 胸锁乳突肌后缘,扶突穴直下1寸 | 直刺0.5~1寸 | 扁桃体红肿疼痛,吞咽不利,声哑气梗,风热乳蛾等 |
| 天窗 | 手太阳小肠经 | 胸锁肌后缘,喉结旁开3.5寸 | 直刺0.5~1寸 | 咽喉肿痛 |
| 天容 | 手太阳小肠经 | 下颌角后方,胸锁肌前缘凹陷中 | 直刺避开血管1.5~2寸 | 扁桃体红肿疼痛,声嘶音沙,风热乳蛾等 |
| 廉泉 | 任脉 | 喉结上方,舌骨体上缘中点 | 稍向上斜刺0.5~1寸 | 咽喉痛声嘶、咽喉异物感、风热喉痹等 |
| 天突 | 任脉 | 胸骨上窝正中 | 先直刺0.2寸,然后将针尖转向下方,紧靠胸骨后方刺入1~1.5寸。注意不宜针刺过深,以免伤及肺脏及周围之血管 | 咽喉疼痛,异物感,吞咽不利,声嘶,声哑等 |
| 太冲 | 足厥阴肝经 | 足背,第一、第二跖骨结合部前面凹陷中 | 直刺0.5~1寸 | 咽喉干燥不适,咽喉异物感 |

2. **针刺放血** 常用于一些咽喉急症,咽喉肿起疼痛,汤水难咽,呼吸困难等。一般可用三棱针速刺两手少商、商阳或两手十宣各1~2穴出血,以放血泄热,消肿止痛。

3. **耳针** 耳针就是根据病情在耳郭上选取一些穴位,用针刺激相应的穴位治疗咽喉疾病的一种方法。常用的穴位有:

咽喉:主治咽喉疼痛,声嘶音沙,甚至声哑,扁桃体红肿等;喉痹,喉痈,风热乳蛾等咽喉疾病。用针刺捻转法。

神门:主治咽喉疼痛,声嘶,声哑,软腭、悬雍垂水肿,喉痹,喉痈等。用针刺捻转法。

内分泌:主治咽喉疼痛,异物感,声嘶,声哑,呼吸不利或呼吸困难,吞咽不利,喉痹,急喉风,喉痈等喉病。皮内埋针3~7日。

心:主治咽喉疼痛,异物感,声嘶音沙,甚至声哑等。用针刺或皮内埋针3~7日。

肾上腺:主治咽喉疼痛,呼吸困难,吞咽不利,喉核、软腭、悬雍垂红肿,风热乳蛾,急喉风等。

用针刺捻转法。

4. 穴位注射　根据病情可选取一些穴位如曲池、人迎、东风(又称扁桃体穴,位于下颌角下缘,颈动脉前方处),注入当归注射液、丹参注射液或10%葡萄糖注射液、维生素 $B_{12}$ 注射液等,若咽喉疼痛者,可选东风、曲池;若声嘶、声哑者,可选人迎。每日或隔日1次,5～10次为1个疗程。

5. 灸法　艾灸具有温通经络,行气活血,祛寒止痛及强壮保健等作用。多用于治疗虚寒性咽喉疾病。常用的方法有直接灸、隔姜灸、悬灸等。直接灸一般5～7壮,隔姜灸及悬灸以患者皮肤感到灼热为度,一般10～20 min为宜。常用的穴位有:

足三里:主治咽喉异物,声嘶,声哑,咽喉不适,吞咽不利等属于虚寒性之咽喉疾病。悬灸3～5 min。

曲池:主治虚寒性的咽喉异物感,吞咽不利等咽喉疾病。悬灸3～5 min。

### (四) 其他疗法

1. 按摩　按摩也称为推拿。按摩治疗可由医生操作,亦可由患者自己操作,或用器械操作。按摩法多用于治疗咽喉异物感,不适,咽喉疼痛,咽干欲饮,声嘶,声哑,说话费力,呼吸不利等咽喉疾病。按摩之穴位,可选体针所用穴位。声音嘶哑者,还可按摩喉部及附近穴位如扶突、天鼎、人迎、水突、气舍等;咽喉疼痛者,可按摩风池、风府、合谷、肩井、曲池等。患者自行按摩时,用右手拇指、示指沿喉结周围做旋转,上下按摩,每次5～10 min。

2. 提刮　包括提法和刮法,提刮法多用以治疗实热证候,对某些咽喉疾病如咽喉疼痛,吞咽不利,发热恶寒等有较好疗效。其机制是通过提法和刮法,使局部皮肤红紫,以疏通经络,邪热外泄,缓解疼痛。

提法是用示指和中指蘸水提捏患者有关部位,如鼻根部、印堂穴、颈后大椎穴附近等。提捏至局部皮肤红紫为止,每次提捏1～2处即可。

刮法也称"刮痧",用刮痧板或光滑的汤匙边缘,蘸菜籽油轻刮患者皮肤有关部位,如背部沿膀胱经走向或其周围呈扇形放射部位,以及颈部两侧等部轻刮至皮肤呈现红紫色为止。

3. 导引　治疗咽喉病的导引法与鼻科、耳科导引法相似,静坐,闭目调息,叩齿三十六,内视五脏,待肠满气极,则徐徐出气,候出入息匀调,即以舌搅唇齿内处,漱炼津液,如此者三,最后咽津。

4. 擒拿　擒拿法治疗咽喉疼痛,吞咽困难,汤水难下,口噤难开之咽喉疾病。常用的有单侧擒拿法与双侧擒拿法。

单侧擒拿法:患者正坐,单手侧平举,拇指在上,小指在下。术者站于患者举手之正侧面,用与患者同侧手的示、中、环指紧按患者鱼际背部(相当于合谷穴处),小指扣于腕部,拇指与患者拇指螺纹相对,并用力向前压紧,另一手拇指按住患者术侧锁骨上缘肩关节处(相当于肩井穴处),示、中、环指紧握腋窝处,并用力向外拉开。如此反复多次,此时患者咽喉疼痛明显减轻,助手则可将汤药或稀粥喂给患者缓缓咽下(图6-1)。

双侧擒拿法:患者坐在没有靠背的凳上,术者站在患者背后,用两手从患者腋下伸向胸前,并以示、中、环指按住锁骨上缘,两肘臂压住患者胁肋,术者胸部贴紧患者背部。位置固定好后,两手用力向左右两侧拉开(沿锁骨到肩胛),两肘臂和胸部将患者胁肋及背部压紧,三方面同时用力,以使患者咽喉部松动,便于吞咽,助手则可将汤药或稀粥喂给患者缓缓咽下(图6-2)。

施术时应注意患者全身情况,术者用力须恰当,不可过于粗暴。

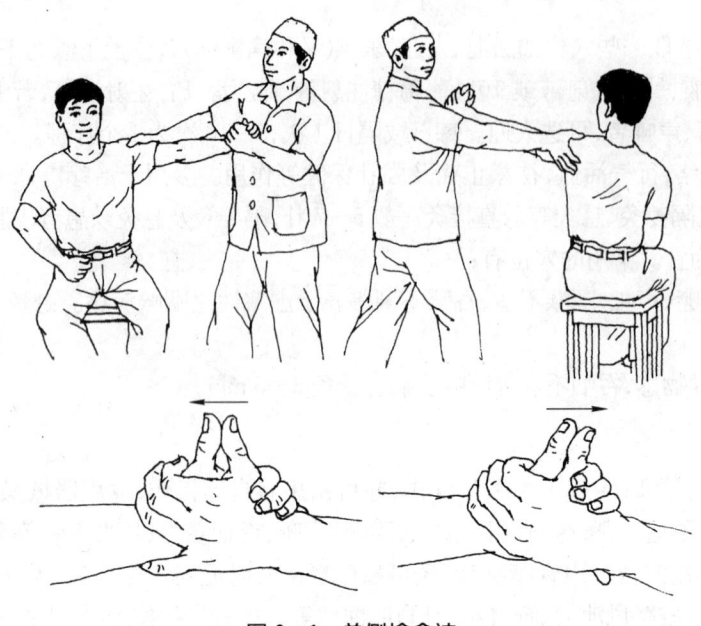

图6-1 单侧擒拿法

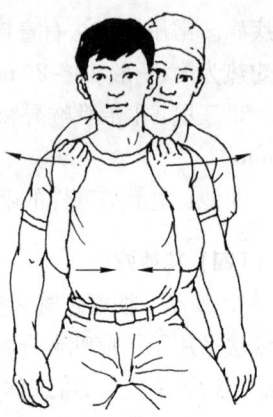

图6-2 双侧擒拿法

# 第七章 咽喉科各论

**导学**

本章包括喉痹、乳蛾、喉痈、喉癣、喉瘖、声疲、急喉风、白喉、鼾眠、骨鲠、梅核气、喉咳、烂喉丹痧、杨梅喉疳 14 个常见中医咽喉科病证。

应熟悉其病名含义,并了解与之相关的主要西医病名;熟悉各病证的病因病机,掌握其诊断要点,掌握除鼾眠、骨鲠外其余各病内治之辨证分型、治法、代表方剂;熟悉骨鲠的外治法;了解其余各病证的主要外治法、针灸治疗、预防护理。

## 第一节 喉 痹

喉痹是指以因外邪侵袭,壅遏肺系,邪滞于咽,或脏腑虚损,咽喉失养,或虚火上灼所致的以咽部红肿疼痛,或干燥、异物感、咽痒不适等为主要临床表现的咽部疾病。或可伴有发热、头痛、咳嗽等症状。西医学中的急、慢性咽炎可参考本篇进行辨证施治。

喉痹一词,最早见于帛书《五十二病方》,之后《内经》认为喉痹的病因病机为阴阳气血郁结,瘀滞痹阻所致。《素问·阴阳别论篇》曰:"一阴一阳结,谓之喉痹。"痹者,闭塞不通之意。《杂病源流犀烛·卷二十四》:"喉痹,痹者,闭也,必肿甚,咽喉闭塞。"历代文献根据喉痹发病的缓急、病因病机及咽部色泽形态之不同,记载有"风热喉痹""风寒喉痹""阴虚喉痹""阳虚喉痹""帘珠喉痹""紫色喉痹""淡红喉痹""白色喉痹"等不同的病名。

本病一年四季皆可发病,各年龄段均可发生,急性发作者多为实证。若病久不愈,反复发作者多为正气耗伤之虚证。

【病因病机】

喉痹的发生,常因气候急剧变化,起居不慎,风邪侵袭,肺卫失固;或外邪不解,壅盛传里,肺胃郁热;或温热病后,或久病劳伤,脏腑虚损,咽喉失养,或虚火上烁咽部所致。

1. 外邪侵袭,邪聚咽喉  气候骤变,起居不慎,卫表不固,风邪挟热邪或挟寒邪外袭,壅遏肺系,肺气闭郁,失其宣畅之机,邪热不得宣泄,上聚咽喉,发为喉痹。《太平圣惠方·卷三十五》谓:"若风邪热气,搏于脾肺,则经络痞塞不通利,邪热攻冲,响觉壅滞,故令咽喉疼痛也。"风寒之邪外袭,外束肌表,卫阳被遏,不得宣泄,壅结咽喉,亦可发为喉痹。

2. **肺胃郁热，上燔咽喉** 外邪未解失治或误治，余邪未清，热盛传里；或过食辛热煎炒、醇酒厚味，肺胃热盛，邪热搏结，上攻咽喉发为喉痹。《诸病源候论·卷三十》谓："喉痹者，喉里肿塞痹痛，水浆不得入也……风毒客于喉间，气结蕴积而生热，致喉肿塞而痹痛。"

3. **肺肾阴虚，咽失濡养** 素体虚弱，或房劳不节，久咳久病伤阴，或过用温燥劫阴之品，致肺肾阴虚，阴液不能上承濡养咽喉，阴虚水不制火，虚火上炎，熏灼咽喉，发为喉痹。《景岳全书·卷二十八》谓："阴虚喉痹但察其过于酒色，或素禀阴气不足多倦少力者是，皆肾阴亏损，水不制火而然。"

4. **脾胃虚弱，咽失温养** 先天禀赋不足，素体虚弱，或年老体衰，或病后初愈，或饮食不节，思虑过度，劳倦内伤，或久病伤脾，或过用寒凉，或吐泻太过，致脾胃虚弱，水谷精微生化不足，咽喉失于温养，发为喉痹。如《医学心悟·卷六》指出，喉痹见"色淡，微肿，溺清，便利，脉虚细，饮食减少。此因神思过度，脾气不能中护，虚火易至上炎，乃内伤之火"。

5. **脾肾阳虚，咽失温煦** 因苦寒攻伐太过，或房劳过度，或操劳过甚，或久泻久痢失治，致脾肾阳虚，阳虚则阴寒内生而凝滞，咽喉失于温煦，发为喉痹。

6. **痰瘀互结，痹塞咽喉** 情志不遂，气机郁滞不畅，气滞痰凝，《杂病源流犀烛·卷二十四》说："七情气郁，结成痰涎，随气积聚。"加之喉痹病久未愈，反复发作，余邪滞留，久则经脉瘀滞，痰凝血瘀，互结于咽喉发为喉痹。

## 【诊断要点】

1. **病史** 多有外感病史，或咽痛反复发作史。
2. **临床症状** 咽部疼痛或微痛，咽干，咽痒，灼热感，异物感。
3. **局部检查** 咽部黏膜微红或充血明显，微肿，腭垂色红、肿胀，或见咽黏膜肥厚增生，喉底红肿，咽后壁或有颗粒状隆起，或见脓点，或见咽黏膜干燥。喉核肿胀不明显为其特征。
4. **其他** 血常规检测、咽部细菌培养等有助于本病的诊断。

## 【鉴别诊断】

**乳蛾** 喉痹与乳蛾均有咽喉红肿疼痛，但喉痹主要病变在咽部，喉核红肿不明显，而乳蛾主要病变在喉核，且多有化脓。

## 【辨证论治】

辨治思路：本病以"清、泻、补、消"为治疗之大法，即疏风清热，泻火解毒，利咽消肿，补益脾肾，祛痰化瘀。

# 一、内治法

1. **外邪侵袭，邪聚咽喉**

临床表现：咽部干燥灼热，微痛，吞咽感觉不利，有异物阻塞感。兼有风热者有发热，恶寒，头痛，咳嗽，痰黄；风寒者头痛无汗，身疼痛，咳嗽痰稀。舌质淡，舌苔薄白或微黄，脉浮数或浮紧。

证候分析：风热邪毒侵犯，伤及咽部，故出现咽部微红、微肿、微痛，干燥灼热感，吞咽不利等症。正邪相争，故发热恶寒，抗邪外出；肺失肃降，则咳嗽有痰。

治法：疏风散邪，宣肺利咽。

方药：风热外袭者，宜疏风清热，消肿利咽，用疏风清热汤加减。方中以荆芥、防风疏风解表；金银花、连翘、黄芩、赤芍清热解毒；玄参、浙贝母、天花粉、桑白皮清肺化痰；牛蒡子、桔梗、甘草散结解毒，清利咽喉。

风寒外袭者，宜疏风散寒，宣肺利咽，可选用九味羌活汤加味。方集羌、防、芎、芷、苍术、细辛于一方，诸味芳香温燥，最善外散肌表风寒湿邪，更配黄芩清泄气分蕴热，生地凉泻血分蕴热以利咽喉。

2. 肺胃郁热，上燔咽喉

临床表现：咽部疼痛较剧，吞咽困难，咽喉梗阻感。兼有高热，头痛，口渴喜饮，口气臭秽，大便燥结，小便短赤。舌质红，舌苔黄，脉洪数或数有力。

证候分析：外邪未解失治或误治，余邪未清，热盛传里或肺胃热盛，火热燔灼咽喉，则咽部疼痛较剧，吞咽困难；火热内炽，则发热，口渴喜饮，口气臭秽，大便燥结，小便短赤。

治法：清泻肺胃，消肿利咽。

方药：清咽利膈汤加减。方中荆芥、防风、薄荷疏风散邪；金银花、连翘、栀子、黄芩、黄连泻火解毒；桔梗、甘草、牛蒡子、玄参利咽消肿止痛；生大黄、芒硝通便泻热。若咳嗽痰黄，可加射干、瓜蒌仁、夏枯草；高热者，可加水牛角、生石膏、大青叶；如有白腐或伪膜，可加蒲公英、马勃等。

3. 肺肾阴虚，咽失濡养

临床表现：咽干少饮，灼热感，隐隐作痛不适，午后较重，或咽部哽哽不利，干咳痰少而稠，或痰中带血。兼有手足心热，午后唇红颧赤，腰膝酸软，失眠多梦，耳鸣眼花。舌干红少津，脉细数。

证候分析：素体虚弱，或房劳伤肾，久咳伤肺，致肺肾阴虚，阴液不能上达，咽喉失于濡养，故见咽中不适、微痛、干痒、灼热、异物感；虚火上炎故见潮热、盗汗、唇红颧赤、腰膝酸软、手足心热、失眠多梦、耳鸣眼花；舌干红少津、脉细数皆为阴虚火旺之征。

治法：滋养阴液，降火利咽。

方药：偏肺阴虚为主者，宜养阴清肺，可选用养阴清肺汤加减。若喉底颗粒增多者，可加桔梗、香附、郁金、合欢花等以行气活血，解郁散结。偏肾阴虚为主者，宜滋阴降火，可选用六味地黄汤加减。若咽部干燥，焮热，虚烦盗汗，骨蒸劳损，虚火亢盛者，可用知柏地黄汤加减。

4. 脾胃虚弱，咽失温养

临床表现：咽部干灼不适，吭喀微痛，痰黏不利，异物感。脘腹胀闷，纳呆便溏，少气懒言，气短乏力，四肢倦怠，稍遇寒凉咽痛加重。舌体胖大，舌边有齿痕，舌苔薄白，脉弱无力。

证候分析：先天禀赋不足，年老体衰，或久病，或过用寒凉，脾胃虚弱，化生不足，津液不能上达于咽，咽部失其濡养，气血运行不畅，痰湿停聚，则咽喉哽哽不利，咽部干燥，口干而不欲饮或喜热饮；脾胃气虚，水湿不运，聚而生痰，阻滞咽部，则咽部有痰黏着感，肌膜淡红或微肿，喉底颗粒较多；气机失调，脾胃虚弱，故恶心，呃逆反酸，倦怠乏力，少气懒言，四肢倦怠，胃纳欠佳，腹胀，大便不调，舌质淡红；舌体胖大，舌边有齿印，苔薄白，脉弱无力均为脾胃气虚之征。

治法：益气健脾，升清利咽。

方药：补中益气汤加减。若咽部脉络充血，咽肌膜肥厚者，可加丹参、川芎、郁金以活血行气；痰黏者，可加贝母、香附、枳壳以理气化痰，散结利咽；咽干较甚，苔干少津者，可加玄参、麦冬、沙参、百合等以利咽生津；易恶心、呃逆者，可加法半夏、厚朴、佛手等以和胃降逆；若纳差、腹胀便溏、苔腻者，可加砂仁、藿香、茯苓、薏苡仁等以健脾利湿。

5. 脾肾阳虚，咽失温煦

临床表现：咽部异物感，微干痛不适，痰涎清稀量多，哽哽不利，咽部冷痛而喜热饮。畏寒肢冷，腰膝冷痛，面色苍白，夜尿频多而清长，五更泄泻。舌质淡嫩，舌体胖，苔白，脉沉细弱。

证候分析：脾肾阳虚，阴寒内生，咽喉失于温煦，则咽干但不饮，微痛，咽部哽哽不适，痰涎增多，肌膜淡红；脾阳虚则腹胀纳呆，下利清谷；肾阳虚则形寒肢冷，腰膝冷痛，耳鸣眼花，腰膝酸软，夜尿频多而清长，五更泄泻，面色苍白，舌质淡嫩，舌体胖，苔白，脉沉细弱。

治法：补益脾肾，温阳利咽。

方药：真武汤合附子理中丸加减。方中人参、白术益气健脾；干姜、附子温补脾肾之阳气；白术、茯苓健脾利湿，化痰祛浊；甘草调和诸药。若腰膝酸软冷痛者，可加枸杞子、杜仲、牛膝等；若咽部不适、痰涎清稀量多者，可加半夏、陈皮、茯苓等；若腹胀纳呆者，可加砂仁、木香等。

6. 痰瘀互结，痹塞咽喉

临床表现：咽部异物感，痰黏着感，焮热感，咽微痛，咽干不欲饮。兼有恶心呕吐，胸闷不适。舌质暗红，或有瘀斑瘀点，苔白或微黄，脉弦滑。

证候分析：七情气郁，情志不遂，气滞痰凝，加之邪毒久滞，湿浊停聚，炼津成痰，气机阻滞，血行不畅，邪毒与痰、瘀搏结于咽喉，故咽异物感，痰浊黏稠喀痰不爽，焮热，微痛不适，恶心呕吐，喉底颗粒增多；气机不畅则胸闷不适；舌质暗红，或有瘀斑瘀点为内有瘀血之象；脉弦滑为痰湿之征。

治法：祛痰化瘀，利咽散结。

方药：贝母瓜蒌散加味。方中贝母、瓜蒌清热化痰润肺；橘红理气化痰；桔梗宣利肺气，清利咽喉；茯苓健脾利湿。可加赤芍、丹皮、桃仁活血祛瘀散结；若咽部不适，咳嗽痰黏者，可加杏仁、紫菀、款冬花、半夏等；若咽部刺痛、异物感、胸胁胀闷者，可加香附、枳壳、郁金等。

## 二、外治法

1. **含漱** 用金银花、甘草、桔梗适量，或荆芥、菊花适量煎水含漱。每日数次。
2. **吹药** 可选用清热解毒、利咽消肿的中药粉剂吹入患处。每日数次。
3. **含服** 可用清热解毒利咽的中药含片或丸剂含服。
4. **雾化吸入** 用清热解毒利咽的中草药煎水，雾化吸入。每日1～2次。

## 三、针灸治疗

1. **体针** 实热证，选合谷、内庭、曲池，配天突、少泽、鱼际，每次2～4穴，泻法，每日1～2次。虚证，选太溪、鱼际、三阴交、足三里，平补平泻，留针20～30 min，每日1次。
2. **耳针** 实热证，取扁桃体、咽喉、肺、胃、肾上腺，强刺激，留针10～20 min，每日1次；或取扁桃体穴埋针，每日按压数次以加强刺激。虚证，取咽喉、肾上腺、皮质下、脾、肾等穴，用王不留行籽贴压，每日以中强度按压2～3次，以加强刺激。
3. **刺血法** 喉核红肿疼痛、高热者，可点刺扁桃体、耳尖等耳穴或耳背静脉放血，亦可点刺少商或商阳放血，每穴放血数滴，每日1次，以泻热消肿。
4. **穴位注射** 实热证者，选脾俞、肩井内五分、曲池、天突、曲池、孔最等，每次取一侧的1～3穴，每穴注射柴胡注射液2 ml。

## 四、导引（吞金津、玉液法）

每日晨起，或夜卧时盘腿静坐，全身放松，排除杂念，双目微闭，舌抵上腭数分钟，然后叩齿36下，搅海（舌在口中搅动）36下，口中即生津液，再鼓腮含漱9次，用意念送至脐下丹田。

## 【预防与调护】

(1) 忌过食辛辣醇酒及肥甘厚味。

(2) 积极治疗邻近器官的疾病以防诱发本病,如伤风鼻塞、鼻窒、鼻渊、龋齿等。

## 【预后与转归】

起病急者,及时治疗,多可痊愈。反复发作者,症状较顽固,较难治愈。

## 【古代文献摘录】

《医贯·卷之四》:"世人但知热咽痛,而不知有寒咽痛……仲景云:下利清谷,里寒外热,脉微欲绝,面赤咽痛,用通脉四逆汤。盖以冬月伏寒在于肾经,发则咽痛下利,附子汤温其经则愈。"

## 【西医学中主要相关疾病认识】

1. **急性咽炎** 是咽部黏膜、黏膜下组织及其淋巴组织的急性炎症,常为上呼吸道感染的一部分,多由急性鼻炎向下蔓延所致,也有开始即发生于咽部者,病变常及整个咽腔,可单独发生,或于急性扁桃体炎同时存在。多发生于秋冬或冬春之交。可局部用药含漱、雾化吸入或含服治疗为主。全身症状较重伴有高热者,除上述治疗外,应卧床休息,多饮水及进食流质,病毒感染者,可选用抗病毒药,如吗啉双呱、金刚胺、干扰素等;细菌感染者,可口服或注射抗生素及磺胺类药物。

2. **慢性咽炎** 是咽部黏膜、黏膜下及淋巴组织的慢性炎症。常为上呼吸道慢性炎症的一部分,病程较长,症状顽固,较难治愈,多为急性咽炎反复发作所致。病理分为慢性单纯性咽炎、慢性肥厚性咽炎、萎缩性咽炎与干燥性咽炎等。诊断时应该注意排除某些早期恶性肿瘤。治疗以祛除病因及局部用药为主,肥厚性咽炎者可配合应用激光、冷冻、微波或电凝固法治疗,但治疗范围不宜过广。

# 第二节 乳 蛾

乳蛾是指因外邪侵袭,邪毒积聚喉核,或脏腑亏损,咽喉失养,虚火上炎所致的咽部疼痛、咽干不适、异物感,喉核红赤肿起,表面有黄白脓点为主要临床表现的咽部疾病。西医学的扁桃体炎可参考本篇进行辨证施治。

因风邪侵袭,壅遏肺系,邪毒结聚喉核,或脏腑虚损,虚火上炎熏灼喉核致喉核肿大,形似乳头,或如蚕蛾,故名乳蛾,亦称喉蛾。历代文献有关乳蛾的名目繁多,诸医家根据病变部位、形态及病因病机不同,又有"单乳蛾""双乳蛾""连珠乳蛾""烂乳蛾""活乳蛾""死乳蛾""风热乳蛾""虚火乳蛾""阳蛾""阴蛾"之称。

本病是临床常见病、多发病之一,以儿童及青年多见,多发于春秋两季,病程迁延、反复发作者,多为虚证或虚实夹杂证。本病可并发喉关痈,或可能诱发痹证、水肿、心悸、怔忡等全身疾病。

## 【病因病机】

起病急骤者,多为外邪侵袭,火热邪毒搏结喉核而致。或病久体弱,脏腑虚损,咽喉失养,无力托毒,邪毒久滞喉核而发。

1. **外邪侵袭,邪聚喉核** 外邪(风热或风寒)侵袭,壅遏肺气,咽喉首当其冲,邪毒结聚喉核,喉核红赤肿起发为本病。

2. **邪热传里,毒聚喉核** 素体蕴热,外邪未解传入于里,蕴积肺胃,加之过食辛辣、煎炒、醇酒厚味,致肺胃热毒炽盛,上攻喉核发为本病。

3. **肺肾阴虚,火灼喉核** 病久未愈,邪毒滞留,热盛伤津;阴液暗耗,损及肺肾,阴虚咽喉失养,无力托毒,阴虚虚火上炎,熏灼喉核发为本病。

4. **脾胃虚弱,喉核失养** 先天禀赋不足,素体虚弱,或饮食失调,脾胃虚弱,气血生化不足,喉核失养,邪毒客于喉核,托毒无力,小儿乃稚阴稚阳之驱,易虚易实,治不及时或治不彻底,则易反复发作。

5. **痰瘀互结,瘀阻喉核** 乳蛾反复发作,或日久不愈,病久则瘀阻脉络,痰浊凝聚,乳蛾日久不愈。

【诊断要点】

1. **病史** 常有受凉、疲劳、烟酒过度、外感或咽痛反复发作史。
2. **临床症状** 发病急者,咽部剧烈疼痛,痛连耳窍,吞咽时加剧,伴见高热、恶寒、头身疼痛。病久不愈者,咽干痒,哽哽不利,咽部异物感,或咽痛、发热反复发作。
3. **局部检查** 喉核红肿,连及喉关,喉核上可有黄白色脓点,甚者喉核表面腐脓成片,但不超出喉核,且易拭去,颌下有臀核(彩图 19)。迁延日久可见喉关暗红,喉核肥大或触之较硬,表面凹凸不平,色暗红,上有白星点,挤压喉核,有白色腐物自喉核隐窝口溢出。

【辨证论治】

辨治思路:本病以"清、消、补"为治疗之大法。发病急骤者,多为实证、热证,宜疏风清热,利咽消肿;泻热解毒,利咽消肿。病程迁延或反复发作者,多为虚证或虚实夹杂证,宜滋养肺肾,清利咽喉;健脾和胃,祛湿利咽;活血化瘀,祛痰利咽。

## 一、内治法

1. **外邪侵袭,邪聚喉核**

临床表现:咽喉干燥、灼热、疼痛,吞咽时加剧。可兼见头痛,发热,微恶风,咳嗽。舌质红,苔薄黄,脉浮数。

证候分析:风热邪毒搏结咽喉,蒸灼喉核,气血壅滞,故觉咽喉干燥、灼热、疼痛,喉核红肿;邪聚喉核,咽喉开阖不利,故疼痛吞咽时加重;发热、微恶风、头痛、咳嗽、舌质红、苔薄黄、脉浮数为风热在表之征。

治法:疏风清热,利咽消肿。

方药:疏风清热汤加减。方中以荆芥、防风祛其在表之风邪;金银花、连翘、黄芩、赤芍清其邪热;玄参、浙贝母、天花粉、桑白皮清肺化痰;牛蒡子、桔梗、甘草散结解毒,清利咽喉。项肿咽痛甚者,可加马勃以清热解毒;咳嗽,加杏仁以利肺气。

2. **邪热传里,毒聚喉核**

临床表现:咽痛剧烈,痛连耳窍、耳根,吞咽困难,呼吸不利,面赤气粗,口气热臭喷人。高热神烦,口渴引饮,咳嗽痰黄稠,腹胀,大便燥结,小便短赤。舌质红,苔黄厚,脉洪大而数。

证候分析:外邪未解传入于里,或素体蕴热,蕴结肺胃,致肺胃热毒炽盛,上攻喉核则见喉核红肿,咽痛剧烈,连及耳根,吞咽困难;热灼津液成痰,痰火郁结,故痰涎多;腹胀、口臭、口渴引饮,便秘溲黄、舌质红、苔黄厚、脉洪数为肺胃热盛之象。

治法:泻热解毒,利咽消肿。

方药：清咽利膈汤加减。方中荆芥、防风、薄荷疏风散邪；金银花、连翘、栀子、黄芩、黄连泻火解毒；桔梗、牛蒡子、玄参、甘草利咽消肿止痛。若咳嗽痰黄稠，颌下有瘰核，可加射干、瓜蒌、贝母以清化热痰而散结；持续高热，宜加石膏、天竺黄清热泻火，除痰利咽；若喉核腐脓成片，加入马勃、蒲公英等以祛腐解毒。

3. **肺肾阴虚，火灼喉核**

临床表现：咽部干燥灼热，异物感，疼痛不甚，吭喀不利，午后症状加重。或可兼见唇赤颧红，潮热盗汗，手足心热，失眠多梦，耳鸣眼花，腰膝酸软。舌质干红，少苔，脉细数。

证候分析：反复发作，迁延日久，邪毒滞留，客于喉核；邪热暗耗阴液，损及肺肾，阴虚咽喉失养，无力托毒，阴虚虚火上炎，熏灼喉核，故见咽喉干燥灼热，异物感微痛、吭喀不利，午后症状加重；午后唇赤颧红、潮热盗汗、手足心热、失眠多梦、耳鸣眼花、腰膝酸软、舌质干红、少苔、脉细数等均为阴虚火旺之征。

治法：滋养肺肾，清利咽喉。

方药：百合固金汤加减。方中百合、生地、熟地、麦冬、玄参滋养肺肾，清热利咽生津；当归、芍药养血和阴；贝母、桔梗清肺利咽；甘草调和诸药。合而用之使肺肾得养，阴液充足，虚火自降。偏于肺阴虚者，宜用养阴清肺汤加减。偏于肾阴虚者，宜用六味地黄丸加减。

4. **脾胃虚弱，喉核失养**

临床表现：咽部不适，异物感，咽干，不欲饮、口淡、纳呆、咽痒、咳嗽痰白。可兼见脘腹痞闷，恶心吐呕，少气懒言，四肢倦怠，形体消瘦，大便清溏。舌质淡，苔白腻，脉缓弱。小儿可伴见鼾眠、吞咽不利、纳呆、反复发作头昏痛、发育迟缓等。

证候分析：先天禀赋不足，素体虚弱，或饮食失调，脾胃虚弱，气血生化不足，喉核失养，邪毒客于喉核，托毒无力，故咽部干痒不适，咽干不欲饮，口淡、纳呆、咽痒、少气懒言、四肢倦怠、形体消瘦；清阳不升，气机不利，故有异物梗阻感、咳嗽、脘肢痞闷、易恶心呕吐等；小儿乃稚阴稚阳之驱，胃气尚未充实，加之病久未愈，更损脾胃，脾胃中焦不健，更易反复发作，且后天生化匮乏，故小儿可伴见鼾眠、吞咽不利、反复发作、纳呆、头昏痛、发育迟缓等；神疲乏力、口淡不渴、痰白、大便清溏、舌淡、苔白腻、脉缓弱为脾虚湿困之征。

治法：健脾和胃，祛湿利咽。

方药：六君子汤加减。本方健脾胃，除痰湿。湿邪重者，加厚朴、枳壳宣畅气机，祛痰利咽；若喉核肿大不消，加浙贝母、生牡蛎。

5. **痰瘀互结，痰阻喉核**

临床表现：咽干不适，咽部异物感，吞咽不利，或咽部刺痛，痰涎黏稠量多，不易咯出，喉核肿痛反复发作，迁延不愈。舌质暗有瘀点，苔白腻，脉细涩。

证候分析：久病入络之气血不畅，气滞血瘀，咽喉失于荣养，故咽干涩不利、刺痛胀痛、喉关暗红；病程日久，余邪滞留成痰，与痰血搏结于喉核则表现为痰涎黏稠量多，不易咯出，喉核肿痛反复发作，或喉核肥大，触之石硬，舌质暗有瘀点、苔白腻、脉细涩。

治法：活血化瘀，祛痰利咽。

方药：会厌逐瘀汤合二陈汤加减。会厌逐瘀汤中桃仁、红花、当归、赤芍、生地活血祛瘀，配合柴胡、枳壳行气理气，桔梗、甘草、玄参清利咽喉，配合二陈汤祛痰利咽。喉核暗红，质硬不消者，加昆布、莪术；复感热邪，溢脓黄稠者，加黄芩、蒲公英、车前子等。

## 二、外治法

参见"喉痹"外治法。

## 三、针灸治疗

参见"喉痹"针灸疗法。

## 四、其他疗法

**擒拿** 实热证而见咽痛剧烈、吞咽困难、汤水难下者,可用擒拿法以泻热消肿止痛,以利吞咽(详见咽喉科总论"咽喉病的防治"篇)。

## 【预防与调护】

(1) 乳蛾急发者应彻底治愈,以免迁延日久难愈。
(2) 注意口腔卫生,及时治疗邻近组织疾病。

## 【预后与转归】

乳蛾反复发作,缠绵难愈,可成为病灶,引发局部及全身多种并发症。局部并发症有耳胀、喉痹、喉痈等,全身并发症有低热、痹证、心悸怔忡、水肿等。

## 【儿童患者诊疗注意事项】

(1) 咽痛、咽部干痒多是儿童乳蛾的常见临床表现。部分慢乳蛾患儿因喉核肿大睡眠时打鼾、咽痛等症状为疾病主要表现。
(2) 咽部疼痛剧烈可连及耳部出现耳痛,临床时应详询病史,认真仔细检查。
(3) 慢乳蛾患儿反复发作可能出现慢性肾小球肾炎等免疫性疾病,喉核作为"病灶"应行手术切除。

## 【古代文献摘录】

《疡科心得集·卷上》:"夫风温客热,首先犯肺,化火循经上逆入络,结聚咽喉,肿如蚕蛾,故名喉蛾……或生于一偏为单蛾,或生于两偏为双蛾,初起寒热,渐渐胀大,即用疏解散邪,如牛蒡散加黄连、荆防败毒散之类……亦有虚火上炎而发者,以其肾内水下亏,肾中元阳不藏,上越逆于喉中而结,须用引火归原之法,若桂附八味丸是也。"

《咽喉脉证通论·乳蛾第四》:"此证因嗜酒肉热物过多,热毒积于血分,兼之房事太过,肾水亏竭,致有此发。其状或左或右,或红或白,形如乳头,故名乳蛾。一边肿曰单蛾,两边肿曰双蛾,或前后皆肿,白腐作烂,曰烂头乳蛾。"

## 【西医学中主要相关疾病认识】

1. **急性扁桃体炎** 急性扁桃体炎是腭扁桃体的急性非特异性炎症。主要致病菌为A族乙型溶血性链球菌、葡萄球菌、肺炎球菌,腺病毒也可引起本病。临床上可分为两类,即急性卡他性扁桃体炎和急性化脓性扁桃体炎,而后者包括急性滤泡性扁桃体炎和急性隐窝性扁桃体炎两种类型。本病抗炎是主要治疗原则,青霉素属首选抗生素。

2. **慢性扁桃体炎** 慢性扁桃体炎多由急性扁桃体炎反复发作或因隐窝引流不畅,其内细菌滋生繁殖而演变为慢性炎症。病理可分为增生型、纤维型、隐窝型三型。本病常被视为全身感染的"病灶"之一。对于反复发作的慢性炎症,可先行保守治疗,如发作次数频繁,则应考虑手术摘除扁桃体。病灶型扁桃体炎一经确诊,以早期手术切除为宜。

## 第三节　喉　痈

喉痈是指因素体蕴热，或过食辛辣煎炒，或乳蛾未愈，热毒上窜所致，以咽喉及喉核周围红赤肿起、疼痛较剧，吞咽困难，甚者呼吸困难等为主要临床表现的咽部疾病。失治、误治或可演变为急喉风危及生命。西医学中的扁桃体周围脓肿、急性会厌炎及会厌脓肿、咽后壁脓肿、咽旁脓肿等疾病可参考本疾病辨证施治。

历代文献因痈肿的发病部位、发病原因、痈肿的形色及证候特点等有不同之称谓，如"骑关痈""外喉痈""里喉痈""锁喉痈""肿烂喉痈""大红喉痈""紫色喉痈""积热喉痈"等。目前多数学者主张以发病部位称谓，痈肿发生在喉关者，谓之喉关痈；发生在喉关内喉底者，谓之里喉痈；发生在会厌者，称会厌痈；发生在颌下者，谓之颌下痈。临床以喉关痈较多见。

【病因病机】

本病多为实证、热证，常因素体肺胃积热，复感外邪，内外合邪，热毒搏结咽喉，灼腐成脓而成。

1. **外邪侵袭，壅遏肺系**　外邪侵袭，咽喉首当其冲，邪壅肺系，肺气闭郁失其宣畅之机，邪聚咽喉发为本病。

2. **火毒壅盛，上炎咽喉**　肺胃素有蕴热，或过食辛燥炙煿，加之外邪未解，入里化火，引动脏腑积热上攻，内外火热邪毒走窜搏结于咽喉，灼腐血肉为脓发为本病。

3. **余邪未清，气阴暗耗**　火热毒邪久灼咽喉，又因咽痛饮食难进，加之清解攻伐，气阴两伤，余邪未清，邪留咽喉发为本病。

【诊断要点】

本病以患病部位红肿剧痛，并引起吞咽、语言困难，甚则痰涎壅盛，3～5日内局部逐渐高突、成脓或溃破为主要特点。全身可有发热，恶寒，神疲乏力等症，由于喉痈发病部位的不同，各种喉痈其表现亦不尽相同。

**（一）喉关痈**

1. **病史**　多有急乳蛾发作史。
2. **临床症状**　吞咽困难，语声含糊，张口不利，口涎外溢，颈部偏向患处。
3. **局部检查**　喉关一侧红肿，蒂丁偏向对侧，喉核红赤或表面有细白星点，患侧喉核被挤向内前方或后下方（彩图20），起病3～5日后患处肿胀高突成脓，并能抽出脓液，下颌角有臖核，压痛明显。

**（二）里喉痈**

1. **病史**　可有感冒或咽部异物及外伤后染毒史。
2. **临床症状**　发于婴幼儿者，起病急，发热，咽痛拒食，吞咽困难，口涎外溢，小儿烦躁不安，甚者可发生窒息危证，患儿常头前倾，并偏向患侧。
3. **局部检查**　喉底红肿，一侧隆起，脓成时有波动感，并可抽出脓汁，颈部有臖核，若痈肿突然破溃,脓液大量涌出,易阻塞气道,使患者窒息死亡。

### (三) 会厌痈

1. **病史** 可有外感、异物、创伤或邻近器官急性炎症史。
2. **临床症状** 发病急,突感咽喉剧痛,吞咽困难,咽喉有阻塞感,发声不扬,如口中含物,甚则痰鸣气喘,呼吸困难。
3. **局部检查** 咽无明显改变。喉中会厌红赤,红肿处高突如半球状,成脓后可溃破,脓汁量多,亦可阻塞气道,发生窒息危证。

### (四) 颌下痈

1. **病史** 可有乳蛾、喉关痈、里喉痈或咽旁组织损伤史。
2. **临床症状** 患侧咽喉及颈部疼痛肿胀,吞咽困难,牙关紧,张口难。全身可伴高热、畏寒、食欲不振、头痛、乏力等。
3. **局部检查** 急性面容,颈项强直,头偏向患侧,颌下肿硬压痛,若脓已成,按之或有波动感,重者颈下部及胸前亦肿,患者喉关红肿,喉核亦被推向内侧。颈部B超或CT扫描可显示脓肿大小。

【辨证论治】

辨治思路：本病以"清、消、补"为治疗之大法。喉痈辨证中要注意辨有脓、无脓,脓未成应疏风清热,消肿利咽;脓已成应清热解毒,活血排脓。

## 一、内治法

1. **初期：外邪侵袭,热毒搏结**

临床表现：咽喉焮赤疼痛,患侧肿胀,吞咽不利,咽喉红肿,患处尤甚,周围肿势弥漫色红。全身有发热,恶寒,头痛,神疲乏力,周身不适。舌质红,苔薄白或薄黄,脉浮数。

证候分析：外感风热之邪,引动肺胃积热上扰咽喉,气血郁滞,结聚不散,壅聚作肿,故见咽喉焮赤疼痛,患侧肿胀;热灼肌膜,可见咽喉红肿,患处周围肿势弥漫色红;咽部肿塞疼痛,故吞咽不利;初起邪犯肺卫,故出现发热,恶寒,头痛,神疲乏力,周身不适,舌红,苔薄白或薄黄,脉浮数等风热表证。

治法：疏风清热,消肿利咽。

方药：牛蒡解肌汤加减。本方以疏风清热解毒见长,为治疗痈疽疔毒之有效方剂,方中牛蒡子疏散风热,化痰解毒,通泄热毒,为主药。辅以薄荷轻清凉散,解风热之邪;荆芥轻扬温散,善除上部郁滞之风邪。再配以连翘散结清热解毒,山栀清热泻火,牡丹皮凉血清热,石斛清热生津,玄参泻火解毒,夏枯草清肝泻火,软坚散结。共奏辛凉解表、散结消肿之效。

2. **成脓期：热毒困结,化腐成脓**

临床表现：咽喉肿塞,疼痛剧烈,多为跳痛,并连及耳根,吞咽难下,张口极度困难,语声含糊不清,痰涎黏稠,患处红肿高突,触之软。口渴,口臭,胸闷,腹胀,小便黄赤,大便秘结。舌红,苔黄厚,脉数有力。重者出现壮热烦躁,舌干绛少苔,甚者出现痰鸣气急,呼吸困难,汗出烦躁,唇青面黑,神昏谵语,脉微欲绝之危候。小儿易出现此候。

证候分析：外邪由表入里,或肺胃热盛,或心肝火炽,蕴结不解,久则必成里结,脏气不通,而热度又因脏气闭塞不通而无下泄之势,必上蒸咽喉,热度愈炽,久而酿脓,故见咽痛剧烈,呈跳痛,患处红肿高突,触之软;手少阳三焦经脉沿颈项进入耳内,故邪盛则痛连耳根;热盛伤津,炼液成痰,故痰涎黏稠;咽部肿塞不通,故吞咽难下,张口困难,语声含糊不清。若邪热壅盛与胃腑之热互结,则出现高热,头痛,口渴,口臭,胸闷,腹胀;热结于下则有小便赤,大便秘结,舌红,苔黄厚,脉数有力等肺胃热盛之象;邪热内陷营血,热扰心神则见壮热,烦躁,神昏谵语;舌为心之苗,热灼营阴,津不上承,则舌色干绛少苔。喉为呼吸之门户,喉痈肿胀甚者,气道受阻,兼痰涎壅盛,阻塞气道,故有痰鸣气急,呼吸困难等症状;汗出,烦躁,唇青面黑,脉微欲绝是阴阳离绝之危象。小儿机体柔弱,形气未充,且喉腔狭小,易因痈肿阻塞气道,兼之痰涎壅盛,不易排出,尤易发生阴阳离绝之危象。

治法:清热解毒,活血排脓。

方药:仙方活命饮加减。方中银花清热解毒;归尾、赤芍、乳香、没药活血消肿;防风、白芷疏风散结以消肿;贝母、天花粉清热排脓以散结;穿山甲、皂角刺解毒透络,消肿溃坚;甘草清热解毒,调和诸药。红肿痛甚,热毒重者,加蒲公英、连翘、紫花地丁以增清热解毒之力;高热伤津者,去白芷、陈皮,重用花粉,加玄参;便秘,加大黄;痰涎壅盛,可加僵蚕、胆南星等以豁痰消肿。

3. 溃后期:余邪未清,气阴暗耗

临床表现:咽喉微痛,口渴,自汗,头晕,咽喉微红,脓肿溃破口未完全愈合。苔薄少津,脉虚缓无力。

证候分析:喉痈初愈,正气未复,热毒久蕴,热郁脾胃,脾伤而失健运,邪去而正气未复,故出现上述证候。

治法:益气养阴,清解余毒。

方药:托里消毒散加减。方中以党参、茯苓、白术、炙甘草、黄芪、白芍、川芎、当归补益气血;以金银花清余毒;桔梗、白芷、皂角刺排脓;合用有补益气血,脱毒排脓之功。若疮口暗淡、溢脓不断、脓液清稀,可加薏苡仁、白扁豆、车前子、地肤子以健脾渗湿;若脓稠排出不畅,加蒲公英、桔梗、野菊花以解毒排脓,清除余毒。若周身倦怠乏力,头晕而沉重,为清阳之气不得上达清窍,可选用补中益气汤加减;若阴虚症状明显,可加用养阴清肺汤。

## 二、外治法

1. **含漱** 用金银花、菊花、甘草、薄荷、桑叶煎水含漱以疏风清热,解毒消肿。
2. **吹药** 冰硼散或吹喉消炎散吹患部,每日6～7次。
3. **含服** 六神丸,每次2～3粒,每日4～6次。
4. **外敷** 颌下部肿胀,如意金黄散外敷,每日1次,或紫金锭外搽。
5. **针刺** 取合谷、曲池、天突、风池,中等刺激,泻法,每日1次。或用三棱针于局部肌膜浅刺5～6次,使其出血,以泄热解毒,消肿止痛。
6. **放脓腋** 已成未破者应即放脓,使脓液排出,以减轻疼痛,防止痈肿自行溃破,脓液溢入气道,可用三棱针刺破痈肿,排出脓液。或用三棱针点刺商阳、十宣放血以泄热解毒。

## 三、针灸治疗

1. **体针** 咽喉肿痛甚者,针刺合谷、内庭、太冲等穴以消肿止痛,用泻法,每日1次。张口困难者,针刺患侧颊车、地仓穴,以使牙关开张。
2. **刺血** 痈肿未成脓时,可酌情用三棱针于局部肌膜浅刺5～6次,或用尖刀轻轻划痕使其出血,以泻热消肿止痛。高热者,用三棱针刺少商、商阳或耳尖,每穴放血数滴,以泻热解毒。

### 四、擒拿法

适用于喉痈,咽喉肿塞,疼痛剧烈,汤水难入者。

【预防与调护】

(1) 平素避免过食辛辣炙煿之品及过度饮酒。
(2) 患急性咽喉病时,及早治疗,以防发展为本病。
(3) 积极锻炼,增强体质。
(4) 小儿患里喉痈,切开排脓时,应注意防止脓液突然涌出,堵塞气道。

【预后与转归】

本病一般预后良好,如失治、误治可反复发作,重者可演变为急喉风。

【儿童患者诊疗注意事项】

(1) 对于儿童发热,进食啼哭、拒食、言语含糊如口内含物等症状,应考虑本病的可能。
(2) 密切观察病情变化及呼吸情况,必要时切开排脓,避免喉阻塞。
(3) 对于急性扁桃体炎者及早治疗,以免发生脓肿。
(4) 严密观察,避免并发症的发生。

【古代文献摘录】

《灵枢·痈疽》:"痈发于嗌中,名曰猛疽。猛疽不治,化为脓,脓不泻,塞咽,半日死。""热盛则肉腐,肉腐则为脓。"
《疮疡经验全书·卷一》:"此胃经受热,胃气通于喉咙,故患喉痈。"

【西医学中主要相关疾病认识】

**咽壁及颈深部化脓性感染** 临床上多发于扁桃体周围隙、咽后隙、颌下隙。多因咽部感染失治、误治,炎症发展扩散蔓延,或经淋巴或血行扩散到咽旁各间隙引起的化脓性炎症。常见疾病为扁桃体周围脓肿、咽后脓肿、咽旁脓肿、颌下隙脓肿等。多见咽部及周围肿痛、高热、畏寒、吞咽及呼吸困难、食欲不振、乏力、全身出现中毒症状,婴幼儿易迅速发生衰竭。本病治疗原则以足量抗生素控制感染,成脓后穿刺切开排脓,同时给予全身支持疗法及对症治疗。出现呼吸困难者,必要时可行气管切开术。

## 第四节　喉癣

喉癣是由肺肾不足,瘵虫蚀喉所致,以咽喉干痒、溃烂疼痛、腐物叠生、形似苔藓为主要特征的咽喉疾病。本病多继发于肺痨,发病年龄以中年为多。西医学中的咽、喉结核等病可参考本篇进行辨证施治。

历代文献根据本病症状、病因的不同,而有不同的名称,如"尸咽""尸虫""天白蚁""肺花疮"等。

【病因病机】

1. 气阴不足,瘵虫蚀喉　纵欲嗜好酒,忧思劳倦,气阴受损,瘵虫乘虚入侵,蚀损咽喉发为本病。《古今医统·痨瘵》谓："凡人平素保养元气,爱惜精血,瘵不得而传,惟夫纵欲多淫,若不自觉,精血内耗,邪气外乘。"

2. **肺肾阴虚,虚火上炎** 肺肾素虚,或病后失调、瘵虫乘虚蚀肺,久则阴液暗耗,咽喉失养,瘵虫进而伤蚀咽喉,发为本病。

【诊断要点】

1. **病史** 多有肺痨病史。
2. **临床症状** 咽喉干燥疼痛,如芒刺感,吞咽尤甚,或有吞咽困难。若伤及喉部则声音嘶哑。可伴有咳嗽、潮热、盗汗、咯痰不爽、流涎口臭等症状。
3. **局部检查** 咽部或喉部肌膜上可见灰白色或红色斑点状溃疡,边缘不整齐,或有粟粒状小结节。
4. **其他** 肺部X线检查,可见粟粒型或浸润型肺结核特征性影像。结核菌素试验、细菌学检查、病理检查等有助于明确诊断。

【辨证论治】

辨治思路:本病以"滋补""杀虫"为治疗大法,即扶助正气,灭杀瘵虫。

## 一、内治法

1. **气阴两耗,瘵虫蚀喉**

临床表现:咽喉干燥,灼热疼痛。咳嗽无力,痰中带血,血色淡红,气短乏力,声嘶声哑,语声低怯,说话费力,形体消瘦。舌淡,苔白,脉细弱。

证候分析:气阴两耗,体虚瘵虫入侵,蚀损咽喉,故咽喉肌膜有溃疡,边缘不齐;咽喉受伤,故如芒刺痛、灼热干燥、声音嘶哑,语声低怯,说话费力;瘵虫伤肺,故咳痰带血;气阴不足,故形体消瘦乏力,气短乏力;舌淡、苔白、脉细弱为气阴不足之征。

治法:益气养阴,生津润燥。

方药:养金汤合生脉散加减。养金汤中以阿胶、生地补血养阴;沙参、麦冬、白蜜润肺生津;杏仁、桑白皮、知母清肺热、止咳。生脉散有益气养阴之功,两方合用,有补养气阴、生津润燥、清利咽喉的作用。方中可加百部杀瘵虫,若时有咯血者,加侧柏叶、茜草根、藕节等,以敛血止血。

2. **肺肾阴虚,虚火上炎**

临床表现:咽喉刺痛,日久不愈,吞咽困难,灼热干燥,声嘶重或失音。咳痰稠黄带血,头晕耳鸣,午后颧红,潮热盗汗,心烦失眠,手足心热。舌红少津,脉细数。

证候分析:病久阴液暗耗,阴虚,咽喉失养,阴虚虚火上炎,故声嘶重或失音、刺痛日增、吞咽困难、咳痰稠黄;虚火灼伤肺络,则痰中带血;头晕耳鸣、午后颧红、潮热盗汗、心烦失眠、手足心热、舌红少津、脉细数均为阴虚火旺之征。

治法:滋养肺肾,降火润燥。

方药:月华丸加减。月华丸为治肺痨专方,方中以生熟地、天冬、麦冬、沙参滋肺肾之阴,使金水相生,水旺金润;百部、獭肝、川贝母润肺止咳,兼能杀瘵虫;阿胶、三七有止血通络之功;茯苓、山药滋脾胃以化源。可加桔梗、生甘草,宣肺利咽;加知母泻火。亦可选用百合固金汤加减。

## 二、外治法

1. **含漱** 选用具有养阴清热、祛腐解毒的药物(如麦冬、甘草、薄荷等)煎水含漱,可清利咽喉,以利于喷药或含药。

2. **吹药** 选用具有祛腐生肌、解毒止痛的中药散剂喷患部,使腐去痛止,咽喉清利。常用药如冰硼散、锡类散等。

3. **含服** 选用具有养阴清热、养阴利咽的药物制成丸剂或含片含服,以清利咽喉。

4. **雾化吸入** 选用清热解毒、养阴利咽的药物(如乌梅、绿茶、生甘草、薄荷等),制成雾化吸入剂,每次20 ml左右雾化吸入,每日2次。

### 三、针灸治疗

可采用局部与远端取穴相结合的方法。局部可取人迎、水突、廉泉等穴,远端可取足三里、三阴交等穴;若喉癣日久,元气大伤者,可加取肺俞、脾俞、肾俞、膈俞等穴。每日针1次,留针20 min,用平补平泻或补法。

还可采用穴位注射、穴位磁疗、氦氖激光穴位照射等疗法,取喉局部穴位,如廉泉、人迎、大迎、水突、气舍,每次选2~3穴。穴位注射取复方丹参注射液、当归注射液、鱼腥草注射液等,每次注射0.5~1 ml药液,隔日1次。磁疗,每次20 min,每日1次。氦氖激光做穴位局部照射,每次每穴照射5 min,每日1次。7次为1个疗程。

### 【预防与调护】

(1) 积极防治肺痨。对肺痨病患者应注意检查咽喉部,及早发现喉癣病变,及早治疗。

(2) 饮食宜清淡,富于营养,忌食辛辣、香燥、炙煿等刺激食物。保持口腔卫生。声嘶者应尽量少发声或禁声。

(3) 注意心身修养,清心寡欲,慎起居,戒酒色,禁妄想,息恼怒。

(4) 对患者适当隔离,不共用餐具、洗漱用具,避免传染。保持环境空气流通,定时做室内空气消毒。

### 【预后与转归】

本病如发现早,局部病变范围小,溃疡轻浅,治疗及时,则预后较好。若治疗不及时,或身体营养状况差,则预后不良。如溃疡坏死深陷,腐烂苔藓叠阻喉窍,可出现呼吸困难。

### 【古代文献摘录】

《红炉点雪·卷一》:"若夫痨症咳嗽则不然,何也?始于水亏火炽金伤,息其生化之源,源既绝流,则渊注之泉自涸,真阴既竭,则相火日炽,金受火之锻炼,则自燥而烈矣。是以一火而致金水悉伤,母子具病,故咳而声嗄咽痛,益水清金之法。"

《辨证录·卷三》:"人有生喉癣于咽门之间,以致喉咙疼痛者,其症必先作痒,面红耳热而不可忍,其后则咽唾之时,时觉干燥,必再加咽唾而后快,久则成形而作痛,变为杨梅之红瘰,或痛或痒,而为癣矣。夫癣必有虫,咽喉之地,岂容生虫,世人往往得此病,恬不为意,到不能治而追悔于失治也,不其晚乎。"

## 第五节 喉 瘖

喉瘖是因外感风邪或脏腑失调所致的以声音嘶哑为主要临床表现的喉病。临床上常伴有喉痒、干涩微痛等症状。西医学中以声音嘶哑为主要表现的嗓音疾病,如急性喉炎、慢性喉炎、声带小结、声带息肉、喉肌无力、声带麻痹等可参考本篇进行辨证施治。

瘖,同喑,指声音嘶哑,在《内经》中有多次提及,如《素问·宣明五气篇》谓:"五邪所乱……搏阴则为瘖。"《医学纲目·卷二十七》提出喉瘖不同于舌瘖观点:"瘖者……一曰舌瘖……一曰喉瘖……喉瘖但喉中声嘶,而舌本则能转运言语也。"古文献中,根据发病时间长短有"暴瘖""卒瘖""久瘖""久无音"等病名,还有"喑哑""声嘶""声喝"等病名。

教师、播音员、售货员等用嗓较多者容易罹患本病。

【病因病机】

喉瘖之证,新病者多由于外邪犯肺,肺失宣肃,肺经邪壅,犹如金钟壅塞而鸣声受遏,古人谓之"金实不鸣";久病者多由于脏腑虚损,气不上达,阴不濡喉,无力鼓动声门,亦犹金钟破损而鸣声不宏,古人谓之"金破不鸣"。但久病喉瘖亦有气滞、血瘀、痰凝等证,不属于肺脏虚损者。

1. **风寒外袭,肺气失宣** 风寒外袭,肺系壅遏,肺气闭郁,失其宣畅之机,邪不外达,寒邪凝聚于喉,气机不利,声门开合不利,发为喉瘖。

2. **风热外袭,肺失清肃** 风热邪毒,由口鼻入,内伤于肺,肺失清肃,邪滞喉窍,声门开合不利;或风热灼津为痰,则风、热、痰合而为祟,喉肿声嘶益甚。小儿脏腑娇弱,气道较窄,若声门肿胀,极易导致气道阻闭,成急喉风危证。

3. **痰热壅肺,上蒸喉窍** 嗜食肥甘厚味、醇酒辛辣,致湿热内酿,熏蒸于喉,或邪热入里,郁于肺经,肺经火热,灼津成痰,痰热壅肺,上蒸喉窍,则声门痰聚不利,发为喉瘖声嘶。

4. **阴虚火旺,上灼喉窍** 先天禀赋不足,素体阴虚,或房劳过度,或热病伤阴,或久病未愈,阴液暗耗,肺肾阴亏,津液不能上承濡喉,喉窍失却津液濡养,加之阴虚内热,虚火上炎,熏灼喉窍,致声门受损,开合不利,发为喉瘖。

5. **肺脾气虚,喉失温煦** 脾为生气之源,肺为主气之枢,脾气虚弱,化生不足,喉失滋养,素体气虚,或多言耗气,声嘶日久,久病失调,肺脾气虚,不能上养喉窍,致声门鼓动无力,发为喉瘖。

6. **痰凝血瘀,结聚喉窍** 声嘶日久,余邪难去,滞留喉窍,阻滞脉络;或用嗓过度,气耗阴伤,脉络受损,气血运行不畅,血行不畅则成瘀,气滞而水津不行则成痰,痰凝血瘀,阻于声门,形成声带肿胀,或赘生息肉,导致声嘶。

【诊断要点】

1. **病史** 感冒或用嗓过度、用嗓不当。
2. **临床症状** 声音嘶哑,甚至完全失音,或有咽喉干燥、疼痛、喉异物感等不适。
3. **局部检查** 声带及喉其他部位黏膜充血、肿胀(彩图21a);或声带肥厚、边缘有小结或息肉(彩图21b、c),声门闭合不全;或喉黏膜及声带干燥、变薄(彩图21d);或声带固定,活动受限;或声带松弛,发声时声门关闭不密,有梭形或三角形缝隙(彩图21e)。
4. **其他** 纤维喉镜、计算机嗓音检测、喉肌电图和电声门图等有助于本病的诊断。

【鉴别诊断】

**喉瘤、喉菌** 喉瘤、喉菌以喉部可见新生物,或触之易出血,声嘶进行性加重,或有咯痰带血等症。喉瘖则声嘶病程较短,或长期反复发作,声带表面光滑。若声带等处出现赘生物、新生物、溃疡等表现,应取活组织病理检查以资鉴别。

【辨证论治】

辨治思路:金实不鸣者,治以祛邪宣肺;金破不鸣者,治以补益肺金;血瘀痰凝者,治以活血化痰。

## 一、内治法

### 1. 风寒外袭,肺气失宣

临床表现:卒然声音不扬或失声,喉内发胀不适,微痛微痒,咳嗽声重。或发热恶寒,无汗,头痛,鼻塞,流清涕,口不渴。舌苔薄白,脉浮紧。

证候分析:风寒外袭,壅塞于肺,邪闭喉窍,阻滞脉络,气机不畅,故卒然声嘶,喉内发胀,微痛微痒;肺失宣降,故咳嗽声重,发热恶寒,头痛,鼻塞;苔薄白,脉浮紧为风寒犯肺之征。

治法:疏风散寒,宣肺开音。

方药:三拗汤加味。方中麻黄疏风散寒,杏仁宣肺,甘草调和诸药。可加荆芥、防风、生姜以助三拗汤疏风散寒之力,或配石菖蒲、蝉蜕通窍利喉。

### 2. 风热外袭,肺失清肃

临床表现:卒然声音嘶哑,喉痛不适,干痒而咳。或有发热,微恶寒,头痛,口微渴。舌边尖红,苔薄白,脉浮数。

证候分析:风热外袭,内干于肺,肺失清肃,邪犯喉窍,伤于声门,故卒然声嘶,喉痛不适;风热在表,故发热,微恶寒,头痛,口微渴;舌边尖红,苔薄白,脉浮数为风热犯肺之征。

治法:疏风清热,肃肺开音。

方药:疏风清热汤加味。方中荆芥、防风、连翘宣散风热;金银花、黄芩、赤芍清散邪热;玄参、浙贝母、天花粉、桑白皮清肺化痰;牛蒡子、桔梗、甘草解毒消肿,清利咽喉。可配蝉蜕、罗汉果清肺利喉开音。若痰黏难出者,可酌加瓜蒌皮、竹茹等。

### 3. 痰热壅肺,上蒸喉窍

临床表现:声音嘶哑,甚或失声,喉干痛甚。咳痰黄黏,身热不寒,口渴欲饮。舌质红,苔黄,脉弦滑数。

证候分析:邪热入里,郁于肺经,灼津为痰,痰热内蕴,上蒸喉窍,故声音嘶哑,甚或失声,喉干痛甚,咳痰黄黏;舌红,苔黄,脉弦滑数为痰热壅肺之征。

治法:清热泻肺,化痰开音。

方药:泻白散加味。方中桑白皮、地骨皮泻肺清热;炙甘草、粳米和中扶正。可酌加黄芩、竹沥、瓜蒌皮等清热化痰,或配木蝴蝶、蝉蜕利喉开音。

### 4. 阴虚火旺,上灼喉窍

临床表现:声嘶日久,喉干微痛,喉痒干咳,痰黏难出,清嗓频作。或颧红唇赤,口干少饮,失眠多梦,腰膝酸软。舌红,苔薄,脉细数。

证候分析:肺肾阴虚,津液亏少,不能上润于喉,喉失濡养,致声门失健,开合不利,故声嘶日久难愈;阴虚内热,虚火上炎,故喉干微痛;虚火炼痰,故干咳痰黏,清嗓频作;舌红,苔薄,脉细数为阴虚火旺之征。

治法:养阴清热,降火开音。

方药：百合固金汤加味。方中百合、生地、熟地滋养肺肾,金水相生;麦冬、玄参养阴生津,降火润喉;当归、白芍养血益阴;桔梗、甘草、贝母化痰利喉。可配凤凰衣、藏青果生津润喉。若头晕耳鸣、五心烦热者,可酌加黄柏、知母、龟甲、鳖甲等。

5. 肺脾气虚,喉窍失养

临床表现：声嘶日久,语音低微,不能持久,遇劳加重。或伴面色无华,少气懒言,倦怠乏力,食少便溏等症。舌质胖,有齿痕,苔白,脉细弱。

证候分析：肺脾气虚,喉窍失养,致声门鼓动无力,声带松弛、闭合不全,故声音嘶哑、低微、不能持久,且遇劳加重;舌质胖,有齿痕,苔白,脉细弱为肺脾气虚之征。

治法：补土生金,益气开音。

方药：补中益气汤加味。方中黄芪、人参、白术、炙甘草补益肺脾之气;陈皮理气,使补气而不呆胃;当归补血;升麻、柴胡升提清阳之气。可配诃子、五味子收敛肺气,以助开音。若湿重痰多,声带肿胀甚者,可酌加石菖蒲、半夏、薏苡仁、白扁豆等。

6. 痰凝血瘀,结聚喉窍

临床表现：声嘶日久,发音费力,喉涩微疼,痰少而黏,清嗓频作,胸闷不舒。舌质暗红,或有瘀点,苔薄白,脉滑或涩。

证候分析：邪滞喉窍日久,阻滞脉络,津液不行而成痰,血流不畅而留瘀,痰凝血瘀,结聚喉窍,致声门开合不利,故声音嘶哑,日久难愈;舌质暗红,苔薄白,脉滑等为痰凝血瘀之征。

治法：化痰活血,利喉开音。

方药：会厌逐瘀汤加减。方中当归、赤芍、红花、桃仁活血祛瘀;当归、生地养血益阴;枳壳、柴胡理气行血;桔梗化痰利喉,甘草调和诸药。可加贝母、僵蚕、海浮石等化痰散结,或配石菖蒲、诃子通窍利喉。

## 二、外治法

1. **蒸气或雾化吸入法** 用芳香通窍、消肿利喉的药物做成雾化吸入剂,取药液做蒸气吸入或超声雾化吸入,每次 15 min,每日 2 次。

2. **理疗** 用白花蛇舌草、乌梅、橘络、红花、甘草各 3 g,水煎取汁,做喉局部直流电离子导入治疗,每次 20 min,每日 1 次。

3. **导引** 《红炉点雪·卷四》谓:"平时睡醒时,即起端坐,凝神息虑,舌抵上腭,闭口调息,津液自生,分作三次,以意送下,此水潮之功也。津既咽下,在心化血,在肝明目,在脾养神,在肺助气,在肾生精。"此法有润养脏腑及清利咽喉的作用。

4. **发声矫治法** 多种嗓音病的发生都与过度用声以及不正确发声有直接关联,所以学习和掌握好科学的发声方法是治愈嗓音病以及避免嗓音病治愈后复发的重要措施。发声矫治法具体练习方法是：

(1) 凸腹凹腹气息练习：自然站立,双目平视,肩、胸、双臂放松,即肩、颈、下颌和喉部肌肉放松,双手重叠,掌心放在"丹田穴"(脐下 4 横指)位置。呼气时脐及脐下方用力向内凹陷,吸气时脐及脐下方用力向外凸出,每分钟呼、吸各 16 次。每天练习 20 min,连做 1 周。

(2) 凸腹控制横膈膜练习：自然站立,吸气时脐及脐下方用力向外凸出,然后保持此状态发"嘶"声,要求缓慢、清晰,与此同时,脐及脐下方仍要保持外凸状。气息用完后,口鼻同时吸气再开始发"嘶"。要求每次发"嘶"要保持 30 s,每日练习 20 min,连做 1 周。

(3) 快速呼吸练习：自然站立,将凸腹凹腹气息练习快速化,即每分钟呼、吸各 50 次,每次练习 1 min,每日练习 5 次,连做 1 周。

(4) 放松舌根喉部肌肉练习：自然站立,上身前倾,双手掐腰。嘴张大,舌头自然伸出口腔外,以颈椎为轴,轻轻摆动头部从而带动舌体甩动,以舌边碰到左右嘴角为度。每次练习 1 min,每日练习 5 次,连做 1 周。注意：有严重颈椎病的患者禁做此练习。

(5) 诵读发声练习：在前 4 种练习完全掌握的基础上,进行实际发声运用练习。先选择五言唐诗,慢慢诵读,体会由气息发声的感觉；再进行七言唐诗、散文、报刊文章的诵读,语速逐渐加快,以接近或达到正常人交流的语速标准。每次练习 20 min,连做 1 周。

### 三、针灸治疗

1. **体针** 每次选主穴和配穴各 1~2 穴,每日针刺 1 次,5~10 日为 1 个疗程,手法以捻转补法为主,留针 20 min。

主穴：廉泉、人迎、大迎、水突、天鼎、扶突、气舍。

配穴：实证、病程短者,取合谷、少商、商阳、中冲、尺泽；虚证、病程长者,取足三里、三阴交、肺俞、脾俞、肝俞、肾俞。

2. **耳针** 用耳针或王不留行籽贴压,取咽喉、声带、肺、肝、大肠、神门、内分泌、皮质下、平喘等耳穴。

3. **灸法** 每次选取主穴及配穴各 1~2 穴,以艾条灸至患者欣热、皮肤潮红为度,7~10 日为 1 个疗程。主要适用于气虚证。

主穴：人迎、水突、廉泉。

配穴：合谷、足三里、三阴交、肺俞、脾俞、肾俞。

4. **穴位按摩** 用一指禅推法和揉法,先在人迎、水突、天突处按揉 10 min,然后在双侧人迎、水突以及廉泉、天突三条竖线做自上而下往返推揉 10 min,后又在双侧人迎、水突二条横线做自左而右往返推揉 10 min。注意手法宜柔和适中,舒适为度。每日早、晚各 1 次,7 日为 1 个疗程。

5. **穴位注射、磁疗、激光治疗** 详见"喉癣"篇。

【预防与调护】

(1) 注意改进发声方法,纠正不良发声习惯。

(2) 辛辣食物及烟酒对喉嗓有害,应节制。

(3) 喉部保健按摩,用一指禅推法和揉法,在双侧人迎、水突以及廉泉、天突三条竖线做自上而下往返推揉 10 min,后又在双侧人迎、水突二条横线做自左而右往返推揉 10 min。注意手法宜柔和适中,舒适为度。每日 1 次,有护嗓作用。

【预后与转归】

2 岁以下小儿急发喉瘖,有并发急喉风危及生命之虞,应迅速治疗。

【儿童患者诊疗注意事项】

(1) 3 岁至 6 岁的学龄前儿童由于经常喊叫哭闹导致的喉瘖较为常见。

(2) 治疗上应以制止儿童喊叫和哭闹,学习正确发声方法,再辅以开音亮嗓的中药治疗为主,尽量不采用手术的方式治疗。

(3) 应密切观察呼吸情况,积极防治急喉风。

## 【古代文献摘录】

《灵枢·忧恚无言》:"人卒然无声者,寒气客于厌,则厌不能发,发不能下至,其开阖不致,故无音。"

《罗氏会约医镜·卷之七·论声瘖》:"声瘖之症,虽兼五脏,而于心、肺、肾三经为重。又须知其虚实治之,乃为上工。舌为心之苗,心病则舌不能转,此心为声音之主也。声由气而发,肺病则气夺,此气为声音之户也。肾藏精,精化气,阴虚则无气,此肾为声音之根也。然此三者之中,又以肾为主。肾阴一足,则水能制火,而肺以安,庶金清而声亮矣。譬之钟焉,实则不鸣,破亦不鸣。肺被火烁,是邪实其中,即形破于外,声何而出乎!是知宜补水降火也。至于实邪之闭其窍者,或肺胃风寒,或肺被客热,散之清之,而病自愈,此暂而近者也。彼虚邪为害者,内夺而瘖也。"

## 【西医学中主要相关疾病认识】

1. **急性喉炎** 急性喉炎是喉部黏膜弥漫性急性卡他性的炎性病变,多发于冬春季节,先为病毒感染,后继发细菌感染所致。由于小儿喉腔狭小及喉黏膜下组织疏松,发炎后易肿胀而引起喉阻塞,导致呼吸困难。

2. **慢性喉炎** 慢性喉炎是喉部黏膜的慢性炎性病变,可分为慢性单纯性喉炎、肥厚性喉炎和萎缩性喉炎。病因较为复杂,多认为系持续喉部刺激所致,如急性喉炎反复发作、用声过度、发声不当、烟酒过度、有害化学气体和粉尘吸入、邻近器官的感染等。

3. **声带小结** 声带小结主要是由于长期用声不当或用声过度所致。早期表现为血管增生及扩张,继而有纤维化变性,至晚期声带表面上皮有增厚及角化。故早期小结柔软带红色,中期小结较坚实,晚期小结苍白色。早期发声休息、发声训练、改变错误的发声习惯,小结可能消失;中、晚期小结以手术治疗为主。

4. **声带息肉** 声带息肉可能是由于长期发声不当或用声过度,或在一次猛烈发音之后引起。表现为声带边缘局部水肿、血管增生和扩张、纤维性变及出血,渐至纤维增生、纤维样及玻璃样变性,导致各种类型的息肉发生。治疗原则与声带小结基本相同。

5. **喉肌弱症** 喉肌弱症是系声门闭合肌、声带紧张肌等与发声有关的肌肉张力不足的病症。主要是因发声过度或发声不当,导致喉外肌收缩过度,抑制喉内肌使之张力逐渐减退及功能低下,或肌纤维损伤、胶原纤维增生而致肌肉僵硬,从而发生声肌疲劳。采取物理及药物疗法,改善微循环、恢复血液供给、促进神经功能恢复、增强喉肌能量代谢、增强肌力,使劳损的喉肌得以康复是本病的治疗原则。

# 第六节 声 疲

声疲是指用嗓过度、用嗓不当,或嗓音工作超过一定的时间和强度后,音量和音质下降所表现的一系列嗓音证候,也称为嗓音疲劳。本病在喉部虽无器质性病变,但多表现为职业用嗓者嗓音功能障碍,音质、音量失调。

声疲多由内外因素相合而致。内因由于脏腑虚损,咽喉声带失于温煦滋养所致,故喉部不耐疲劳;外因多为用嗓不当,或用嗓过度。

## 【病因病机】

人之发声由多器官协调完成,包括心系的指挥协调、肺气的动力、喉部声带的振动、鼻咽喉气管等处的共鸣,以及口齿唇舌的吐字语言形成等,其中喉部声带的振动作用对声音的产生和声音质量的优劣最为重要。因此,正常的言语发音有赖于五脏功能之健旺,《景岳全书·卷二十八》指出:"舌为心之苗,心病则舌不能转,此心为声音之主也;声由气而发,肺病则气夺,此气为声音之户也；肾藏精，精化气，阴虚则无气，此肾为声音之根也……是知声音之病，虽由五脏，而实惟心之神，肺之气，肾之精三者为之主耳。"音质、音调、音量之变化其关键则在于脏腑功能气血津液是否充沛。《景岳全书·卷二十八》进一步指出："声音出于脏气，凡脏实则声弘，脏虚则声怯。"

1. **肺阴虚损，喉失濡润**　素体阴虚，过用辛燥，或久咳肺阴暗耗，过度用嗓，或高声呼喊，日久阴液耗损，咽喉失养发为本证。

2. **中气不足，气不上达**　久病失治，或过用苦寒，中气内耗，或用嗓不当，长期在不适宜于自己的音域范围内勉力歌唱，或高声喊叫日久，中气耗损，气不上达发为本证。

3. **气血虚弱，神散声暗**　声由气发，神守声宏，神散声暗。素体虚弱，或失血病久，或长期于夜间过度用嗓，致失眠多梦，气阴两耗，血不养心，心神不宁，神散声暗。

4. **肾脏亏损，声失根本**　肾为声音之根，先禀不足，或房事不节，或过用苦寒，或久病伤肾致肾脏亏损，精不化气，气不上达发为本证。

## 【诊断要点】

1. **临床症状**　声疲表现包括语音异常和歌声异常。

(1) 音调异常：多表现为音调降低，或音域范围缩小；有时声音出现双音调，称为"双音"；或高音困难，个别高音调音不能唱出；或音调唱不准，跑调。

(2) 音量异常：多表现为音量降低，或音量控制困难：不易平稳控制持续的歌声音量，出现忽高忽低；或音区高低不衔接，明显分为两截；或有破音，即连续发音中出现声音断裂。

(3) 音色异常：不能正常发出高音调声音，称为声音"毛"；声音粗糙，称为声音"沙"，这些都属于轻度音色异常，可在声疲中出现。

2. **局部检查**　声带可微红。声门开启闭合活动正常，但声门闭合状况不稳定，有时闭合较差。

3. **计算机嗓音检测**　声疲持续时间较长者，做计算机嗓音检测，分析基频微扰、振幅微扰、噪声能量及其他有关频谱分析指标，可有轻度异常。

## 【鉴别诊断】

**喉瘖**　声疲喉部一般无器质性改变，是嗓音功能失常，在音调、音色、音量等方面的异常变化。喉瘖则声音嘶哑程度较重，检查声带有充血、肿胀、增厚、小结或息肉等器质性改变。

## 【辨证论治】

辨治思路：以扶助正气、减缓疲劳、护嗓开音为法，采用调补肺、心、肾功能之剂，配伍开音护嗓药物，加快声疲者的嗓音恢复。

声疲可以通过休息、保健和改进发声方法等使嗓音恢复。辨证论治有利于嗓音恢复。

## 一、内治法

1. **肺阴虚损，喉失濡润**

临床表现：多言或歌唱之后，声音发"毛"，或"沙"，缺少润泽感。咽喉干燥、咳嗽痰少，或常做清嗓动作，口干思饮。舌苔薄，脉细数。

证候分析：素体阴虚内热，多言或歌唱，耗伤肺之津液，喉失其润，则声音发"毛"，或"沙"，缺少润泽感；咽喉干燥、咳嗽痰少，或常作清嗓动作，口干思饮，亦属肺津不足之征。

治法：补益肺阴，生津利喉。

方药：沙参麦冬汤加减。方中沙参、麦冬、玉竹、天花粉补肺生津，桑叶宣肺，生扁豆、甘草补益肺脾之气，全方共奏补益肺阴，生津利喉之功。可加胖大海或石斛。亦可单用胖大海一枚或数枚，或石斛少量（5～10 g），开水冲泡，代茶饮。胖大海清热润肺，利喉开音，是为护嗓开音要药，服用简便，适于嗓音保健。石斛养阴润肺，生津利喉，对于咽喉干燥之声疲，尤为贴切。

2. 中气不足，气不上达

临床表现：音声质量下降，音色暗沙或音调降低，或声出不宏，说话、歌唱费力不能持久，气欲下坠或声时（一次呼吸维持发音时间）缩短。咽喉作痒，咳嗽有痰色白，口不渴。舌淡红，舌苔薄白，脉细。

证候分析：多言或歌唱，用嗓不当，伤耗中气，中气不足，则声音质量下降，音调降低，声出不宏，说话、歌唱费力，不能持久，或声时缩短；咽喉作痒，咳嗽有痰色白，口不渴，亦属肺气不足之征。

治法：补益肺气，护嗓利喉。

方药：补肺汤加减。方中黄芪、人参补益肺气，茯苓、陈皮利湿化痰，地黄、当归、桑白皮、紫菀相配可清肺利喉，甘草调和诸药，另可加入胖大海、木蝴蝶等护嗓要药，全方共奏补肺利喉之功。

3. 气血虚弱，神散声暗

临床表现：高声言语歌唱之后，嗓音音调降低，声出不宏而音声不亮，音色暗沙。说话、歌唱费力，心神不宁，或有失眠、心烦。舌淡红，舌苔薄白，脉细。

证候分析：声由气发，音由神使，神守则声宏而音亮，神散声暗而音沙。气血不足，血不养心，心神不宁，神不御声而声暗音沙。音调降低，声出不宏，音色暗沙。心烦、失眠，亦属心神失养之征。

治法：调养心神，护嗓利喉。

方药：养心汤加减。方中人参、五味子补气安神；黄芪、当归、柏子仁、酸枣仁、茯苓、茯神诸药相配，加强补气养血，宁心安神之功；生姜、大枣、甘草调养心脾之气，另可加入胖大海、木蝴蝶等护嗓要药，全方共奏养心利喉之功。

4. 肾脏亏损，声失根本

临床表现：经常出现声疲，言语声低，不耐劳累，嗓音失却润泽，高音不能持久，低音无根。或有腰膝酸软、夜尿频多等症。舌淡，苔白，脉沉细。

证候分析：肾为声音之根，先禀不足，房劳伤肾，久而肾气暗耗，肾气不足故经常出现声疲，言语声低，不耐劳累，嗓音失却润泽；腰膝酸软、夜尿频多等，亦属肾气亏损之征。

治法：补养肾气，护嗓利喉。

方药：金匮肾气丸加减。可加入凤凰衣、胖大海、诃子等护嗓要药，加强全方补肾利喉之功。

## 二、外治法

1. **热敷** 把毛巾用温热水浸透后拧干敷在颈部（温度以不烫伤皮肤为宜），反复数次。此法可增进喉部血液循环，消除疲劳，减轻练唱后喉部不适。

2. **含法** 木蝴蝶1～2片，噙含口中咽津，30 min后吐出，护嗓利喉。

3. **人迎、水突穴推拿** 患者取端坐位，用右手拇指及示指、中指紧握喉体向左侧移动并固定，将左手拇指轻揉、点压人迎穴、水突穴30次，手法要求轻快柔和。双侧推拿后用两手大鱼际肌做轻手法的向心性揉动按摩30次。每日1次。

4. **人迎、水突穴脉冲电治疗** 用电子针疗仪（脉冲电治疗仪），在患者的人迎、水突两组穴位进行低电压中低频脉冲电治疗,每次 20 min,每日 1 次。

**【预防与调护】**

(1) 避免过度用嗓,如喊叫、多言、高歌等。职业用嗓者应掌握良好的发声方法。

(2) 运用软起声,避免硬起声。软起声是指声带闭合时,恰好呼气气流到达声门。硬起声是声门先快速紧闭,然后用较大的呼气力量冲开声门。心平气和时的起声为软起声,对声带没有伤害;情绪激动、发怒、咳嗽时常用硬起声,硬起声容易伤害声带。

(3) 避免刺激物质,如粉尘、化学烟雾、烟、酒、辛辣食物等。

(4) 职业用嗓及歌唱者,应注意发声时的呼吸方法练习。平时,男性常用腹式呼吸,女性常用胸式呼吸,如果能训练运用"胸腹联合呼吸"以腹式呼吸为主,则对发声护嗓有益。训练运用胸腹联合呼吸的要点是:在吸气末尾时轻收小腹,使胸腔扩大并固定。然后小量持续呼气发声,"丹田气"发声就是指这种发声方法,此法可以使呼吸一次的发音时间明显延长,也容易控制音量。亦可参照"喉瘖"中的"发声矫治法"练声。

(5) 注意心理调适:身心健康、生活规律、饮食习惯和体力锻炼等有着密切的关系。我国著名京剧表演艺术家梅兰芳在个人的嗓音卫生与保健上有一套良好的方法,他曾精练地概括成以下几点,即:"精神畅快、心气平和、饮食有节、寒暖当心、起居有时、劳逸均匀、练嗓保嗓、学贵有恒、由低升高、量力而行、五音饱满、唱出剧情。"

(6) 歌唱练嗓循序渐进:歌唱前应检查声带,确定与声带相匹配的声部。初学者练唱宜用中等音量,多练自然声区(中声区),待自然声区相对稳定巩固后再逐步扩展音域。练唱可分多段时间,每次 15～20 min。练唱时要保持精神振奋,注意力集中,以呼吸支持发声,以后可视具体情况逐步延长练唱时间。练唱时还要注意倾听、分辨自己发声的正误,随时调整各个器官的协调运动,使它们始终处于正常状态。练唱前后,不宜进食过冷过热的饮食,尤其是练唱或剧烈运动后,喉部血管扩张,血液循环旺盛(所谓"热嗓子"),此时喝冷饮,喉部血管遇冷骤然痉挛收缩阻碍血流,引起咽喉肌肉的伸缩失调,导致声嘶或失声。

(7) 喉部保健按摩,可参照"喉瘖"相关内容操作。

**【预后与转归】**

声疲者注意治疗和保健,一般能较快恢复。声疲后继续不正确用嗓,则易转为喉瘖。

**【古代文献摘录】**

《仁斋直指方·卷之八·声音》:"心为声音之主,肺为声音之门,肾为声音之根。"

《脾胃论·卷下·五脏之气交变论》:"声者天之阳,音者天之阴。在地为五律,在人为喉之窍,在口乃三焦之用。肺与心合而为言出于口也,此口心之窍开于舌为体,三焦于肺为用,又不可不知也。"

**【西医学中主要相关疾病认识】**

**嗓音疲劳** 疲劳是极其复杂的概念,是一种疾病的症状,特别是大运动量时可对呼吸、循环,以及神经肌肉造成负担。生理性疲劳被认为是一种机体或其某一部分过度疲劳的保护机制。疲劳可以是整体的疲劳,也可以是系统疲劳,通常是肌肉本身的局部疲劳。

嗓音疲劳综合征临床分级:① 轻度嗓音疲劳。② 中度嗓音疲劳。③ 恢复期嗓音疲劳。④ 超极限嗓音疲劳。⑤ 变声性嗓音疲劳。⑥ 老年性嗓音疲劳。

## 第七节　急 喉 风

急喉风是指因风热痰火搏结咽喉,以吸气性呼吸困难为主要特征的危急病证。可出现呼吸困难、痰涎壅盛、语言难出、声如拽锯、汤水难下等症状,严重者可发生窒息死亡。西医学中的急性喉阻塞可参考本篇进行辨证施治。

历代文献中,喉风的名目繁多,如"急喉风""缠喉风""锁喉风""紧喉风""走马喉风""呛喉风""哑瘴喉风"等;《喉科秘旨》分喉风12证,《图注喉科指掌》分16证,《经验喉科紫珍集》分18证,《重楼玉钥》分36证。总之,古代医籍中喉风的含义较广,一般是泛指咽喉多种疾病。

本节所论专指急喉风,本病一年四季均可发病,多继发于急性咽喉病或喉痈之后,是以吸气性呼吸困难为主要特征的危急病证,发病急、变化快、病情重。

### 【病因病机】

本病主要是由风热搏结于外,火毒炽盛于内,肺失清肃,火动痰生,痰火邪毒,壅塞咽喉而致。如《喉症指南》云:"紧喉风,脉浮数有力,实火变证也。由膏粱厚味太过致肺胃积热,复受风邪,风热相搏,上壅咽喉,肿痛暴发,甚者风痰壅塞,汤水不下,声音难出。"

1. **风邪外袭,邪壅咽喉**　外感风邪或时行疫疠之邪侵入人体,肺卫不固,风热邪毒引动肺胃之火上升,风火相合,邪热搏结,结聚咽喉而发病;或素体虚弱,风寒之邪乘虚而入,壅阻于肺,肺气失宣,津液运行无力,化而成痰凝聚咽喉而致。

2. **热毒炽盛,痰火郁结**　素体痰湿之躯,嗜食肥甘厚味,痰浊内生,郁久化热,痰火郁结,上攻咽喉,发为本病。如《医宗金鉴·外科心法要诀·喉部》曰:"紧喉膏粱风火成,咽喉肿痛难出声,声如拽锯痰壅塞。"

### 【诊断要点】

1. **病史**　多有急性咽喉病、咽喉痈肿、咽喉异物、外伤、过敏等病史。
2. **临床症状**　喉性(吸气性)呼吸困难,常伴有吸气期喉鸣、声音嘶哑、痰涎壅盛、语言难出、汤水难下等症(彩图22)。
3. **检查**　根据呼吸困难及病情轻重程度分为四度。

一度:患者安静时无症状,活动或哭闹时出现喉鸣和鼻翼煽动,吸气时天突(胸骨上窝)、缺盆(锁骨上窝)及肋间等处轻度凹陷,称三凹征(甚则剑突下及上腹部软组织也可凹陷,故亦称四凹征)。

二度:安静时亦出现上述呼吸困难表现,活动时加重,但不影响睡眠和进食。

三度:呼吸困难明显,喉鸣较响,并因缺氧而呈烦躁不安、自汗、脉数等,三(四)凹征显著。

四度:呼吸极度困难,患者坐卧不安,唇青面黑,额汗如珠,身汗如雨,甚则四肢厥冷,脉沉微欲绝,神昏,濒临死亡。

### 【辨证论治】

辨治思路:急则治其标,若患者呼吸困难明显,应迅速解除呼吸困难症状,待缓解后辨证施治。

## 一、内治法

### 1. 风邪外袭,邪壅咽喉

**临床表现**:咽喉肿胀疼痛,吞咽不利,继之咽喉紧涩,汤水难下,强饮则呛,语言不清,痰涎壅盛,咽喉堵塞,呼吸困难。风热者可见乏力、恶风、发热、头痛,舌质红,苔黄或黄厚,脉数;风寒者可见恶寒、发热、头痛、无汗、口不渴等症,舌苔白,脉浮。

**证候分析**:风邪疫毒引动诸经积热,塞结于咽喉,故咽喉红肿胀痛;喉为气息出入之通道,火毒结聚于喉,以致喉腔肿胀狭窄,故觉咽喉紧涩阻塞、语言不清、呼吸不利;咽为饮食必经之路,气血凝结于此,故见汤水难下、强饮则呛;恶风、发热、头痛、舌红、苔黄、脉数等为风热犯肺,营卫不和之征。风寒外侵,卫阳被郁,可见恶寒发热、头痛无汗、口不渴、舌苔白、脉浮等症。

**治法**:疏风散邪,宣肺利咽。

**方药**:风热外袭者,宜疏风泻热,解毒消肿,清咽利膈汤加减。若痰涎壅盛者,加瓜蒌、贝母、竹沥、前胡、百部等清热化痰之药。

风寒外袭者,宜疏风散寒,宣肺解表,三拗汤加减。方中麻黄发汗解表,宣利肺气;杏仁降利肺气;可加荆芥、防风、薄荷祛风解表,辛散风寒;桔梗、僵蚕宣肺化痰利咽。可加苏叶、桂枝以助疏散风寒,加半夏、天南星、白附子等以燥湿祛风化痰,加蝉衣祛风开音,加茯苓、泽泻健脾祛湿消肿。

### 2. 热毒炽盛,痰火郁结

**临床表现**:咽喉红肿,声门狭小,或会厌红肿吞咽困难,不能进食,甚则汤水难入,疼痛难忍,痰声如锯,喘息气粗,声音嘶哑,呼吸困难,鼻翼煽动,天突、缺盆、肋间处凹陷。全身可有憎寒壮热,或高热神烦,唇青面黑,额汗如珠,四肢厥冷,汗出如雨,口干引饮。舌质红绛,苔黄腻,脉滑数或脉微欲绝。

**证候分析**:痰浊郁久化热,上攻咽喉,故见咽喉红肿疼痛,吞咽困难,甚至水浆难下;痰涎阻塞气道,随气上下,故有痰声,颇似拽锯,甚则呼吸困难,尤以吸气困难明显;因气体经过狭窄的喉腔,不能通畅地进入肺部,故于吸气时可出现三凹征;邪客喉腔,声门开合不利,故见声音嘶哑;舌质红绛,苔黄腻,脉滑数均为湿热内蕴之征;唇青面黑、额汗如珠、四肢厥冷、脉微欲绝,是濒临窒息,阴阳离决之危候。

**治法**:泻热解毒,祛痰开窍。

**方药**:清瘟败毒饮加减。方中以水牛角为主药,结合玄参、生地、赤芍、丹皮以泻热凉血解毒;黄连、黄芩、栀子、石膏、知母、连翘清热泻火解毒,去气分之大热;桔梗、甘草宣通肺气而利咽喉。痰涎壅盛者,加大黄、贝母、瓜蒌、葶苈子、竹茹等清热化痰散结,并配合六神丸、雄黄解毒丸、紫雪丹、至宝丹以清热解毒,祛痰开窍;大便秘结者,可加大黄、芒硝以泻热通便。

## 二、外治法

1. **吹药** 以冰硼散、珠黄散等清热解毒、消肿祛痰药物,频频吹喉。
2. **吸入法** 蒸气吸入选用金银花、菊花、薄荷、藿香、佩兰、葱白、紫苏等药,适量煎煮,令患者吸入其蒸气,或将上述药物进行超声雾化吸入,以祛风清热,消肿通窍。
3. **含漱** 咽部有红肿者,用漱口方含漱,以清洁局部,并有解毒消肿之用。

## 三、针灸治疗

1. **体针** 取合谷、少商、商阳、尺泽、少泽、曲池、天鼎、扶突、丰隆等穴,每次2~3穴,用泻法,不留针。或取少商、商阳放血泄热。

2. **耳针**　选用神门、咽喉、平喘等穴,针刺、留针15～30 min,每日1～2次。

### 四、其他治疗

1. **擒拿法和提刮法**　根据病情(一度和二度呼吸困难)可配合擒拿法和提刮法。
2. **气管切开术或气管插管**　呼吸困难明显者,可行气管插管或气管切开术。

因喉腔异物、喉外伤、喉部肿物阻塞气道等引起的呼吸困难者,应针对病因进行治疗。若出现严重呼吸困难,病因又暂时难以去除者,尽早进行气管切开术。必要时可以行紧急气管切开术或环甲膜切开术。

## 【预防与调护】

古人有"走马看喉风"之说,形容本病病情危急,变化迅速,严重者瞬息间可以引起窒息死亡,故调护上要注意:

(1) 及时治疗喉痹、喉痈等疾病。
(2) 为了避免加重呼吸困难症状,应多休息,少活动。
(3) 痰涎较多,采取半卧位。
(4) 饮食忌燥热及甜腻,以免助长火势及滋生痰湿,加重病情。

## 【预后与转归】

本病病情危急,变化迅速,严重者瞬息间可引起窒息死亡。若抢救及时,掌握好气管切开的时机,并进行恰当的辨证治疗,则可转危为安。

## 【古代文献摘录】

《外科正宗·卷之二》:"咽喉肿闭,牙关紧急,言语不清,痰窒气急,声小者险,咽喉骤闭,痰涎壅塞,口噤不开,探吐不出,声喘者死。"

《医宗金鉴·外科心法要诀·喉部》:"紧喉风,此证由膏粱厚味太过,致肺胃积热,复受邪风,风热相搏,上塞咽喉肿痛,声音难出,汤水不下,痰涎窒塞之声,颇似拽锯。"

## 【西医学中主要相关疾病认识】

**喉阻塞**　因喉部或其邻近组织的病变,使喉部通道(特别是声门处)发生狭窄或阻塞,引起呼吸困难者,称喉阻塞,亦称喉梗阻。它不是一种独立的疾病,而是一个由各种不同病因引起的症状。喉阻塞导致的阻塞性呼吸困难,常引起机体缺氧和二氧化碳蓄积。这两种情况对全身的组织器官都有危害。特别是对耗氧量较大,同时也是对缺氧最为敏感的组织——脑和心脏的损伤最为严重和明显。缺氧和二氧化碳蓄积对机体的危害,除与呼吸困难程度和时间长短有关外,尚与患者年龄和营养有关。年龄小或营养不良者,对缺氧和二氧化碳蓄积的耐受力较差,尤其是幼儿声门狭小,喉软骨尚未钙化,喉黏膜下组织松弛,喉部神经发育不完善易受刺激而引起痉挛,故呼吸困难进展较成人快。

## 第八节　白　喉

白喉是指由疫毒外袭,壅遏肺系,上犯咽喉所致的以咽喉疼痛,声音嘶哑,或呼吸不利,咽喉部腐溃白色伪膜为特征的咽喉疾病。常见于冬春季节，多发生于儿童，以2～5岁发病率最高。白喉疫毒不仅侵犯咽喉，还可上侵鼻窍，下犯气道，引起气道阻塞，并可毒邪内陷心包，危及生命，须给予高度重视，及时治疗。

白喉一病，早见于清代《时疫白喉捷要》。又名"白缠喉""白菌"，乃急性传染病。常发于秋冬久晴不雨，气候干燥之季。《重楼玉钥·卷上》："喉间起白如腐一症，其害甚速……患此者甚多，惟小儿尤甚，且多传染。"在清代中后叶开始大流行，曾先后发生过四次白喉大流行，故这一时期出现了大量的白喉专著，对白喉的病因病机、治法方药有了较为详尽的论述。《白喉条辨·辨病源第一》谓："阳明燥令司天之年，或秋冬之交，天久不雨，燥气盛行，邪客于肺，伏而化火。至初春雨水骤至，春寒外加，（夏至后发者更重）少阳相火不能遂其条达之机，逆挟少阴君火，循经络而上，与所伏之燥火互相冲激，猝乘咽喉清窍而出，或发白块，或白点，名曰白喉。"

根据其发病特点，本病又有"天白蚁""喉白""白菌""白缠喉""白喉咙"等别称。中华人民共和国成立后，由于加强了免疫接种预防工作，本病较少发生。

## 【病因病机】

白喉发生，是由于疫毒外袭，内犯脏腑，疫毒弥漫，上攻咽喉，或内陷心包。

1. 疫毒犯表，客于咽喉　疫毒时邪从口鼻而入，壅遏肺系，客于咽喉，疫毒炽盛，上蒸咽喉，热盛肉腐发为本病。

2. 疫毒化火，上攻咽喉　素体蕴热，疫毒内侵，与脏腑积热搏结，上攻咽喉，或小儿纯阳之体，感受疫毒，从阳助热化火，熏灼咽喉发为本病。

3. 疫毒伤阴，正虚邪滞　若素体肺肾阴虚，加之疫毒客于肺，阴虚阳热日久，阴津亏耗，邪热久留熏灼咽喉而发病。

4. 疫毒深伏，入血凌心　疫毒深重，热盛腐膜，内陷心包，耗阴伤气，血脉不荣，阴虚阳微发为本病。

## 【诊断要点】

1. 病史　常有白喉接触史。

2. 临床症状　咽喉疼痛，声嘶，犬吠样咳嗽，吞咽困难，或呼吸困难，喘鸣，甚则心悸怔忡。

3. 局部检查　喉核上可见灰白色假膜，假膜可超越喉关，覆盖软腭、悬雍垂或咽后壁。假膜与组织粘连较紧，不易剥离，如强行剥离可出血。假膜甚至延伸至喉部、气道，颈部有瘰核，甚者颈部肿大，状若"牛颈"。

4. 其他　咽拭子取咽部分泌物培养，可见白喉杆菌生长，或直接涂片找见白喉杆菌，即可确诊。

## 【辨证治疗】

辨治思路：白喉的发生总不离阴虚阳燥，故本病以"清、消、润、通"为治疗大法。

## 一、内治法

**1. 疫毒犯表，客于咽喉**

临床表现：初起全身症状轻微，咽部微痛不适，略有红肿。不发热或低热，恶寒，头痛，全身不适。舌质红，苔薄白或薄黄略干，脉浮数。

证候分析：疫毒犯表，客于咽喉，故见咽痛声嘶；疫毒上蒸咽喉肌膜，故可见咽喉红肿；恶寒发热、头痛、舌质红、苔薄白或薄黄略干、脉浮数等均为外邪袭表之征。

治法：疏风清热，解毒利咽。

方药：除瘟化毒汤加减。方中桑叶、葛根、薄荷疏风清热解表；银花、黄芩清肺解毒；生地、浙贝母、枇杷叶养阴清肺；竹叶、木通清热利水，引热下行；甘草清热解毒。可酌加山豆根解毒祛邪，土牛膝解白喉疫毒。

2. 疫毒化火，上攻咽喉

临床表现：咽痛剧烈，声音嘶哑，口臭，喉核红肿。伴高热口渴，面红，大便秘结，小便短赤。舌苔黄，脉洪数。

证候分析：患者素体阳盛，胃腑有热，感受疫毒，上攻咽喉，燔灼蚀损咽喉肌膜，故咽痛较剧、声嘶、喉核红肿；胃腑热盛，则高热、口臭、面赤；热结于下，则大便秘结、小便短赤；苔黄、脉洪数为胃热之象。

治法：泻火解毒，祛邪消肿。

方药：龙虎二仙汤加减。该方由白虎汤、犀角地黄汤、普济消毒饮等方加减而成，具有清热解毒，凉血救阴功效。可加土牛膝以解白喉疫毒；便秘，可加大黄；小便短赤，加泽泻、车前子；口渴甚，加天冬；发热甚，可加连翘、金银花。

3. 疫毒伤阴，正虚邪滞

临床表现：咽喉微痛微肿，吞咽时加重，咽干舌燥，干咳无痰。伴有低热、头昏、神疲。舌质红，苔薄黄少津，脉细数。

证候分析：素体肺肾阴虚，加之疫毒客于肺，阴虚阳热日久，阴津亏耗，故可见咽干舌燥，干咳无痰；邪热久留熏灼咽喉，故可见咽喉微痛微肿；低热头昏、神疲、舌质红、苔薄黄少津、脉细数为阴虚邪滞之象。

治法：养阴清肺，解毒祛邪。

方药：养阴清肺汤加减。本方以生地、玄参滋阴而清胃热；麦冬、川贝清肺热而化痰；白芍、牡丹皮平肝热而泻火；甘草和中而清热；薄荷引诸药上行，以利咽喉。可加土牛膝解白喉疫毒，且引热下行。

4. 疫毒深伏，入血凌心

临床表现：咽喉疼痛，声嘶或失音。烦躁不安，心悸怔忡，神疲乏力，面色苍白，口唇发绀，四肢厥冷，脉细欲绝或结代。

证候分析：疫毒深重，攻冲咽喉，热盛腐膜，故见咽痛、声音嘶哑等；疫毒内陷心包，耗阴伤气，血脉不荣，阴虚阳微，心肾不足，故可见烦躁不安、心悸怔忡、神疲乏力、面色苍白、口唇发绀、脉细欲绝或结代。

治法：益气养心，解毒复脉。

方药：三甲复脉汤加减。方中炙甘草、人参、大枣补气强心；地黄、阿胶、麦冬补阴血以养心；桂枝、生姜温通心阳；龟甲、鳖甲、牡蛎滋阴潜阳安神。可加土牛膝解毒利咽，并宜重用人参、炙甘草益气养心复脉，或可用炙甘草汤加减。

## 二、外治法

1. 含漱　金银花、土牛膝等量煎水含漱，每日多次，可清洁口腔，清热解毒，消肿止痛。
2. 吹药　用珠黄青吹口散或锡类散吹布于咽喉处，可清热解毒，祛腐止痛。
3. 含服　如六神丸，每次10小丸，每日2～3次，消肿止痛，辟邪开窍。

4. **其他** 疑有呼吸困难者,应密切观察,必要时及早施行气管切开术。

### 三、针灸治疗

1. **体针** 少商、合谷、尺泽、足三里等穴为主,配用天突、人中穴,强刺激,每日1次,有宣泄热毒的作用,可缓解喉痛及呼吸困难。

2. **刺血法** 舌下紫筋处,以消毒三棱针刺之,须令患者舌伸出口外,流出鲜血少许,再于两手少商、中冲、合谷及耳上紫筋各处放血,以宣泄热毒。

3. **穴位敷贴** 生巴豆、朱砂各0.5 g,研匀,置药用胶布上,敷贴于大椎、印堂或天突穴,8 h后取去,局部出现紫红色小水泡,用针挑破,有解毒退腐作用。

【预防与调护】

(1) 及时隔离患儿,对患儿的分泌物、用具、衣服、病室等均须严格消毒。
(2) 按时接种白百破三联疫苗。
(3) 流行期间勿去公共场所。
(4) 卧床休息至少2周。
(5) 饮食宜清淡而营养丰富,以流质、半流质为主。

【预后与转归】

本病预后取决于年龄、病变部位、临床类型、治疗及时与否及体质状况等,有无并发症对预后也很重要。一般常见的并发症有急喉风、喉麻痹、心悸、口眼歪斜等。

【古代文献摘录】

《重楼玉钥·卷上》:"缘此症发于肺肾,凡本质不足者,或遇燥气流行,或多食辛热之物,感触而发。初起者发热或不发热,鼻干唇燥,或咳或不咳。鼻通者轻,鼻塞者重。音声清亮气息调匀易治,若音哑气急即属不治。近有好奇之辈,一遇此症,即用象牙片动手于喉中,妄刮其白,益伤其喉,更速其死……经治之法,不外肺肾,总要养阴清肺,兼辛凉而散之为主,养阴清肺汤。"

【西医学中主要相关疾病认识】

**白喉** 是由白喉杆菌感染而致的急性传染病。其临床特征为咽、喉或鼻、气管、支气管等部位有灰白色假膜及强烈外毒素引起的毒血症,严重者可引起心肌炎和神经瘫痪等。

白喉杆菌侵入易感者上呼吸道黏膜后,在繁殖过程中产生外毒素造成局部组织炎症而致坏死。大量的纤维蛋白及组织坏死,炎症细胞、组织细胞分解物和白喉杆菌凝结在一起,形成本病特有的假膜。假膜与破坏的黏膜组织粘连甚紧,如强行擦去可出血。它多附着于咽、扁桃体、腭垂,可蔓延至鼻、鼻咽、喉、气管、支气管及肺泡,形成树状假膜。白喉潜伏期甚短,多为1~6日,根据假膜部位可分为咽白喉、喉白喉、鼻白喉及其他部位白喉等类型,但常混合出现。白喉抗毒素为治疗白喉的特效疗法,其作用为中和局部病灶和血循环中游离的白喉外毒素。抗生素首选大剂量青霉素,它能抑制白喉杆菌生长,从而阻止外毒素的产生,控制局部感染,减少传播。

## 第九节 鼾 眠

鼾眠是指由于禀赋异常或脏腑失调,痰瘀互结,壅塞鼻、咽、喉,阻塞上气道,肺系失畅所致的以睡眠时气息出入受阻而打鼾,甚或呼吸暂停为主要临床表现的疾病。西医学中的阻塞性睡眠呼吸暂停综合征可参考本篇进行辨证施治。

鼾眠的证候描述见于《诸病源候论·卷三十一》,其中说:"鼾眠者,眠里喉咽间有声也。人喉咙,气上下也,气血若调,虽寤寐不妨宣畅;气有不和,则冲击喉咽,而作声也。其有肥人眠作声者,但肥人气血沉厚,迫隘喉间,涩而不利亦作声。"

常见于中年以上的肥胖人群,也可见于部分儿童和青少年。

【病因病机】

位于上气道的鼻窍、颃颡、喉关和声户是呼吸气流出入之通道,亦为肺之门户,若该部位痰瘀互结,壅塞气道,则气息出入受阻,冲击作声;若上气道周边肌肉松弛,则吸气时气道塌陷,气息出入暂时停止(呼吸暂停)。

1. **痰瘀互结,气道阻塞** 肺主宣肃布津,脾主运化水湿,反复感邪或调摄不当,以致气化失常,运化失司,聚而生痰,痰湿上阻肺气,乃有鼾声;痰浊凝结日久,气血痹阻,痰瘀互结,壅塞气道,迫隘喉咽;气息出入不利而拍击作鼾,甚则呼吸暂停。

2. **肺脾气虚,气道萎陷** 嗜食肥甘,烟酒无度,损及脾胃,以致化源匮乏,土不生金,肺脾气虚。肌肉失去气血充养,则松软无力,弛张不收,不能维持气道张力,导致吸气时气道塌陷狭窄,气流出入受阻,故睡眠打鼾,甚则呼吸暂停。

禀赋异常如鼻中隔偏曲、小颌畸形、巨舌等局部异常,导致通气不畅也是鼾眠的原因。

【诊断要点】

1. **病史** 儿童多有喉核、腺样体肥大或鼻窒、鼻渊、鼻鼽等病史,中老年则多见于肥胖人群。

2. **临床症状** 睡眠打鼾,张口呼吸,躁动多梦,甚则一夜睡眠中出现多次短暂的呼吸暂停,白天则可出现头胀倦怠、胸闷窒塞、白天嗜睡、记忆衰退、注意力不集中等症状,儿童生长发育迟缓。

3. **局部检查**

(1) 鼻腔、鼻咽、口咽、喉咽等部位可发现一处或多处组织器官肥大或咽壁肌肉松弛塌陷阻塞气道,如鼻甲肥大、鼻息肉、鼻中隔偏曲、腺样体和扁桃体肥大、软腭肥厚下垂或吸气时塌陷、舌根后坠等。

(2) 纤维鼻咽喉镜、内镜检查和影像学检查有助于判断上气道阻塞平面和阻塞原因,对诊断和鉴别诊断有一定意义。

4. **其他** 应用多导睡眠监测仪(PSG)进行整夜连续的睡眠监测和记录分析,有助于确定打鼾的性质和程度。

【辨证论治】

辨治思路:本病以通畅气道为外治原则;以化痰散结,活血祛瘀;健脾益气,升清通窍为内治法则。

## 一、内治法

1. **痰瘀互结,气道阻塞**

临床表现:睡眠打鼾,张口呼吸,甚或呼吸暂停。形体肥胖,痰多胸闷,恶心纳呆,头重身困,唇黯。舌淡胖有齿印,或有瘀点,苔腻,脉弦滑或涩。

证候分析:反复感邪或调摄不当,以致气化失常,运化失司,痰湿阻肺,气机不利,日久气血瘀滞,血脉瘀阻。肥人多痰,病久致瘀,痰浊气血凝结,壅遏气道,迫隘喉咽,致气息出入不利,冲击作声,故睡眠打鼾,甚则呼吸暂停;痰瘀互结气道,迫隘喉咽;痰浊阻滞,气机升降失常,故痰多胸闷,恶心纳呆,头重身困;痰湿内阻,则舌淡胖,苔腻,脉弦滑;瘀血内结则唇暗,舌有瘀点,脉涩。

治法:化痰散结,活血祛瘀。

方药:导痰汤合桃红四物汤加减。方中半夏、制南星燥湿化痰,陈皮、枳实行气消痰,茯苓健脾利湿,桃仁、红花、当归、赤芍、川芎活血祛瘀,甘草调和诸药。若舌苔黄腻,可加黄芩以清热;局部组织肥厚增生,可加僵蚕、贝母、蛤壳、海浮石等以加强化痰散结之功效;身困嗜睡,加石菖蒲、茯神。

2. 肺脾气虚,气道萎陷

临床表现:睡眠打鼾,甚则呼吸暂停。形体肥胖,肌肉松软,行动迟缓,神疲乏力,食少便溏,记忆衰退,白天嗜睡。舌淡,苔白,脉细弱。本证多见于老人和儿童,儿童可见发育不良或虚胖,注意力不集中。

证候分析:肺主一身之气,脾为气血生化之源,又主肌肉,肺脾气虚,生化乏源,咽部肌肉失养,以致痿软无力,不能维持上气道张力,吸气时气道塌陷狭小,气流进入受阻,故睡眠打鼾,甚则呼吸暂停;脾虚不能运化水谷精微,则食少便溏;气虚,则神疲乏力、行动迟缓、形体虚胖;肺脾气虚,清阳不升,则记忆衰退、嗜睡、注意力不集中;小儿脾气虚弱,气血生化不足,可见形体消瘦或虚胖,发育不良;舌淡、苔白、脉细弱为气虚之象。

治法:健脾益气,开窍醒神。

方药:补中益气汤加减。方中党参、黄芪、白术、甘草健脾益气,陈皮理气养胃,当归养血,升麻、柴胡升阳。若夹痰湿,可加茯苓、薏苡仁、苍术健脾利湿助运,加半夏燥湿化痰;若兼血虚,可加熟地、白芍、枸杞子、桂圆肉以加强养血之力;若记忆力差,精神不集中,可加益智仁、芡实等;若嗜睡,可加石菖蒲、郁金以开窍醒脑。

## 二、外治法

1. **扁桃体啄治或烙治** 适合于扁桃体肥大引起者,啄治适合儿童,烙治适合成人。具体方法详见"乳蛾"篇外治法。

2. **气道持续正压通气** 通过专门的装置,在睡眠时持续向气道增加一定压力的正压气流,维持肌肉的张力,可防止上气道塌陷引起的呼吸阻塞,改善睡眠质量。

3. **手术治疗** 如果打鼾明确为鼻腔、鼻咽、口咽、喉咽等处组织器官肥大或咽部肌肉松弛引起,可以手术治疗。根据阻塞部位不同采取相应的手术,如鼻息肉摘除术、鼻中隔矫正术、下鼻甲部分切除术、腺样体或扁桃体切除术、腭垂腭咽成形术(UPPP)、腭咽成形术(PPP)等。

## 三、针灸推拿治疗

1. **体针** 以痰湿壅盛,经络闭阻立论,治以健脾化痰、疏通经络、调理气机。

主穴:百会、水沟、足三里、合谷、三阴交。

配穴:丰隆、列缺、尺泽、肺俞、太渊。

2. 推拿治疗

(1) 拿揉两侧胸锁乳突肌,揉、一指禅推两侧骶棘肌及斜方肌。重点按揉天鼎、中府、缺盆、天容、水突等穴,配合拿肩井、风池、少冲、合谷。

(2) 揉、一指禅推腰背部足太阳膀胱经、督脉,点揉肺俞、天柱。

以上每日 1 次,每次 25 min,20 次为 1 个疗程。

【预防与调护】

(1) 轻者可调整睡眠姿势,尽量采取侧卧位,可减少舌根后坠,改善通气。
(2) 本病与肥胖有一定关系,控制饮食、增加运动以减轻肥胖,有预防和辅助治疗作用。
(3) 有外感时积极治疗,以免加重鼻窍、颃颡及喉关等部位的阻塞症状。

【预后与转归】

儿童或青年患者多属单纯打鼾,若能去除上气道阻塞原因,辅以中医药治疗,预后良好;老年患者、重度肥胖及有心脑疾病者,存在猝死的风险,应明确诊断及时治疗。

【儿童患者诊疗注意事项】

(1) 儿童鼾眠的原因主要是扁桃体和腺样体肥大堵塞气道,和成人由多种原因所致有所不同。
(2) 儿童鼾眠由于存在慢性缺氧,对生长发育有影响,需要评估判断其危害性。
(3) 儿童 5 岁之前,采用保守治疗为宜,可以服药、喷鼻、啄治等方法;5 岁之后可以采取啄治或扁桃体和腺样体手术。

【古代文献摘录】

《伤寒论·辨太阳病脉证并治》:"风温为病,脉阴阳俱浮,自汗出,身重,多眠睡,鼻息必鼾,语言难出。"

【西医学中主要相关疾病认识】

阻塞性睡眠呼吸暂停低通气综合征 是一种具有潜在危险的病症。其主要特点是上气道不同截面的结构异常、狭窄、塌陷,在睡眠时气道无法维持生理性开放状态,导致患者发生打鼾、呼吸暂停或通气受限,引起夜间低氧血症,从而导致慢性缺氧状态和全身多脏器慢性损害。据统计发病率为 2%~4%,本病不仅对儿童生长发育,患者生活质量有较大影响,而且还是高血压病、脑血管意外、心肌梗死的危险因素。

睡眠呼吸暂停指成人在 7 h 的夜间睡眠时间内,至少有 30 次呼吸暂停,每次发作时口鼻气流停止≥10 s 以上,暂停期间伴有低氧血症;或呼吸暂停低通气指数(AHI)即每小时呼吸暂停低通气的平均次数≥5 次。阻塞性呼吸暂停是指呼吸暂停时口鼻无气流通过,而胸腹呼吸运动存在。本病的症状为睡眠时严重打鼾和反复的呼吸暂停现象,白天嗜睡、头痛。检查有上气道结构异常、狭窄、塌陷致使通气受阻。根据病因和阻塞程度,采取非手术治疗和手术治疗:非手术治疗包括减肥、侧卧位、药物治疗、鼻腔持续正压通气等。手术治疗的目标是解除上气道存在的结构性狭窄因素;往往根据阻塞部位制定手术方案,对多平面狭窄的患者可分期手术。

## 第十节 骨 鲠

骨鲠是因骨哽于咽、食道等处,导致以咽喉疼痛、吞咽不利为主要特征的疾病。其他异物停留在咽喉、食道者,也属骨鲠讨论范畴。骨鲠轻者引起局部疼痛不适,饮食困难;重者伤破食道、气管、血管,甚至引起窒息、大出血,可危及生命。

【病因病机】

多因进食不当,将食物中的骨、刺、核、壳或其他杂物咽下,或因儿童口含异物,哭、笑、惊恐或跌倒时不慎咽下。若异物损伤肌肉,邪毒侵袭,气血凝滞,热毒熏蒸,以致患部肌膜红肿、腐烂、化脓成痈。

异物停留在食道,比停留在咽部的病情严重。若骨片或其他尖锐异物刺破食道、气管、大血管,可引起肺部痈肿、大出血,甚至危及生命。

### 【诊断要点】

1. **病史**　多有误吞鱼骨或其他异物史,症状明显出现在误吞误咽之后。

2. **临床症状**

(1) 咽异物:咽喉疼痛,痛处固定。吞尖锐异物者呈针刺样痛,非尖锐异物者则为钝痛。吞咽饮食困难。小儿可出现流涎、呕吐、不能进食。异物停留在下咽部,涉及喉、气道者可有呼吸困难。异物伤及黏膜可有少量出血或唾液带血。

(2) 喉异物:多在进食、哭闹或嬉笑时,突然发生剧烈咳嗽、呼吸困难及唇色青紫。较小异物可因喉部痉挛而停留在喉腔,尖锐的异物停留于喉部,引起声哑、疼痛、咳嗽、呼吸和吞咽困难。异物较大者可阻塞喉部,致呼吸困难、发绀,甚至窒息。

(3) 食道异物:疼痛位于颈前、胸前正中处,亦可放射到背部。吞咽困难较重,常难以饮食。尖锐异物刺伤肌膜,可引起出血。较大异物压迫气管可引起呼吸困难,甚至引发儿童窒息。尖硬异物有可能刺破食道和气管,甚至刺破大血管,导致生命危险。

3. **局部检查**

(1) 咽喉异物:多存留在扁桃体陷窝内、扁桃体下极、舌根、会厌谷、梨状窝、咽侧壁、声门或附近等处,口咽部检查、间接喉镜或直接喉镜检查可发现骨刺停留或损伤的部位(彩图23)。

(2) 食道异物:多停留在食管入口及胸上段,X线食管钡棉透视多可见钡棉勾挂现象。食管镜检查可发现并取出异物。

### 【辨证治疗】

辨治思路:误咽异物后切忌强行下咽,以免造成食管异物,或损伤食道,增加并发症和取出的难度。治疗以取出异物为主。如异物损伤致患部染毒,红肿化脓者,应配合内服药物治疗。

## 一、外治法

口咽部异物在直视下取出,舌根部和喉咽部异物,一般在间接喉镜下取出;少数梨状窝异物,或小儿不合作,或舌背高凸不能合作者,在麻醉下经喉镜取出;食道内异物早期而无合并症者,应做食管镜检术取出异物。

伴有较严重的全身反应如发热、失水等情况者,可在改善全身情况后,再取异物。

## 二、内治法

**患部刺伤,邪毒侵袭**

临床表现:患部疼痛,吞咽尤甚,饮食难入,痰涎壅盛,语音含糊,转颈受限。伴发热,颌下臖核肿胀、压痛。舌红,苔黄腻,脉数。

证候分析:异物损伤咽部,刺伤黏膜、肌肉,故咽痛,饮食吞咽受限;损伤日久,邪毒乘隙而入,蕴而化热,腐肉酿脓,故患部红肿化脓;邪热壅盛,正邪交争故发热。

治法:清热解毒,利咽消肿。

方药:清咽利膈汤。方中加牡丹皮、赤芍以凉血活血。痰涎壅盛者,加天竺黄、胆南星;脓肿已成,应切开排脓,用仙方活命饮,以清热解毒,活血排脓,内服慎用苦寒;邪毒内陷,出现壮热,烦躁,谵语,舌红绛者,用清瘟败毒饮,以大清气血,泻火解毒。

微小异物较难检查发现,但患者病史明确,咽喉疼痛者,或可用威灵仙 30 g,加水两碗,煎成半碗,加醋半碗徐徐咽下,日服 1~2 剂,密切观察病情变化。

### 【预防与调护】

(1) 教育儿童不要将玩具、硬币等异物入口,以防发生误吞。
(2) 骨鲠患者不可用食物强行下咽,以免将异物推向深处。
(3) 疑为食道异物,患者有发热等表现,不能立刻取出者,应禁食,经输液治疗缓解全身症状,创造条件取出异物。

### 【预后与转归】

骨鲠及时诊治,一般预后较好。若有染毒,则病情加重;食道异物损伤大血脉,可引起大出血而死亡;喉异物或食道异物累及喉、气道者,若抢救不及时,可致窒息甚至危及生命。

### 【古代文献摘录】

《圣济总录·卷一百二十四·咽喉门》:"治鹅、鸭及鸡骨鲠在喉中,桂香散方:桂去粗皮半两,陈橘皮汤浸去白焙一分,上二味捣罗为散。每用一钱匕,绵裹含咽,十度其骨软渐消。"

《普济方·卷六十四》治骨鲠:"用赤华叶、威灵仙心,以井花水二盏,煎至一盏,诸般鸡鹅骨,吞下软如绵。"

### 【西医学中主要相关疾病认识】

1. **咽异物** 咽异物的定位诊断——吞咽反射弧的传入神经来自脑神经,其感受器分布于咽部肌膜中。这些感觉神经纤维左右分布且不交叉,但上下交叉重合分布。所以咽异物的左右定位与患者的刺痛感部位相同,而咽异物的上下定位与患者刺痛感定位有时并不一致。

2. **喉异物** 喉异物属危急重症,应及时取出。若呼吸困难严重有窒息之虞,应先行紧急气管切开,待呼吸平稳后再取出异物。

3. **食管异物** 经 X 线钡餐检查可确定有无食管异物及异物的性质、形状、部位等。但对有食管出血或食管穿孔可疑的病例,可摄食管 X 线片,而不宜做钡餐检查,以免钡餐冲脱凝血块引起突然发生的大出血,或钡餐流入纵隔而加重病情。

## 第十一节 梅核气

梅核气是因情志不遂,肝气郁滞,或痰气互结,阻于咽喉所致,以咽中似梅核阻塞,咯之不出,咽之不下为主要表现的疾病。西医中的咽部神经症或癔球症可参考本篇进行辨证施治。

《金匮要略·妇人杂病脉证并治》的"妇人咽中如有炙脔"被认为是最早对梅核气症状的描述。痰凝气滞壅遏胸膈,有形之痰、无形之气结聚于咽,《诸病源候论·卷三十九》:"此胸膈痰结,与气相搏,逆上咽喉之间结聚。"《仁斋直指方·卷五》提出了"梅核气"病名:"梅核气者,窒碍于咽喉之间,咯之不出,咽之不下,如梅核之状者是也。"在古代医籍中尚有"梅核风""回食丹"等别名。

本病多发于情志不遂之人,女性多见,患者有多疑心理,以致影响工作和生活。

## 【病因病机】

发病多与情志抑郁,肝气不舒,或气滞生痰有关,痰气交阻,结于咽喉而病。

1. **肝失条达,气郁咽喉** 肝主疏泄,性喜条达,若为情志所伤或素属情志抑郁之人,则肝失条达,气机不利,肝气郁结,气上逆,郁滞于咽喉发为梅核气。

2. **痰气互结,阻于咽喉** 脾胃素虚,或思虑伤脾,或肝郁日久,肝木横逆克脾土,致肝郁脾滞,运化失司,津液不得输布,积聚成痰,有形之痰、无形之气结聚于咽而发病,正如《喉科大成·卷三》所说:"七情气郁,结成痰涎,随气积聚……或塞咽喉如梅核粉絮样,咯不出,咽不下。"

## 【诊断要点】

1. **病史** 可有情志波动或精神创伤病史。
2. **临床症状** 以咽部异物阻塞感为主要症状。其状或如梅核,或如炙脔,或如贴棉絮,或如痰阻,咯之不出,咽之不下,不碍饮食及呼吸。多在情志不舒、心情郁闷时症状加重。
3. **局部检查** 咽喉部黏膜无充血、肿胀,无异物及新生物,吞咽及发音活动无障碍。

## 【辨证论治】

辨治思路:以疏肝理气、化痰利气为主要治法,同时应注意对患者精神上的安慰和开导。

## 一、内治法

### 1. 肝失条达,气郁咽喉

临床表现:咽喉异物感,如梅核塞于咽喉部,吞之不下,吐之不出,但不碍饮食。或抑郁寡欢,胸胁胀满,心烦,喜太息。舌质淡红,苔薄白,脉弦。

证候分析:肝经循行于咽喉,平素情志抑郁,肝气郁结,疏泄失常,气机阻滞,结于咽喉,故咽喉有异物感,状如梅核或肿物;无形气结,故吞之不下,吐之不出而不碍饮食;肝为将军之官而主谋虑,肝郁不舒,则精神抑郁,胸胁胀满,心烦而喜太息。

治法:疏肝理气,散结解郁。

方药:逍遥散加减。方中柴胡疏肝解郁,薄荷助柴胡疏肝,当归、白芍养血柔肝,白术、茯苓健脾祛湿,生姜、甘草益气补中。可选加香附、苏梗、绿萼梅以助理气利咽;烦躁易怒、头痛不适、口干者,可加牡丹皮、栀子;失眠者,可加合欢花、酸枣仁、五味子、夜交藤;情志抑郁明显者,亦可配合越鞠丸加减。

### 2. 痰气互结,阻于咽喉

临床表现:咽喉异物感,咽喉多痰,咳吐不爽。肢倦纳呆,脘腹胀满,嗳气。舌淡红,苔白腻,脉弦滑。

证候分析:忧思伤脾,或肝木乘土,致脾失健运,聚湿生痰,痰气互结,有形之痰、无形之气结聚咽喉,故咽喉异物感、喉中痰多、咳吐不爽、咳嗽痰白;痰湿困脾,则肢倦纳呆、脘腹胀满;肝脾不和,胃气上逆,则嗳气;舌淡红、苔白腻、脉弦滑均为内有痰湿之候。

治法:理气化滞,除痰散结。

方药:半夏厚朴汤加减。方中半夏、生姜辛以散结,苦以降逆;厚朴行气导滞;茯苓健脾利湿除痰;紫苏行气宽中,俾气舒痰去,病自愈矣。精神症状明显、多疑多虑者,可加炙甘草、大枣、浮小麦;胸闷痰多者,加瓜蒌仁、薤白;纳呆、苔厚腻者,加砂仁、陈皮;若兼脾虚者,可合四君子汤加减。若兼气滞血瘀者,可用桃红四物汤合二陈汤。方中桃仁、红花、川芎活血祛瘀,当归、生地、芍药和血养阴润燥,二陈汤祛湿除痰理气。若见病久乏力、面色不华、舌质淡者,可加黄芪、鸡血藤;胸胁不舒者,加柴胡、苏梗、枳壳;痰湿盛者,加半夏、瓜蒌皮。

## 二、针灸治疗

1. **体针** 毫针刺廉泉穴,针尖向上刺至舌根部,令患者做吞咽动作,至异物感减轻或消失时出针。或取合谷、内关、天突、舌三针、扶突、肝俞、心俞等,每日1次。

2. **耳压** 取肝、肺、咽喉、内分泌、气管、肾上腺、神门穴等,用王不留行籽贴压,每日揉压数次以加强刺激。

3. **灸法** 取膻中、中脘、脾俞、气海、肾俞穴等,灸3~5壮,每日1次。

4. **穴位埋线** 取天突或膻中穴做穴位埋线。

## 【预防与调护】

(1) 细心开导,解除思想顾虑,增强治疗信心。
(2) 少食煎炒炙焯辛辣食物。
(3) 加强锻炼,或用咽喉部的导引法进行锻炼。

## 【古代文献摘录】

《金匮要略·妇人杂病脉证并治》:"妇人咽中如有炙脔,半夏厚朴汤主之。"
《赤水玄珠·卷三》:"梅核气者,喉中介介如梗状,又曰痰结块在喉间,吐之不出,咽之不下是也。"

## 【西医学中主要相关疾病认识】

**咽异感症** 常泛指发生在咽、喉以及食管上段各种咽部异常感觉,以中年妇女多见。引起咽异感的病因较多,非器质性因素主要是由大脑功能失调引起的咽部功能障碍,常见有心理因素、精神因素、自主神经功能紊乱等,包括咽神经症、癔病、焦虑状态、精神分裂症等。治疗主要指针对各种病因进行治疗,根据情况分别采用心理疗法和对症疗法。

# 第十二节 喉咳

喉咳是指因外邪侵袭、脏腑亏虚或脏腑失调、痰凝气滞及异气刺激咽喉所致的以突然和反复发作的咽喉干痒、咳嗽痰少为主要临床表现的咽喉疾病。西医学中咽、喉等部位疾病所致的咳嗽可参考本篇辨证施治。

喉咳多由咽喉疾病医治未愈,迁延而来。该病名首见于《中医临床诊疗术语·疾病部分》(GB),《干氏耳鼻咽喉口腔科学》所载之"喉源性咳嗽"与此相同。古代医家有些咳嗽的论述,与本病相关,例如《诸病源候论·卷十四》谓:"肺主于气,候皮毛……因乘风取凉,冷气卒伤于肺,即发成嗽……其状,嗽甚而少涎沫。"寒邪入里,余邪未清,郁久而咳。《证治汇补·八卷杂病·咳嗽门》谓"外感风寒,概应温散,不知久则传里,变为郁咳"与《医碥·咳嗽》云"木火刑金而肺叶干皱则痒,痒则咳,此不必有痰,故名干咳"等与本证相类似。

## 【病因病机】

喉咳的发生,常因外邪侵袭,禀质特异,卫表不固,脏腑虚损,或脏腑功能失调,咽喉失于濡养而致,气候、饮食、情志等因素亦可诱发。

1. **风邪犯肺,咽喉不利**　风为六淫之首、"百病之长",喉咳以风为先导。《素问·太阳阳明论篇》曰:"伤于风者,上先受之。"肺为华盖,而咽喉又在肺之上端,故外邪最易侵犯。若风邪外袭,邪壅肺系,肺气闭郁,肺失宣肃,邪聚咽喉,咽喉不利,发为喉咳。《诸病源候论·卷十三》:"肺主于气,邪乘于肺,则肺胀,胀则肺管不利,不利则气道涩,故气上喘逆。"

2. **脾虚失运,痰凝咽喉**　脾气虚弱,运化无力,水湿停聚,聚湿为痰,痰浊停凝咽喉,加之脾胃虚弱,化生不足,咽喉失养,无力祛痰,痰聚咽喉,不得散泄,发为喉咳。

3. **阴虚火旺,上灼咽喉**　素体阴虚,或久病失治,或过用辛燥,或房劳过度,肺肾之阴不足,咽喉失于滋养,加之阴虚,虚火上炎,熏灼咽喉,咽喉干燥不适,发为喉咳。《诸病源候论·卷三》曰:"虚劳而咳嗽者,脏腑气衰,邪伤于肺故也。"《类经·卷十六》云:"水涸金枯则肺苦于燥,肺燥则痒,痒则咳不能已也。"

4. **禀质特异,卫表不固**　素属禀赋特异之躯,化学异气,虚邪贼风易从口鼻外袭。邪毒交结于血分,循经上犯咽喉,发为喉咳。

## 【诊断要点】

1. **病史**　多有喉痹或外感史。
2. **临床表现**　以阵发性咽痒咳嗽,干咳无痰或少痰,或有异物阻塞感为主要特征。
3. **局部检查**　咽部黏膜检查无异常,或可见咽部或喉部黏膜轻度肿胀,微红。
4. **其他检查**　喉镜检查、胸片等检查以排除其他疾病所致咳嗽。

## 【辨证论治】

辨治思路:本病以"疏风散邪,清咽利喉"为基本治疗大法,可辅以润燥止咳,补肺益气。

## 一、内治法

1. **风邪犯肺,咽喉不利**

临床表现:咽痒、干咳,痰少不易咯出,咽部异物感,稍遇风凉则咽痒甚,痒即作咳,咽痒咳剧多呈阵发性,咳甚则声嘶。可兼有发热恶风,口干欲饮,尿黄便干,或恶寒肢冷,鼻塞清涕,痰稀量少,重者音哑。舌质淡红,舌苔薄黄或薄白,脉浮数或浮紧。

证候分析:咽喉为气息出入之门,肺系之首冲,风邪犯肺,先及咽喉,肺失清肃,故咽痒咳嗽,鼻流清涕,痰稀量少;声门开合不利,故声嘶;感受风邪,则舌淡红,舌苔薄黄或薄白,脉浮。

治法:疏风散邪,利咽止咳。

方药:止嗽散加减。方中荆芥疏风解表;桔梗、白前升降肺气;紫菀、百部润肺止嗽;桔梗、甘草、陈皮宣肺化痰利咽,适用于外感咳嗽迁延不愈,表邪未净,或愈而复发者。风寒者宜疏风散寒、开喉利咽、止咳,以三拗汤加减,表邪未净,或愈而复发。风热者宜疏风清热,清喉利咽、止咳。

2. **脾虚失运,痰凝咽喉**

临床表现:咽痒、咳嗽频频,痰黏白而量多,咳声短促,嗽而气急,上气不足,反复发作,劳则加重。伴见神疲乏力,少气懒言,面色晦滞,纳呆便溏,胸闷脘痞等。舌淡胖有齿印,苔白或腻,脉细弱。

证候分析：脾气虚弱，不能化津，聚而生痰，渍于咽喉，痰性黏滞，故导致咽中异物感，喉痒不舒；痰阻气机，故见咽痒即作咳，咳声短促；脾气虚弱，咽喉失养，则咽痒作咳反复发作，遇劳加重；神疲乏力，少气懒言，面色晦滞，纳呆便溏，舌质淡胖有齿印，苔白或腻，脉细弱均为脾虚痰浊之征。

治法：健脾化痰，利咽止咳。

方药：六君子汤加减。方中党参、白术、茯苓、甘草健脾益气，半夏、陈皮理气化痰。咽痒者，加防风、僵蚕、地龙等祛风止痒药；气虚重者，加黄芪、淮山等药。

3. 阴虚火旺，上灼咽喉

临床表现：咽痒不适，咳嗽频频，痰少黏稠，不易咯出，或"吭喀"清嗓不止，咽部干燥，灼热疼痛。少气懒言，形体消瘦，五心烦热，潮红盗汗，唇红颧赤，耳鸣耳聋，腰膝酸软，声音嘶哑。舌质红，苔薄少津或苔少，脉细数。

证候分析：肺阴亏虚，虚火上炎，津液不能濡养上承，故见咽喉发痒微痛，饮水则舒，多言则咳，无痰或少痰；声门开户不利故声嘶，肺肾阴亏故见神疲消瘦，面部潮红，五心烦热，腰酸腿软；舌红，苔少，脉细数为阴虚火旺之征。

治法：滋阴降火，润喉止咳。

方药：百合固金汤合贝母瓜蒌散加减。若腰膝酸软、唇红颧赤者，可酌加入枸杞子、制首乌、女贞子、黄精等药；若患者咳而遗溺，可入狗脊、续断等补肾药；或可辅以杏仁、桔梗、川贝母等药。

4. 禀质特异，卫表不固

临床表现：咽痒不适，咳嗽痰黏，稍遇风冷或遇异气则咳嗽加剧，气促痰鸣。或畏风肢冷，或咳嗽频频，痰涎清稀量多，肌肤灼痒。舌质淡，苔薄白，脉弱。

证候分析：禀质特异，吸入异气以致肺气上逆，咳嗽不止；邪滞喉间，则咽痒干咳；卫表不固，营卫失调，驱邪乏力，故畏风怕冷；肺气虚损，故见气短懒言，舌质淡，苔薄白，脉弱。

治法：益气固表，祛风止咳。

方药：玉屏风散合桂枝汤加减。配合应用蝉蜕、荆芥、金沸草、墨旱莲、紫草等脱敏祛风之品，咳甚者，可加用五味子、乌梅、柯子肉等收敛止咳之品；肺气虚甚者，可加用党参、淮山药等；肾气虚甚者，可加用补骨脂、磁石、蛤蚧、核桃仁等。

## 二、外治法

1. **含漱法** 用有疏风解毒、行气化痰、利咽止咳之功的中药煎水含漱。
2. **雾化吸入法** 超声雾化吸入选择疏风散邪、利咽止咳药。
3. **吹药法** 咽喉部吹药用冰硼散。

## 三、针灸治疗

1. **体针** 选用相应的腧穴治疗，每次主穴、配穴可各选2～3穴，根据病情可用补法或泻法。每日1次，5～10次为1个疗程。

主穴：合谷、列缺、照海、肺俞、太渊、太溪、经渠。

配穴：足三里、大椎、曲池、外关、尺泽、丰隆、脾俞、风门、天突、定喘等。

2. **耳针** 可选咽喉、肺、肝、气管、神门。针刺双侧，用中等刺激，留针10～20 min。或埋针，或可用王不留行籽，或六神丸，两耳交替使用贴压法，隔日1次，5～10次为1个疗程。

3. **灸法** 主要用于体质虚寒者或正气虚较甚者,可选大椎、合谷、足三里、三阴交、气海、关元、肺俞、肾俞等穴。悬灸或隔姜灸,每次2～3穴,每穴20 min,10次为1个疗程。

4. **穴位按摩或穴位注射** 大椎、风门、肺俞、天突、膻中。每次取2～4穴。

5. **拔罐** 肺俞、膈俞、风门、膏肓。每日1次,留罐15 min,一般10次为1个疗程。

## 【预防与调护】

(1) 戒烟酒、辛辣肥甘厚味及海腥食物。

(2) 避免接触刺激性、敏感性气味。

(3) 忌滥用甜味的糖浆制剂。

## 【预后与转归】

本病一般预后好,部分患者可反复发作。

## 【古代文献摘录】

《景岳全书·咳嗽》云:"肺苦于燥,肺燥则痒,痒则咳不能已也。"

## 【西医学中主要相关疾病认识】

**慢性变应性咽炎** 慢性变应性咽炎即慢性过敏性咽炎,是指由免疫应答引起的发生于咽部黏膜的Ⅰ型变态反应性病变。可单独存在,也可作为呼吸道过敏性疾病的一部分。另有临床观察及研究证实某些感染性咽炎患者和有明确接触有害物质刺激所患咽炎患者表现出与变态反应性咽炎相同的症状、体征和实验室检查所见(如嗜酸性粒细胞增多、血清总IgE增高等)。

西医学多认为该病是一种免疫介导的疾病,临床上的主要治疗原则为:① 避免接触变应原及各种理化因素强刺激。② 应用抗组胺药、肥大细胞膜稳定剂、抗胆碱药治疗。③ 局部或全身应用糖皮质激素。④ 免疫调节剂治疗。西医治疗短期疗效确切,但是长期应用激素有较大的副作用,且长期随访疗效不满意。因此,西医治疗本病有一定的局限性,成为临床上常见的顽症。

# 第十三节　烂喉丹痧

烂喉丹痧是外感疫毒而引起的一种急性传染病。临床以发热、咽喉肿痛溃烂、肌肤丹痧密布为主要特征,多发于冬春两季。本病因有咽喉溃烂、肌肤丹痧故称为"烂喉丹痧""烂喉痧";由于肌肤发生的痧疹赤若涂丹,故称"丹痧";因其可互相传染引起流行,属于时疫,故又称"疫喉痧""疫喉""时喉痧"等。西医学中的猩红热可参考本篇进行辨证施治。

本病最早在《金匮要略·百合狐惑阴阳毒病脉证治》所述"阳毒"条中有"面赤斑斑如锦纹,咽喉痛,唾脓血"类似记载;《诸病源候论》将所载"阳毒"归于"时气候",指出其有传染性,甚至能酿成流行。清代金保三《烂喉丹痧辑要·叶天士医案》中的记载,真实反映了曾经流行的情况:"雍正癸丑年间,有烂喉痧一症,发于冬春之际,不分老幼,遍相传染,发则壮热烦渴,丹密肌红,宛如锦纹,咽喉痛肿烂,一团火热内炽。"

本病多发于儿童,发病季节冬春多见。

## 【病因病机】

冬春气候变化反常,酿成疫疠邪毒。若值人体正气亏虚,腠理疏松,寒温失调,则疫疠邪毒从口鼻而入,驻于咽喉,内犯肺胃,疫疠邪毒为温热时毒,具有攻窜之性,其性炽烈,易于内传,变化凶险。病初肺卫受邪,则见发热恶寒;热毒冲攻咽喉,则咽喉红肿溃烂;热毒蒸腾肺胃,窜扰血络,发为肌肤丹疹。小儿稚阳之体,卫外不固,易染邪成病。

1. **疫毒攻侵,相争肺卫** 疫疠邪毒为温热时毒,从口鼻而入,驻于咽喉,内犯肺胃。
2. **疫毒炽盛,壅结气分** 疫毒其性炽烈,内传肺胃,壅结阳明气分,肺胃实热和疫毒交炽上攻,咽喉红肿溃烂,热毒窜扰血络,肌肤丹疹密布。
3. **毒陷营血,热燔营血** 若正虚邪盛,疫毒内陷营血,热燔气营,肌肤丹疹成片;邪毒壅结咽喉,肿痛溃烂,或疫毒逆传心包,扰乱神明。
4. **余毒未尽,肺胃阴伤** 疫病后期,余邪未尽,正气亏虚,阴液耗伤,体质未复。

## 【诊断要点】

1. **病史** 多发于冬春季节,有烂喉丹痧流行病史和接触史。
2. **临床症状** 起病急骤,发热,咽喉红肿溃烂,肌肤丹痧密布。多数患者在发病后 12～24 h 内出现丹痧,一日之内遍布全身。
3. **局部检查** 咽部及喉核充血、肿胀,表面有黄白腐物易拭去,或软腭部位有红色小出血点,颈部臖核肿大。
4. **其他** 发热 1～2 日内出疹,皮肤丹痧为弥漫性针尖状小点,微高于皮肤,压之褪色,丹痧之间呈一片红晕,丹痧消退后皮肤有脱屑,但无色斑痕迹。丹痧最早见于腋下、腹股沟、颈部,渐次延及胸背、腹部和四肢,面部潮红无皮疹,口唇周围苍白。
病初舌红苔白厚,根部乳头突起如"草莓舌",2～4 日后白苔脱落,舌面红绛起刺状如"杨梅舌"。咽拭子培养 A 组 β 溶血性链球菌(＋)。

## 【鉴别诊断】

1. **风疹** 风疹全身症状轻,无咽痛溃疡。于发热 1～2 日后出疹,呈稀疏淡红色小丘疹,疹后无脱屑及色素沉着。
2. **麻疹** 麻疹虽发热、咽痛但无咽部溃疡,颊黏膜处可见柯氏斑。一般于起病 3～4 日后出疹,呈暗红色丘疹,疹后脱屑留有棕色斑痕。

## 【辨证论治】

辨治思路:本病以清热解毒为基本原则。初期邪在肺卫,治宜清解透表;中期热毒亢炽于里,燔灼营血,宜清热泄下或清营凉血;后期邪退正气未复,宜清热育阴。

## 一、内治法

**1. 疫毒攻侵,相争肺卫**

临床表现:初起憎寒发热,咽喉疼痛;继而壮热口渴,咽部红肿加重,喉核点状溃烂;肌肤丹痧隐现。舌红,苔白厚欠润,或有珠突起如草莓,脉数。

证候分析:疫毒乃温热时毒,攻侵肺卫,卫气闭郁,则见憎寒发热;邪驻咽喉,则咽喉疼痛;热毒炽烈,故热势壮盛;热盛伤津而现口渴;咽喉乃肺胃门户,热毒攻侵,驻于咽喉,轻则红肿疼痛,重则腐败溃烂;热毒外窜肌肤,肌肤丹痧隐现;舌红、苔白厚欠润、脉数为邪尚在卫表而热毒强盛。

治法:清热解毒,透表泄热。

方药:疏风清热汤。方中荆芥、防风、牛蒡、桑白皮、桔梗辛凉透表,宣肺散邪,使疫毒从汗而解;银花、连翘、黄芩清解热毒;玄参、天花粉、赤芍泄热存津。咽喉肿痛腐溃,加挂金灯、射干、马勃、大青叶、土牛膝。

2. **疫毒炽盛,壅结气分**

临床表现:壮热烦渴,咽喉红肿溃烂成片,肌肤丹痧显露。舌红赤生珠,苔黄燥,脉洪数。

证候分析:疫毒炽盛,深入肺胃,壅结气分。气分热盛,故见壮热烦渴;热毒上攻,壅结咽喉,以致咽喉膜败肉腐,溃烂成片;热毒外窜肌肤血络,丹痧显露;舌红赤生珠、苔黄燥、脉洪数为气分热毒炽盛。

治法:清热解毒,凉膈泄热。

方药:清心凉膈散加减。方中生石膏清气分之热;连翘、黄芩、竹叶、山栀清火泄热;薄荷、桔梗、甘草宣畅上焦,利咽解毒。咽痛甚,加射干、山豆根、马勃利咽止痛;大便闭结者,酌加大黄、芒硝;气分热毒盛极者,加银花、大青叶、连翘、牛角等以清泄热毒。

3. **毒陷营血,热燔营血**

临床表现:咽喉肿痛糜烂成片,甚者堵塞气道,声哑气急。丹痧密布,红晕如斑或紫赤成片,壮热汗多,口渴烦躁,甚者昏蒙欲睡或神昏谵语。舌绛而干或起芒刺,状如杨梅,脉细数。

证候分析:热毒化火入营,燔灼气营,病情凶险易出现危急变证。气分热盛,故见壮热多汗,口渴烦躁;毒陷营血,热灼血络,迫血外溢,故丹痧密布,红晕如斑,甚则紫赤成片;热势洪盛,燔灼咽喉,血肉腐败而肿痛愈甚或出血,若腐膜脱落,窒塞气道,即变生危候;若疫毒逆传心包,堵塞机窍而昏蒙欲睡;逼乱神明,则神昏谵语;火毒截伤营阴而现"杨梅舌"和细数脉。

治法:清气凉血,泄热存阴。

方药:凉营清气汤。方中栀子、薄荷、连翘、川连、生石膏透转气分邪热;牛角、牡丹皮、生地、赤芍清热解毒,凉血活血;玄参、石斛、竹叶、芦根泄热存津。若邪遏在内,逆传心包,宜加用紫雪丹、至宝丹、安宫牛黄丸等清热解毒,清心开窍。

4. **余毒未尽,肺胃阴伤**

临床表现:壮热已除,咽部疼痛减轻,肿胀腐烂渐减。午后低热,口舌干燥,肌肤斑疹消退,肌肤甲错,干燥脱屑。舌红,少苔,脉细数。

证候分析:热毒衰退,壮热已除;然余毒未尽,阴津未复,故见午后低热,口舌干燥;肌肤甲错、肤干脱屑、舌红而干、脉细数为阴津耗伤征象。

治法:滋阴生津,清肃余毒。

方药:清咽养荣汤或百合固金汤。方用西洋参(或北沙参、太子参)益气养阴;天冬、麦冬、生地、玄参甘寒养阴;白术、甘草酸甘化阴;知母、天花粉养阴,兼清泄余热;茯苓宁心安神。若余毒未尽,低热咽痛者,加银柴胡、青蒿、地骨皮、白薇透泄余邪;若伤阴动血者,加女贞子、旱莲草、白茅根凉血止血;若丹痧已退,肤干脱屑,用紫草、赤芍、牡丹皮凉血润燥。

## 二、外治法

以维护口腔、咽喉清洁及局部消肿止痛、祛腐生肌为主要原则。

1. **吹药** 初期咽部吹用西瓜霜、玉钥匙消肿止痛,咽部溃烂吹用锡类散、冰硼散祛腐生肌。

2. 含漱　用清热解毒药煎水频频含漱清洁口腔咽喉。

### 三、针灸治疗

1. 体针　早期、中期宜泻法泄除热毒,取穴内关、合谷、尺泽、鱼际、厉兑；后期平补平泻法,取穴太溪、太冲、三阴交、复溜、照海、天宝。

2. 针刺放血　早期、中期热毒盛时,取少商、商阳,高热加委中,点刺出血；或耳垂用三棱针点刺,挤出鲜血10滴,根据病情可重复进行。

## 【预防与调护】

(1) 顺应节气,调适冷暖；加强体质,经常保持室内空气流通。

(2) 冬春流行季节,预防为主；少去公共场所,可服用板蓝根、大青叶、蒲公英等煎剂预防。

(3) 消毒隔离,防止传染；对发病人群应做好消毒隔离,密切接触者应给予预防用药。

## 【预后与转归】

本病早期治疗,辨证准确,疗效满意。若治不及时或治不得当,可引起脓耳、鼻渊、咳嗽、心悸怔忡、水肿等并发症。

## 【儿童患者诊疗注意事项】

(1) 烂喉丹痧好发于冬春季节,3~7岁的学龄前儿童是易感群体。

(2) 儿童患者的前驱症状通常为咽痛、高热,继而出现皮疹。皮疹一般在起病后24 h内出现,具有特征性,要仔细辨别皮疹特点和出疹时间。

(3) 儿童烂喉丹痧容易发生脓耳、鼻渊、喉风、水肿等并发症,应积极用药,知危防变。

(4) 注意维护口腔、咽喉、皮肤清洁,防止皮疹抓破。

## 【古代文献摘录】

《喉痧证治概要》:"时疫喉痧,由来久矣,壬寅春起,寒暖无常,天时不正,屡见盛行……独称时疫烂喉丹痧者何也,因此症发于夏秋者少,冬春者多。乃冬不藏精,冬应寒而反温,春犹禁禁,春应温而反冷,经所谓非其时而有其气,酿成疫疬之邪也。邪从口鼻,入于肺胃,咽喉为肺胃之门户,暴寒束于外,疫毒郁于内,蒸腾肺胃两经,厥少之火,乘势上亢,于是发为烂喉丹痧。"

## 【西医学中主要相关疾病认识】

猩红热　是由A组链球菌引起的咽峡炎、扁桃体化脓性病灶和全身毒血症,链球菌产生的红斑毒素进入血液循环,引起发热、头痛、呕吐,皮肤、黏膜血管弥漫性充血及出血性皮疹。临床症状以急性扁桃体炎咽峡炎、皮疹为特殊表现。皮疹一般在起病后24 h内出现,广泛散布针尖大小、密集均匀的点状微隆起的猩红色皮疹,触之有细沙样感觉。皮疹开始于耳后、颈部、上胸部,24 h内迅速蔓延至全身,2~4日内按出疹顺序完全消退,1周后按糠屑样脱皮；疹初呈现"草莓舌",2~4日后呈现"杨梅舌"。严重病例可能出现感染性休克或中毒性心肌炎。诊断依据咽部化脓灶、典型皮疹、"杨梅舌"、咽拭培养A组链球菌阳性。治疗以青霉素为首选,疗程10日,同时注意防止发生并发症,重症患者或有中毒症状者可用激素配合治疗。

# 第十四节　杨梅喉疳

杨梅喉疳系指杨梅邪毒结于肺胃,或邪入血脉,损及肝肾,肝肾阴虚,咽喉失养,邪聚咽喉等所致的以咽痛、吞咽困难,咽喉或上腭出现大小不等的黄白色点状溃疡,形似杨梅等为主要临床表现的咽喉疾病。西医学中的咽喉部梅毒可参考本篇进行辨证施治。

《外科正宗·杨梅疮总论》谓:"夫杨梅疮者,以其形似杨梅。"亦有文献谓本病为"过桥疳",《疡医大全·卷十七》谓:"过桥疳,生咽喉之下,肺管之上,看之不见,吹药不到,饮食妨碍,此杨梅结毒于肺胃也。"

【病因病机】

1. 杨梅邪毒,结聚肺胃　杨梅邪毒失治、误治,邪毒壅盛,专窜咽喉,加之饮食失节,过食辛热煎炒、醇酒厚味,肺胃热盛,热邪引动毒邪,上攻咽喉而发为本病。

2. 邪毒入血,损及肝肾　杨梅结毒未尽,蛰伏血脉之中,耗伤正气,加之房劳过度,肝肾阴液亏耗,咽喉失于滋养,邪毒走窜咽喉,脱毒无力,发为本病。

3. 邪毒久留,气滞血瘀　杨梅邪毒,日久未愈,邪毒久留,耗气伤液,痹阻脉络,气机阻滞不畅,久则气滞血瘀,阻遏咽喉经脉发为本病。

【诊断要点】

1. 病史　多有梅毒病史、梅毒接触史、家族史。

2. 临床症状　咽痛,吞咽困难。

3. 局部检查　咽峡、扁桃体红肿,咽喉或上腭出现大小不等的黄白色点状溃疡,间有红斑;严重者咽部腐溃,甚至瘢痕挛缩,软、硬腭穿孔,咽峡部和口腔粘连,狭窄畸形。喉部可见斑状增厚,黏膜呈暗红色,或有梅毒瘤及溃疡。

4. 其他　取病变部位渗出物查梅毒螺旋体、梅毒血清学试验和活检可做出诊断。

【辨证论治】

辨治思路:治疗大法以扶正祛邪,解毒散邪为主,并结合全身症状辨证治之。

## 一、内治法

1. 杨梅邪毒,结聚肺胃

临床表现:咽痛剧烈,吞咽困难。可伴有头痛、发热、口渴、咳嗽,痰黄稠,口臭,腹胀,便秘溲黄。舌质红,苔黄厚,脉洪数。

证候分析:杨梅邪毒,结于肺胃,上攻咽喉,故咽痛;邪聚咽喉,气机不畅,则吞咽困难;热毒结咽喉,蒸灼肌膜为腐,则可见咽喉生溃疡;头痛、发热、口渴、咳嗽,痰黄稠,口臭,腹胀,便秘溲黄,舌质红,苔黄厚,脉洪数均为肺胃热盛之征。

治法:清血解毒,消肿利咽。

方药:化毒丸。方中以生大黄清泄肺胃之邪热,当归尾活血止痛,穿山甲、白僵蚕、蜈蚣散邪消结。

2. 邪毒入血,损及肝肾

临床表现:咽部隐隐作痛,吞咽不利,咽部腐溃,糜烂。头痛,低热,乏力,手足心热。舌红少津,脉细数。

证候分析:杨梅结毒未尽,蛰伏血脉,肝肾阴亏,无以濡养咽喉,兼之邪毒走窜咽喉,故咽部隐隐作痛,吞咽不利;邪毒深伏日久,邪灼咽喉,则咽部腐溃;头痛,低热,乏力,手足心热,舌红少津,脉细数为肝肾阴虚之征。

治法：清血解毒，养阴利咽。
方药：结毒紫金丹。方中以龟甲养阴，石决明清血利咽，朱砂解毒散邪。

3. 邪毒久留，气滞血瘀

临床表现：咽部哽哽不利，吞咽困难，口臭，口苦咽干。舌质红或暗红，舌边或有瘀点，苔微黄，脉弦。

证候分析：邪毒久留，阻遏咽喉脉络，故咽部哽哽不利，吞咽困难；气滞血瘀，则咽部可见瘢痕挛缩，咽部久失于养，故可见上腭穿孔；舌质红或暗红，舌边或有瘀点为气滞血瘀之象。

治法：清血解毒，化瘀利咽。
方药：金蟾脱甲酒。方中以酒活血化瘀，大虾蟆解毒利咽。

## 二、外治法

1. 清创　清洗创面，保持局部清洁。
2. 漱口　中药煎汤漱口。
3. 外扑　患处可用梅毒生肌散：软石膏、白龙骨各三钱，海螵蛸一钱，松香五分，共研细末，扑于患处。
4. 其他　对于瘢痕所致的畸形可行修补成形手术。

## 【预防与调护】

洁身自爱，避免接触，早期发现，早期治疗。

## 【预后与转归】

早期治疗，预后尚可；晚期治疗，预后不佳。

## 【古代文献摘录】

《医门补要·卷中》："喉症有难辨，不可不辨者。凡男妇脏腑内蕴梅毒，周身虽未显疮点，及小孩胎中受遗毒，忽发喉痛，不甚赤肿，帝丁四面便烂，几处白腐生肉，病者自昧不知，医者须询其染毒否？得其病根，治始有效。内进苦寒药清降其火，外以冰硼散少加轻粉、升药，乳吹。迟则损落帝丁，随穿鼻孔，并连唇口烂开。"

## 【西医学中主要相关疾病认识】

1. 咽梅毒　一期梅毒较少见，初起有低热，以一侧咽痛为重。患侧扁桃体充血肿大，坚硬。扁桃体下疳常可见灰白色假膜覆盖，患侧淋巴结肿大坚硬。二期梅毒可见咽部充血，间有红色点状物分布于整个咽峡，以软腭游离缘多见，也可波及扁桃体。患者有低热、乏力、头痛及咽痛，影响进食，常伴有全身淋巴结肿大及弥漫性皮疹。三期咽梅毒主要病变为树胶肿，损害较深，破坏性大。咽部溃疡极为广泛，口有恶臭。最后形成瘢痕挛缩，软硬腭穿孔，咽峡部和口腔粘连，狭窄畸形等。

2. 喉梅毒　主要症状有声嘶、咳嗽，晚期可发生呼吸困难及喘鸣。检查一期者会厌可出现下疳，二期者类似卡他性喉炎，三期者可见斑状增厚，黏膜呈暗红色，或有梅毒瘤及溃疡，可波及会厌或杓状软骨，引起喉瘢痕性狭窄。

# 第八章 口齿科总论

**导学**

本章内容主要包括口齿科学的基本理论，即口齿的生理功能、与脏腑经络的关系，口齿病的病因病机、局部四诊、辨证和防治。

应掌握口齿的生理特点及功能、与脏腑经络的关系、口齿病的脏腑辨证。熟悉口齿病的病因病机、症状辨证、内治法及其代表方剂。了解口齿病的八纲辨证、口齿科的外治法及针灸治法。

## 第一节　口齿的生理功能

口、齿、唇、舌是人体的重要组成部分。《太平圣惠方·卷三十四》说："夫口齿者，为脏腑之门户，呼吸之机关，纳滋味以充肠胃，通津液以润经脉。"《世医得效方·卷十七》说："口为身之门，舌为心之官，主尝五味，以布五脏。"口、齿、唇、舌有摄取食物，磨碎谷物，分泌津液，帮助消化，辨别五味，协调语音等生理功能。

1. **摄食物，碎谷物**　口主迎粮。诸般食物，先经口腔摄取，供颌骨上下运动，牙齿咀嚼，舌的转动，才能下咽入胃。《普济方·牙齿门》说："唇为飞门，齿为户门。宣发五音，摧伏诸谷。"因脾主口、主肌肉，肾主骨，齿乃骨之余，心主血脉，舌为心之苗，故口、齿、唇、舌摄取食物、磨碎谷物的功能有赖于脾气健旺、肾精充沛、心气与血脉调和。

2. **泌涎唾，助消化**　舌下有金津、玉液穴位，是津液之泉。唾液涎液由此泌出。人体摄取食物的过程中，口腔之金津、玉液分泌涎液，经舌、颊将齿嚼碎的食物进行拌和，起化生之变。涎液乃气血所化，《素问·宣明五气论篇》说："五脏化液……脾为涎，肾为唾，是谓五液。"故口、齿、唇、舌能帮助脾胃行消化，与脾主运化水谷，化生气血的功能密切相关。

3. **辨五味，增食欲**　舌辨五味、知五谷。《素问·阴阳应象大论篇》说："心气通于舌，心和则舌能知五味矣。"《灵枢·脉度》亦曰："脾气通于口，脾和则口能知五谷矣。"故舌辨五味、增食欲的生理功能与心、脾关系密切。

4. **助发音，吐字句**　口腔有共鸣作用，口、齿、唇、舌共同协调为吐字器官。《灵枢·忧恚无言论》说："口唇者，音声之扇也；舌者，音声之机也；悬雍垂者，音声之关也。"只有口、齿、唇、舌的配合协助，才能使语言清晰流畅。

# 第二节　口齿与脏腑经络的关系

口齿与脏腑、经络的关系是口齿科基本理论的核心部分，其中最重要的是生理关系和病机关系。

## 一、口齿与脏腑的关系

口齿与脾、心、肾、胃、肝、大肠等脏腑关系较为密切。

### （一）口齿唇舌与脾

口为脾之窍。《素问·阴阳应象大论篇》说："脾主口……在窍为口。"《素问·金匮真言篇》说："中央色黄，入通于脾，开窍于口。"《灵枢·五阅五使》说："口唇者，脾之官也。"又说："脾之合肉也，其荣唇也。"指出了脾与口腔在生理上的密切关系。

脾主运化，脾的功能正常，精气上输于口腔，舌下金津、玉液二穴，得以泌津液，助脾胃消化水谷，润泽唇舌，口知五味。临床上，若脾脏失调，可致口齿唇舌多种病变。如脾气虚弱，水谷精气无以上濡，则口唇、齿龈淡白而无光泽；脾虚统摄失司，可为齿衄、舌衄；脾经风热血燥，可致唇、颊疾病。《证治准绳·杂病》第八册云："风热传脾，唇肿裂或患茧唇。"《证治汇补·卷四》云："脾胃受邪，则唇为之病。"《素问·刺热篇》："脾热病者……颊痛。"脾经湿热上蒸，灼伤口腔肌膜，可致口疮、口糜。脾开窍于口，脾失健运，则口味异常。《三因极一病证方论·卷十六》亦说："五味入口，藏于胃脾，行其精华，分布津液于五脏，脏气偏胜，味必偏于口。"《医学正传·卷五》亦说："脾热则口甘。"

### （二）口齿与心

心开窍于舌，舌为心之苗。《素问·阴阳应象大论篇》说："心主舌……在窍为舌。"《灵枢·五阅五使》亦说："舌者，心之官也。"心气通于舌，舌知五味，转动自如，有赖于心与血脉调和。又心主血脉，其华在面。面颊红润，表情丰富，有赖血脉充沛和畅。故《素问·六节脏象论篇》说："心者……其华在面，其充在血脉。"

心与血脉失调，可致口齿唇舌多种病变。如心血不足，则面与唇舌淡白无华；心火亢盛，或心阴不足，火炎于口，可致舌红绛或舌尖赤，或口舌糜烂生疮。《外台秘要·卷二十二》说："心主舌，藏热即应舌生疮裂破，唇揭赤。"《石室秘录·卷二》说："口舌生疮，乃心火郁热而发。"《杂病源流犀烛·卷二十三》又说："心热则口苦或生疮。"临床上，心血瘀阻，则舌质紫暗或有瘀斑；痰阻心窍，则舌体强直，语言不利。故《素问·脉要精微论篇》说："心脉搏坚而长，当病舌卷不能言。"

### （三）口齿与肾

肾与牙齿的生长发育关系密切。肾主骨，齿属骨之余，肾之标。肾气充沛，则牙齿发育正常而坚牢。《素问·上古天真论篇》说："女子七岁，肾气盛，齿更发长……三七，肾气平均，故真牙生而长极……丈夫八岁，肾气实，发长齿更……三八肾气平均，筋骨劲强，故真牙生而长极。"

《仁斋直指方·齿论》说："齿者，骨之所终，髓之所养，肾实主之。故肾衰则齿豁，精盛则齿坚，肾热则齿动。"《医学正传·卷五》亦说:"夫齿者,为肾之标,骨之余也。"肾藏精,主唾。肾精充沛,口中津液常存,则口腔濡润。《素问·宣明五气篇》:"五脏化液……肾为唾。"因此,口齿的正常生理有赖于肾精充沛。若肾脏虚,易致口齿的多种病变。如肾虚骨弱,则齿迟或齿不生;《医贯·卷之五》:"凡小儿行迟、语迟、齿迟及囟门开者,皆先天母气之肾衰。"《世医得效方·卷十四》说:"齿者,骨之所终,髓之所养,禀气不足,则髓不能充于骨,故齿久不生。"肾虚则齿槁疏豁。《素问·上古天真论篇》说:"丈夫,五八,肾气衰,发坠齿槁……八八则齿发去。"《三因极一病证方论·卷十六》说:"肾衰则齿豁,精固则齿坚。"《证治汇补·卷四》亦说:"齿者……凡动摇则豁脱,或大动,或不痛,或出血,或不出血,如欲脱之状者,皆属肾病。"临床上,肾虚火炎,口舌干燥症,或牙龈、口颊肌膜溃烂生疮。

### (四) 口齿与胃

口属胃系,脾与胃互为表里。《备急千金要方·卷十六》说:"胃腑者,主脾也。口唇者,是其候也。"《伤寒论注·卷三》说:"口者,胃之门户。"《疫疹一得·卷上》说:"牙床属胃。"说明口齿与胃的关系密切。胃经食道、咽直通于口。口迎粮,舌辨味,齿咀嚼,胃纳食,脾运化,诸器官互相协作,共同完成纳饮食、化水谷,以输精微的生理功能。

胃的失调可致口、齿、唇、舌多种病变,如胃经风火湿热上蒸,可致牙痛、龋齿、舌口糜烂生疮、唇肿裂及唇风。

### (五) 口齿与肝

肝藏血、主筋、主疏泄,口、齿、唇、舌的正常运动及其生理功能,均有赖肝血的濡润和肝气条达。

肝的失调可致口齿唇舌多种病变。如肝血不足,则唇口肌膜淡白;肝肾阴亏,虚火上炎,可致口腔干燥不润,牙齿浮动、隐痛,唇口肌膜红赤。肝风内动,筋失柔顺之性,可致牙关紧闭。又《素问·痿论篇》说:"肝气热,则胆泄口苦。"《医方集解·泻火剂第十四》说:"肝热则口酸。"

另外,口齿唇舌病变亦与大肠、小肠有一定关系。如大肠湿热上蒸,则牙痛、齿龈红肿溃烂等。《素问·气厥论篇》说:"膀胱移热于小肠,鬲肠不便,上为口糜。"

## 二、口齿与经络的关系

口齿唇舌位居颜面部,有多条经脉皆汇聚于此。齿为骨之余,舌为心之苗,口唇为脾之外候。因此,脏腑的精气和阴液循经温煦滋养口齿唇舌,口齿唇舌才能维持正常的生理活动。若脏腑虚损,气血失和,经络不通,则口齿唇舌失养而致各种口腔疾病。因此,经络的通调与否,在口齿科的生理、病理上起着重要的作用。与口齿唇舌关系较为密切的经脉有:

1. **手阳明大肠经** 其经脉起于大指、次指之端,其支脉从缺盆上颈贯颊,入下齿中,还出挟口;交人中,左之右;右之左,上挟鼻孔。本经在口齿唇舌部的病症有牙痛、口干、唇肿、牙龈肿起、糜烂等。本经常用的穴位有合谷、三间、商阳、阳溪等。

2. **足阳明胃经** 其经脉起于鼻之交中,下循鼻外,入上齿中,还出挟口环唇,下交承浆。本经在口齿唇舌部的病症有牙龈红肿、疼痛、颊肿齿病、牙关紧闭、唇肿、口㖞等。本经常用穴位有地仓、四白、大迎、巨髎、颊车、下关等。

3. **足太阴脾经** 其经脉起于大指之端,循指内侧赤白肉际,向上循行,上膈,挟咽,连舌本,散舌下。本经在口齿唇舌部的病症有舌体疼痛,舌根强硬,运动不灵等。本经常用穴位有隐白、大都、太白、三阴交等。

4. **手太阳小肠经** 其经脉起于小指之端,循手外侧上腕,向上循行,循咽下膈,其支脉别颊上抵鼻。本经在口齿唇舌部的病症有面颊、下颌部肿胀疼痛、牙齿疼痛、口腔肌膜溃烂、口眼㖞斜等。本经常用的穴位有少泽、前谷、天窗、天容、颧髎等。

5. **足少阴肾经** 其经脉起于小指之下，向上循行，其直者从肾上贯肝膈，入肺中，循喉咙，挟舌本。本经在口齿唇舌部的病症有口舌干燥、牙齿疏豁、舌体转动不灵等。本经常用定位有太溪、照海等。

6. **手少阳三焦经** 起于小指、次指之端，上出两指之间，其支脉从胞中上出缺盆，上项，系耳后直上，出耳上角，以屈下颊至。本经在口齿唇舌部的病症有口舌干燥、牙齿疼痛、牙关紧闭、口眼㖞斜、面颊肿痛、口疮等。本经常用穴位有关冲、液门、中渚、阳池、翳风、角孙、耳门等。

7. **足厥阴肝经** 其经脉起于大指丛毛之际。向上循行，其支脉从目系下颊里，环唇内，上出额。本经在口齿唇舌部的病症有口干咽燥、口眼㖞斜、齿牙肿痛等。本经常用穴位有行间、太冲等。

此外，奇经八脉中的冲脉、任脉、督脉也循行于口齿唇舌。这些经脉在口齿唇舌部的病症有口干咽燥、牙齿肿痛、舌下肿痛、舌强运动失灵、牙龈肿胀疼痛、口眼㖞斜、口腔溃烂等。常用穴位有水沟、兑端、龈交、廉泉、承浆等。

## 第三节 口齿病的病因病机

口齿诸病的病因病机，主要有邪毒侵袭，脏腑实热熏蒸，以及脾、肾等脏腑虚损。

1. **邪毒侵袭** 脾胃、肾功能失调，手、足阳明经脉失养，则口齿唇舌失健，风、热、寒邪乘机侵袭，致气血壅滞，脉络痹阻，可引起牙痛、牙龈红肿、牙痈、牙齼痛、唇风及口腔肌膜红肿疼痛等病证。

2. **火毒炽盛** 外感六淫入里，热毒壅盛，或饮食不节，脏腑失调，火毒内盛，循经上犯，燔灼口齿，可致牙龈与口腔肌膜或舌体红肿，甚则溃烂，或溃烂如菜花状，时时渗血，腐物黄浊而厚，涎唾恶臭。

3. **湿热内盛** 外感六淫入里，致脾胃湿热，循经上蒸，或过食炙煿，醇酒厚味，脾胃失健，湿热内生，循经上蒸，产生牙痛、龋齿、牙龈红肿、唇肿破裂流水、齿衄、口舌肌膜红肿溃烂疼痛。临床上，亦见脾虚湿热内生，湿浊上泛口舌，或膀胱湿热移热于小肠，熏蒸口舌，致肌膜糜烂、白腐。

4. **胃火炽盛** 外感六淫入里，或饮食失节，脏腑失调，致胃火炽盛，循经上蒸，燔灼口齿，可引起口腔溃烂，牙齿疼痛，齿龈红肿，甚则化脓成痈。

5. **心火炽盛** 外感六淫入里，或脏腑失调，致心火亢盛，以及思虑过度，热病耗损心阴，心火上灼，可致口舌溃烂，灼热疼痛，或舌体胀胖强硬，语言謇涩等症。

6. **肾精亏虚** 劳倦所伤，房劳过度，久病失养，皆致肾精亏虚，口齿失养，功能失健，或肾精不足，阴虚口齿失养，甚则虚火灼口，致牙痛、口疮反复发作等。肾虚髓弱，牙齿失养，则疏豁松动。肾虚骨枯，骨枯则不能固齿，易生龋齿。

7. **脾气亏虚** 脾胃亏虚，清阳不升，龈齿失养，或脾虚邪滞口齿，或脾肾阳虚，温煦失职，口齿失养，易致牙宣、齿衄、齿䘌、口疮等症。

8. **气血不足** 素体虚弱，病后失养，气血不足，口齿失养，或正虚邪滞口齿，致牙宣、齿衄、口疮等症，或口齿疮疡病日久难愈。

临床上,亦可出现多种病因病机相兼或同时存在,如寒热相兼、虚实相兼、多脏病机相兼。

# 第四节　口齿局部四诊

## 一、望诊

　　望诊要在光线充足条件下进行,望颌面部一般用肉眼直接观察,望口腔内部组织需借助口镜、探针和镊子,必要时可使用内窥镜。口镜主要用于牵拉口颊、反射光线增强照明,拨开唇、颊、舌体以便观察唇颊沟、上下后牙、舌根、口底、牙齿龋洞等较隐秘部位。望诊时用镊子夹小棉球擦去检查部位的唾液、渗出物、出血和假膜等,以便视野清晰,容易观察。口腔内窥镜多用于观察牙髓腔内部形态和结构。口腔望诊主要观察颌面、唇、口腔黏膜、齿、齿龈、舌以及颞下颌关节运动情况。

　　1. **颌面、唇部望诊**　观察颌面部是否对称,是否出现红肿、畸形、创伤、溃烂、出血、干燥、渗出等,下颌有无偏斜,张口闭口时下颌运动是否自如等。

　　2. **牙齿、牙龈望诊**　牙齿排列是否整齐,牙齿有无缺失,相邻牙齿之间是否稀疏有间隙。牙齿是否洁白润泽而坚固,牙体是否干燥如石或如枯骨,有无缺损和龋洞。牙齿颜色有无变黄或黄浊如土,是否焦黑或黑色。牙根是否显露,有无齿垢附着等。齿龈是否淡红润泽而坚韧,相邻牙齿间的龈乳头是否呈锥状体,紧贴牙面。齿龈有无水泡、溃疡、腐烂坏死,有无肉芽或瘤状物,齿龈是否有萎缩,牙根有无外露。上下咬合是否紧密,咬合是否灵活,张口有无受限,有无反颌,重病患者还要注意有无牙关紧闭。

　　3. **颊、舌、上颚、口底望诊**　重点观察其有无包块和畸形,是否有红肿、水疱、溃烂或假膜等。舌的运动是否灵活及舌质、舌苔情况。

## 二、闻诊

　　口腔闻诊包括闻口腔气味和听语言及异常声音两个方面。
　　嗅口腔有无异味。口腔是消化道的起始端,又与呼吸道相通,口腔气味既可因口腔局部病变而产生,也可由呼吸道和消化道病变以及全身性疾病产生,因此在辨别口腔气味时既要检查局部病变,又要了解全身情况,以免混淆症状。
　　听发音、听颞下颌关节运动时有无弹响。听诊还可以包括听语言来判断口齿唇舌协调活动情况。

## 三、问诊

　　重点围绕与口腔病相关的特有症状进行询问,如牙痛、口干、口味等。
　　1. **问牙痛**　问牙痛的病史,如是新病还是久病,了解发生牙痛的过程,有无经过治疗,既往有无发生牙周或牙体等疾病,牙痛是否反复发作。询问牙痛发作和持续的时间,牙痛是白天痛还是夜间痛,是间歇性疼痛还是持续性疼痛。询问牙痛的部位,是上牙痛还是下牙痛,是左侧还是右侧部位疼痛,是否固定某一部位疼痛,有无放射性疼痛,如是否有牵引同侧头部或颈部痛等。询问牙痛的性质,牙痛是得冷痛减还是得热痛减,是剧烈疼痛还是隐隐作痛、钝痛、胀痛感,如剧烈疼痛常是跳痛、锐痛、刺痛或灼热疼痛,咬物时或食物嵌塞疼痛加剧等。询问邻近器官及全身疾病史,如上颌窦炎、三叉神经痛、心绞痛等均可表现为牙齿疼痛,临床上要注意鉴别。

2. 问口干　问口干是新近发生还是长期存在,是白天口干还是夜间口干,或仅仅是晨起时口干。口干的程度是口干引饮,还是口干不多饮或不欲饮,口干是喜冷饮还是喜热饮等。

3. 问口味　询问有何种异常味觉,如有无口甜、口咸、口淡、口苦、口酸、口臭,或有无血腥味、酸腐味等。

## 四、切诊

主要是切按口腔肌膜和骨骼以及叩探牙体组织。口腔切诊包括用手指或器械切按口腔肌膜、舌体、口底、上下颌骨骼等,用探针触探龋洞、牙周袋及瘘道,用口镜或镊子柄叩击牙体等几个方面。探针主要用于检查牙齿有无龋洞和缺损、探查牙周袋、检查黏膜和黏膜下组织有无分离等。

在切诊时要注意动作轻柔,力度适中,检查颞下颌关节时还需要在患者张闭口运动时切按。

## 第五节　口齿病的辨证

口齿病的辨证,以八纲辨证为辨证大纲,以脏腑辨证为主要辨证方法,两者应互相参合,始可做出准确的证候诊断,才有利于立法遣药。

### 一、口齿病八纲辨证

口齿病的八纲辨证,主要在于辨明口齿病证候的病位深浅在表在里、病性的属寒属热、病势邪正盛衰的属实属虚,并从总体上把握病证证候的阴阳属性,立法遣药时注意在表者散之,里者调之,寒者温之,热者清之,虚者补之,实者攻之,阳证可求速效,阴证多宜缓图。

**(一) 口齿病表里辨证**

1. **口齿病表证**　以其病位在表在经,故多属病证初起。以风热侵袭口齿证居多,属阳证、实证。风热证因风热侵袭或外感风寒化热所致,症见牙龈局部红、肿、热、痛,或牙齿疼痛,得冷则舒,全身或见发热,舌质偏红,苔薄黄,脉浮数等风热表证。风寒证多见牙齿疼痛,得热则痛减,得冷则痛增,或伴微恶寒,舌质淡红,苔薄白,脉浮紧等风寒表证。

2. **口齿病里证**　病位在脏在腑,有虚实之别。里实证多属脏腑实热熏蒸口齿所致,以急性证候居多,证候偏重。症见局部红肿疼痛,甚则溢脓,得热则甚,得冷则减,全身或伴脾胃实热熏蒸、心脾积热上攻、膀胱湿热熏蒸、肝胆火热上犯等证,具体参见口齿病脏腑辨证。里虚证多属脏腑气血不足、阳气亏虚、阴虚火旺,致口齿失养,或兼邪毒滞留。以久病或慢性证候居多,症状较轻。症见局部微肿微痛,龈肉萎缩,牙齿松动,口疮反复发作,全身或兼气血不足、脾阳亏虚、阴虚火旺证等。

**(二) 口齿病寒热辨证**

1. **口齿病寒证**　病性属寒,凡局部色泽偏淡,得冷病增,得热则缓,小便清,多属寒证。有风寒表证、里虚寒证之别。里虚寒证以脾阳亏虚和脾肾阳虚证多见,全身兼见肤色萎黄,肢凉喜温,大便溏泄,小便清,舌淡,脉沉弱等。

2. **口齿病热证** 病性属热,凡局部红肿明显、灼热、溢脓,得热病增,得凉则舒,或小便黄,大便结,舌质偏红,脉数,皆属热证,有风热表证、里热实证、阴虚火旺证的不同。前两者属实证,后者属虚证。

### (三) 口齿病虚实辨证

1. **口齿病虚证** 病势属虚,多因气血不足、脾阳亏虚、肝肾阴虚所致,或兼邪毒滞留。其症状多较轻,或属慢性病证,病程较长。气血不足者,全身多兼见面色不华,倦怠乏力,舌质偏淡,脉虚弱等证;肝肾阴虚者,全身多兼见头晕耳鸣,腰膝酸软,夜寐不宁,舌质偏红,脉细数等症。

2. **口齿病实证** 病势属实,多因邪毒侵袭、脏腑实热、火毒困结、气滞血瘀、痰浊凝结等所致。临床上,凡整体辨证属风热证、风寒证、脏腑实热(湿热)诸证属均实证。其症状较重,或属急性病证,病程较短,或为癌瘤。

### (四) 口齿病阴阳辨证

阴阳辨证是八纲辨证的总纲。口齿病的表证、脏腑实热(湿热)证、火毒困结证皆属阳证;气血不足、脾阳亏虚、肝肾阴虚证均属阴证。阳证发病较急,进展较快,症状多较重,容易在短期内治愈;阴证发病缓,或进展较慢,或反复发作,多难于一时治愈。口齿科病证,气滞血瘀证多属阴证,以其往往兼气阳不足;痰浊凝结证多属阳证,以其往往兼热邪蕴结。

在口齿科病证中,往往有表里同病,虚实互见,寒热混杂之证,临证时宜细心辨证。

## 二、口齿病脏腑辨证

口齿病的脏腑辨证,主要在于辨明口齿病证候在何脏腑,并结合八纲辨证,以明确脏腑证候之属寒属热、属虚属实、属阴属阳,有利于立方遣药时各从其类。口齿病的脏腑辨证以辨脾胃、心、肾、肝胆病证为主。

### (一) 脾胃病辨证

口齿病的脾胃病证以实证、热证居多,亦有虚证,常见以下诸证。

1. **胃火炽盛口齿(龈)证** 胃火内炽,循经上蒸口齿。症见齿龈红肿疼痛,渗血溢脓,口臭,烦渴饮冷,大便秘结,小便黄,舌质红,苔黄厚,脉滑数。

2. **脾经湿热口齿(唇)证** 脾经湿热内盛,循经熏蒸口齿。症见唇部红肿糜烂,渗液,灼热疼痛,口腔肌膜斑点溃烂及白腐物,不易拭去,牙齿疼痛,或牙龈时有溢脓,或伴口甜、口臭,微发热,腹胀,泻泄,小便黄,舌质胖,苔微黄腻,脉濡数或滑数。

3. **气血不足口齿证** 脾胃亏虚,气血不足,口齿失养。症见牙齿疏豁松动,冷热酸痛,牙龈萎缩色淡,齿根宣露,全身伴倦怠乏力,面色不华,多梦或睡眠差,纳差,舌质淡嫩,脉弱。

4. **脾气亏虚口齿证** 脾气亏虚,或脾阳不足,口齿失于温阳,寒邪凝聚,邪毒久滞。症见口腔肌膜溃烂色淡少痛,或反复发作,伴倦怠乏力,纳差,食欲不佳,面色不华,大便稀或泄泻,舌质淡胖有齿痕,脉沉迟。

### (二) 心病辨证

口齿病的心病证主要以心火上灼与心肾不交证多见。

1. **心火炽盛口舌证** 心火炽盛,循经上灼口舌。症见唇部硬结肿痛,舌体红肿疼痛、僵木,舌下红肿突起如小舌,口腔肌膜多处溃烂,表面或有多量黄白腐物,溃面红肿疼痛较重,全身伴心烦、身热,面赤,大便秘结,小便短赤,舌质红赤,苔黄,脉数有力。

2. **心肾不交灼口证** 心属火主降以暖肾水,肾属水主升以平心火。水升火降,则阴平阳秘,脏腑安和。若肾阴亏虚,则心火不降反升,上灼口齿为病。实乃心肾阴亏,虚火上灼口齿。症见口腔肌膜溃烂,齿龈萎缩,舌质赤裂,全身或伴面部浮红,心烦少寐,腰膝酸软,脉细略数。

### (三) 肾病辨证

口齿病的肾病证主要有肾阴亏虚证和肾阳亏虚证。

1. **阴液不足口齿证** 肾阴亏虚,精血不足,口齿失养,甚则虚火上灼,邪毒滞留。症见牙齿隐痛,午后明显,牙齿松动,咀嚼无力,牙龈、口腔肌膜溃烂少痛,淡红不肿,时溢稀脓,伴腰膝酸软,心烦少寐,耳鸣眼花,口燥咽干,手足心热,舌红,少苔,脉细数。

2. **阳气亏虚口齿证** 肾阳不足,口齿失于温养,寒邪凝聚,邪毒久滞。症见牙齿松动,咀嚼无力,口腔肌膜溃烂难愈,色淡少痛,牙龈淡白浮肿、萎缩,牙根宣露,或骨质腐烂,时溢稀脓,伴腰膝酸软,手足不温,性欲减退,小便清长,夜尿频,舌质淡,脉沉迟。

### (四) 肝胆病辨证

口齿病的肝胆病证主要有肝胆火热证、肝风内动证。

1. **肝火炽盛口齿证** 外感邪毒入里,脏腑失调,致肝胆火热内盛,循经上犯,熏灼口齿。症见口苦,口酸,齿衄,舌衄,红肿溃烂疼痛,伴面红目赤,头晕耳鸣,烦躁易怒,大便秘结,小便黄,舌红,苔黄,脉弦数有力。

2. **肝风内动口齿证** 肝热生风,风性主动。症见口眼㖞斜,舌强不语,伸舌偏歪,唇舌颤动,伴头痛目眩,躁扰不安,耳鸣目赤,舌质红绛,苔黄,脉弦。

临床上,脏腑证候多有兼证,实证之兼证,如脾胃热盛证、心脾积热证;虚证兼证,如脾肾两虚证、肝肾阴虚证、心脾两虚证等;虚实兼证,如脾虚湿热证、阴虚湿热证、正虚毒恋证等。临证时宜细心辨察。

## 三、口齿病主要症状辨证

口齿病的症状辨证属局部辨证范畴。口齿病的常见症状有疼痛、红肿、溃烂、脓血等症。临证时应根据各症状的特点,重点进行表里、寒热、虚实、阴阳辨证,并从局部证候推测整体辨证。但有些情况下,特别是在慢性病症,局部辨证与整体辨证的结果可能并不一致,此时应以整体辨证为主,将局部辨证结果作为兼证对待。现就口腔科常见的几个局部症状分别辨析如下。

### (一) 辨疼痛

口齿病疼痛是龋齿、牙宣、牙痈、牙痛、口疮、癌肿等病证的常见症状。在辨证时宜注意疼痛的时间、性质、程度、进展病势,并结合相关情况,以便综合分析。

1. **疼痛时间** 疼痛朝轻暮重,多属阴虚或虚火上灼证;朝重暮轻,多属阳虚证或阳虚邪滞证。疼痛白天轻而夜晚重,多属阴证。咬物时疼痛或颊车开合时疼痛,多属气血不足,经脉痹阻。

2. **疼痛性质** 患处得凉则痛减,多属实热证;患处得热则痛减,多为虚寒证。患处疼痛拒按,多为邪盛实热证;触按患处疼痛无增,多属正虚寒滞证。患处刺痛,多属气滞血瘀证;患处跳痛,多属邪盛实热证;患处灼痛多为火邪上灼,实火者痛重,虚火者痛轻;患处掣痛,多属肝风内动;患处钝痛,多属邪毒内蕴。

3. **疼痛程度** 患处疼痛剧烈,多属实热证;疼痛轻微,多属虚火证。

4. **疼痛病势** 新病疼痛,由轻趋重,初起多属表证,继则疼痛较剧而持续,多属里实热证;久病疼痛,时轻时重,多属正虚邪滞证。疼痛且肿,伴有溃腐,或伴溢脓,多属湿热熏蒸口齿证;疼痛而燥裂,多属阴虚津伤证。口齿疼痛波及面颊,新病多属胃火上炎,久病多属正虚邪盛。

### (二) 辨红肿

红肿是牙宣、牙痈、牙龈痛、唇风等病证的常见症状。在辨证时应注意红肿的形态与肿胀的色泽,并结合相关情况,以便综合分析。

1. **红肿形态** 新病红肿高突,呈局限性,病势进展快,多属实热证、阳证;红肿平坦,呈弥漫性,边界不清,进展较缓,多属虚证、阴证。若面颊部肤色不变,新病局部硬肿而触痛明显,乃病变部位较深,多属阳证。

2. **肿胀色泽** 红肿色泽鲜红,多属实热熏蒸;红肿色淡红,多属虚火上炎;只肿不红,多属阳虚寒湿。

### (三) 辨溃烂

口腔溃烂是口疮、口糜、唇风、牙宣等病证的常见症状。在辨证时应注意溃烂的部位、数目、腐物、色泽及其他相关情况,以便综合分析。

1. **溃烂部位** 溃烂发于口唇,多属脾胃湿热;溃烂发于颊肌膜,实证多属肝与阳明实热,虚证多属脾肾阳虚不足。溃烂发于舌前尖部,多属心火上灼;溃烂发于舌侧中后部,多属肝肾虚火上灼,或脾肾阳虚不足。溃烂发于舌底,多属阴虚火旺。溃烂发于上下齿龈,多属阳明实热。

2. **溃烂数目** 口腔溃烂数目较多,常为实热证;溃点数目较少,多属虚证。溃点多而分散,多属湿热熏蒸。

3. **溃烂腐物及色泽** 溃处红肿,腐物黄浊或黄白,多属实热熏蒸;溃处微红微肿,腐物灰白而薄,多属虚火;溃烂紫暗,不红不肿,四周苍白者,脾肾阳虚,邪毒滞留。溃烂成片,表面腐物松厚、灰白如糜粥样,周围红肿,多为膀胱或脾经湿热熏蒸。唇部溃烂,红肿破裂流水,多为脾胃湿热熏蒸。唇部溃烂,燥裂流水或流血,痛如火燎,如无皮之状,多为血燥唇口失养。龈缘溃烂,龈萎色红者,多为虚火灼龈;龈缘溃烂,龈萎色淡白者,多属气血两虚,牙龈失养。

### (四) 辨脓血

溢脓是牙宣、牙痈、牙龈痛等病证的常见症状;出血常见于齿龈、舌部、口腔肌膜(血泡),以及刷牙、拔牙后等。辨证时应注意脓液的色泽、出血量的多少,并结合局部的病变状态与其他相关情况,进行综合分析。

1. **溢脓** 脓黄稠量多,多属实热证;脓液色白而稀或污浊,多属正虚邪滞;脓液久延,溃处愈合缓慢,多属气血不足。

2. **出血** 出血量多,多属实火上攻;出血量少,反复发生,或刷牙出血,有虚火上炎、气血不足、热邪蕴结,当结合整体辨证。口腔肌膜容易发生血泡,多属脾胃蕴热;拔牙后少量渗血当属正常,但出血不止,或属阳虚统血失司。齿衄时发,属热邪蕴结者,多归咎脾胃有热;舌衄偶发,多归咎心、肝、脾经有热。

## 第六节　口齿病的防治

口齿病的防治包括两个方面，即预防与治疗。

### 一、口齿病的预防

1. **讲卫生，纠陋习**　养成早晚刷牙、饭后漱口及用牙线剔除嵌塞于牙间隙的食物，保持口腔清洁，预防或减少牙病的发生。适当做口腔按摩导引(叩齿、咽津等法)，注重口腔保健。纠正舔唇、咬唇、过度用力刷牙及用牙咬硬物等不良习惯。

2. **调饮食，忌偏嗜**　勿恣食过酸、过甜、过咸，或过烫、过冷、过硬的食物，以免损伤牙齿和黏膜。少食肥甘厚味、煎炒炙煿，以防食积热蕴，引发口疮、鹅口疮、口糜、牙痛、牙宣、牙痈等多种口腔疾病。

3. **勤检查，早治疗**　及时发现口腔病变，及早治疗，如小儿牙齿疼痛、牙齿变黄、变黑应及时诊治，做好防治龋齿工作。定期清除牙石和菌斑，预防牙宣、牙痈等病。

4. **重保护，避创伤**　如运动时佩戴护齿，避免假牙或不良修复造成的创伤。有脱颌病史的患者注意颞下颌保暖，避免大张口或咬硬物，以防脱位。

5. **严消毒，防传染**　严格消毒隔离，避免医源性感染，口腔器械严格消毒，诊室消毒清洁，防止经唾液和血液传播疾病等。

### 二、口齿病的治疗

口齿病的常用治法有内治法、外治法、针灸治法，以及穴位指压止痛法等。临床上，应根据辨病与辨证，采取相应的治疗方法，或多法配合使用，以达最佳疗效为目的。

#### (一) 内治法

1. **疏风清热法**　用于风邪侵袭所致的口齿病证，如牙痛、牙痈、牙龈痛等。若见于新病初起，发热恶寒，舌苔薄黄，脉浮数，为风热表证。治宜疏风清热，解毒消肿。常用方如薄荷连翘方、银翘散，药物如牛蒡子、菊花、桑叶、金银花、连翘、薄荷等。新病恶寒重，发热轻，身痛无汗，舌苔薄白，脉浮紧者，为风寒表证。治宜疏风散寒，温经止痛。常用方如苏叶散，药物如荆芥、防风、苏叶、羌活、川芎、桂枝、细辛、生姜等。

2. **清热解毒法**　用于热毒上攻口齿所致的病证。症见局部红肿、化脓，或溃烂，甚则溃烂如菜花状，时时渗血，腐物黄浊而厚，涎唾恶臭，舌质红，苔黄，脉数。治宜清热泻火，解毒消肿。常用方如五味消毒饮、黄连解毒汤、普济消毒饮，药物如金银花、连翘、升麻、甘草、蒲公英、野菊花、黄连、黄芩、黄柏、栀子、七叶一枝花。

3. **散瘀排脓法**　用于热毒壅盛，气血壅滞所致的化脓病证。症见牙痛、牙龈痛、颌面痈肿，局部红肿剧痛，或已化脓肿痛。治宜清热解毒，散瘀排脓。常用方如仙方活命饮，药物如穿山甲、皂角刺、白芷、当归尾、赤芍、乳香、没药、贝母等。

**4. 清热泻火法** 用于心火、胃火内炽,燔灼口齿病证。症见口舌溃烂,心中烦热,面色红,舌红赤,苔黄,脉数等。治宜泻火解毒,消肿止痛。常用方如黄连解毒汤、泻心汤,药物如黄连、栀子、赤芍、牡丹皮、生地、紫草、淡竹叶、莲子心等。

若属胃火炽盛燔灼口齿证,症见红肿疼痛,口舌溃烂,口渴,口臭,腹胀,大便秘结,舌红,苔黄厚,脉数。治宜泻热解毒,清胃泻火,解毒消肿。常用方如清胃散、清胃汤、泻黄散、凉膈散,药物如生石膏、天花粉、栀子、连翘、大黄、黄连、升麻。

**5. 清热利湿法** 用于脾经湿热或膀胱湿热熏蒸所致的口齿病证。症见口腔肌膜肿胀发红,满口糜烂,疼痛,纳呆,口臭,或有发热,小便黄赤,苔黄腻,脉濡数。常用方如加味导赤散、加味四苓散,药物如泽泻、车前子、茵陈、木通、甘草梢、淡竹叶等。

**6. 养阴清热法** 用于肝肾阴虚,虚火上炎,或胃阴亏虚而致的口腔疾病,如牙痛、口疮反复发生,微肿微痛,口腔糜烂,口舌干燥,五心烦热,舌红少津少苔,脉细数。治宜清降虚火,养阴健齿。常用方如知柏地黄汤、左归饮、益胃汤,药物如熟地、生地、沙参、麦冬、玉竹、牡丹皮、牛膝、知母、黄柏等。

**7. 益气养血法** 用于气血亏虚,口齿失养所致的病证。症见牙龈萎缩色淡,牙根宣露,牙齿酸楚,齿衄,面色不华,倦怠乏力,舌质淡,脉虚弱。治宜补益气血,养龈固齿。常用方如补中益气汤、八珍汤,药物如黄芪、党参、白术、炙甘草、枸杞子、黄精、当归、熟地等。

**8. 温补脾肾法** 用于脾阳不足,肾气亏虚所致的口齿病证。症见口疮反复发作,局部色淡,或牙齿松动,咬物无力,或齿衄时发,腰膝酸软,四肢不温,头晕耳鸣,纳差,大便溏泻,小便清长,夜尿频,舌质偏淡,脉沉迟。脾阳不足者,治宜温补脾阳,常用方如附子理中汤,药物如附片、干姜、白术、党参、炙甘草;肾阳不足者,治宜温阳补肾,常用方如金匮肾气丸、右归丸、右归饮,药物如附片、肉桂、骨碎补、淮山药、山茱萸、熟地、菟丝子、杜仲、鹿角胶。

### (二) 外治法

**1. 含漱法** 用药液漱涤口腔,以解毒除秽,清洁口齿。常用方如漱口方。若溃面腐物多,宜马勃、升麻等量,煎水含漱,以解毒祛腐。用蜂房汤含漱,治龋齿牙痛。

**2. 噙化法** 将药物含于口内患处,或用粉剂吹布患处,或用粉剂、膏剂涂擦患处,以解毒除秽,消肿止痛,祛腐生肌。丸剂如六神丸、喉症丸,粉剂如冰硼散、细辛散、珠黄散、牙疼散等。

**3. 敷药法** 用药物敷贴患部或穴位,以清热解毒,消肿止痛。如颌面部肿痛甚则焮红,可用醋调如意金黄散外敷局部;虚火牙痛,可用龙眼白盐方敷贴牙龈痛处,或用吴茱萸捣烂敷双足涌泉穴,引火归原。

**4. 刺割法** 成熟的痈疮或突然发生的血泡,用消毒尖刀或三棱针刺割,使其溃破,流出脓液或血液,以泻热消肿。

**5. 拔牙法** 不能再保留的患牙可以将其拔除。

### (三) 针灸治疗

**1. 体针法** 多用于治疗牙痛。实证者宜泻火止痛,常取手、足阳明经的穴位,如合谷、颊车、内庭、下关、太阳等,泻法。虚证者宜补虚止痛,常取足少阴肾经的穴位,如太溪、阴谷、照海等,补法。并可用温和灸法。

**2. 耳针法** 常用穴位如上颌、下颌、屏尖、神门等,强刺激,留针 10~20 min,或埋针。

**3. 水针法** 常用于一些慢性口腔疾病。如口疮,取颊车、手三里,注入维生素 $B_1$ 0.5 ml,或当归注射液,每穴 0.5 ml,隔日 1 次,以调补气血,扶正祛邪。

### (四) 指压法

多用于拔牙及牙齿疼痛。用拇指按压穴位 3~4 min,或加以揉动,至局部出现酸、麻、胀、重感觉,疼痛消失减轻为止。常用穴位如合谷、颊车、下关等。

# 第九章 口齿科各论

**导学**

本章包括牙痛、牙痈、牙龈痛、牙宣、口疮、口糜、唇风、口癣8个口齿科常见中医病证。

应熟悉各病证病名含义,并了解与之相关的主要西医病名;熟悉各病证的病因病机,掌握其诊断要点,掌握各病证内治之辨证分型、治法、代表方剂;了解各病证的主要外治法、针灸治法、预防护理。

## 第一节 牙痛(附:龋齿牙痛)

牙痛是因外邪侵袭,脏腑实热,或阴虚火旺,以及虫蚀、损伤等所致,以牙齿疼痛为主要表现的口齿病证。牙齿及其周围多种疾病均可引起牙痛,本病以牙齿疼痛为主要表现。西医学中的龋齿、各型牙髓炎、牙周病、牙本质敏感症等,均可参考本篇辨证论治。

牙痛最早见于《内经》,始称"齿痛",在《诸病源候论》中称"牙痛""牙齿痛""牙齿疼痛"。《素问·至真要大论篇》说:"少阴在泉,热淫所胜,民病齿痛。"指出了热邪以致齿痛的病机。《灵枢·经脉》说:"大肠手阳明之脉,是动则病齿痛。"指出了邪入阳明致痛的病机。历代医家对牙痛的病因病机论述颇多。

本病以成年人居多,可发于任何季节、地域。

### 【病因病机】

齿乃骨之余,肾之标;牙龈属阳明,与外界直接相通。因此,凡风邪侵袭,阳明热盛,肾虚不足,皆可引起牙痛。临床上,新病牙痛以实、热居多,久病牙痛以肾虚为主。

1. **风热犯齿** 口齿不洁,牙体损伤,风热乘机侵袭,致气血滞留,瘀阻经脉,不通则痛。如《外科正宗·卷四》说:"齿病者,有风有火,亦有阳明湿热,俱能致之。风痛者,遇风发作浮肿,随即生痛。"

2. **邪毒侵袭,风寒犯齿** 龈齿不健而暴饮冰凉,或风寒直袭龈齿,寒凝血滞,经脉痹阻,不通则痛。

3. **胃火炽盛,燔灼口齿** 六淫侵袭,热入于里,或饮食失节,脏腑失调,致胃火内炽,上燔龈齿,气血壅滞,经脉痹阻,不通则痛。如《辨证录·卷三》说:"人有牙疼日久,上下牙床尽腐烂者,至饮食不能用,日夜呼号,此乃胃火独盛,有升无降之故也。"

4. 脏腑亏损,虚火灼齿  先天不足,后天失养,年老体弱,肾精亏虚,或阴虚火旺,上灼龈齿,致牙齿不坚,骨髓空虚,牙失所养,牙齿浮动,咬物则痛。如《景岳全书·卷二十八》说:"肾虚而牙痛者,其病不在经而在脏。盖齿为骨之所终,而肾则主于骨也。故曰肾衰则齿豁,精固则齿坚。"

【诊断要点】

1. 病史  多有牙齿不洁、牙体受损,以及其他牙病病史。
2. 临床表现  以牙齿疼痛为主要表现。因邪毒侵犯者,牙痛自发,逐渐加重,甚则剧痛难安;久病属虚者,隐隐作痛,或遇冷热刺激则痛,无刺激稍安,咬物无力。
3. 局部检查  牙体或有磨耗、缺损,牙龈或有红肿、萎缩,牙根宣露,齿缝龈缘之间或有食物残留。
4. 其他  必要时行 X 线摄片。

【鉴别诊断】

1. 面痛(三叉神经痛)  面痛常以牙痛为主诉,多伴面肌阵发性闪电式抽掣性疼痛,常有疼痛扳机点,但检查牙齿并无异常。
2. 鼻渊  鼻渊可出现自发性上牙疼痛,有发热、鼻塞、脓涕量多,并伴头痛,但检查口齿并无异常。

【辨证论治】

辨治思路:牙齿疼痛首辨虚实,次分寒热。实证牙痛,多为风寒、风热,胃火炽盛,牙痛急起,逐渐加重,其痛也剧;虚证牙痛,多为肾虚,其痛也缓,时轻时重,咬物无力。牙痛之时,当以辨证论治为主,或辅外治,针灸止痛效果很好;病瘥后,视牙体损伤情况,对已经丧失咀嚼功能的牙齿可考虑拔除。

## 一、内治法

1. 邪毒侵袭,风热犯齿

临床表现:新病初起,牙痛,逐渐加重,遇风发作,遇热痛增,遇冷则缓。或见发热,微恶寒,口微渴,小便微黄。舌质偏红,苔薄黄,脉浮数。

证候分析:风热邪毒侵袭龈齿,气血滞留,瘀阻经脉,故牙龈红肿,自发牙痛;邪毒未祛,病势进展,故牙痛逐渐加重;风热均为阳邪,火郁齿龈,故遇风发作,遇热痛增,遇冷则缓,全身及舌脉所见为风热表证。

治法:疏风清热,解毒消肿。

方药:薄荷连翘方。方中薄荷、牛蒡子疏风清热;金银花、连翘、淡竹叶、绿豆衣、知母、生地清热解毒,凉血消肿以止痛。若齿龈焮肿,疼痛较重,酌加赤芍、牡丹皮凉血消肿以止痛。

2. 邪毒侵袭,风寒犯齿

临床表现:牙痛或轻或重,遇寒而发,遇冷痛增,遇热则缓。或见恶寒、无汗,口淡不渴,小便清。舌质淡红,苔薄白,脉浮紧。

证候分析：牙体不健,风寒侵袭,犯及龈齿,寒凝血滞,瘀阻经脉,寒轻则痛轻,寒重则痛重；寒、冷均为阴邪,寒凝龈齿,故遇寒而发,遇冷痛增,遇热则缓；全身及舌脉所见为风寒表证。

治法：疏风散寒,温经止痛。

方药：苏叶散。方中紫苏叶、防风、桂枝、生姜疏风散寒,温经止痛；甘草和中,调和诸药。若疼痛较重者,酌加细辛、白芷、荜茇以助温经散寒之力。

**3. 胃火炽盛,燔灼口齿**

临床表现：牙齿疼痛剧烈,或有渗血溢脓,甚则肿连腮颊。发热、头痛,口臭,口渴引饮,大便干结,小便黄赤。舌质红赤,苔黄,脉洪数。

证候分析：胃火炽盛,上灼龈齿,气血壅盛,甚则化腐成脓,故见牙龈焮红肿胀,牙齿疼痛剧烈,或有渗血溢脓,甚则肿连腮颊；全身及舌脉所见为胃火炽盛之征。

治法：清胃泻热,解毒消肿。

方药：清胃散。方中黄连清胃泻火,牡丹皮、生地养阴清热,凉血止痛；当归和血,升麻升散阳明火毒。若大便秘结,酌加大黄、芒硝以通腑泻热；肿连腮颊,或齿龈溢脓,酌加黄芩、金银花、野菊花、紫花地丁、蒲公英以助清热解毒；齿龈渗血,酌加石膏、白茅根以助清胃泻火,凉血止血。

**4. 脏腑亏损,虚火灼齿**

临床表现：牙齿隐隐作痛,或遇冷热刺激则痛,无刺激稍安,咬物无力。腰膝酸软,眩晕耳鸣,咽干舌燥,五心烦热。舌质红嫩或红而少津,脉细数。

证候分析：肾虚不足,虚火上灼,龈齿失养,功能减退,故见齿龈萎缩,牙根宣露,牙齿松动,咬物无力,隐隐作痛,或遇冷热刺激则痛；全身及舌脉所见为阴虚火旺之征。

治法：滋阴降火,补肾固齿。

方药：知柏地黄汤。方中酌加狗脊补肾健齿。若属脾肾两虚,症见腰膝酸软,头晕乏力,纳差便溏,舌质淡嫩,脉沉迟,宜用左归丸加减以补益脾肾。

## 二、外治法

1. **含漱法** 牙痛而有口齿不洁,用漱口方或五味消毒饮煎汤漱口,解毒洁齿。

2. **噙化法** 因风热、胃火所致,用冰硼散、六神丸、喉证丸之类置患处,以清热解毒,消肿止痛。风热犯齿证亦可用竹叶膏擦牙痛处。风寒犯齿证,酌用细辛散擦患处,以洁齿除秽,温经止痛。

3. **敷药法** 有颌面肿痛,用如意金黄散醋调外敷,以清热解毒,活血消肿。虚火灼齿证,可用龙眼白盐方贴牙龈患处。

4. **拔牙** 对已经丧失咀嚼功能的牙齿(多为残冠、残根),在牙龈红肿消退后可予拔除。

## 三、针灸治疗

1. **体针** 常用合谷、下关、颊车、太冲、牙痛穴(掌面第三、第四掌骨距掌横纹1寸处),每次取2~3穴。实证用强刺激捻转泻法,每日1~2次。若属风热证、风寒证,加风池、内庭；胃火证,加内庭、足三里。虚证宜用补法,并加太溪、三阴交。

2. **耳针** 常用面颊、屏尖敏感压痛点,捻转后留针15~30 min,或埋针。

3. **指压法** 前三齿上牙痛取迎香、人中,下牙痛取承浆；后五齿上牙痛取下关,下牙痛取颊车、大迎。以指相切,用力由轻渐重,施压15~20 min。

4. **穴位注射** 取合谷或患侧下关,用柴胡注射液,每穴 0.5~1.0 ml。

## 四、导引法

(1) 端坐,摒弃杂念,上下牙齿轻叩 9 遍,并吞唾液 3 口,经常行之,有利健齿。
(2) 端坐屏息,大张口,摒弃杂念,轻叩痛齿 14 下,连续 4 次。经常行之,有利健齿。
(3) 治牙痛,端坐屏息,上下牙相叩 36 下。
(4) 患者端坐,医者立于其后,从患者的两耳下部开始,把通过两肩正上面的筋脉,用两手的拇指以全身重量从上面反复按摩几十次,手法以压为主。

【预防与调护】

(1) 进流质饮食或半流质饮食,食物温度不宜过冷过热。
(2) 忌食辛辣炙煿与过酸、过甜食物。

【预后与转归】

凡牙痛病早期治疗预后较好;如果病变继续发展,有可能导致病情严重,并最终至牙体脱落,丧失咀嚼功能。

### 附:龋齿牙痛

龋齿牙痛乃口齿不洁,牙体组织被腐蚀蛀空或齿龋朽脱,甚则并发牙髓病变所致。以下颌第一、第二磨牙常见。发作时患牙疼痛或剧痛,并每因遇酸、冷、热、甜等刺激或食物嵌入蛀洞而引起或加重疼痛。检查可见患牙形成龋洞,呈灰白、黄褐或黑褐色,用探针触探时患牙有酸痛感;龋蚀深层时,龋洞较大,探针探查时疼痛明显;龋蚀严重者,可使牙体仅剩残冠或残根而丧失咀嚼功能。

【古代文献摘录】

《明医杂著·卷之三》:"愚按齿痛若因手、足阳明经湿热,用东垣清胃散;若因寒入脑,脑痛齿亦痛,用羌活附子细辛汤;因思虑伤脾,用归脾汤;若因郁火所致,用越鞠丸;若因酒面炙煿而发,用清胃散;若因饮食伤脾,用六君子汤;若因劳伤元气,用补中益气汤;若因脾胃素弱,用六君、当归、升麻;若因肾经阴虚,用六味丸;若因肾经阳虚,用八味丸;若阴阳俱虚,用十补丸;若脾肾虚寒,用安肾丸。"

《辨证录·卷三》:"人有牙齿痛不可忍,涕泪俱出者,此乃脏腑之火旺上行于牙齿而作痛也。治法不泻其火,则不能取效。然火虚实不同:有虚火,有实火,大约虚火动于脏,实火起于腑。而实火之中,有心包之火,有胃火;虚火之中,有肝火,有脾火,有肺火,有肾火……夫火既有虚实不同,何以一方而均治,不知火之有余,无非水之本足也。我滋其阴,则阴阳之火无不相戢矣。"

《杂病源流犀烛·卷二十三》:"齿之为病,大约有七:一为风热痛,二为风冷痛,三为热痛,四为寒痛,五为痰毒痛,六为瘀血痛,七为虫蚀痛。"

【西医学中主要相关疾病认识】

1. **牙痛** 西医学认为引起牙痛的疾病有以下几种。① 牙体组织疾患及牙周组织疾患:龋齿、牙髓炎、根尖周炎是常见的牙痛原因,急性牙龈乳头炎、牙周炎、牙周脓肿、坏死性龈炎、干槽症、冠周炎亦可引起牙痛。② 邻近器官疾病:上颌骨骨髓炎时,由于神经末梢受到炎症的侵犯,使该神经所支配的牙齿发生疼痛。颌骨内或上颌窦内的肿物、埋伏牙等可压迫附近的牙根发生吸收,如继发感染,可出现牙髓炎的疼痛。眼病特别是屈光异常,能引起上颌前牙痛;青光眼可发生牙痛。外耳道耵聍栓塞、外耳道疖肿、中耳疾病,可致上、下颌磨牙痛。③ 神经疾患:三叉神经痛患者,常以牙痛为主诉,舌咽神经痛有可能出现牙痛。下牙槽神经炎性病变则引起下颌牙痛。④ 全身疾患:有些全身疾患如流感、癔病、神经衰弱、月经期和绝经期等可诉有牙痛。高空飞行时,牙髓腔内压力增高,可引起航空性牙痛。有的心绞痛患者可反射性地引起牙痛。临床可根据以上不同病因,予以相应治疗。

2. **龋病**　龋病是由细菌、食物和宿主3种主要因素外加时间的影响而共同形成的。口腔内变形链球菌、乳酸杆菌及放线菌等产酸菌是龋病的主要致病菌。食物与龋病的关系十分密切,其中以碳水化合物,尤其是蔗糖为主要致龋食物。宿主因素包括牙齿的形态与结构、唾液及全身状况等。龋病的治疗主要是充填术,包括洞制备及材料充填。若并发牙髓炎或根尖周炎则按相应疾病处理。

3. **牙髓炎**　牙髓炎是牙髓组织不可逆性炎症,主要由于深龋、牙体外伤,以及牙周病的逆行感染等所致,亦可因物理、化学因素刺激所致。有急性与慢性之分,急性者以自发性阵发性剧痛为主,慢性者以冷热刺激痛或食物嵌顿龋洞时引起疼痛为主。以外治为主,如局麻下穿髓止痛法、盖髓术、干髓术、活髓切断术等。

4. **牙周病**　详见"牙宣"篇。

5. **牙本质敏感症**　牙本质敏感症是许多牙体疾病的共有症状。主要由于牙釉质的完整性受到破坏致牙本质暴露,以及牙龈萎缩致牙根暴露后引起。以机械性刺激或温度刺激引起牙齿酸痛,刺激除去后疼痛消失为主要特点。临床上主要是祛除病因,并采取氟化钠脱敏治疗,以及牙体保护性与修复性治疗。

## 第二节　牙　痛

牙痛多因阳明火热内炽,上攻牙龈,血败肉腐,以牙齿疼痛,咀嚼时痛甚,牙龈红肿,或有脓液溢出为主要表现的痛病类疾病。西医学中的急性根尖周炎、牙周脓肿等,可参考本篇辨证论治。

《诸病源候论·卷二十九》有"齿龈肿候",其描述与本病有相似之处。牙痛病名始见于《证治准绳·疡医·卷三》,其谓:"牙根生病何如? 曰:此名附牙痛。"又说:"附牙痛,属足阳明胃经热毒所致。"明清时期医著亦有称"牙蝕风"。

### 【病因病机】

手阳明经入于下齿龈,足阳明经入于上齿龈,阳明经脉多气多血。本病多因邪毒入于阳明,或饮食不节,阳明蕴热,胃火上燔牙龈,致气血壅盛,血腐肉败而成。《诸病源候论·卷二十九》说:"手阳明之支脉入于齿,头面有风,风气流入于阳明之脉,与断间血气相搏,故成肿。"又《医宗金鉴·外科心法要诀》亦说:"牙痛胃热肿牙床,寒热坚实痛难当,破流脓水未收口,误犯寒凉多骨妨。"

### 【诊断要点】

1. **病史**　多有牙痛反复发作病史。
2. **临床表现**　牙痛急性发作,由轻趋重。早期有牙齿浮出伸长感,咬紧牙齿时疼痛可缓解;继则自发性疼痛加剧,并伴患处唇、颊沟或舌腭侧牙龈红肿,甚则相应面颊部肿痛。可明确指出患牙。
3. **局部检查**　可发生于任何牙龈。患牙叩击痛明显,局部红肿触痛拒按,若脓肿穿溃,则龈肉肿胀处有溃口溢脓。患侧颌下淋巴结肿痛。
4. **其他**　X线摄片有助诊断。

### 【鉴别诊断】

**牙蛀痛**　牙蛀痛发于真牙,在牙龈咬合处。除牙痛外,并见张口受限,检查可见真牙(智齿)阻生,局部肿胀。

【辨证论治】

辨治思路:牙痛早期多为风热、胃火,当以清热解毒,消肿止痛为主;若久病失治转为慢性,溃口难收,多为正虚邪滞,宜托里排脓。

## 一、内治法

**阳明热盛**

临床表现:牙痛急性发作,初起有患牙浮起伸长感,中后期以患牙剧疼为主。发热、恶寒,头痛。舌质红,苔黄,脉洪数或弦数。

证候分析:邪入阳明,火热内炽,上攻牙齿,火性急迫,故见牙痛急性发作,或剧痛难安,局部肿痛、溃脓;全身及舌脉所见为邪入阳明,胃火内炽之征。

治法:清热解毒,消肿止痛。

方药:银翘散合五味消毒饮。初起有恶寒者,属风热外犯,酌加荆芥、防风疏风散邪。若有口渴、大便秘结,舌苔黄厚者,乃阳明腑实热炽,用清胃散,酌加生大黄、芒硝通腑泻热。

若早期治疗不力,患牙处形成瘘口,反复溢脓,疮口难收者,多属正虚邪滞证,治宜补益气血,托里排脓,用托里消毒散、八珍汤加减。

## 二、外治法

1. 噙化法  病初起,用冰硼散或六神丸2~3粒含于患牙处,以解毒消肿。
2. 敷药法  面颊部肿痛者,外敷如意金黄散。
3. 刺割法  局部成脓未溃,行刺割法排脓(切开排脓)。

## 三、针刺治疗

取合谷、颊车、下关等穴,针刺,泻法,留针10~15 min。

【预防与调护】

(1) 半流质饮食。
(2) 脓肿切开后,注意口腔护理。
(3) 定期检查牙齿,发现龋齿及早治疗。
(4) 治愈后宜酌情行补牙术,对已经丧失咀嚼功能的牙齿(残冠、残根)可予拔除。

【预后与转归】

治疗不当,可转慢性,或形成瘘口。

【古代文献摘录】

《疡医大全·卷十六》:"牙痛,一名牙蜞风。初起一小块,生于牙龈肉上,或上或下,或内或外,其状高肿红焮,寒热疼痛者是也。牙痛,牙龈红肿,但口能开合,若牙咬,则牙关紧闭,口不能开,以此为辨。"

【西医学中主要相关疾病认识】

1. 根尖周炎  多由外伤、咬创伤造成牙髓组织感染,其分解产物、毒素等通过根尖孔,引起血管扩张、渗出、组织充血水肿,局部压力增高,刺激根尖周围神经引起疼痛或剧痛。亦可由于牙髓治疗时,治疗器械将感染物质推出根尖孔,或药物、充填材料使用不当引起。目前认为免疫学因素在根尖周病的发病中也起一定的作用。其治疗首先开放髓腔,根管引流,同时,予以全身抗炎治疗,待急性炎症消除后予根管治疗以去除病源刺激物。

2. 牙周脓肿  是因牙周炎晚期发展到深牙周袋引起的牙周组织局限性化脓性炎症。临床上多有长期牙周炎病史。急性牙周脓肿疼痛剧烈,呈搏动性跳痛,患牙"浮起感",患牙唇侧或腭侧牙龈半球形隆起、牙周袋内溢脓;慢性牙周脓肿多无明显症状,偶有咬合不适感。一般有抗生素治疗、切开引流、局部清洁等法。

# 第三节 牙齩䘌

牙齩䘌是因热毒蕴结于真牙处,血败肉腐,以发热口臭,真牙咬合处齿龈红肿疼痛,张口困难,甚至溢脓为主要表现的疾病。西医学中的智齿冠周炎(脓肿)及其所引起的颊间隙感染、咬肌间隙感染等参考本篇辨证论治。

本病最早见于清代《尤氏喉科·辨证》,其谓:"牙齩䘌,生于牙尽咬中,牙咬紧闭。此症初起势盛,至夜尤甚。然终不难愈,不害命也。"此后,清代其他喉科专著亦有论述,也称咬牙风、合架风。

【病因病机】

本病早期多属风热犯齿,继则胃火炽盛,燔灼龈齿。

真牙萌出时间一般在18~25岁。此时常因位置不够,造成异位或阻生,致食物残渣滞留龈间,蕴积化热;或素有阳明蕴热,复感风热邪毒引动,循经上攻,灼腐龈肉,化脓成痈。

【诊断要点】

1. 临床表现  一侧下颌真牙处疼痛,遇咀嚼食物碰到肿处疼痛加重,并有牙关紧张,张口受限,随病程进展而加重,甚则吞咽困难,同侧腮颊肿胀。

2. 局部检查  患处真牙牙位不正或未完全萌出,牙龈红肿,覆盖于真牙之上,触痛明显,甚则龈齿间溢脓。可有同侧颌下淋巴结肿痛。

【鉴别诊断】

牙痛  牙痛在任何牙龈均可发生,红肿疼痛,或有溢脓,但牙关能开合。

【辨证论治】

辨治思路:牙齩䘌,多为风热、胃火,内治为主,辅以外治。病瘥后,对反复发作者,应切除覆盖于真牙冠面的龈肉;若见真牙阻生难出,当予拔除。

## 一、内治法

1. 邪毒侵袭,风热犯齿

临床表现:病初起,真牙处疼痛,患处龈肉微红肿,牙关微紧。全身症状多不明显,或有口微干渴。舌质偏红,苔薄,脉浮数。

证候分析:风热侵袭,气血壅滞,结聚咬合处,故见患处疼痛,龈肉微红肿,牙关微紧;全身及舌脉所见,为风热表证。

治法：疏风散热,解毒消肿。

方药：薄荷连翘方加减。

2. 胃火炽盛,燔灼口齿

临床表现：真牙处疼痛剧,连及咽喉,牙关紧闭,吞咽困难。口臭,小便黄短,大便干结。舌质红,苔黄厚,脉滑数。

证候分析：胃火炽盛,上攻真牙,气血壅盛,化腐成脓,故见患处龈肉红肿、溢脓,疼痛剧,连及咽喉,牙关紧闭,吞咽困难；全身及舌脉所见为胃火内炽证。

治法：清胃泻火,解毒消肿。

方药：清胃汤。本方即清胃散加石膏,以助清泻胃火之力。若见心中烦热,大便秘结,可改用凉膈散；肿连腮颊者,配板蓝根、紫花地丁、苦参以苦寒泄热。若见口苦咽干,烦躁易怒,苔黄腻,脉弦滑数,属肝胆湿热,治宜清利肝胆,解毒消肿,可用龙胆泻肝汤加减。

## 二、外治法

1. 含漱法　用黄芩、金银花、淡竹叶、白芷等量煎水含漱,以清热解毒,消肿止痛。
2. 冲洗法　用黄芩、甘草煎水或用3％过氧化氢溶液做局部冲洗,以除秽毒。
3. 敷药法　肿连腮颊者,用茶或醋调如意金黄散外敷,以清热解毒,消肿止痛。
4. 割治法　脓成时,行刺割法排脓。
5. 拔牙法　待肿痛消失后,视真牙萌出情况,行牙龈瓣切除术或病源牙拔除术。

## 三、针刺法

取合谷、颊车、下关等穴,针刺,泻法,留针 10～20 min。

## 【预防与调护】

(1) 患病时宜进流质或软质食物。
(2) 及早拔除能引起牙痛的异位或阻生齿。

## 【预后与转归】

本病预后一般较好,但有可能缓解后反复发作,一般须拔除真牙后痊愈。

## 【古代文献摘录】

《疡科心得集》："此症初起时,恶寒发热,面浮腮肿,牙关不能闭合,牙龈肿及咽喉,汤水似乎难下,实可下咽。三、四日后寒热不退,不能消散,其脓结于盘牙尽处者为牙齘痈。穿溃后,邪从脓泄,身热自退。"

## 【西医学中主要相关疾病认识】

**智齿冠周炎**　智齿及智齿萌出过程中,牙冠可部分或全部为龈瓣覆盖,龈瓣与牙冠之间形成较深的盲袋,食物及细菌极易嵌塞于盲袋内；加之冠部牙龈因咀嚼食物而易损伤。当全身抵抗力下降、局部细菌毒力增强时,可引起急性冠周炎发作。治疗予以局部消炎防腐,配合全身应用有效抗生素。当急性炎症消除后,酌情给予切龈或拔除智齿。

## 第四节 牙宣

牙宣是因胃火上炎,燔灼龈肉,或脏腑虚损,龈肉失养所致,以龈肉萎缩,牙根宣露,牙齿松动,齿龈间渗出脓血为主要表现的牙齿疾病。西医学中的牙周病可参考本篇辨证论治。

牙宣之名首见于宋代王璆《是斋百一选方》,其谓:"治牙宣,赤土荆芥,同为细末,揩齿上。"但早在《内经》中,即有关于牙宣症状的论述,如《素问·诊要经终论篇》说:"少阴终者,面黑齿长而垢。"又《素问·上古天真论篇》说:"丈夫五八,肾气衰,发堕齿槁。"所谓齿槁、齿长而垢,皆是牙宣症状的形象描述。《内经》以后,历代医家对牙宣的论述颇多。

本病多见于中老年人。

【病因病机】

齿为骨之余,髓之所养,肾为之主。然齿植于龈,气血所养,阳明所主。故牙宣病机多在脏腑失调或气血亏虚。脏腑失调以胃火燔龈和肾虚牙龈失养多见。

1. **胃火炽盛,燔灼龈齿** 饮食不节,胃腑积热,循经上蒸,龈肉腐败,渗血溢脓,久则龈萎根露,牙齿松动。如《明医杂著·卷之三》说:"盖齿虽属肾,而生于牙床,上下床属阳明大肠与胃,犹木生于土也。肠胃伤于美酒厚味、膏粱甘滑之物,以致湿热上攻,则牙床不清而为肿,为痛,或出血,或生虫,由是齿不得安而摇动,黑烂脱落也。"

2. **肾精亏虚,龈齿失养** 久病体虚,房事不节,肾虚精亏髓少,甚则虚火上灼,龈齿失养,久则牙齿疏豁,根露动摇。《仁斋直指·齿论》说:"齿者,骨之所终,髓之所养,肾实主之。故肾衰则齿豁,精盛则齿坚,虚热则齿动。"

3. **气血不足,龈齿失养** 久病体虚,劳倦过度,气血不足,龈齿失养,外邪乘袭留恋,销蚀龈肉为患。如《普济方·口门》说:"气血不足,揩理无方,风邪乘虚,客于齿间,则令肌寒血弱,龈肉缩露。"

【诊断要点】

1. **病史** 病程较长,发展缓慢。

2. **临床表现** 自觉牙齿松软或松动,遇冷热酸痛,咀嚼无力或不能咬嚼硬物,牙龈经常肿痛、渗血或溢脓,时有口臭。

3. **局部检查** 牙(齿)龈萎缩,牙根宣露,常有大量牙石积于牙齿与龈肉交界处(彩图24);龈肉淡红或暗红、肿胀,按压时或有脓液溢出;叩诊患牙松动,或见牙齿脱落。

【辨证论治】

辨治思路:牙宣首辨虚实。牙痛明显而龈肉红肿溢脓多为胃火;久病牙齿松动疏豁,咬物无力,容易渗血,多为肾亏虚火或气血不足。内治为主,辅以外治,重在预防健齿。

### 一、内治法

**1. 胃火炽盛,燔灼龈齿**

临床表现:发病较急,齿龈红肿疼痛,渗血溢脓。口臭,烦渴饮冷,小便黄,大便结。舌红,苔黄厚,脉滑数。

证候分析:胃火燔龈其势急,故见发病较急,齿龈红肿疼痛,渗血溢脓;全身及舌脉所见为胃火内炽之征。

治法:清胃泻火,解毒消肿。

方药:清胃汤。若牙龈红肿甚,酌加蒲公英、牛蒡子、金银花,以助清热解毒;溢脓渗血,酌加马勃、旱莲草、栀子炭之类以凉血止血。

#### 2. 肾精亏虚,龈齿失养

临床表现:牙齿松动,咀嚼无力,冷热酸痛。头晕、耳鸣,手足心热,腰酸。舌质偏红,少苔,脉细。

证候分析:肾亏阴虚,龈齿失养,故见牙齿疏豁松动,咀嚼无力,齿龈萎缩,齿根宣露,冷热酸痛;虚火上灼,故见齿龈溃烂边缘微红微肿;全身及舌脉所见为肾亏阴虚火旺之征。

治法:滋阴补肾,益髓固齿。

方药:六味地黄汤。酌加枸杞、龟甲、杜仲以强肾。若手足心热,舌红,脉细数,酌加知母、黄柏坚阴降火。若兼口臭龈肿,龈缘溢脓,便秘,多属阴虚胃热证,治宜滋阴清胃,养龈健齿,改用玉女煎。方中石膏、知母清热泻火,生地、麦冬滋阴清热,牛膝引热下行。可酌加女贞子、菟丝子补肾,益髓固齿。

肾虚牙龈失养证亦有肾阳虚证,可见胫膝酸软,四肢不温,畏寒喜暖,舌质淡嫩,脉沉迟。治宜温阳补肾,益髓固齿。用金匮肾气丸加减。

#### 3. 气血不足,龈齿失养

临床表现:牙齿松动,咀嚼无力,冷热酸痛,牙龈易出血。倦怠乏力,面色不华,纳差,头晕、耳鸣,失眠多梦。舌质偏淡,脉细弱。

证候分析:气血亏虚,龈齿失养,故见牙齿疏豁松动,咀嚼无力,齿龈萎缩,齿根宣露,冷热酸痛,容易出血;全身及舌脉所见为气血亏虚之征。

治法:补益气血,养龈健齿。

方药:八珍汤。酌加黄精、何首乌、补骨脂、狗脊,以助养血益精,补肾固齿。

## 二、外治法

1. **外搽法** 牙龈红肿、溢脓,用清胃散、擦牙固齿散之类,涂擦患处,以清热解毒,消肿止痛。每日3~4次。

2. **涂敷法** 牙龈萎缩、牙根宣露、牙齿酸楚者,用护牙膏、牙宣膏之类涂敷患处,以疏风和血,生肌固齿。每日3~4次。

3. **洁齿法** 对牙齿不洁,有牙结石者,宜行洁齿法以清除。

4. **拔牙法** 如病变晚期,牙齿松动,咀嚼功能丧失,可将病牙拔除。

## 三、导引法

1. **叩齿法** 《备急千金要方·卷六下》谓:"每旦以一捻盐内口中,以暖水含,揩齿及叩齿百遍,为之不绝,不过五百,口齿即牢秘。凡人齿龈不能食果菜者,皆由齿根露也。为此盐汤揩齿法,无不愈也。"宜每日早、晚各1次,上、下牙对合叩齿,每次30~50下,或数百下,或轻或重。

2. **咬齿法** 牙齿浮动感,可轻轻咬实,由轻趋重用力,渐咬渐紧,日行1~3次,行之日久有效。

3. **揩齿法** 用示指或中指,顺牙齿生长的方向,自根部向咀嚼面方向按摩,从前牙及侧牙反复数次,每日 2 次,每次 10 min。

4. **漱津咽唾法** 先行叩齿完毕后,用舌尖搅动牙齿,先左后右,先内后外,先上后下,依次轻轻搅动 30 次。然后舌抵上腭以积聚唾液,待唾液增多时,再鼓腮含漱 10 余次,最后分三口咽下,以意念送于脐下丹田处。每日均行若干次,长期坚持。

## 四、针灸治疗

选取足阳明经穴为主,局部取穴与循经取穴相配合。常用合谷、内庭、颊车、下关等穴,胃热证配二间、曲池、足三里,泻法或平补平泻法;虚证配太溪、阴谷、行间,补法,或加灸法。每次 2~3 穴,每日 1 次,5~7 日为 1 个疗程。

【预防与调护】

(1) 保持口腔清洁,经常用淡盐水漱口。

(2) 每日早、晚用手按摩牙龈 3~5 min,上、下牙对合叩齿 30~50 下,以促进龈齿气血和畅,有利固齿。

【预后与转归】

本病发展缓慢,后期由于牙龈萎缩严重,骨质吸收,可致牙齿松动,咀嚼功能丧失。

【古代文献摘录】

《圣济总录·口齿门》:"气血不足,揩理无方,风邪袭虚,客于齿间,则令肌寒血弱,龈肉缩落,渐至宣露,永不附着齿根也。"

《景岳全书·卷二十八》:"肾虚牙齿不固,或摇动,或脆弱浮突者,虽宜以补肾为主,然亦当辨其寒热。凡左归丸、六味丸可壮肾中之阴,右归丸、八味丸可补肾中之阳。须通加骨碎补,丸服尤妙。若齿牙浮动脱落,或牙缝出血,而口不臭,亦无痛者,总属阴中之阳虚,宜安肾丸之类主之。"

【西医学中主要相关疾病认识】

**牙周病** 西医学牙周病包括牙龈炎症与牙周炎症两类急、慢性炎症,常见的有牙龈炎、牙龈肥大、坏死性龈炎、牙间乳头炎,以及牙周炎、牙周脓肿、牙周萎缩等。牙龈炎症多见于青少年和儿童,牙周炎症多见于中老年人。病因主要有口齿不洁、牙石、创伤性牙合、医源性因素等,内分泌失调、代谢紊乱、免疫缺陷等对牙周病的发展有促进作用。临床上本病以局部治疗为主,包括龈上洁治、龈下刮治等,根据实际情况选择牙周手术。局部用消炎防腐药物含漱、涂布,全身可适当应用抗生素治疗。

# 第五节 口 疮

口疮是因心脾积热,或阴虚火旺,灼伤口腔肌膜,以口腔唇内、颊、舌、齿龈等处肌膜见豆大之小溃疡,周围红晕、表面凹陷,灼热疼痛,反复发作为主要表现的疮疡类疾病。本病在临床上有实证与虚证两类。西医学中的复发性阿弗他溃疡可参考本篇辨证论治。

口疮最早见于《内经》,《素问·气交变大论篇》说:"岁金不及,炎火乃行……民病口疮。"《素问·五常政大论篇》说:"少阳司天,火气下临,肺气上从……鼻窒口疡。"尔后,历代医家对口疮多有论述,亦称"口疡""口破""赤口疮"。

## 【病因病机】

口疮病机多分虚实,以心、脾、肾三经失调为主。明代薛己《口齿类要·口疮》说:"口疮,上焦实热,中焦虚寒,下焦阴火,各经传变所致。"上焦实热多心脾积热相兼,下焦阴火乃肾亏阴虚火旺,中焦虚寒多脾肾阳虚互见。

1. **心脾积热,上炎口舌** 口为脾之窍,舌为心之苗。若饮食不节,或情志不畅,脏腑蕴热内生,心脾积热,上炎口腔,发为口疮。如《诸病源候论·卷三十》说:"手少阴心之经也,心气通于舌;足太阴脾之经也,脾气通于口。脏腑热盛,热乘心脾,气冲于口与舌,故令口舌生疮也。"

2. **阴虚火旺,上炎口舌** 素体阴虚,病后失养,思虑太过,致阴液暗耗,虚火内生,上炎口舌为病。如《寿世保元·卷六》说:"口疮连年不愈者,此虚火也。"

3. **阳气亏虚,寒湿困口** 素体阳虚,久病阴损及阳,寒凉太过,脾肾阳虚,清阳不升,浊阴上干,寒湿困口而发。《口齿类要·口疮》说:"口疮……食少便溏,面黄肢冷,火衰土虚也。"

## 【诊断要点】

1. **病史** 实证者病程一般为7~10日,愈后不留瘢痕。虚证者可反复发作,或此伏彼起,致病程延长。

2. **临床表现** 口腔肌膜溃烂、灼热疼痛,妨碍饮食。

3. **局部检查** 口腔黏膜有绿豆或黄豆大小溃疡,周围绕以红晕,中心稍凹陷,覆有假膜。病损多位于口腔前半部,多见于舌、颊、口底部位,亦可见于龈、腭黏膜(彩图25)。

## 【鉴别诊断】

1. **口糜** 多见于婴儿或体弱成年患者。发病较急,口舌出现白色斑点,如糜粥样物,拭去后易再生,迅速蔓延,彼此融合成片状,甚则扩展至整个口腔。

2. **狐惑病(白塞病)** 中青年男性多见。口腔溃疡数目多,形状小,多伴有生殖器疼痛性溃疡、皮肤结节性红斑,以及虹膜睫状体炎等。

## 【辨证论治】

辨治思路:口疮有实火、虚火、阳虚无火之别。实火责在心脾,疮多红肿痛重,口渴口臭,实脉而数;虚火责在肾亏,疮少边红且痛,苔少心烦,虚脉细数;阳虚无火责在脾肾,疮少色淡微痛,舌淡齿痕,脉沉迟弱。内治为主,辅以外治。

## 一、内治法

1. **心脾积热,上炎口舌**

临床表现:起病急,口腔肌膜溃破、灼热疼痛,妨碍饮食。口渴,口臭,心中烦热,脘腹胀闷,大便秘结,小便短赤。舌红,苔黄腻,脉滑数或洪数有力。

证候分析:病证属实,火性急,故起病急;心脾积热上熏口舌,局部热毒结聚,气血壅滞,故见口腔肌膜溃破、灼热疼痛,妨碍饮食,口疮多而色红;全身及舌脉所见为心脾积热之征。

治法:清心泻脾,解毒消肿。

方药：凉膈散。方中大黄、芒硝泻热通便；连翘、黄芩、栀子、甘草清心脾而解热毒；薄荷载药上行，直达病所。若疮生舌前部，小便短赤，心烦，乃心火炽盛，可用加味导赤散。

2. 阴虚火旺，上炎口舌

临床表现：反复性口腔肌膜溃破、灼热疼痛，妨碍饮食，此起彼伏，病程延长。倦怠，腰膝酸软，头晕耳鸣，手足心热，失眠多梦。舌红，少苔，脉细数。

证候分析：阴虚虚火上灼口舌，故见口腔肌膜溃破、灼热疼痛；病属阴虚不足，故口疮数目较少，分散，疮周红晕细；每遇劳碌易致虚火上炎，故反复发作，或此起彼伏；全身及舌脉所见为阴虚火旺之征。

治法：滋阴补肾，降火止痛。

方药：知柏地黄汤加减。可酌加四物汤以助养血，或加玄参、麦冬以助养阴清热。若虚火甚，少加肉桂反佐，引火归原。若见心烦不寐，舌质龟裂，心阴不足明显者，可用黄连阿胶鸡子黄汤加枸杞子、酸枣仁、柏子仁以滋阴养血，清火安神。

3. 阳气亏虚，寒湿困结

临床表现：口腔肌膜溃烂，久难愈合，或此起彼伏，病程较长，疼痛轻微，稍妨饮食。倦怠乏力，面色㿠白，腰膝或少腹以下冷痛，小便清。舌质淡，苔白润，脉沉迟弱。

证候分析：脾肾阳虚，寒湿上困口舌，久则成疮溃烂；阳气不足，驱邪不力，故口疮疼痛轻微，口疮数目较少，溃烂面色淡，少许灰白假膜，久难愈合，阳虚体弱，遇劳则甚，故此起彼伏，病程长；全身及舌脉所见为脾肾阳虚之征。

治法：益气健脾，温阳补肾。

方药：附子理中汤。若见溃疡表面白腐较多，酌加苍术、五倍子健脾燥湿。若见形寒肢冷，小便清长，夜尿频，多属肾阳不足，可用金匮肾气丸。

## 二、外治法

1. 含漱法 用漱口方或淡盐水含漱，以清洁口腔。
2. 噙化法 实火证，用人中白散或锡类散吹布患处，以清热解毒，祛腐生肌；虚火证，用柳花散或青吹口散吹布患处，以解毒祛腐。每日 5～6 次。
3. 敷药法 用吴茱萸捣烂醋调敷双足涌泉穴，以布包裹，次晨取去。每晚 1 次。

## 三、针灸治疗

1. 体针 取廉泉、足三里、合谷、曲池、颊车，每次 2 穴，交替使用，每日 1 次。实证用泻法，虚证用平补平泻法，或温和灸法。7～10 日为 1 个疗程。
2. 耳针 主穴取神门、舌、内分泌、皮质下、口，配穴取肺、胃、脾。每次 3～4 穴，交替使用。手法宜强，留针 1～2 h。
3. 穴位注射 取牵正、曲池、颊车、手三里，每次 2 穴，交替使用，每穴注入当归注射液 0.5 ml，每日 1 次。

【预防与调护】

(1) 患口疮时，慎食刺激性食物，保持大便通畅。
(2) 治疗初瘥，应继续调治一段时间，以巩固疗效。

## 【预后与转归】

本病预后好。实证病程短,但易反复发作;虚证病程长,可能迁延日久。

## 【古代文献摘录】

《圣济总录·卷第一百一十七》:"口疮者,由心脾有热,气冲上焦,熏发口舌,故作疮也。又有胃气弱,谷气少,虚阳上发而为口疮者。不可执一而论,当求所受之本也。"

《外科正宗·卷四》:"口破者,有虚火、实火之分,色淡、色红之别。虚火者,色淡而白斑细点,甚则陷露龟纹,脉虚不渴。此因思烦太甚,多醒少睡,虚火动而发之,四物汤加黄柏、知母、牡丹皮、肉桂以为引导,从治法也,外以柳花散掺之。实火者,色红而满口烂斑,甚者腮舌俱肿,脉实口干。此因膏粱厚味、醇酒炙煿,心火妄动发之,宜凉膈散,外搽赴筵散吐涎则愈。"

## 【西医学中主要相关疾病认识】

**复发性口疮** 其病因目前尚不清楚。其发病因素可能包括几个方面:免疫学异常、心理因素变化、遗传、感染、胃肠道功能紊乱、内分泌因素等。局部治疗可选择抗菌防腐药、物理疗法及局部封闭等,全身治疗包括免疫增强剂、免疫抑制剂、肾上腺皮质激素等。

# 第六节 口 糜

口糜多因湿热内蕴,上蒸口腔所致,以口腔肌膜糜烂成片,口气臭秽等为主要表现的疮疡类疾病。西医学中的口腔念珠菌病可参考本篇辨证论治。

口糜病名首见于《内经》。《素问·气厥论篇》说:"膀胱移热于小肠,膈肠不便,上为口糜。"尔后历代医家对此病亦有所论述。发生于小儿者,以1岁内婴儿或不满月婴儿多见,又称"鹅口疮""燕口疮""白口疮""雪口"。发生于成人者,往往继发于伤寒、大面积烧伤或烫伤、泄泻、糖尿病、原发性免疫缺陷,以及长期大量使用抗生素的患者。

## 【病因病机】

口糜病机分虚、实两类。实证病机,成人多因膀胱湿热熏口所致,小儿多属心脾积热灼口。虚证病机以阴虚口齿失养为多,主要见于成人。

1. **膀胱湿热,上泛龈口** 多因外感湿热,蕴结膀胱,或饮食不节,湿热内生,下注膀胱,湿热积聚,循经熏蒸于口而为病。《医方考·卷之五》说:"膀胱者,水道之所出;小肠者,清浊泌别之区也。膀胱移热于小肠,则清浊不能泌别,湿热不去,势必上蒸,故令口中糜烂而疮。"

2. **心脾积热,上炎龈口** 心开窍于舌,脾开窍于口。过食辛热炙煿,脏腑失调,热积心脾,不得宣泄,循经上炎于口,灼腐肌膜,遂成口糜。《杂病源流犀烛·卷二十三》说:"心脾有热,亦口糜。"

3. **阴虚火旺,上炎龈口** 大病久病之后,胃阴耗伤,虚火上炎,灼伤口舌肌膜发为本病。《杂病源流犀烛·卷二十三》说:"阴亏火泛,亦口糜。"

## 【诊断要点】

1. **病史** 发生于成人者,往往有伤寒、大面积烧伤或烫伤、泄泻、糖尿病、原发性免疫缺陷,以及长期大量使用抗生素病史。

**2. 临床表现** 局部灼热干燥感,轻微疼痛或不疼痛,往往在检查舌苔时方发现。婴儿患者可有流涎,拒乳,啼哭不安,低热。

**3. 局部检查** 初起见口腔黏膜出现小的白色斑点,状如凝乳,略高出于黏膜之上,周围无红晕;白色斑点融合成片状如蛋膜不易拭去,强行拭去则易出血,1~2h后可复生如旧。白色斑点可发生于口腔任何部位,但以舌本、两颊、上腭、口底为多见,亦有蔓延至咽部;但发生于成人者一般不会融合成大片状(彩图26)。

**4. 其他** 涂片检查可找到菌丝或芽孢,培养可查见白念珠菌。

## 【鉴别诊断】

**白喉** 白喉全身中毒症状较重,局部白腐物主要位于咽喉,很少见于口腔黏膜,不易拭去,强行拭之易出血。细菌涂片检查可找到白喉杆菌。

## 【辨证论治】

辨治思路:口糜分虚、实。实证分两端,腐物厚而难除,病损广而痛著,成人以膀胱湿热居多,小儿以心脾积热常见;虚证多为阴虚火旺,腐物少而痛轻,病损亦轻。重在改善机体状态,局部治疗不可少。

### 一、内治法

**1. 膀胱湿热,上泛龈口**

临床表现:口腔患处灼热,口有甜味或臭味。微有发热,小便短赤。舌苔黄腻,脉滑数。

证候分析:湿热熏蒸,结聚龈口,患处灼热,口有甜味或臭味;病属实邪,湿热壅盛,故微有发热,小便短赤;全身及舌脉所见为膀胱湿热证。

治法:清热利湿,化浊祛腐。

方药:加味导赤散加减。方中黄连、木通、淡竹叶、甘草清心泻火;黄芩、金银花、连翘、牛蒡子清热解毒;生地、玄参养阴清热;桔梗、薄荷载药上行,直达病所。若热毒不盛而湿浊盛,小便短少,苔滑腻,可用五苓散加减。

**2. 心脾积热,上炎龈口**

临床表现:口腔患处灼热疼痛。轻微发热,口干渴,心中烦热,大便秘结,小便短赤。舌质红,苔黄,脉数。

证候分析:心脾积热上攻龈口,故见口干渴,心中烦热,大便秘结,及患处灼热疼痛;全身及舌脉所见为心脾积热证。

治法:清心泻脾,解毒消肿。

方药:导赤散合凉膈散加减。方中以黄芩、栀子苦寒泄降,清泻胸膈邪热;连翘、薄荷辛凉轻清,清散心胸邪热;大黄、芒硝泻火通便,引邪热下行;生地凉血滋阴以制心火;木通上清心经之火,下导小肠之热;竹叶甘淡,清心除烦,导心火下行;甘草、蜂蜜清热润燥,调和诸药。

**3. 阴虚火旺,上炎龈口**

临床表现:患处无疼痛或轻微疼痛,或无明显自觉症状。口舌干燥,饥不欲食,大便干结,小便短少。舌红少津,脉细数。

证候分析:胃阴不足,龈口失养,虚火灼损,故见口舌干燥,饥不欲食,大便干结,小便短少;病属正虚不足,故患处无疼痛或轻微疼痛;全身及舌脉所见为胃阴不足之征。

治法：滋阴养胃，清热生津。

方药：益胃汤加减。方中沙参、麦冬、玉竹、生地养阴清热生津，冰糖养胃和中。大便燥结者，酌加白蜜冲服以润燥通便。若糜烂延及咽喉，日轻夜重，多为阴伤邪盛证，宜用少阴甘桔汤。方中黄芩清热解毒；玄参、桔梗、甘草养阴清热利咽；川芎、陈皮行气活血；柴胡、羌活、葱白祛风除湿；升麻解毒，引药上行。酌加马勃、黄连、天葵子以助解毒燥湿，利咽止痛之效。若见口干少津，纳差泻泄，倦怠，多属脾虚湿热证，治宜健脾益气，化浊利口，用连理汤，即理中汤加黄连。若见倦怠乏力，纳差，食欲差，肢凉畏寒，小便清，大便稀或泄泻，多属阳虚不足，治宜健脾益气，温中散寒，用附子理中汤。

## 二、外治法

1. **含漱法** 漱口方煎水漱口，以清洁口腔，并以消毒纱布蘸药汁将白腐物拭去。
2. **噙化法** 冰硼散、青吹口散之类撒患处，每日5～6次。

## 三、针灸治疗

取地仓、合谷，留针 15 min。每日或间日 1 次，连续数日。

### 【预防与护理】

(1) 应注意口腔清洁卫生。
(2) 对长期服用抗生素者，要适当配用碱性水溶液含漱。

### 【预后与转归】

发生于小儿者，病程一般为 7 日左右，预后较好，虽能不治而愈，但可致病程延长；发生于成人者，往往病情顽固或有深部感染，预后较差；发生于大量使用抗生素后者，停用抗生素后可改善症状。

### 【古代文献摘录】

《圣济总录·卷一百一十七》："膀胱移热于小肠，膈肠不便，上为口糜……大抵心胃壅热，则必熏蒸于上；不可概以敷药，当求其本以治之。"

《医宗金鉴·卷六十五》："此证由阳旺阴虚，膀胱湿水泛溢脾经，湿与热瘀，郁久则热，热气熏蒸胃口，以致满口糜烂，甚于口疮，色红作痛，甚则连及咽喉，不能饮食。初起宜服导赤汤；口臭、泻泄脾湿者，宜服连理汤；糜烂延及咽喉，日轻夜重者，服少阴甘桔汤；便秘者，服凉膈散。外俱以姜柏散搽之有效。"

### 【西医学中主要相关疾病认识】

**白念珠菌病** 本病的病原菌主要是白念珠菌，以芽生孢子型存在，并不致病，但在下述诱因下可致病。一是念珠菌本身毒力增强，二是患者的防御功能降低，三是长期或大量应用皮质类固醇激素及广谱抗生素，四是原发性或继发性免疫缺陷，五是代谢或内分泌疾病，六是其他如维生素缺乏、低温潮湿环境、慢性局部刺激等。治疗之法，局部可用碱性溶液含漱、抗真菌药物局部涂布；病情顽固或深部感染，需采用全身抗真菌治疗。

# 第七节 唇风

唇风是因风热湿邪外侵，或脾胃湿热内蕴，上蒸口唇所致，以口唇红肿、痛痒，日久破裂流水，或脱屑皮,或有嘴唇不时动为主要表现的口腔疾病。西医学中的慢性唇炎、继发感染性唇炎可参考本篇辨证论治。

《内经》最早有唇风症状的描述,称唇槁,如《灵枢·寒热病论》说:"寒热者……唇槁。"明代陈实功在《外科正宗·卷四》首次提出唇风病名:"唇风,阳明胃火上攻,其患下唇发痒作肿,破裂流水,不疼难愈。宜铜粉丸泡洗,内服六味地黄丸自愈。"在古代文献中,本病亦称驴嘴风、唇。历代对本病均有所论述,但不是很多。

【病因病机】

多因食用辛辣厚味太过,脾胃湿热内生,复受风邪侵袭,引动湿热之邪循经熏蒸唇口;或脾气虚弱,外感燥热,致脾经血燥,熏灼唇口所发。

1. 风火湿热,外犯唇口　足阳明胃经环口唇,素嗜辛辣厚味,脾胃湿热内生,复感风邪,引动湿热上蒸,搏结唇部而成。《医宗金鉴·卷六十五》说:"此症多生于下唇,由阳明胃经风火凝结而成。初时发痒,色红作肿,日久破裂流水,疼如火燎,又似无皮,故风盛则唇不时动。"

2. 阴虚血燥,唇口失养　脾主口,其华在唇。脾气虚弱,外感燥热之邪,或温热病后,伤阴化燥,燥热循经上熏肌膜。《外科证治全书·卷二》说:"唇风,多在下唇……此脾经血燥也。"

【诊断要点】

1. 病史　多有唇部灼热痒痛反复发作病史。

2. 临床表现　唇部发痒,灼热疼痛,嘴唇不时动;或自觉唇部干燥,作痒不适,患者常自咬嘴唇以掀去未脱落的鳞屑、痂皮,引起疼痛。

3. 局部检查　唇红部肿胀、糜烂、渗液、结痂;或呈肥厚,扪之唇部可有结节感如豆大,质软不硬;或唇部表面干燥、脱屑,色暗红(彩图27),或有纵形裂沟,结痂,揭去痂皮易出血。

【辨证论治】

辨治思路:唇风之辨分虚、实。实为风火湿热,唇红肿痒溃痛且剧;虚为阴虚血燥,唇红燥裂溢水结痂。内治为主,辅以外治。

## 一、内治法

1. 风火湿热,外犯唇口

临床表现:唇红部肿痒,破裂流水,灼热疼痛,嘴唇不时动。口渴饮冷,口臭,大便干。舌质偏红,脉滑数。

证候分析:风热湿邪循经上蒸,故见唇红部红肿痒;湿热久蒸,则破裂流水,灼热疼痛;风性主动,风邪偏胜,则嘴唇不时动;全身及舌脉所见为湿热之征。

治法:疏风散邪,清热利湿。

方药:双解通圣散。方中荆芥、防风、薄荷、麻黄疏散风邪;连翘、栀子、黄芩、石膏清热;白术、滑石利湿;川芎、当归、白芍、甘草活血养血,散瘀肿以止痛;桔梗载药上行。若局部肿胀甚者,加黄连、白鲜皮、银花清热解毒;破裂糜烂流水者,加木通、车前子清利湿热;嘴唇动,红肿,食少便溏,气短乏力,乃风盛脾虚之证,治宜健脾益气祛风,用参苓白术散加黄芪、防风治之。

2. 阴虚血燥,唇口失养

临床表现:唇肿燥裂,流水,甚者流血,痛如火燎,犹如无皮之状,结痂。鼻息焮热,小便黄赤短涩。舌干少津,脉细数。

证候分析:脾气虚弱,燥邪为患,唇口失养,故见唇肿燥裂、流水流血或结痂,疼如火燎;全身及舌脉所见为脾经血燥之征。

治法:凉血祛风,养阴润燥。

方药:四物消风饮。方中荆芥、薄荷疏风清热,柴胡、黄芩、甘草清热解毒,当归、川芎、生地、赤芍凉血润燥。酌加牡丹皮、玄参、麦冬、石斛以增强滋阴清热,凉血润燥之功。

## 二、外治法

**外搽法** 宜清热解毒,凉血润燥。用黄连膏、紫归油、青吹口散油膏外搽患处,每日3~4次。或用马齿苋、芙蓉叶鲜品捣烂外敷,每日2次。

【预防与调护】

(1) 避免长时间的风吹、日晒。
(2) 避免烟酒、辛辣厚味等不良刺激。
(3) 减少风火燥邪患。

【预后与转归】

本病预后较好,但易反复,应坚持治疗。

【古代文献摘录】

《诸病源候论·卷三十》:"脾与胃合足阳明之经,胃之脉也,其经起于鼻,环于唇,其支脉入络于脾,脾胃有风热邪气乘之,而肿发于唇。"

《严氏济生方·口齿门》:"唇者,脾之所主……盖风胜则动,寒胜则揭,燥胜则干,热胜则裂,气郁则生疮,血少则沉而无色。治之之法,内则当理其脾,外则当敷以药,无不效者矣。"

《医宗金鉴·卷六十五》:"此症多生于下唇,由阳明胃经风火凝结而成。初时发痒,色红作肿,日久破裂流水,疼如火燎,又似无皮,故风盛则唇不时动。"

【西医学中主要相关疾病认识】

**慢性唇炎** 本病大多数原因不明。其可能的发病因素:一是风吹、日晒、烟酒等刺激;二是不良习惯,如舔唇、咬唇、揭唇部皮屑;三是摄入含卟啉多的蔬菜水果及药物;四是迟发性变态反应与感染病灶。局部治疗可选用消炎防腐药物湿敷唇部,局部涂皮质激素类或消炎类软膏。口服氯喹,或选用放射治疗、氦-氖激光照射等。

# 第八节 口癣

口癣是因湿热熏蒸或阴血亏虚所致的以口腔肌膜上出现灰白色条纹或斑块为主要特征的疾病。本病好发于中年人,女性多于男性,病程长,不易痊愈。西医的口腔扁平苔藓等可参考本篇进行辨证施治。

中医古籍中无"口癣"病名,文献中描述"口破""口蕈""口糜"的症状、病因病机与本病有相似之处。如《外科正宗·卷十二》:"口破者,有虚火、实火之分,色淡、色红之别。虚火者,色淡而白斑细点,甚者陷露龟纹,脉虚不渴。此因思烦太甚,多醒少睡,心火妄动而发之……实火者,色红而满口烂斑,甚者腮舌俱肿,脉实口干。此因膏粱厚味、醇酒炙煿,心火妄动发之。"

【病因病机】

脾开窍于口,口癣的发生多由脾胃湿热所致,脾失运化,蕴热化火,湿热上蒸于口,则成口癣;或因风热湿毒之邪侵袭于口,搏结于黏膜,留连不去,气血失和而致;或因肝气郁结,气滞血瘀所致;或因久病伤阴,肝肾阴虚,血虚风燥,口腔肌膜失于濡润所致。

1. 风热湿毒,侵袭于口　风热湿毒外犯肺脾,肺气失宣,敷而不达,湿毒蕴于脾胃,化火循经上炎于口而为病。

2. 脾胃湿热,熏蒸肌膜　脾主运化,胃主受纳,若过食辛热肥甘,或嗜酒无度,脾失健运,胃失和降,水湿内停,酿成湿热,循经上蒸于口而为病。

3. 肝气郁结,蕴热化火　情志不遂,或突然的精神刺激,或病邪侵扰,阻遏肝脉,致使肝脏失于疏泄条达,气机郁滞,蕴热化火,灼烁肌膜而为病。

4. 肝肾阴虚,肌膜失养　久病失调,阴液亏耗,或情志内伤,阳亢阴耗,或房事不节,肾精耗损,或年老体衰,肝肾之阴精耗损,肌膜失于濡养而为病。

【诊断要点】

1. 病史　患者可有精神创伤史、长期情志不舒、失眠多梦或过敏史。

2. 临床表现　轻症患者无明显不适,口腔局部木涩、粗糙、灼热感,偶有虫爬感、痒感。遇辛辣、热、酸、咸味食物刺激时,患处刺激痛、灼痛或敏感。

3. 局部检查　病损可发生于口腔肌膜的任何部位,多左右对称,颊部最多见,也常发生于舌、唇、牙龈、口底、腭部(彩图28)。病损呈现白色网状条纹,可交织成网状、树枝状、环状等,也可呈现为白色斑块状周围伴有网状条纹。网纹状病损的周围或中间肌膜颜色、质地可正常,也可出现红斑、萎缩、糜烂、溃疡、色素沉着。口癣的多样病损可同时出现,也可互相转变,病程缠绵难愈,病损消退后,可留有色素沉着。组织病理学检查有特征性改变。

【鉴别诊断】

本病应与口疮、口糜、口腔白斑、迷脂症、苔藓样反应鉴别。

1. 口疮　病损表现为类圆形溃疡,中央凹陷,四周无白色条纹,一般7～10日可自愈,常反复发作。

2. 口糜　常发生于婴幼儿、长期使用抗生素的患者、免疫缺陷患者等体弱人群,全身可伴有发热,口腔肌膜出现白色斑片,状如粥糜,若凝乳状,周围无白色条纹,口腔拭子涂片和培养有助于诊断;口癣患者一般不发热,病变以肌膜上出现白色条纹为特征,难以愈合。

3. 口腔白斑　质地较坚韧,不伴有白色条纹。

4. 迷脂症　表现为成簇的、粟粒状大小的淡黄色斑丘疹,一般无症状。

5. 苔藓样反应　表现为口腔肌膜出现白色条纹或斑块,可因服用某些药物或补牙后充填材料引起,药物引起者还可发生皮肤损害。牙科材料引起者病变在牙龈与该材料接触处,或是对应的颊黏膜上,更换或去除补牙材料后白色条纹可好转或消失。

【辨证论治】

辨治思路:口癣有虚火、实火之分,色淡、色红之别。虚火者,色淡而白斑细点,甚者陷露龟纹,脉虚不渴。此因思烦太甚,多醒少睡,心火妄动而发。实火者,色红而满口烂斑,甚者腮舌俱肿,脉实口干。诊治时应整体与局部相结合,内外兼顾,内治为主,局部外治为辅。

## 一、内治法

### 1. 风热湿毒,侵袭于口

临床表现：口腔肌膜白色网纹密集,或见水疱、丘疹、渗出,红肿疼痛,影响进食。全身可伴有发热、恶风、汗出,或有头痛如裹,咽痛咽痒,口干口臭。舌质红,苔黄或腻,脉濡数或浮数。

证候分析：风热湿毒外犯,湿毒蕴于脾胃,化火循经上炎于口,肌膜红肿溃烂,口干口臭；风热外袭,肺卫不固,则发热、恶风、汗出；湿浊上困,经络受阻,清阳不升,则头痛如裹；舌质红、苔黄或腻、脉濡数或浮数均为风热湿浊外袭之象。

治法：祛风除湿,清热解毒。

方药：消风散加减。方中荆芥、防风发表,祛风,胜湿；苦参、苍术清热,燥湿,健脾；牛蒡子疏散风热,透疹解毒；蝉蜕散风热,透疹,此二味不仅可增荆芥、防风祛风之力,更能疏散风热透疹；石膏、知母清热泻火；木通利湿热；胡麻仁、生地、当归滋阴养血润燥；甘草清热解毒,又可调和诸药。风热偏盛而身热、口渴者,加银花、连翘以疏风清热解毒；湿热偏盛,胸脘痞满,身重乏力,舌苔黄而腻者,加地肤子、车前子、栀子等以清热利湿；血分热甚,五心烦热,舌质红或绛者,加赤芍、丹皮、紫草以清热凉血。

### 2. 脾胃湿热,熏蒸肌膜

临床表现：感觉两颊不适或疼痛,进食时明显,口腔肌膜出现白色条纹或斑块、水疱,可伴充血、糜烂,发生于唇红处的可见较多的黄色渗出物,结痂较厚。全身可伴多食易饥,胃脘嘈杂,胸胁胀闷,口干口黏,便干尿黄。舌质红,苔黄腻,脉弦滑数。

证候分析：脾失运化,湿热内蒸,上灼口舌,损伤肌膜,以致口舌出现斑纹、红肿疼痛；脾胃灼热致水谷易化,胃饥嘈杂；湿浊中阻,气机不畅,则胸胁胀闷；结毒伤阴,则口干口黏；便干、尿黄、舌质红、苔黄腻、脉弦滑数均为脾胃湿热之象。

治法：清热利湿,化浊解毒。

方药：甘露消毒丹加减。方中滑石、茵陈、黄芩清热利湿解毒；石菖蒲、藿香、白豆蔻、木通利湿和中,导湿热下行。可配以苍术、白术、薏苡仁利湿健脾,藿香、厚朴除湿散满,陈皮、佩兰等理气化痰。

### 3. 肝气郁结,蕴热化火

临床表现：口腔肌膜见灰白色网纹,或伴色素沉着,充血糜烂,有粗糙木涩感或灼热疼痛、刺痛。全身伴口苦咽干,胸胁胀痛,烦躁易怒,眩晕耳鸣,失眠多梦,月经失调。舌边尖红,舌苔黄或薄黄,脉弦或沉弦。

证候分析：肝失条达,气机不畅,肝气郁结,郁而化火致肌膜充血灼热,火热上蒸而溃烂疼痛；肝郁化火则口苦咽干,胸胁胀痛,烦躁易怒；肝气不舒,清窍失养,冲任不调,则眩晕耳鸣,失眠多梦,月经失调；舌边尖红、舌苔黄或薄黄、脉弦或沉弦皆是肝郁化火之象。

治法：疏肝解郁,清肝泻火。

方药：丹栀逍遥散加减。方中丹皮清血中伏火；炒山栀清肝热,并导热下行；柴胡、白芍、当归、薄荷疏肝解郁,柔肝养血；白术、茯苓、甘草、煨姜健脾和胃补中。胸胁胀满,配厚朴、半夏宽胸以宣泄郁气；上腹痛,配陈皮、枳壳理气和胃止痛。

4. 肝肾阴虚，肌膜失养

临床表现：口腔肌膜干燥发红，有灰白网状花纹，发生于舌背的为略显淡蓝色的白色斑块，舌乳头萎缩，发生于牙龈时，则有充血或糜烂，夹杂白色网纹。伴有红肿疼痛，肌膜灼热，口干目涩，头晕目眩，失眠健忘，腰膝酸软，手足心热，月经量少或推迟。舌质偏红，光滑少苔，脉沉细或细数。

证候分析：久病失养，或年老体衰，或房事不节，肝肾之阴精耗损，肌膜失于濡养而干燥萎缩疼痛；肝肾阴亏，清窍失养，则头晕目眩、失眠健忘、口干目涩；肝肾阴虚，则腰膝酸软，手足心热；阴亏不足，冲任失调，则女子月经量少推迟；舌质红、光滑少苔、脉沉细或细数皆是肝肾阴虚之象。

治法：滋补肝肾，养阴清热。

方药：知柏地黄丸加减。

## 二、外治法

1. 吹药法　可用养阴生肌散、锡类散、珍珠散局部吹撒，每日3～4次，可收敛生肌。

2. 含漱法　可用黄芩、金银花、竹叶适量，水煎含漱，或野菊花、白鲜皮、黄柏适量煎水含漱，以清热解毒利湿。

## 三、针灸治疗

1. 体针　针刺选择双侧曲池、内关、合谷、足三里、三阴交、侠溪等穴位，选2～3穴位针刺，每日1次。

2. 耳针　可选用神门、交感、皮质下、肾、脾、胃等耳穴埋针，或用王不留行籽贴压。

【预防与调护】

(1) 食应避免过烫、辛辣等刺激。
(2) 避免心理压力，遇事要保持良好心态，注意心理疏导调节。
(3) 发现病变要积极治疗，树立信心，消除顾虑。
(4) 定期检查口腔病变部位，以便及时发现病情变化。

【预后与转归】

口癣的病损多样，可反复变化及波动，多不能自行痊愈，但预后一般良好。少数病例长期不愈，糜烂、萎缩为主要表现，尤其是舌腹、口底的病损需警惕癌变，应密切观察，必要时进行组织病理学检查，以明确是否有癌变。

【古代文献摘录】

《说文解字》："癣，干疡也。"

【西医学中主要相关疾病认识】

扁平苔藓　扁平苔藓是一种皮肤黏膜慢性疾病，可以单独发生于口腔或皮肤，也可皮肤与黏膜同时罹患。发生于口腔的表现为口腔黏膜出现珠光白色条纹，条纹周围充血发红，并出现糜烂、溃疡、萎缩等。从临床与基础研究中，发现有关的因素很多。目前，一般认为其发病可能与神经精神障碍、病毒感染或自身免疫有关，有报告家族中有同样患者，是否与遗传有关尚无确证。病理改变可概括为：过度角化与过度不全角化，伴棘层肥厚、基底细胞坏死液化变性，以及基底膜下有大量淋巴细胞浸润。

# 第十章 耳鼻咽喉科常见肿瘤

**导学**

本篇主要介绍耳鼻咽喉口齿科常见肿瘤的概念、病因病机、诊断和鉴别诊断、分型证治和外治法。

应掌握耳鼻咽喉口齿科常见各型肿瘤的诊断和分型证治,熟悉耳鼻咽喉口齿科常见各型肿瘤的概念、病因病机和外治法,了解耳鼻咽喉口齿科常见各型肿瘤西医学的主要相关疾病的认识。

肿瘤,是机体组织细胞由于各种因素的影响,正常生长规律失控而呈异常增殖所形成的新生物。耳鼻咽喉肿瘤是一种常见病,根据其对机体危害程度、生长特性、细胞形态,可分良性与恶性两类。

中医学对于肿瘤的认识渊源久远,历代医家关于肿瘤的记载很多,以其形状、部位及病状不同而有多种名称,如瘤、岩(癌)、菌、失荣等。临床上,根据其表现与危害性不同,一般分为瘤(瘤症)与癌(癌症)两类。

## 第一节 耳鼻咽喉科常见瘤症

瘤症,是指生长比较局限,发展较慢,不发生转移的良性肿瘤。瘤症一般不危及生命。耳鼻咽喉科瘤症有多种,西医学中的听神经瘤、鼻咽血管纤维瘤、耳鼻咽喉部乳头状瘤等均属于此范畴。西医耳鼻咽喉科学中囊肿类疾病,如鼻前庭囊肿、鼻窦囊肿、咽喉囊肿等,多属于中医"痰包"范畴,由于其临床表现、病因病机与瘤类似,辨证施治可互相参考,故纳入瘤症论述。

中医学对瘤的认识渊源久远,在殷墟甲骨文记载中就有"瘤"的病名。隋代巢元方《诸病源候论·卷三十一》说:"瘤者,皮肉中忽肿起,初梅李大,渐长大,不痛不痒,又不结强,言留结不散,谓之为瘤。不治,乃至增大,则不复消,不能杀人。"从而阐明了瘤的症状、发展、性质及其危害性。

【病因病机】

1. **肝失疏泄,气滞血瘀** 多因情志不舒,肝郁气滞,血行不畅,瘀阻脉络,瘀血结聚成瘤;或肝郁犯脾,脾失健运,湿浊内生成痰,阻滞气机,血瘀不行,气血痰浊互结成瘤。

2. **肺脾郁热,痰浊结聚** 多因环境污染,饮食失宜,热邪内蕴,肺脾失调,宣肃运化失司,痰浊内生,与热互结,阻滞经络,积结成瘤。

3. **脾失健运,湿浊凝结** 多因饮食失宜,劳倦过度,脾失健运,痰湿内生,浊阴之邪上干清窍,结成包块。

## 【诊断要点】

### 一、瘤症

#### (一)耳神经瘤

1. **临床症状** 患侧耳鸣、耳聋;头昏晕,走路不稳感;或患侧面部感觉迟钝、麻木,角膜反射迟钝或消失,可引起Ⅴ、Ⅶ、Ⅷ、Ⅸ、Ⅹ、Ⅺ、Ⅻ颅神经症状及颅内高压症。
2. **局部检查** 患耳呈感音神经性聋,重振试验阴性,声音衰减试验阳性。
3. **其他** 内听道X线断层照片、CT或MRI检查等,有助于诊断。

#### (二)鼻咽血瘤

1. **病史** 好发于10~25岁男性青少年,多有反复大量鼻出血史。
2. **临床症状** 瘤体小者可无症状,或间有涕血;瘤体大者,可出现渐进性鼻塞,反复大量鼻衄。
3. **局部检查** 可见鼻咽部新生物呈圆形或分叶状,表面光滑,血管明显,色暗红。肿瘤可长入鼻腔,因容易出血,不宜触诊。
4. **其他** CT或MRI检查、血管造影等,有助于诊断。

本病应与后鼻孔息肉、鼻咽部的其他良性肿瘤和恶性肿瘤鉴别。

#### (三)耳蕈

1. **临床症状** 瘤体小者,可无症状,大者可出现耳道堵塞,耳聋或耳道渗血。
2. **局部检查** 可见耳道肿物单发或多发,有蒂或无蒂,表面粗糙如桑椹状,触之质较硬。

#### (四)鼻瘤

1. **临床症状** 渐进性或持续性鼻塞,嗅觉减退,涕中或带血。
2. **局部检查** 肿瘤外观呈分叶状或息肉状,质软,易出血。发于鼻窦者可致骨质破坏,X线或CT检查有助于诊断。

#### (五)咽瘤

1. **临床症状** 可无症状,或有咽异物感、痒感。
2. **局部检查** 好发于悬雍垂、腭弓、软腭边缘及腭扁桃体表面等处,如黄豆大或蚕豆大小,呈桑椹状、息肉状,有蒂或广基,色灰白或淡红。

#### (六)喉瘤

好发于5~15岁儿童,且常呈多发性,若发生于成年人则以单发为多,常可恶变。

1. **临床症状** 声嘶为主要症状,可伴刺激性咳嗽及喉异物感。肿瘤大者可引起呼吸困难或喘鸣。
2. **局部检查** 病变多位于声带,呈桑椹状或结节状增生,广基或有蒂,呈淡红或暗红色,表面不平,有蒂者可随呼吸气流而上下活动。

## 二、痰包

### (一) 鼻孔痰包

1. 临床症状　早期无自觉症状。痰包长大以后,可致患侧鼻孔处阻塞,微有胀痛,在咀嚼时明显。若痰包染毒化脓,则出现局部红、肿、热、痛等症。

2. 局部检查　痰包多位于一侧鼻孔,呈丘状或半球形隆起,皮肤颜色无改变,鼻唇沟饱满变浅,触之不痛,有张力感如按皮球。经鼻前庭或龈唇沟穿刺可抽出半透明淡黄色液体。抽液后隆起消失,但数小时后或数日内又复隆起如故。若痰包化脓,则抽出液呈浆液脓性。

### (二) 鼻窦痰包

1. 临床症状　早期无自觉症状。痰包大者,或有反复单侧鼻溢淡黄色水样涕;亦或挤压眼眶引起眼球突出、移位等症,或使颜面局部变形。

2. 局部检查　囊肿大而病情较重者,可见患部局灶隆起。膨隆处穿刺可抽出淡黄色液体。

3. 其他　鼻窦 X 线片或 CT 扫描,可显示囊肿部位、大小及侵犯范围。

### (三) 会厌痰包

1. 临床症状　小者多无症状,大者可有咽部异物感,或吞咽梗阻感。

2. 局部检查　肿物多位于会厌舌面,广基,色淡红或灰白或微黄,呈半球形,壁薄,表面光滑。穿刺可抽吸出棕褐色液体。

### (四) 舌下痰包

1. 临床症状　舌下部有肿胀感,或轻微疼痛,大者有异物感影响发音,一般无全身症状。

2. 局部检查　舌一侧口底黏膜与口底肌肉之间有囊状突起,扪诊软而有波动感,囊肿膨大,表面黏膜薄而呈浅紫蓝色。部分囊肿可循口底肌肉间的筋膜薄弱处进入颌下,表现为颌下部肿块,囊肿大者,可将舌推向后上方,引起吞咽、语言及呼吸困难,若发生感染,可出现疼痛或全身症状。局部穿刺可抽出蛋清样液体,囊液内有淀粉酶。

【鉴别诊断】

恶性肿瘤　良性肿瘤与恶性肿瘤两者均可为实体瘤,借临床表现、局部检查、内窥镜、X 线片、CT 或 MRI 扫描、穿刺或病理检查等可资鉴别。

【辨证论治】

辨治思路:本病以"行气、活血、化痰、散结"为治疗之大法。

## 一、内治法

**1. 肝失疏泄,气滞血瘀**

临床表现:瘤体小者,可无明显症状;瘤体大者,根据部位不同,可见相应局部症状,如鼻塞、涕血或大出血,或耳鸣、耳聋、耳痛、头痛,或咽痒、咳嗽、梗阻感,或声音嘶哑,讲话费力,甚吞咽不利、呼吸困难等。伴头晕目眩,口苦咽干,胸胁不舒,嗳气,脘腹胀满。检查可见瘤体色红或淡红,或表面有血管,舌质红或暗红,舌尖边或有瘀点,苔黄,脉弦或弦细略数。

证候分析:肿块有形,阻滞清窍,功能失司,故随部位不同而出现相应症状;气滞血瘀,结聚局部,故见瘤体色红或淡红,或表面有血管;咽为肝之使,肝失疏泄,故口苦咽干;气机不利,肝失条达,故见头晕目眩,胸胁不舒,嗳气,脘腹胀满;舌脉所见为气滞血瘀之征,若兼肝火,则舌红,脉见弦数。

治法：疏肝行气,活血散结。

方药：丹栀逍遥散加减。方中以柴胡行气疏肝;当归、白芍养血柔肝;白术、茯苓健脾渗湿;薄荷、生姜疏散调达;丹皮、山栀子清热凉血,祛瘀消肿;甘草调和诸药。若血瘀证表现较明显者,酌加桃仁、泽兰、水蛭、郁金以增强活血祛瘀之力;若为气血痰浊互结者,酌加法半夏、制南星、陈皮、瓜蒌仁、浙贝母以行气散结,祛痰化浊。

2. 肺经郁热,痰浊结聚

临床表现：根据病变部位不同,可见鼻塞,涕血;或咽痒,咽喉异物感,吞咽不利;或声嘶、失音,甚则呼吸不利;或耳胀、耳痛、耳鸣、听力减退。可兼有头痛,口苦咽干,气短疲乏,咳嗽咯痰。检查见局部有新生物,色淡红或微黄,表面光滑,舌红,苔白腻或黄腻,脉滑或滑数。

证候分析：痰浊窒塞,清窍不利,因部位不同则有不同主症;痰浊结聚,故肿块色淡红或微黄,表面光滑;热邪内蕴灼津,则口苦咽干;热邪迫血,则涕血时作;痰浊阴盛,则苔白腻而脉滑;痰热互结,则舌红苔黄腻,脉滑数。

治法：清热宣肺,化痰散结。

方药：清气化痰丸加减。方中半夏、茯苓、陈皮、杏仁、瓜蒌仁、南星化痰散结;黄芩清肺泄热;枳实行气散结,以加强化痰祛湿之力。若痰涎较多,酌加瓜蒌、葶苈子、天竺黄以祛痰;肿块较大,酌加昆布、海藻、海浮石、三棱、莪术以助化痰散结;若肺阴不足者,加玉竹、百合、麦冬以养阴润肺;大便秘结,酌加决明子以清热润肠通便;病在咽喉,酌加玄参、桔梗、射干之类以助化痰而利咽喉。

3. 脾失健运,湿浊凝结

临床表现：多见于痰包。根据病变部位不同,可见咽部异物感;或鼻塞,间歇性单侧黄水样涕,或耳郭不适。可兼有头痛头重,倦怠,纳差,腹胀。检查所见,若痰包位于会厌者,包块呈半球形隆起,表面光滑;痰包位于鼻孔者,局部包块隆起,触压有弹性;鼻窦内痰包大者,可见向外侧挤压则见眼球突出、移位,向前挤压则见颜面局部变形,舌体胖,舌苔腻,脉细滑或弦滑。

证候分析：痰浊阻滞,清窍不利,则咽部异物感,或鼻塞;鼻窦痰包破裂后,则突然流出淡黄水样涕;湿浊结聚成痰包,包内属于水液,故局部检查呈半球形隆起,或触压有弹性;湿阻气机,清阳不升,则见头痛头重;湿邪困脾,则倦怠,腹胀,纳差;舌脉所见为湿邪内盛之征。

治法：健脾除痰,祛湿化浊。

方药：二陈汤加减。方中茯苓、陈皮、甘草健脾利湿,散结消肿;法夏除痰祛浊。若胃纳差者,宜酌加神曲、麦芽、谷芽以健脾醒胃;若火热偏盛,痰色黄者,宜酌加龙胆草、山栀子、黄芩、黄连清热燥湿,以清利火热湿邪;倦怠,纳差,脾虚不足者,酌加党参、白术以益气健脾;痰包较大者,重加泽泻、泽兰利水化浊;病在咽喉,酌加桔梗、玄参以利咽喉。

## 二、外治法

外涂、外吹　鼻或咽瘤,可用碧云散外涂或吹于瘤体表面以散结消瘤。乳头状瘤可取鸦胆子油涂瘤体或患处,每日1～2次,可使肿瘤消退或预防术后复发。

【预防与调护】

(1) 痰包在穿刺抽液时,应严格消毒,以免感染邪毒致痰包化脓。

（2）治疗需彻底，以防复发；应定期复查，预防转变为恶性。

**【预后与转归】**

本病病程较长者，易致迁延难愈。但经积极正确的治疗，一般预后较好。

**【古代文献摘录】**

《图注喉科指掌·卷四》喉瘤："此症因恼怒伤肝，或迎风高叫，或本原不足，或诵读太急，所以气血相凝，生于喉关内，不时而发。"

《医宗金鉴·外科心法要诀·喉部》："喉瘤郁热属肺经，多语损气相兼成，形如元眼红丝裹，或单或双喉旁生。"

《杂病源流犀烛·耳病·卷二十三》："耳蕈、耳痔（彩图29），不作脓，亦不寒热，外无臃肿，但外塞不通，缠绵不已，令人耳聋，用黄连消毒饮、仙方活命饮治之。"

**【西医学中主要相关疾病认识】**

**耳鼻咽喉良性肿瘤** 西医学认为，良性肿瘤的特点是具有包膜，病变边界清楚，呈膨胀性生长，肿瘤细胞分化成熟，对机体危害相对较小，手术后不转移，复发率低。

其病因尚不明确，可能与病毒感染、慢性炎症、外伤、内分泌失调等有关，先天性良性肿瘤亦与胚性残余有关。

良性肿瘤，以其部位不同、病变不同而有不同的临床症状和体征，在耳科、鼻科多用CT检查，咽喉科多用纤维喉镜检查，最终诊断当以活体组织病理切片检查（活检）为准。

治疗方面，应根据肿瘤的部位、种类、严重程度等，采取合适的方法，手术疗法是治疗良性肿瘤的主要方法。常用方法有：

1. **手术治疗** 听神经瘤，可行手术切除，或伽玛刀、X刀治疗；对乳头状瘤、血管瘤、囊肿等，均可行手术摘除，以彻底清除病变组织。

2. **激光、微波、冷冻或低温等离子消融治疗** 适合于乳头状瘤、血管瘤，具有准确、出血少、痛苦小、疗效好等优点。

3. **免疫治疗** 对复发性喉乳头状瘤，可用干扰素治疗。

# 第二节 耳鼻咽喉科常见癌症

癌症，是指病变呈浸润性快速发展，对组织器官的结构与功能产生极大破坏，容易引起恶病质和全身转移，对生命构成严重威胁的恶性肿瘤。好发年龄为30~65岁，男性多于女性。耳鼻咽喉常见癌症有颃颡岩、咽喉菌等。

## 颃 颡 岩

颃颡岩，多因正虚邪实，邪毒结聚颃颡，日久恶变，以鼻衄、鼻塞、头痛、耳鸣、颈部恶核为主要表现。西医学中的鼻咽癌可参考本篇辨证施治。

古代医学文献有关"失荣""石疽""上石疽""瘰疬""恶核""真头痛"等病证中有类似颃颡岩常见症状的描述，如《外科正宗》之"失荣"类似于颃颡岩之有颈部恶核者。

**【病因病机】**

颃颡岩的发生多因正气虚弱，脏腑功能失调，邪毒乘虚而入，逐渐结聚而成。环境污染、不良嗜好、饮食失宜等有毒有害因素长期刺激,以及长期情志不遂,致心、肺、脾、肝、肾等脏腑失调,经络痹阻,气滞血瘀,痰浊结聚,火毒困结,积结日久则发生本病。

1. **气滞血瘀,凝结颃颡** 七情所伤,肝失条达,心气不足,经脉失畅,气滞血瘀,凝结颃颡,日久形成肿块。

2. **痰浊结聚,困结颃颡** 肝郁犯脾,或饮食劳倦伤脾,运化失健,痰浊内生,上干清窍,结聚颃颡,日久形成肿块。

3. **火毒内困,蕴结颃颡** 过食辛辣炙煿、霉变腐烂食物,热毒内积,或脏腑郁热,肝肺火毒上壅,蕴结颃颡,日久形成肿块。

4. **正虚邪滞,结聚颃颡** 病后失养,年老体弱,阴阳失调,正气不足,御毒失职,邪入于内,上干清窍,积结日久,发为癌肿。

【诊断要点】

1. **病史** 具有种族及家族聚集现象。
2. **临床症状** 早期常无症状或症状不典型。初诊时可见回吸性涕中带血,一侧耳鸣、耳胀闷感、听力减退、鼻塞、偏头痛,胸锁乳突肌上中段颈深淋巴结无痛性肿大;若肿块侵犯颅神经则见面部麻木、上睑下垂、复视等症状;晚期可广泛转移至骨、肺、肝,并出现恶病质。
3. **局部检查** 鼻咽部检查可发现肿块。多发生于咽隐窝、鼻咽顶、侧、后壁等处,呈菜花状、结节状肿块,或呈弥漫性膨隆的黏膜下型(彩图30)。
4. **影像学检查** CT扫描或MRI可显示肿块大小及发展方向和侵犯范围。
5. **病理检查** 鼻咽部或颈淋巴结组织活检,为确诊的主要手段。
6. **其他检查** 血清EB病毒Rta蛋白抗体IgG(EBV-Rta)、EB病毒早期抗原IgA抗体(EBV-EA)、EB病毒壳抗原IgA抗体(EBV-VCA)阳性,可作为辅助诊断或癌前期病变的监测指标。

【鉴别诊断】

1. **鼻咽部病变** 鼻咽血管纤维瘤、鼻咽结核、鼻咽囊肿等。
2. **颈部肿块** 颈淋巴结炎、颈淋巴结核等。
3. **颈部转移性肿块** 甲状腺癌、扁桃体癌或肉瘤、喉癌、鼻腔鼻窦恶性肿瘤、肺癌、食管癌等,也可出现颈部淋巴结转移。

【辨证论治】

辨治思路:本病多属本虚标实之证,病程较长。早期多属实证,晚期多属正虚邪盛,西医治疗后,多以虚证为主。治疗过程中,当根据病情,治则之先攻后补、先补后攻、攻补兼施,治法之以毒攻毒、泻火解毒、活血化瘀、祛痰散结、益气养阴等,皆当酌情应用,以灵活施治。

## 一、内治法

### (一) 辨证论治

1. **气滞血瘀,凝结颃颡**

临床表现:鼻涕带血,耳内胀闷或耳鸣耳聋,鼻塞,头痛持续,晚上加重,或有胸胁胀痛,口苦口干。检查见鼻咽肿块暗红,或有血脉缠绕,触之易出血,颈部或有硬实肿块。舌质红或暗红,或瘀暗紫斑,舌苔白或黄,脉弦或涩。

证候分析：邪阻颃颡，清窍不利，故见鼻塞、耳胀、耳鸣耳聋；邪毒流窜，可致颈部肿块；肿块部位与黏膜近，则见鼻咽肿块暗红，容易涕中带血，多有血热病机；脑络痹阻不通，脑属阴，故头痛晚上加重；胸胁胀痛，舌暗红或瘀斑，脉弦或涩，为气滞血瘀之征。

治法：行气活血，软坚散结。

方药：丹栀逍遥散加减。方中柴胡、薄荷行气疏肝，当归养血柔肝；白术、茯苓健脾行气；丹皮、栀子清肝凉血，解毒消肿；甘草调和诸药。可加三棱、莪术、桃仁、红花活血散结，穿山甲、牡蛎、昆布、海藻软坚散结。

2. 痰浊结聚，困结颃颡

临床表现：涕血，耳内胀闷，鼻塞、头痛头重，或见体倦嗜睡，痰多胸闷，心悸，恶心，纳呆，便溏。检查见鼻咽肿块色淡红或有分泌物附着，颈部多有较大硬块。舌质淡红或淡暗，舌体胖或有齿印，舌苔白或厚腻，脉弦滑。

证候分析：痰浊结聚颃颡，流注颈项，清窍不利，则见鼻咽肿块，颈部恶核，鼻塞，耳内胀闷，头痛头胀；脾虚痰湿内盛，故体倦嗜睡，痰多胸闷，恶心纳差，便溏，舌质胖或有齿印，苔白或腻，脉滑。

治法：清化痰浊，行气散结。

方药：清气化痰丸加减。方中以半夏、胆南星、瓜蒌仁、北杏仁、陈皮以化痰散结，茯苓健脾化痰，枳实、姜汁行气醒脾祛湿。可配以党参、白术、鸡内金以健脾和胃。若颈部肿块较大，痰多者，可加山慈菇、风栗壳、猫爪草、昆布、海藻或四生散以化痰软坚散结。

3. 火毒内困，蕴结颃颡

临床表现：痰涕带血或鼻衄，污秽腥臭，头痛剧烈，耳鸣耳聋，鼻塞。或视蒙复视，或有咳嗽痰稠，心烦失眠，口干口苦，小便短赤，大便结。检查见颃颡癌肿溃烂，或呈菜花状，或颈部肿块表面不平，触按硬实难移。舌质红，舌苔黄或黄厚腻，脉弦滑或弦数。

证候分析：火毒内盛，热毒蕴结颃颡，向外流窜，则肿物溃烂或呈菜花状，颈部恶核；血热妄行，则鼻衄、痰涕带血；火毒互结，脉络不通，则头痛复视，耳鸣耳聋；咳嗽口苦，心烦失眠，便结，尿黄，舌红，脉弦数均为火毒内盛之征。

治法：清肝泻火，解毒散结。

方药：黄连解毒汤合柴胡清肝汤加减。方中黄连、黄芩、黄柏清热泻火，解毒散结；柴胡清肝汤清肝胆郁热。可加土茯苓、鸡内金、白花蛇舌草、猫爪草、山慈菇以祛湿毒、散结聚；若火毒伤阴，可加沙参、玄参、葛根养阴泻火。

4. 正虚邪滞，结聚颃颡

临床表现：涕血，耳鸣耳聋，鼻塞，头痛眩晕，或见形体瘦弱，面白无华，或腰膝酸软，盗汗，五心烦热。检查见鼻咽肿块色淡红，或血脉缠绕，颈部可触及硬实肿块。舌淡红或少苔，脉弦细。

证候分析：邪毒结聚颃颡，清窍不利，则肿块色淡红，鼻塞，头痛；邪毒上壅，气血虚损，清阳不升，则耳鸣耳聋，头痛眩晕；形体瘦弱，面色少华，腰膝痿软，潮热盗汗，舌淡红或少苔，脉细均为气虚阴血亏损之征。

治法：调和营血，扶正祛邪。

方药：和荣散坚丸加减。方中以八珍汤调和气血，陈皮、香附行气解郁，花粉、昆布、浙贝母、夏枯草清热化痰散结，红花活血祛瘀，升麻、桔梗载药上行。全方共奏调和营血，扶正散结之功。

### （二）常用抗癌中草药

目前用于治疗癌肿的中草药很多，可酌情加入内治方药使用，按其作用归类如下。

1. **泻火解毒类**　白花蛇舌草、石上柏、山豆根、七叶一枝花、蛇泡勒、山海螺、虎杖、青黛、半枝莲、了哥王。
2. **祛痰散结类**　生南星、生半夏、生川乌、生草乌、猫爪草、昆布、海藻、硇砂、黄药子、浙贝母、山慈菇。
3. **活血散结类**　蛀虫、三七、土鳖、三棱、莪术、桃仁、红花、白花丹、葵树子、水蛭、石见穿。
4. **镇痉止痛类**　蜈蚣、全蝎、露蜂房、僵蚕、蛞蝓、马钱子。

### （三）放疗、化疗配合中医辨证治疗

辨治思路：放射或化学药物治疗颃颡岩，在杀灭癌细胞的同时，也削伐了机体的气血津液，致脏腑虚损，功能减退。因此，临床上在放疗、化疗过程中或之后，配合中医辨证论治，可调整机体阴阳气血和脏腑的生理功能，增强体质，预防及减轻各种不良反应，提高生活质量，巩固疗效，或预防鼻咽癌的复发与转移。放疗、化疗后的临床表现可分四种证型。

1. **肺胃阴虚，津液亏损**

临床表现：口干咽燥，口渴喜饮，或口唇燥裂，鼻干少津，或口烂疼痛，干呕或呃逆，干咳少痰，胃纳欠佳，大便秘结，小便短少。局部检查见鼻、口咽、鼻咽黏膜充血、干燥，咽后壁黏膜干亮，或有血痂脓痂附着。舌红而干，少苔或无苔，脉细数。

证候分析：肺胃阴虚，津液亏损，清窍失养，故见鼻咽喉干燥，唇燥，喜饮，甚则口烂疼痛；肺失滋润，宣肃失职，故干咳少痰；肠道失润，津伤液亏，故便秘尿少；胃喜润恶燥，胃虚和降失司，则干呕呃逆纳呆，舌红少苔，脉细数。

治法：清肺养胃，润燥生津。

方药：泻白散合沙参麦冬汤加减。方中泻白散清肺热，祛阴火；沙参、麦冬甘寒润燥，补肺胃之津液。若口烂疼痛较甚，为阴津不足，虚火上炎，可配合导赤散以清降虚火。

2. **气血虚弱，阴液不足**

临床表现：头晕目眩，面色苍白或萎黄，咽干、鼻干少津，或涕中带血丝，气短乏力，四肢麻木，心悸怔忡，失眠多梦，甚则头发脱落，爪甲无华，口气微腥臭。局部检查见口咽及鼻咽黏膜淡红而干，或有少许黄绿色痂块附着。舌质淡或淡暗，少津，脉细无力。

证候分析：气血亏虚，则面白神疲，头晕目眩；阴血不足，清窍失养，故咽干、鼻干少津；因干燥而阳络受损，则容易涕中带血丝，或兼虚火；心失所养，则心悸怔忡，失眠多梦；爪甲无华，四肢麻木，舌淡少津，脉细无力均为气血虚弱，阴血不足之象。

治法：健脾养心，益气补血。

方药：归脾汤加减。方中黄芪、党参、白术、茯苓健脾益气；当归、龙眼肉补血益精；酸枣仁、远志养心安神；木香行气理气，使补而不滞；甘草调和诸药。也可选用八珍汤或十全大补汤加减。

3. **脾虚失健，胃失和降**

临床表现：形体消瘦，胃纳欠佳，恶心呕吐，呃逆心烦，腹胀腹痛，胸脘痞满，大便溏。局部检查见口咽或鼻咽黏膜淡红、微干，鼻咽部或见脓涕痂块附着。舌质淡，苔白厚，脉细弱。

证候分析：脾虚失健，胃失和降，则胸腹胀满，恶心呕吐，呃逆心烦，纳差便溏；清阳不升，清窍失养，则鼻咽黏膜淡红、微干；余邪滞留，则见局部脓涕痂块附着；舌质淡，苔白厚，脉细弱为气血不足之征。

治法：健脾益气，和胃止呕。

方药：香砂六君子汤加减。方中四君子汤健脾益气；陈皮、半夏、木香、春砂仁行气理气，和胃止呕。也可选用陈夏六君子汤。

4. **肾精亏损，虚火上炎**

临床表现：形体消瘦，眩晕耳鸣，听力下降，精神萎靡，口舌干燥，咽干欲饮，腰酸膝软，遗精滑泄，五心烦热或午后潮热。局部检查见咽黏膜潮红干燥或干亮，鼻咽可有血痂或脓痂附着。舌红，少苔或无苔，脉细弱或细数。

证候分析：久病肾精亏损，虚火上炎，则消瘦神疲，眩晕耳鸣，听力下降，口舌干燥，腰酸梦遗，五心烦热或午后潮热；虚火灼津，清窍失养，则咽黏膜潮红干燥或干亮；余邪滞留，则鼻咽血痂或脓痂附着；舌红，少苔，脉细弱或细数均为阴虚内热之征。

治法：补肾益精，滋阴降火。

方药：六味地黄汤加减。方中熟地滋肾填精，山萸肉养肝而涩精，淮山药补益脾阴而固精，以达三阴并补之功；茯苓淡渗脾湿，以助淮山药之益脾；泽泻清泄肾火，丹皮清泄肝火使补中有泻。若阴损及阳，出现形寒肢冷等肾阳虚表现者，可酌加附子、肉桂、补骨脂或用附桂八味丸。

## 二、外治法

1. **涂敷** 局部疼痛，可用1%冰片乙醇涂敷疼痛部位，有止痛之效。
2. **外敷** 颈部恶核溃烂，可外敷阳和解毒膏，以解毒散结，补托排脓祛腐，敛口止痛。
3. **滴鼻** 涕多腥臭污秽者，应使用解毒排脓的滴鼻剂，如鱼腥草液、滴鼻灵；鼻咽肌膜萎缩，干燥痂多者，可用滋养润燥的滴鼻剂滴鼻，如薄荷油等。
4. **外洗** 放射性皮炎，轻者皮肤粗糙、瘙痒，重者起颗粒，皮肤增厚水肿、发红、丘疹，甚则皮损难愈。可外用花椒、白矾水清洗，外敷三黄软膏；皮损渗液者，可掺珍珠层粉以收敛生肌。
5. **含漱** 口咽肌膜溃烂疼痛者，可用银花、连翘、甘草煎汤含漱，或用鱼腥草液雾化吸入，或含服六神丸，或用喉风散、西瓜霜吹喉，以清热利咽，消肿止痛。

## 三、针灸治疗

1. **针刺疗法** 按照肿块发生的部位分经取穴，目的在于通经络、和气血，以散结聚，祛邪止痛。

方法：取局部穴位和全身穴位相结合，毫针刺，用泻法。每次选主穴、配穴各1~2穴，每日针刺1次，或于头痛、局部疼痛时针刺。

主穴：风池、下关、上星、大迎。

配穴：臂臑、手三里、合谷。

2. **穴位注射** 如痰浊结聚型，选用核葵注射液；气血凝结型，选用当归注射液或柴胡注射液或川芎注射液；火毒困结型，可用蟾蜍注射液。每穴0.5ml，每次1~2穴，每日或隔日1次，10次为1个疗程，有消肿散结止痛的作用。

【预防与调护】

(1) 开展防癌普查，争取早期诊断，早期治疗。

(2) 注意饮食卫生，勿过食辛辣、炙煿之品，节制烟酒，忌食发霉等致癌食品。病中忌雄鸡、鲤鱼等发物。

（3）注意精神调养，保持心情舒畅，避免忧郁、思虑过度等精神刺激。

## 【预后与转归】

由于颃颡岩不易早期发现，治疗开始较晚，易向周围扩散和发生远处转移，故预后较差，早期发现、早期治疗是影响预后的重要因素。

## 【古代文献摘录】

《外科正宗·卷四》："失荣者……其患多生肩之已上，初起微肿，皮色不变，日久渐大，坚硬如石，推之不移，按之不动，半载一年，方生阴痛，气血渐衰，形容瘦削，破烂紫斑，渗流血水。或肿泛如莲，秽气熏蒸，昼夜不歇，平生疙瘩，愈久愈大，越溃越坚，犯此俱为不治。""失荣者，先得后失，始富终贫；亦有虽居富贵，其心或因六欲未遂，损伤中气，郁火相凝，隧痰失道，停结而成。"

《外科大成·卷二》："石疽生颈项间，坚硬如石，皮色不变，由沉寒客于经络，气血凝结而成。"

《疡科选粹·卷四》："只生一个颈者，各单瘰疬，最称难治……生颈项，或左或右，初则单生，后重叠见之，名重台疬，药石无动，针灸难效，万死一生，害人甚速。"

《外科证治全集·卷一》："大者恶核，小者痰核，与石疽初起同，然其寒凝甚结，毒根最深极难软熟。"

《证治准绳·杂病·第四册》："雷头风，头痛而起核块者是也，或云头如雷之鸣也。"

## 【西医学中主要相关疾病认识】

**鼻咽癌** 是指发生于鼻咽部的恶性肿瘤，是我国高发肿瘤之一，其发病率约占头颈部恶性肿瘤的80%。以广东、广西、福建、湖南等省为高发。发病高发年龄在30~60岁，男女之比为(2~3)：1。

鼻咽癌的病因未完全明确，目前认为与病毒感染、环境因素及遗传因素等有关。

本病早期常无症状或症状不典型。表现为鼻塞，回吸性涕中带血；一侧耳鸣、耳胀闷感、听力减退；胸锁乳突肌中段前缘颈深淋巴结无痛肿大；若侵犯颅底，可致上睑下垂、复视、眼肌麻痹、头痛等颅神经症状；晚期可广泛转移至骨、肺、肝，并出现恶病质。

鼻咽部检查可发现肿块。CT扫描或MRI影像学检查可显示肿块大小及发展方向和侵犯范围。病理活检是确诊的主要手段。血清EB病毒相关抗体VCA-IgA、EA-IgA阳性且滴度较高，可作为EB病毒感染或癌前期病变的参考指标。

鼻咽癌治疗包括放射治疗、外科手术治疗、化学药物治疗。放射治疗是治疗鼻咽癌首选的方法。放射治疗的5年生存率在50%左右，局部复发与转移是主要死亡原因。近年来，中西医结合治疗鼻咽癌的研究取得了令人瞩目的进展，中医中药作为鼻咽癌的有效辅助治疗手段，主要体现在减毒、增效、延长患者生存期三个方面。

# 喉 菌

喉菌，多因火毒、痰浊、瘀热困结咽喉，以声音嘶哑、咽喉异物梗阻感，咽喉新生物如菌样为主要临床特征，可伴有咽喉疼痛、咯痰带血、口气恶臭、颈部恶核、吞咽梗阻等症状。本病属邪实正虚，若肿物发展，堵塞声门，容易产生喉风之变，患者晚期可因气血津液衰败而殁。西医学的喉癌、喉咽恶性肿瘤等可参考本篇辨证施治。

清代始有喉菌病名及论述，如《咽喉脉症通论·喉菌第十七》说："此症因食膏粱炙煿厚味过多，热毒积于心脾二经，上蒸于喉，结成如菌。"《喉科指掌·卷六》说："生于喉内如菌样，故名喉菌。"由于历史条件所限，这些医著中所指的喉菌，其部位在咽，实际上系指咽部的恶性肿瘤。

## 【病因病机】

喉菌是由气血、痰浊、火毒凝结喉部而成，与邪毒外犯、情志不遂、饮食所伤、不良嗜好及年老体虚等因素有关。

1. **肺脾郁热，火毒困结** 长期嗜食辛辣炙煿，热邪内蕴，肺脾郁热，复感邪毒，日久火毒壅聚，结滞咽喉，渐成癌肿。
2. **肝失条达，气血瘀阻** 长期七情不遂，肝失条达，气滞血瘀，阻滞咽喉；甚则肝郁化火，脾胃失健，致痰火内生，困结咽喉，日久成菌。
3. **脾失健运，痰浊结聚** 长期过食发霉腐败有毒物品，脾胃受伤，运化失健，痰浊内生，阻滞脉络，气血凝聚，痰瘀互结咽喉，日久成菌。

【诊断要点】
1. **病史** 多有嗜烟酒或不洁气体吸入史，长期咽喉不适、反复咽痛或声嘶病史。
2. **临床表现** 声音嘶哑日渐加重，或有咽喉异物感、疼痛感日渐加重，痰中带血，口气恶臭，吞咽困难等，晚期可出现呼吸困难致喉阻塞及恶病质等危重症。
3. **局部检查** 多在喉部声带、喉室、披裂、会厌、梨状窝等处可见结节状或菜花样肿物(彩图31)，或表面溃烂，有污秽分泌物附着；肿块大者可致声门狭窄，晚期则声带固定，喉摩擦音消失，颈部或有恶核。
4. **其他检查** 喉镜、CT及MRI等检查可显示肿瘤大小及其与周围组织的关系，有助于本病诊断。病理检查可以确诊。

【鉴别诊断】
**喉瘤、喉癣** 喉瘤多发生于青少年儿童，以声嘶为主要临床症状，喉癣患者多伴有肺痨病史，且以声嘶、咽部疼痛为主要临床表现，病理检查可以明确诊断。

【辨证论治】
辨治思路：喉菌属邪实正虚之证，应以"祛瘀化痰、解毒散结、健脾益气、补血培元"为治疗之大法。

## 一、内治法

1. **肺脾郁热，火毒困结**
临床表现：咽喉疼痛，声音嘶哑，或喉部有异物堵塞感，或见咳嗽痰稠或痰中带血，心烦失眠，口臭口苦，咽干，大便秘结，小便赤少。检查见咽喉肌膜色红，喉部肿块如菜花状，表面有污秽腐物，颈部或有恶核硬肿。舌红或绛，舌苔黄或黄腻，脉弦滑数。

证候分析：火毒之邪困结咽喉，清窍不利，故见咽喉疼痛，声音嘶哑，咽喉异物堵塞感，重者痰中有血；火毒内盛，气血壅滞，热盛肉腐，故见咽喉肌膜色红，咽喉部肿块如菜花状，肿物溃烂，表面有污秽腐物；邪毒流注外侵，则颈部或见恶核；热盛伤津，则口苦咽干、小便赤少；热结胃腑，则见口臭、大便秘结；舌红或绛，舌苔黄或黄腻，脉弦滑数为肺脾郁热内盛之征。

治法：泻火解毒，消肿散结。

方药：柴胡清肝汤加减。方中黄芩、栀子、连翘清热解毒，柴胡、当归、川芎、赤芍、生地疏肝凉血养血，防风、牛蒡子清散邪热，花粉、甘草清热养阴生津。若声音嘶哑者，可选加诃子、僵蚕、木蝴蝶、射干等；火毒盛极者，宜加入山豆根、七叶一枝花、地胆头以加强清热解毒泻火之效；大便秘结者，加大黄、玄明粉以通便泻热。

2. **肝失条达，气血瘀阻**
临床表现：咽喉异物感，咽喉疼痛，声嘶，或见自觉烦热，口苦咽干，胸闷胁痛，气粗便秘。检查见咽喉肿块表面不平,色暗红或有血丝缠绕,触之易出血,颈部或有恶核。唇舌红或瘀点、紫斑,苔黄白厚或腻,脉弦细涩或弦缓。

证候分析:气血瘀阻,积结咽喉,清窍不利,则咽喉异物感,咽喉疼痛,声嘶,检查可见咽喉肿块表面不平,色暗红或有血丝缠绕,触之易出血;肝失条达,久郁化火,津液受损,则见烦热,口苦咽干;肝郁气滞,则胸胁胀闷刺痛;唇舌瘀点、紫斑,脉弦细涩或弦缓为气滞血瘀之征。

治法:行气活血,软坚散结。

方药:会厌逐瘀汤加减。方中柴胡、枳壳疏肝行气解郁;桃仁、红花、生地、当归、赤芍活血祛瘀;桔梗、甘草利咽化痰,散结开音。咽喉疼痛较甚者,宜酌加入蜈蚣、全蝎以解毒止痛;颈部肿块较巨大者,宜加入葵树子、水蛭末(冲服),以助破血逐瘀、攻坚散结;烦热、便秘者,宜酌加蒲公英、山豆根以清热降泄通便。

3. 脾失健运,痰浊结聚

临床表现:声嘶,喉部不适及异物感,或有咽喉疼痛,或有咳嗽痰多,时见带血,或胸闷气促,身倦体重,胃纳差,大便溏。检查见咽喉肿块色淡红,有分泌物附着,颈部或有恶核硬肿。舌质淡暗或淡红,舌体胖或有齿印,舌苔白或黄腻,脉弦滑。

证候分析:痰浊结聚咽喉成菌,清窍不利,故见声嘶,喉部不适及异物感,或有咽喉疼痛;痰阻气机,肺失宣降,故咳嗽有痰;痰瘀互结,脉络不畅,容易破损,故痰中带血;邪毒流注外侵,则颈部见有恶核;脾失健运,肺失宣降,则胸闷气促,身倦体重,胃纳差,大便溏;舌质淡暗或淡红,舌体胖或有齿印,舌苔白或黄腻,脉弦滑为痰湿内盛之征。

治法:健脾益气,化痰散结。

方药:清气化痰丸加减。方中半夏、胆南星、瓜蒌仁、杏仁化痰散结,陈皮、枳实行气涤痰除痞,黄芩泻热解毒,茯苓健脾利湿。若脾虚纳差,宜加党参、鸡内金等健脾助运;若痰多,颈部恶核较大者,宜加山慈菇、海浮石、浙贝母等以散结消积。

## 二、外治法

1. **吹药** 可用有清热解毒、祛腐散结、生肌止痛作用的硇砂散、麝香散等药物粉末吹患处。
2. **含漱** 可用金银花、桔梗、甘草等煎水漱口,以解毒祛腐。

## 三、针灸治疗

1. **体针** 主穴取肺俞、风池、天突、哑门,配穴取足三里、合谷。补泻兼施,每日1次,留针30 min。
2. **耳针** 耳穴取肺、大肠、肾上腺。
3. **穴位按摩或穴位注射** 取穴风池、哑门、合谷等,采用按、摩、擦、拿、摇等手法,能达到扶正固本、理气止痛的功效。

【预防与调护】

(1) 饮食宜清淡,节制烟酒,慎食辛热炙煿之品,忌食腐败发霉、有毒之物。

(2) 中老年人声音嘶哑或咽喉异物感,当注意及时检查,争取早期发现、早期诊断、早期治疗。

【预后与转归】

早期诊断,早期进行中西医综合治疗,一般预后尚可,但喉咽菌患者则预后较差。

## 【古代文献摘录】

《喉科秘集·卷上》:"壅痰气塞,喉菌不治。"
《咽喉脉症通论·喉菌第十七》:"此症因食膏粱炙煿厚味过多,热毒积于心脾二经,上蒸于喉,结成如菌。"
《杂病源流犀烛·卷二十四》:"一曰喉菌,状若浮萍,色紫,生喉旁。"

## 【西医学中主要相关疾病认识】

**喉癌** 是指原发于喉部的常见恶性肿瘤,以男性多见,多发生于50~70岁,东北地区发病率较高。以鳞状细胞癌为多。可由局部向周围扩展,或向区域性淋巴转移,也可转移至远处脏器。根据癌瘤起源的部位,分为声门上(包括会厌喉面及其尖部、杓会厌皱襞、喉室带与喉室)、声带(包括声带及前联合)和声门下(占据声带以下部位,不包括声带底面)三个区域。喉癌首选手术治疗,可根据病情选择喉的部分或全喉切除术。放射治疗适合于单纯局限性声带癌及Ⅲ、Ⅳ期喉癌的术前或术后治疗,以及术后残灶或复发的治疗。可配合化学治疗与免疫综合疗法等,以缓解症状或提高生存率,延长患者生存期。

**喉咽恶性肿瘤** 原发于喉咽的恶性肿瘤较少见,根据发生部位,分梨状窝癌、环状软骨后区癌及喉咽后壁癌,梨状窝癌较多见。早期症状为喉咽部异物感、吞咽梗阻感。肿瘤增大,表面发生溃烂时,可引起吞咽疼痛,常伴有进行性吞咽困难、流涎及痰中带血,肿瘤累及喉腔,则引起声嘶、呼吸困难。喉咽恶性肿瘤极易发生颈淋巴结转移。可采取手术、放化疗、中药等综合治疗,预后较差。

# 鼻 菌

鼻菌,多因瘀血、痰浊、火热困结鼻窍,日久恶变,以鼻塞、浊涕、鼻衄、头痛等为主要表现,并随病变部位或发展方向不同,可出现面部麻木与肿痛、眼球移位与运动障碍、复视与视力障碍、张口困难、听力下降与耳鸣等,晚期可出现恶病质。西医学中的鼻腔及鼻窦恶性肿瘤可参考本篇辨证施治。

古代医学文献对本病缺乏相关确切描述与记载。

## 【病因病机】

鼻菌的发生多因环境污染、不良嗜好、邪毒侵袭、情志不畅,以致气滞血瘀、痰浊凝结、火毒困结、日久恶病而成。

1. **肝失条达,气滞血瘀** 情志抑郁,肝失条达,气机不畅,日久气滞血瘀,发为鼻菌。
2. **肺脾失调,痰毒凝结** 肺脾失调,津液敷布与水湿运行失调,痰浊内盛,久郁化火生毒,结聚清窍,发为鼻菌。
3. **脏腑亏虚,邪毒久延** 脏腑亏虚,正气不足,驱邪无力,邪毒结滞鼻窍,鼻菌久延。

## 【诊断要点】

1. **病史** 多有鼻腔与鼻窦慢性病变长期存在的病史,如慢性鼻炎、鼻窦炎、鼻息肉、鼻腔良性肿瘤复发等病史。
2. **临床表现** 早期症状多不典型。如长期鼻塞,鼻分泌物多或有血性分泌物或鼻出血,鼻胀,中后期多有鼻胀、面颊或上列牙齿麻木、疼痛感,溢泪,向眶内发展则致眼球移位与运动障碍,复视与视力障碍;向外侧发展可致颞颌关节运动障碍而张口受限,晚期多表现为恶病质,并出现颈淋巴结转移或远距离转移。
3. **局部检查** 鼻腔内肿块多表现为菜花状,触之容易出血;鼻窦内肿块较大时,可出现面颊部隆起变形。

4. 其他检查　CT及MRI等检查可显示肿瘤范围与发展方向,活检确诊,对鼻窦内可疑病变,可经内窥镜检查并取活检。

## 【辨证论治】

辨治思路:鼻菌早期多以邪气实为主,后期往往正气渐衰。治疗之法,邪实者当祛邪为主,兼虚者酌顾其本。

## 一、内治法

**1. 肝失条达,气滞血瘀**

临床表现:持续性与渐进性鼻塞,浊涕带血,鼻面部麻木、疼痛。检查见鼻内肿物如菜花,表面不平,色暗红,触之容易出血。舌质紫暗或有瘀点瘀斑,脉弦。

证候分析:气滞血瘀,结为肿块,鼻窍窒塞,故鼻塞不通;邪毒久滞,脉络受损,则浊涕带血,并见肿物如菜花,暗红不平,触之出血;肿块阻滞,经脉不通,则鼻面部麻木、疼痛,舌脉所见为气滞血瘀之征。

治法:活血化瘀,行气散结。

方药:桃红四物汤加味。以生地、当归、川芎、赤芍、桃仁、红花活血化瘀。酌加枳壳、延胡索以助行气活血;酌加三棱、莪术、土鳖虫之类破瘀散结;涕中有血者,酌加紫草、白茅根之类凉血止血。

**2. 肺脾失调,痰毒凝结**

临床表现:鼻塞重,脓血性涕多恶臭,头痛头重,鼻胀、面颊麻木疼痛,部位固定,伴低热口渴,胸闷腹胀,心烦倦怠,大便秘结。检查见鼻内肿物如翻花,分泌物污秽,鼻面部肿块坚硬拒按,或有穿溃,眼球外突,龈肿齿脱。舌质偏淡或暗红,舌体胖或有齿痕,苔黄腻,脉弦滑数。

证候分析:痰浊与热毒结聚于鼻,侵蚀血脉骨肉,清窍不利,故见鼻塞、脓血性涕多恶臭,头痛头重,鼻面颊麻木疼痛,并见鼻内肿物不平,鼻内肿物如翻花,分泌物污秽,鼻面部肿块,病情严重者致眼球外突,龈肿齿脱;热毒内盛,气机失调,则低热口渴,胸闷腹胀,心烦倦怠,大便秘结;舌脉所见为湿热内蕴之征。

治法:泻火解毒,化痰散结。

方药:黄连解毒汤加味。方中黄芩、栀子、黄连、黄柏泻火解毒。临证酌加南星、半夏、茯苓、瓜蒌仁、枳实理气化痰散结;鼻内脓血涕多,酌加白芷、苍耳子、白茅根之类化毒除涕止血;大便稀者,酌加黄芪、白术、薏苡仁益气健脾。

**3. 脏腑亏虚,邪毒久延**

临床表现:持续性鼻塞,鼻脓夹血腥臭,或擤出腐肉,或鼻衄难止,头痛剧烈,发热恶寒,不思饮食,神疲无力,懒言少语。检查见鼻内或鼻面部溃腐,分泌物臭秽,颈项恶核坚硬不平。舌质淡紫,苔白腻,脉虚。

证候分析:邪毒结滞于鼻日久,侵蚀经脉骨肉,故见持续性鼻塞,鼻脓夹血腥臭,或擤出腐肉,或鼻衄难止,头痛剧重,并见患处溃腐,分泌物臭秽;邪毒走窜,则颈项恶核坚硬不平;脏腑正气极虚,则见发热恶寒,不思饮食,神疲无力,懒言少语;舌脉所见属虚证,脾肾不足。

治法:益气扶元,解毒散结。

方药:补中益气汤加味。方中黄芪、党参、当归、白术、甘草、陈皮、柴胡、升麻补中益气。临证酌加玄参、贝母、法夏、山慈菇、半枝莲之类以解毒散结。

## 二、外治法

1. 吹药　可用有清热解毒、祛腐散结、生肌止痛作用的硇砂散、麝香散等药物粉末吹鼻腔或患处。
2. 滴鼻　鼻内有分泌物,可用鱼腥草滴眼液滴鼻。

## 【预防与调护】

(1) 改善工作环境,预防有毒工业粉尘吸入。
(2) 戒除吸烟的不良嗜好。
(3) 已经患鼻蕈的患者,当注意清理鼻分泌物,病变波及眼部者,注意保护眼睛。

## 【预后与转归】

早期诊断与早期治疗,预后较好;晚期患者预后差;治疗后可能遗留面部畸形。

## 【西医学中主要相关疾病认识】

**鼻腔及鼻窦恶性肿瘤**　以鳞状细胞癌为多,多属于原发性癌肿,由于解剖部位隐蔽,早期症状较少,且多伴有鼻腔或鼻窦的慢性炎症,影响早期诊断与早期治疗。对本病的治疗,一般以综合疗法为主,其中手术治疗最重要,同时配合放疗、化疗。

## 舌　蕈

舌蕈,多因气滞血瘀、火毒困结所致,以舌痛、舌体硬结、溃疡不愈、分泌物臭秽,舌体运动受限,影响进食、吞咽、言语等为主要表现,晚期出现颈项颌下淋巴结转移或全身转移,可导致恶病质。西医学中的舌癌可参考本篇辨证施治。

古代中医文献资料中,本病又称为"舌疳"。

## 【病因病机】

舌蕈的发生可因不良嗜好,如烟酒过度、口腔不良刺激或外感邪毒,致气滞血瘀、火毒困结,日久恶病而成。

1. **肝失条达,气滞血瘀**　情志不畅,肝失疏泄,以致气滞血瘀,积聚成结日久,发为舌蕈。
2. **心脾郁热,火毒困结**　脏腑失调,心脾积热,化火生毒,循经上蒸,攻灼于舌,发为癌肿。
3. **心脾不足,气血虚衰**　心脾不足,气血虚衰,驱邪无力,邪毒久留,发为舌蕈,循经走窜。

## 【诊断要点】

1. 病史　部分患者在肿瘤相应部位有慢性刺激因素存在,如牙齿残根、残冠或不良修复体,或有舌部白斑等癌前病损。
2. 临床表现　主要表现为舌痛明显,重者牵引同侧头面剧痛,舌体运动障碍,舌部溃疡后可出现恶臭分泌物,吞咽与讲话功能受限,病变累及口底时,可致张口困难。
3. 局部检查　癌肿多发生于舌边缘中后部,早期多呈局部硬结,随后硬结溃疡不愈,病损进行性发展,腐物臭秽。病变侵犯口底后,可触及颏下与颌下硬肿。容易发生颏下与颈部淋巴结转移。活检确诊。

## 【鉴别诊断】

**舌结核性溃疡** 舌结核性溃疡多在舌背面溃疡,中心微凹,疮面黄白腐物,疮底肉芽不平,疮口边缘不齐,触之疼痛而不坚硬,多伴肺部结核病变。

## 【辨证论治】

辨治思路：舌菌早期多属气滞血瘀,以硬结为主,中期发生溃疡臭秽,多属火毒内困,后期往往正气极虚,邪毒不减。治疗之法,早期宜活血散结,中期当泻火解毒,后期以扶正为主。

### 一、内治法

**1. 肝失条达,气滞血瘀**

临床表现：舌体边缘硬结疼痛,重者牵引同侧头面痛,或伴两胁不适。检查见患处坚硬,或硬结高突如菌,或颌下、颈部有恶核,质较硬。舌质暗红,苔薄,脉弦。

证候分析：瘀血有形,阻滞气机,故患处硬结,或高突如菌,舌痛或牵引头面,淋巴结硬肿;肝经循行胁部,肝失疏泄,故或两胁不适;舌脉所见为气滞血瘀之征。

治法：行气活血,化瘀散结。

方药：会厌逐瘀汤加减。方中桃仁、红花、生地、赤芍、当归活血化瘀,枳壳、柴胡疏肝行气,甘草、桔梗、玄参化痰散结。临证酌加三棱、莪术、土鳖虫之类化瘀散结;舌痛重者,酌加蜈蚣攻毒散结,通络止痛。

**2. 心脾郁热,火毒困结**

临床表现：舌剧痛硬肿,痛引头面,舌体运转受限,吞咽言语障碍,口溢臭涎,大便秘结。检查见舌体患处糜烂溃疡,边缘不整,凸起坚硬,触之容易出血。舌质红,苔黄厚腻,脉弦数有力。

证候分析：火毒内困,攻冲于舌,病变较重,故舌剧痛硬肿溃疡,容易出血,吞咽言语障碍,口溢臭涎,大便秘结;舌脉所见为火热内盛之征。

治法：泻火解毒,消肿散结。

方药：黄连解毒汤加减。方中黄连、黄芩、栀子、黄柏泻火解毒。临床酌加野菊花、蒲公英、石上柏、半枝莲、白花蛇舌草之类清热解毒,夏枯草、山豆根、山慈菇之类解毒散结,酌加生地、丹皮、赤芍凉血消肿。

**3. 心脾不足,气血虚衰**

临床表现：舌痛夜重,伸缩不能,饮食难入,口溢臭涎,气短乏力,精神委顿。检查见形体消瘦,舌体肿大满口,溃疡深大,或透舌穿腮,颈项颌下肿块累累。舌淡,苔腻,脉弱或虚数。

证候分析：久病气血虚衰,故见气短乏力,精神委顿,形体消瘦;邪毒深重,功能受限,故舌痛夜重,伸缩不能,饮食难入,口溢臭涎;邪毒走窜,则颈项颌下肿块累累;舌脉所见属于气血虚衰之征。

治法：补益气血,扶正驱邪。

方药：归脾汤加味。方中黄芪、党参、白术、茯苓、龙眼肉、甘草、当归补益气血以扶正气,木香理气扶脾,酸枣仁、远志安神助眠。临证酌加山豆根、重楼、半枝莲、白花蛇舌草之类以解毒祛邪;溃疡容易出血者,酌加三七、仙鹤草、紫珠草以助止血。

### 二、外治法

**1. 吹药** 局部溃疡,可吹锡类散、珠黄散。

2. **含药** 局部溃疡，可用点舌丹、六神丸、喉症丸之类含于患处。

3. **漱口** 口溢臭涎，宜常用清热解毒类中药，如五味消毒饮煎汤，频频含漱。

## 【预防与调护】

(1) 及时解除口腔不良刺激因素，如修复病牙，拔除残根，磨平锐缘，纠正不合适的义齿、牙托。

(2) 积极治疗口腔癌前病变，如舌体白斑等。

(3) 保持口腔清洁，保持大便通畅。

## 【预后与转归】

早期诊断、早期治疗，则预后较好；治疗不及时，病损范围大，发生转移者，预后不佳。手术治疗有可能切除舌体而影响口腔功能。

## 【古代文献摘录】

《外科心法要诀·舌部·舌疳》："此证由心脾毒火所致，其证最恶，初如豆，次如菌，头大蒂小，又名舌菌。疼痛红烂无皮，朝轻暮重，急用北庭丹点之，自然消缩而愈。若失于调治，以致焮肿，突如泛莲；或有状如鸡冠，舌本短缩，不能伸舒，妨碍饮食言语，时流臭涎；再因怒气上冲，忽然崩裂，出血不止，久久延及项颌，肿如结核，坚硬髻痛，皮色如常，顶软一点，色暗木红，破后时流««水，腐如烂绵，其证虽破，坚硬肿痛，仍前不退，此为绵溃。甚至透舌穿腮，汤水漏出，是以又名瘰疬风也。盖舌本属心，舌边属脾，因心绪烦扰则生火，思虑伤脾则气郁，郁甚而成斯疾……此证咽喉不肿，可以下咽汤水，胃中亦思饮食。因舌不能转运，送送硬食，故每食不能充足，致令胃中空虚，而怯证悉添，日渐衰败。初起宜服导赤汤加黄连，虚者服归脾汤……自古治法虽多，然此证，百无一生，纵施药饵，不过苟延岁月而已。"

## 【西医学中主要相关疾病认识】

**舌癌** 舌癌是最常见的口腔癌，多为鳞状细胞癌，少数为腺癌、淋巴上皮癌或未分化癌等。舌癌早期可表现为溃疡、外生与侵润三种类型，其中外生型可来自乳头状瘤恶变，侵润型者表面可无突起或溃疡，往往容易延误病情，当引起重视。早期高分化舌癌可考虑放疗、单纯手术切除或冷冻治疗；晚期患者则采用综合治疗，包括手术、化疗、放疗等。

# 附 录

## 附录一 耳鼻咽喉口齿的应用解剖及检查法

### 耳的应用解剖及检查法

#### 一、耳的应用解剖

耳分为外耳、中耳和内耳三部分(附录图1-1)。

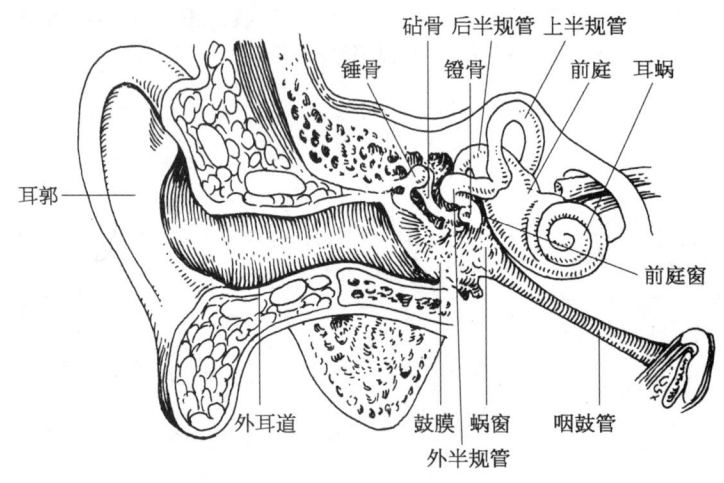

附录图1-1 耳的解剖

**(一) 外耳**

包括耳郭和外耳道。

1. **耳郭** 耳郭除耳垂由脂肪和结缔组织构成外,其余由弹性软骨组成,外覆软骨膜和皮肤。耳郭借韧带和肌肉附着于头颅和颞骨。耳郭分前、后两面,后面微凸,前面凹凸不平(附录图1-2)。

2. 外耳道　外耳道起自耳甲腔底,向内直至鼓膜,成人平均长度2.5～3.5 cm。分软骨部和骨部,软骨部位于外侧1/3,骨部位于内侧2/3。外耳道的软骨部和骨部交界处较窄,称外耳道峡部,外耳道异物多停留于此。

外耳道覆盖皮肤,软骨部的皮下组织有毛囊、皮脂腺及耵聍腺。耵聍腺构造与汗腺类似,能分泌耵聍。外耳道的皮肤较薄,与软骨膜和骨膜附着较紧,感染时疼痛剧烈,且可因下颌关节的运动,改变外耳道软骨的形态,使疼痛加剧。软骨部的前壁有2～3个裂隙,内含结缔组织,可借以增加耳郭及外耳道的活动度,外耳道或腮腺炎症也可经此裂隙互相感染。

外耳的动脉由颈外动脉的颞浅动脉和颌内动脉所供给,静脉流入颈外静脉、颌内静脉和翼静脉丛。

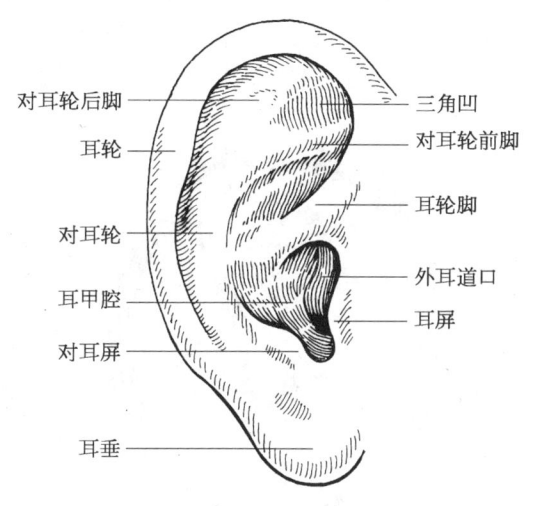

附录图1-2　耳郭的表面标志

外耳的神经有下颌神经的耳颞支,来自颈丛的耳大神经,面神经的耳后支和迷走神经的耳支。当刺激外耳道时,常引起反射性咳嗽,这是迷走神经受刺激的缘故。

外耳的淋巴流入耳前淋巴结、耳后淋巴结、耳下淋巴结,少数流入颈浅淋巴结和颈深淋巴结。

### (二) 中耳

中耳包括鼓室、咽鼓管、鼓窦和乳突四部分。

1. 鼓室　位于鼓膜和内耳外侧壁之间。前面借咽鼓管与鼻咽部相通,向后借鼓窦入口与鼓窦相通,内有听骨、肌肉、韧带和神经。鼓室黏膜和咽鼓管、鼓窦黏膜相连续。

鼓室有上、下、内、外、前、后六个壁(附录图1-3)。

(1) 上壁: 亦称鼓室盖,是一层薄骨板,将鼓室与颅中窝分隔,向后和鼓窦盖相连。

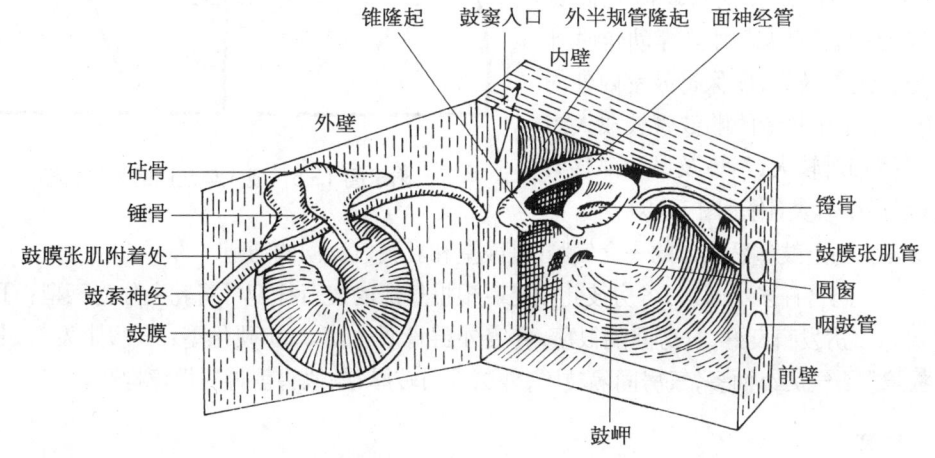

附录图1-3　鼓室的六个壁

(2) 下壁：为一层薄骨板，将鼓室和颈静脉球分隔，向前和颈内动脉管的后壁相连。

(3) 内壁：即内耳的外壁，中部有一隆起名鼓岬，为耳蜗的基底所在处。鼓岬的后上方有前庭窗，又称卵圆窗，镫骨底板借环状韧带将其封闭。鼓岬的后下方有蜗窗，亦称圆窗，通入耳蜗鼓阶，圆窗为一膜封闭，又称第二鼓膜，或圆窗膜。前庭窗上方有面神经水平段，少数面神经直接暴露于鼓室黏膜下，是急性中耳炎出现面神经瘫痪的原因之一。

(4) 外壁：大部分为鼓膜。鼓膜约为 8 mm×9 mm 的椭圆形、灰白色的半透明薄膜，厚约 0.1 mm，呈浅漏斗状，凹面向外，鼓膜与外耳道底约成 45°角，婴儿鼓膜的倾斜度更大。鼓膜分两部分，其上方小部分称松弛部，薄而松弛。其余大部分鼓膜称紧张部。紧张部的鼓膜分为三层：外层是复层鳞状上皮，中层由纤维组织组成，内层为黏膜层是扁平上皮（附录图 1-4）。

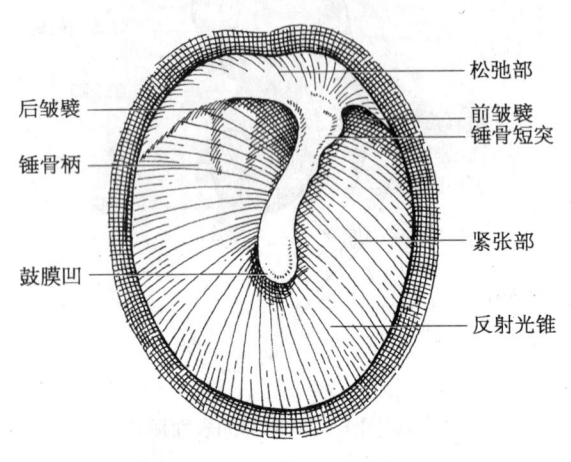

附录图 1-4 鼓膜的标志

(5) 前壁：有咽鼓管鼓室口，鼓室借咽鼓管与鼻咽部相通。

(6) 后壁：后壁的上部有鼓窦入口，自上鼓室通入鼓窦，为中耳炎症向乳突气房扩散感染的通道。鼓室后壁为外耳道后壁的延续，有面神经垂直段通过，该垂直段位于面神经水平段交界处的后面。鼓室内有听骨链、肌肉、韧带和神经。

2. **咽鼓管** 成人咽鼓管全长约 35 mm，内 1/3 为骨部，外 2/3 为软骨部，是沟通鼻咽腔和鼓室的管道，也是中耳感染的主要途径。咽鼓管口位于鼓室前壁，然后向前下、内通入鼻咽部侧壁。咽鼓管黏膜为纤毛柱状上皮，与鼻咽部及鼓室黏膜连续，纤毛的运动向鼻咽部，使鼓室内的分泌物得以排出。咽鼓管的鼻咽端开口在静止状态时是闭合的，在张口、吞咽、歌唱或呵欠等动作时开放，空气趁机进入鼓室，以保持鼓室内外的气压平衡。婴儿和儿童的咽鼓管较成人短而平直，口径相对较大，当鼻及鼻咽部感染时较成人易患中耳炎（附录图 1-5）。

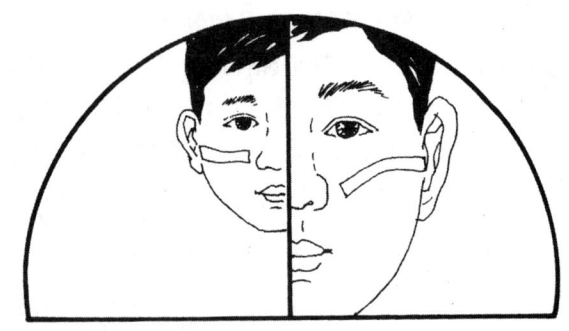

附录图 1-5 成人与儿童咽鼓管比较

3. **鼓窦** 为上鼓室后上方的一含气腔，是鼓室和乳突气房间的通道。

4. **乳突** 内含许多小气房，各房彼此相通。根据气房的发育程度可将乳突分为三型：① 气化型：占 80%，气房发育良好，气房间隔很薄，乳突外层骨质也薄。② 硬化型：气房未发育，骨质致密。③ 板障型：气房小而多，气房间隔较厚，外层骨质较厚，颇似头盖骨的板障构造。

### （三）内耳

内耳又称迷路，位于颞骨岩部内，外有骨壳名骨迷路，内有膜迷路，膜迷路内含内淋巴液。膜迷路与骨迷路间含外淋巴液(附录图1-6)。

1. **骨迷路** 由耳蜗、前庭和半规管组成。

(1) 耳蜗：形似蜗牛壳，为螺旋样骨管，骨蜗管便被基底膜和前庭膜分隔成前庭阶、鼓阶和膜蜗管三个管道。蜗管内储内淋巴，为一封闭的盲管。前庭阶和鼓阶内储外淋巴，并在蜗顶借蜗孔相交通。

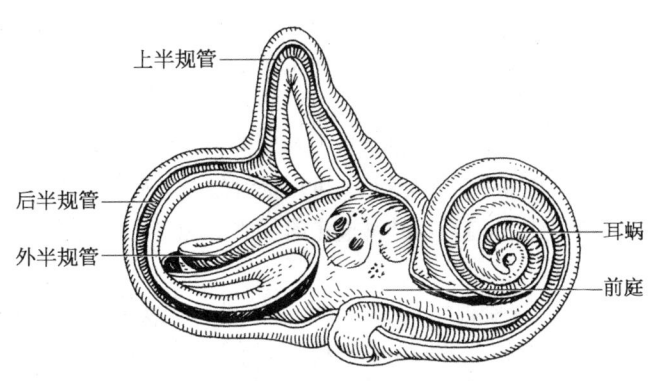

附录图1-6 骨迷路

(2) 前庭：位于耳蜗与半规管之间，呈椭圆形，前接耳蜗，后接三个半规管，前庭外侧壁为鼓室内侧壁的一部分，有前庭窗及蜗窗。

(3) 半规管：位于前庭的后上方，为三个互相垂直的半环形的骨管。根据其所在的位置分外(水平)半规管、上(垂直)半规管和后半规管。

2. **膜迷路** 形状与骨迷路相同，借纤维束固定于骨迷路壁上，悬浮于外淋巴液中。

(1) 蜗管：为膜性螺旋管，介于前庭阶和鼓阶之间。蜗尖端为盲端，下端借连合管通入球囊，内含内淋巴液。其切面呈三角形，上壁为前庭膜；外侧壁增厚与骨蜗管的骨膜接连，名血管纹；底壁为基底膜，由支柱细胞、内、外毛细胞和胶状盖膜构成螺旋器，亦称柯蒂器，是耳蜗神经末梢感受器。

(2) 椭圆囊和球囊：两者均在骨前庭内，囊内各有一个囊斑，其构造相同，由支柱细胞和感觉毛细胞的神经上皮所组成，毛细胞的纤毛上覆盖一层含有石灰质的胶质体，名耳石。椭圆囊斑大部分位于囊的底壁，小部分位于囊的前壁。球囊斑居于囊的内侧壁上。囊斑为重力和直线加速度运动平衡的外周感受器。

(3) 膜半规管：附着于骨半规管的外侧壁，膜半规管的壶腹内各有壶腹嵴，由支柱细胞和感觉细胞的神经上皮组成，毛细胞的纤毛较长，为一胶质膜覆盖，名壶腹嵴顶，亦称终顶，为角加速度感受器。

3. **内耳血管和神经** 内耳的血管大部由基底动脉或小脑前下动脉分出的内听动脉所供给，间有耳后动脉之茎乳支供给分布于半规管。听神经在脑桥和延髓间离开后，偕同面神经进入内耳道，在内耳道分为耳蜗和前庭两支。

## 二、耳的检查法

耳鼻咽喉科的检查，大多要应用专科器械进行检查，同时需要专门的人工照明。

一般被检者与检查者对面而坐(婴幼儿则由父母或护士怀抱，固定其位置)，光源(常用60～100W的电灯)置于被检者右后侧，稍高于其耳郭。检查者头戴额镜，使镜孔置于左眼或右眼之前，用单眼视线从孔中观察。光线投照于额镜，转动额镜，使反射光最佳聚焦点在需要检查的部位(附录图1-7)。

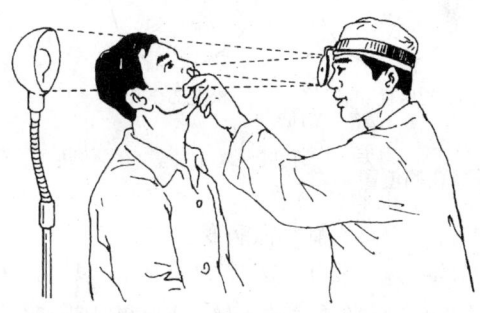

附录图1-7 耳鼻咽喉检查的光源

1. **外耳的检查**

(1) 一般检查法　耳郭、外耳道皮肤的颜色、柔软度及活动度,有无红肿、裂伤、渗出、畸形、先天性耳前瘘管等。

触按耳部,以观察患者是否有压痛,是否有肿块,其软硬度和移动性如何,对于诊断有较重要的意义。如外耳道内有肿块,可用探针触查其硬度,并查明有无疼痛。牵动耳郭或压迫耳屏,如疼痛,常为外耳道炎或外耳道疖的征象。触诊乳突部和其周围组织,检查有无水肿、压痛和肿大的淋巴结等。

(2) 耳镜检查法　在徒手检查外耳道视线被耳毛或耵聍等阻挡时,为了检查清楚外耳道和鼓膜,需要用耳镜。被检者坐于检查椅上,面向一侧,医生以额镜将光线反射于外耳道口。选择大小适宜的耳镜置入外耳道内。如检查成人,应将其耳郭上部牵向后上方。若检查儿童,则将其耳郭下部向后下方牵拉,以使外耳道变直,利于观察。注意外耳道腔大小,皮肤的色泽。如有耵聍、分泌物或异物,应予清除。

2. **鼓膜的检查**　鼓膜的检查,在临床上有重要的意义。应注意观察鼓膜的全部,特别是鼓膜的松弛部。检查时注意下列各项。

(1) 鼓膜的颜色:正常鼓膜是灰白色而有光泽。周边部分较白,鼓膜前下方可有一反射光锥,如鼓室有急性或慢性炎症,鼓膜的正常光泽及反射光锥可能消失,并有不同程度的充血、增厚、石灰质沉着、穿孔或瘢痕等病变。

(2) 鼓膜的位置:鼓室内有病变,鼓膜的位置发生了改变则正常标志消失。如鼓室有急性炎症时,因鼓膜充血,锤骨柄锤骨短突和前后皱襞就看不清楚。当鼓室内有积液,鼓膜呈外凸或有液平面。若咽鼓管堵塞,鼓室气压减低,鼓膜内陷,锤骨柄向后移呈横位,锤骨短突和前后皱襞变得更为明显,光锥不完整。

(3) 鼓膜穿孔:要注意穿孔的位置、大小及穿孔的病理变化。如外伤性穿孔,多呈裂缝状、锐角状不规则。如鼓膜有中央性小穿孔,并有搏动现象,表示为急性化脓性中耳炎,引流不畅。如中央性小穿孔见于慢性脓耳者,多表示病情较轻。若鼓膜中央性大穿孔或鼓膜大部消失,穿孔内有脓液、肉芽组织和腐烂的听骨等情形,表示鼓室有比较严重的慢性病变。若鼓膜有边缘性穿孔,特别是穿孔位于鼓膜松弛部,穿孔内有臭脓和胆脂瘤时,表示鼓室隐窝有严重的病变(附录图1-8)。

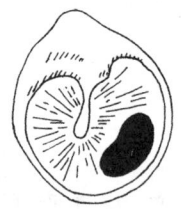  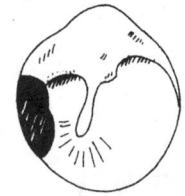 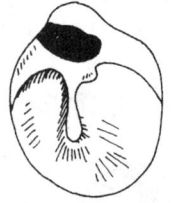

(a)紧张部前下方穿孔　(b)紧张部大穿孔,锤骨柄部分腐烂　(c)边缘性穿孔　(d)松弛部穿孔

**附录图1-8　鼓膜穿孔的位置**

利用电耳镜(带光源及放大镜的耳镜)检查,更为方便,并可看到细微病变。

用鼓气耳镜可以测定鼓膜的活动程度。这种耳镜的一端可接上大小不同的耳镜,另一端为一放大镜所封闭,在耳镜旁边有一小管可接连橡皮球,用额镜反光透过放大镜,可观察鼓膜,当挤压橡皮球时,鼓膜向内移动,放松橡皮球时,鼓膜就向外移动。若鼓膜有粘连,则挤压橡皮球时无移动。利用此镜还可进行瘘管试验。

3. **咽鼓管通气检查** 本法是将空气经咽鼓管压进鼓室,以检查咽鼓管是否通畅;也可借咽鼓管通气,以检查鼓膜有无细小穿孔,并有调节鼓室气压,帮助排除鼓室积液,防止听骨粘连作用。操作方法见附录二"咽鼓管吹张金属导管法"。

4. **听力检查** 目的是测定听力是否正常、听力障碍的程度和性质。听力检查对耳部疾病的诊断和治疗极为重要,宜在安静无噪声的环境中进行。常用方法有如下几种。

(1) 语音试验:测定患者对语音的听敏度,以估计听觉减退的程度。被检查者闭眼侧坐,被检耳向检查者,另侧外耳孔以手指堵塞。检查者于被检者 6 m 距离处耳语,若被检者 3 m 处方能听到耳语,则以 3/6 表示被检者的听力。用同法测定另侧耳听力。

(2) 表试验:是一简便的方法,可以约略估计听力减退的程度。被检者闭眼静坐,用手指将一侧外耳孔塞紧,检查者站于被检者身后,持专用的测试表距受检耳 100 cm 处由远而近,逐渐接近试验耳,以确实听到表声为止,如此试验数次,记下听到表声的距离,如正常耳听到表声距离为 100 cm,而被检查者听到表声的距离为 60 cm,则以 60/100 表示被检者的听力。同法测试另侧耳听力。

(3) 音叉试验:是确定听力减退性质的主要方法。常用频率为 256 次/s,或 512 次/s 的音叉。① Rinne(林纳)试验(气导、骨导比较法):这个试验借比较空气传导和骨传导时间的长短,来区别耳聋的类型。试验的方法是把音叉振动后,使其叉臂接近被检耳外耳孔处,以检查空气传导。至被检查者不能听到声音后,立即移动音叉,使音叉柄部接触乳突部的鼓窦区以检查骨传导。如果此时被检者仍能听到声音,则表示骨导大于气导,称为林纳试验阴性(-)。重新振动音叉,并检查骨导,至被检者不能听到声音后立即移音叉检查气导,若此时被检者仍能听到声音,则表示气导大于骨导,称为林纳试验阳性(+)。正常听力,气导大于骨导 1~2 倍;传导性耳聋为骨导大于气导;神经性耳聋则气导大于骨导,但气导、骨导时间均较正常耳缩短。② Weber(韦伯)试验(双侧骨比较法):这个试验是借比较两耳的骨传导时间来区别耳聋的类型。把振动音叉的柄末端放在被检者颅骨的中线上,询问被检查者何侧听到声音。正常人两耳听到音叉声音是相等的;传导性耳聋,声音偏向患侧或重患侧;神经性耳聋,声音偏向健侧或较健侧。③ Schwabach(施瓦巴赫)试验(骨导锐力检查法):这个试验借比较被检者和正常人骨导时间的长短来区别耳聋的类型。把振动音叉的柄末端放在被检者的乳突部鼓窦区,至听不到声音时,立即移至检查者的鼓窦区(附录图 1-9)。如此时检查者仍能听到声音,则表示被检者的骨导比正常人缩短,反之则为延长。正常听力,被检

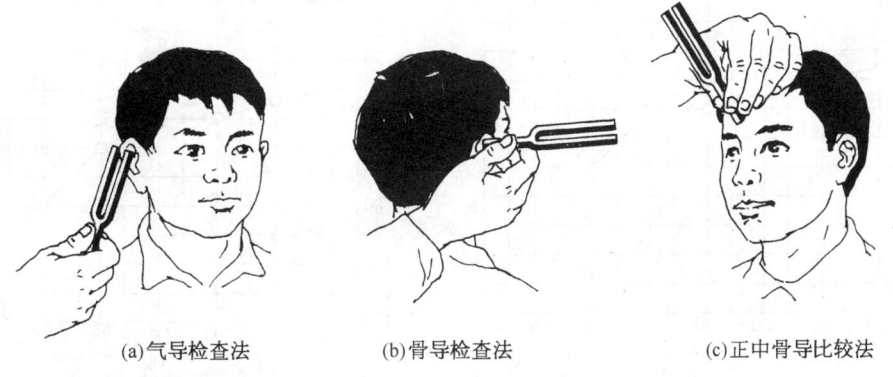

(a)气导检查法　　　　(b)骨导检查法　　　　(c)正中骨导比较法

附录图 1-9　音叉检查法

者与检查者骨导时间相等;传导性耳聋,骨导时间延长;神经性耳聋,骨导时间缩短。④ 高低音限度试验:正常人低音听觉限度16次/s,高音听觉限度2万次/s。测定被检者听高音和低音的限度,用以区别耳聋的类型。简单的方法可用频率64次/s的音叉比较被检查者和检查者的气导时间,作为其高音限度,如果被检查者的气导时间较短,就表示高音限度有降低。兹将利用各种音叉试验鉴别不同类型耳聋的方法列表如附录表1-1。

附录表1-1 不同类型耳聋音叉试验鉴别方法

| 音叉试验 | 正常耳 | 传导性耳聋 | 感音神经性耳聋 | 混合性耳聋 |
| --- | --- | --- | --- | --- |
| 林纳试验 | 正常(+) | 阴性(-) | 阳性(+) | (+)(-)或(±) |
| 韦伯试验 | 两耳相等 | 偏向患侧或重患侧 | 偏向健侧或较健侧 | 不定 |
| 施瓦巴赫试验 | 正常 | 增长 | 缩短 | 缩短 |
| 低音限度 | 正常 | 提高 | 正常或微提高 | 提高 |
| 高音限度 | 正常 | 正常或微降低 | 降低 | 降低 |

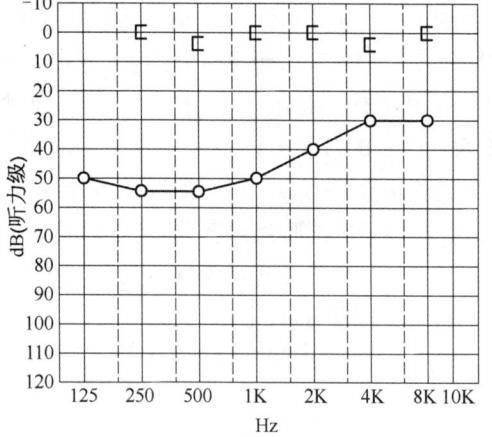

附录图1-10 传导性聋听力曲线

(4) 听力计检查:是比较准确的检查方法,不但可以确定听力减退的性质,而且可以确定听力减退的程度。听力计可发出多个不同频率的声音,并可控制声音的强度。各个频率的正常听力均在零的水平。传导性耳聋:空气传导低音损失较高音为甚,骨传导正常(附录图1-10)。感音神经性耳聋:空气传导高音损失较低音为甚,骨传导损失和空气传导损失相同或较甚(附录图1-11)。混合性耳聋:空气传导低音和高音损失约在同一水平,或高音较甚,骨传导损失较空气传导损失为轻(附录图1-12)。

5. **声导抗测试法** 外耳道压力变化产生鼓膜张力变化,对声能传导能力发生改变,利用这一特性,能够记录鼓膜反射回外耳道的声能大小。通过

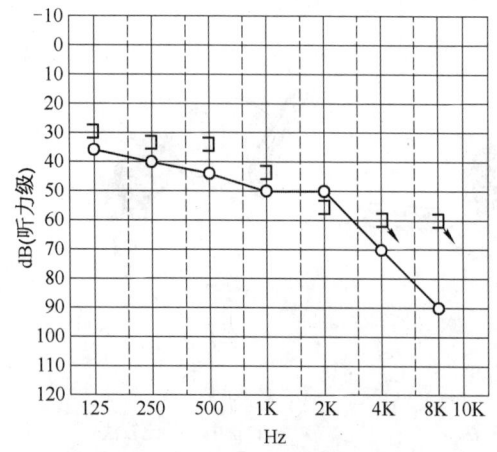

附录图1-11 感音神经性聋听力曲线

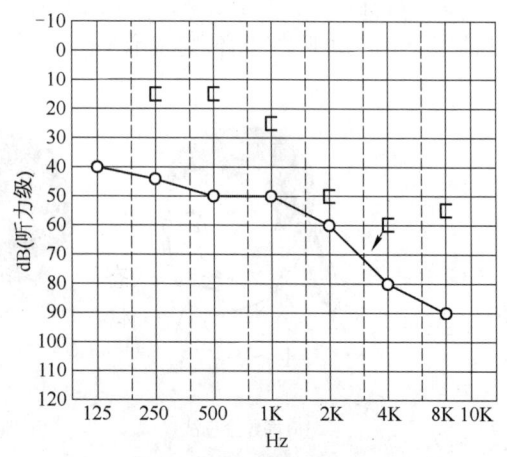

附录图1-12 混合性聋听力曲线

计算机分析结果,反映中耳传音系统和脑干听觉通路功能。这一方法称声导抗测试,是临床上常用的客观听力测试的方法之一。声导抗是声导纳和声阻抗的总称。声阻抗是声波克服介质分子位移所遇到的阻力,是作用于单位面积的声压与容积速度的比;声导纳是被介质接纳传递的声能,是声阻抗的倒数。声强不变,介质的声阻抗越大,声导纳就越小。介质的声导抗取决于它的摩擦(阻力)、质量(惯性)和劲度(弹性)。中耳传音系统的质量(鼓膜和听骨的质量)比较恒定,听骨链被肌肉韧带悬挂,摩擦阻力很小。劲度取决于鼓膜、听骨链、中耳垫等的弹性,易受各种因素影响,变化较大,是决定中耳导抗的主要部分。因此,声导抗仪主要通过测量鼓膜和听骨链的劲度以反映出整个中耳传音系统的声导抗状态。

中耳导抗仪(临床习惯称为声阻抗仪,附录图1-13)是根据等效容积原理工作,由导抗桥和刺激信号两大部分组成。导抗桥有3个小管,被耳塞引入密封的外耳道内:上管发出220 Hz或226 Hz 85 dB的探测音,以观察鼓膜在压力变化时的导抗动态变化,并以强度为40~125 dB,刺激频率为250 Hz、500 Hz、1 000 Hz、2 000 Hz、4 000 Hz的纯音、白噪声及窄频噪声,测试同侧或对侧的镫骨肌声反射。下管将鼓膜反射到外耳道的声能引入微音器,转换成电讯号,放大后输入电桥并由平衡计显示。中管与气泵相连使外耳道气压由+2 kP连续向-4 kP或-6 kP变化。

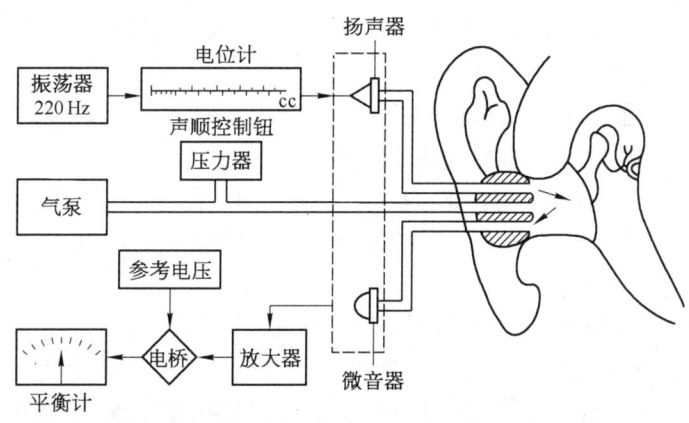

附录图1-13 声导抗测试仪模式图

(1) 鼓室导抗图:随外耳道压力由正压向负压的连续过程,鼓膜先被压向内,逐渐恢复到正常位置,再向外突出,由此产生的声顺动态变化,以压力声顺函数曲线形式记录下来,称鼓室功能曲线(附录图1-14)。曲线形状,声顺峰在压力轴的对应位置(峰压点),峰的高度(曲线幅度)以及曲线的坡度、光滑度较客观地反映鼓室内病变的情况。A型:中耳功能正常;As型:见于耳硬化、听骨固定和鼓膜明显增厚等中耳传音系统活动度受限时;Ad型:鼓膜活动度增高,如听骨链中断、鼓膜萎缩、愈合性穿孔以及咽鼓管异常开放时;B型:鼓室积液和中耳明显粘连者;C型:咽鼓管功能障碍。

(2) 静态声顺值:鼓膜在自然状态和被正压压紧时的等效容积毫升数(声顺值)之差,代表中耳传音系统的活动度。正常人因个体差异此值变化较大,应结合镫骨肌声反射与纯音测听综合分析。

比较捏鼻鼓气法或捏鼻吞咽法前后的鼓室导抗图,若峰压点有明显移动,说明咽鼓管功能正常,否则为功能不良。

(3) 镫骨肌声反射:声刺激在内耳转化为听神经冲动后,由神经传至脑干耳蜗腹侧核,经同侧

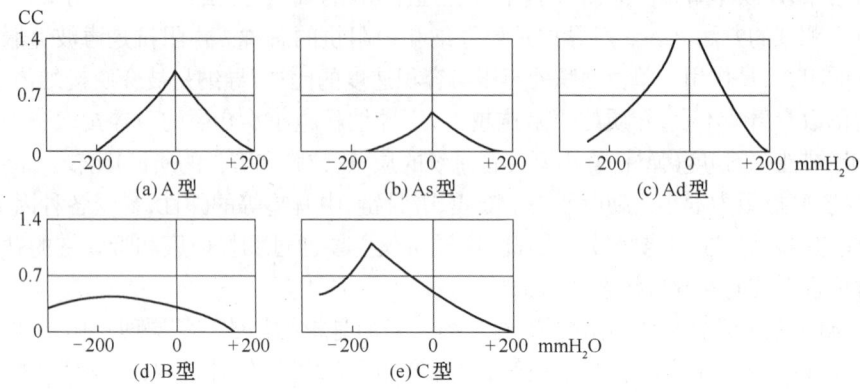

附录图 1-14　鼓室导抗图

或交叉后从对侧上橄榄核传向两侧面神经核,再经面神经引起所支配的镫骨肌收缩,随后鼓膜松弛,鼓膜顺应性的变化由声导抗仪记录,称镫骨肌声反射。正常人左右耳分别可引出交叉(对侧)与不交叉(同侧)两种反射。镫骨肌声反射的用途较广,目前主要用在估计听敏度、鉴别传导性聋与感音神经性聋及鉴别耳蜗性聋和蜗后性聋等方面,并可用于识别非器质性聋,对周围性面瘫做定位诊断和预后估价,对重症肌无力做辅助诊断及疗效评估等。

6. 前庭功能检查　前庭功能系指前庭器的平衡功能。当前庭受到刺激时,功能紊乱,主要发生眼球震颤、眩晕和倾倒等症状。前庭因转变而出现上述症状,称为自发性前庭症状。发现自发性前庭症状,就表示前庭存在着一定的病变。若用人为方法,刺激前庭,借以诱发前庭症状,就表示前庭存在着一定的病变。若用人为方法,刺激前庭,借以诱发前庭症状,称为前庭功能试验,可以确定前庭功能并且帮助诊断。分述如下。

(1) 自发性前庭症状检查:① 自发性眼球震颤检查:令患者固定头部,两眼注视离他 500 cm 的检查者的手指,眼球随手指上下左右移动,移动以距中线 45°~50°为限,因眼球过度斜视,可产生生理性眼球震颤。若发现有眼球震颤,应注意眼球震颤的种类、方向、振幅、轻重程度、震颤的频率和时间等。眼球震颤有快相与慢相之分。慢相是因为迷路受刺激所产生,它与内淋巴流动的方向一致;快相则为皮质下中枢向相反方向调节眼球的现象,它与内淋巴的流动方向相反。临床上,因快相容易观察,故以其代表眼球震颤的方向。眼球震颤的轻重程度,可分为三度:Ⅰ度,患者凝视向快相方向时有眼球震颤者;Ⅱ度,患者向前注意时发生眼球震颤者;Ⅲ度,患者眼球转向任何方向,均发生眼球震颤者。眼球震颤可分为三种类型。区别眼球震颤的种类,就可断定眼球震颤发生的原因。周围迷路性眼球震颤:其特性是眼球震颤为水平或旋转性,具有快相和慢相。病变较轻时眼球震颤多向患侧,病变严重时眼球震颤多向健侧。同时有眩晕,眩晕的轻重和眼球震颤的程度是一致的,可能伴有恶心和呕吐。身体倾倒或偏过定位试验偏向眼球震颤慢相的方向。眼球震颤时间较短,为时数日或数星期。中枢性眼球震颤:其特性是重度的眼球震颤,震颤的方向不一,可能为水平、垂直、旋转或倾斜等。这类眼球震颤存在数年或数月,系中枢神经系统疾病所致,伴有中枢神经系统疾病的症状。恶心、呕吐、倾倒或偏过定位和眼球震颤的强度无关。眼病性眼球震颤:其特性是眼球很快地向各方向颤动,系眼部的疾病所致。眼球震颤可存在数年,常伴有头晕,当眼睛闭合或停止凝视时,头晕就消失或减轻。② 自发性倾倒症状检查:令患者闭眼直立,两足靠拢,注意有无倾倒。因前庭病变发生的倾倒,倾倒的方向和眼球震颤的慢相是一致的。③ 偏过定位试验：正常人虽将眼闭合，亦能察觉身体所处的位置，并能辨别方向。前庭因病变或进行试验刺激以后，若无视觉协助，定位就发生紊乱，故称为偏过定位，利用此现象进行的前庭功能试验称为偏过定位试验。试验方法是检查者坐在患者的对面，伸出一指，令患者高举一上肢，向下移动，用示指触到检查者的手指；先在眼注视下进行，以后令患者将眼闭合再行检查。如患者上肢的动作偏于一侧，就称为偏过定位征阳性。偏过定位的发生在因前庭受刺激后有眩晕症状，患者感觉周围的东西离开患者运动，为了企图补偿偏差去触到检查者的手指，患者的上肢就偏向一侧。

(2) 前庭功能试验：① 温度试验(冷热试验)：分别将冷水、温水，注入外耳道直达鼓膜，观察被检查者眼球震颤的振幅、频率、方向和时间，以了解被检查者的前庭功能的方法。② 旋转试验：令患者坐在旋转试验椅上，脚踏在试验椅的足板上。将头固定在稍向前倾30°的位置，则两侧水平半规管呈水平位，用每20 s转10周的速度向右侧旋转10周，然后突然停止。令患者注意正前方，观察眼球震颤的方向，类型和时间。休息5～10 min后，用同法再向左侧旋转。如将头固定在向后60°或向前120°的位置，则可检查上垂直半规管和后垂直半规管。试验水平半规管时发生水平性眼球震颤，若试验垂直半规管，则发生旋转性眼球震颤。当头稍向前倾30°，向右旋转突然停止时，左侧水平半规管的内淋巴液流向壶腹，发生的眼球震颤快相向左。正常眼球震颤持续时间为30 s。若眼球震颤时间延长至1～3 min，也不一定说明前庭有病变，它可能表示前庭过敏。若眼球震颤时间少于20 s，则表示前庭不易受刺激。此外，眼球震颤时间缩短也常由前庭病变所致。③ 瘘管试验：瘘管试验的目的是检查水平半规管的骨壁是否因病变(特别是胆脂瘤腐蚀)形成瘘管，通入外淋巴间隙。试验方法是：用希格耳镜放入外耳道内塞紧，压迫橡皮球，则鼓室压力增加，若有瘘管存在，则膜迷路受到压力刺激，产生眼球震颤或轻度眩晕，眼球向患侧震颤。若瘘管被肉芽阻塞或迷路已经破坏，就是有瘘管也无反应。④ 甘油试验：按1.2～1.5 g/kg的甘油加等量0.9%氯化钠溶液空腹服下，服药前与服药后每1 h纯音测听1次，共3次，若患侧语频或其他频率的听力服药后较用药前提高15 dB或更多者为阳性。可考虑膜迷路积水。

## 鼻的应用解剖及检查法

### 一、鼻的应用解剖

鼻由外鼻、鼻腔和鼻窦三部分组成。

#### (一) 外鼻

外鼻由骨、软骨构成支架，外覆软组织和皮肤，突出于颜面中央，其形似一基底向下的锥体。外鼻软骨性支架，由鼻中隔软骨、翼侧鼻软骨，大、小翼软骨等组成。各软骨之间有结缔组织联系。外鼻的骨性支架，由鼻骨、额骨鼻突、上颌骨额突组成。鼻骨左右成对，上接额骨鼻突，两侧与上颌骨额突相连。鼻骨下缘、上颌骨额突内缘及上颌骨腭突游离缘共同构成梨状孔(附录图1-15)。

鼻尖、鼻翼及鼻前庭皮肤较厚，且与皮下组织及软骨膜粘连紧密，并富有皮脂腺、汗腺，为粉刺、痤疮和酒渣鼻的好发部位。炎症时稍有肿胀，即疼痛较剧。

外鼻的血液供应特别丰富。动脉源自眼动脉和颌外动脉分支，静脉汇入面静脉及内眦静脉。由于内眦静脉经上、下静脉与海绵窦相通，且面静脉无瓣膜，血液可上下双向流通，故上唇及外鼻区域(又称危险三角区)感染如治疗不当或误加挤压，可循此途径引起海绵窦血栓性静脉炎(附录图1-16)。

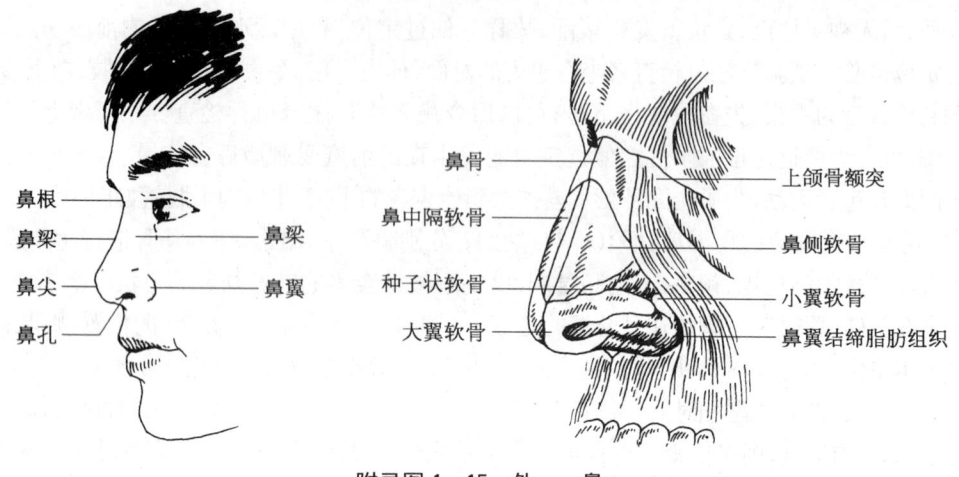

附录图 1-15 外　鼻

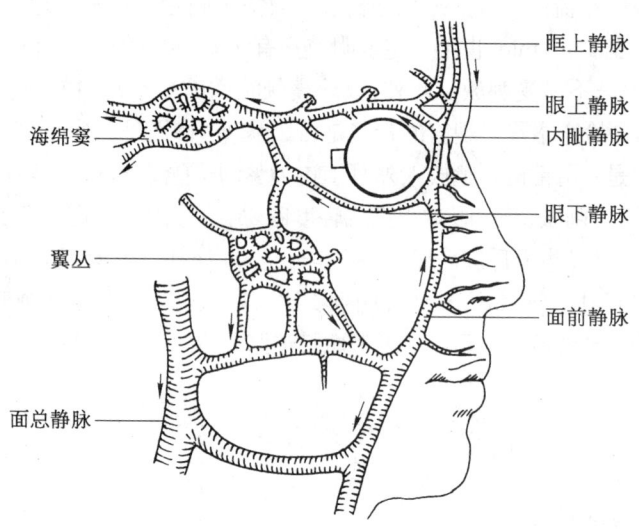

附录图 1-16　鼻外部静脉与海绵窦的联系

外鼻的淋巴汇流于耳前淋巴结和颌下淋巴结。

### (二) 鼻腔

鼻腔为一顶窄底宽、前后径大于左右径的不规则狭长腔隙。前起前鼻孔,向后止于后鼻孔,与鼻咽部相通。由鼻中隔分隔为左右两腔,每侧鼻腔包括鼻前庭与固有鼻腔两部分。

1. **鼻前庭**　位于鼻腔前部,由皮肤覆盖,富有皮脂腺和汗腺,并长有鼻毛,易发生疖肿,且因皮肤与软骨膜粘连紧密,发生疖肿时疼痛较剧。鼻前庭皮肤与固有鼻腔黏膜交界处称为鼻阈。

2. **固有鼻腔**　通称鼻腔,有内、外、顶、底四壁。

(1) 内壁:即鼻中隔,由鼻中隔软骨、筛骨垂直板及犁骨组成。鼻中隔前下部黏膜血管丰富,汇聚成网称为利特尔区。此处黏膜较薄,血管表浅,黏膜与软骨膜相接紧密,且位置靠前,易受外界刺激,是鼻出血最易发生的部位(附录图 1-17)。

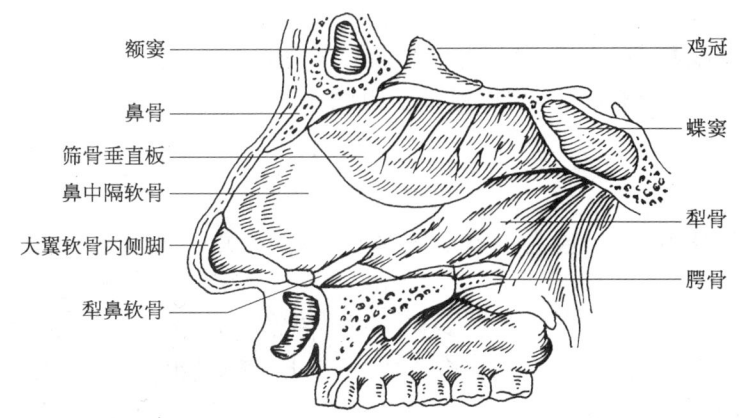

附录图 1-17 鼻中隔的骨骼组成

(2) 外壁:鼻腔外壁有突出于鼻腔的三个鼻甲,分别称上、中、下鼻甲。下方的空隙称为鼻道,即上、中、下鼻道。各鼻甲内侧面和鼻中隔之间的空隙称为总鼻道。上、中两鼻甲与鼻中隔之间的腔隙称嗅裂或嗅沟(附录图 1-18)。

① 上鼻甲和上鼻道:上鼻甲也是骨结构之一,位于中鼻甲的后上方。是位置最高最小的鼻甲。其后上方有蝶筛隐窝,蝶窦开口于此。上鼻道则是后组筛窦开口之处。② 中鼻甲和中鼻道:中鼻甲系筛骨的一部分,分为水平部和垂直部。中鼻甲前端外上方的鼻腔侧壁有小丘状隆起称为鼻丘,是三叉神经、嗅神经所形成的反射区。中鼻道外壁上有两个隆起,后上方为筛窦的大气房,名筛泡。筛泡前下方有一弧形嵴状隆起,名钩突。筛泡与钩突之

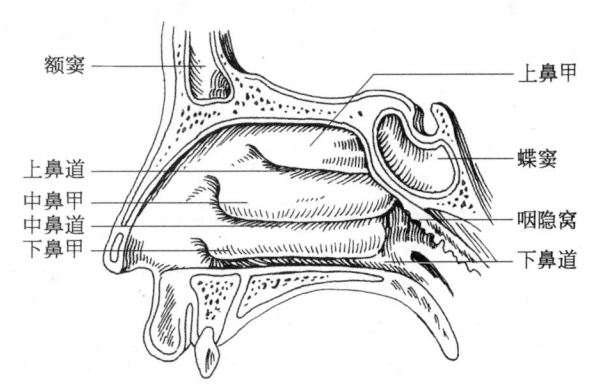

附录图 1-18 鼻腔的外侧壁

间有一半月形裂隙,称为半月裂孔。额窦多开口于半月裂孔的前上部,其后为前组筛窦开口,最后为上颌窦开口。中鼻甲、中鼻道及其附近的区域又称"窦口鼻道复合体",如发生变异与病理改变,将直接影响鼻窦的通气引流,导致鼻窦炎。③ 下鼻甲和下鼻道:下鼻甲为一独立骨片,附着于上颌骨内壁,前端距前鼻孔约 2 cm,后端距咽鼓管口约 1 cm,为鼻甲中最大者,故下鼻甲肿大时易致鼻塞。下鼻道前上方有鼻泪管开口,其外段近下鼻甲附着处骨壁较薄,是上颌窦穿刺的最佳进针部位。

(3) 顶壁:呈狭小的拱形。前部为额骨鼻突及鼻骨构成,中部是分隔颅前窝与鼻腔的筛骨水平板,此板薄而脆,并有多数细孔,呈筛状,嗅神经经此穿过进入颅前窝。外伤或手术时易骨折致脑脊液鼻漏,成为感染入颅的途径。

(4) 底壁:即硬腭,与口腔相隔,前 3/4 由上颌骨腭突构成,后 1/4 由腭骨水平部构成。

3. **鼻腔黏膜** 按其组织学构造和生理功能的不同,分为嗅区黏膜和呼吸区黏膜。

(1) 嗅区黏膜:分布于上鼻甲及部分中鼻甲内侧面及相对应的鼻中隔部分,有嗅神经末梢分布。

(2) 呼吸区黏膜：除嗅区外，鼻腔各处均由呼吸区黏膜覆盖，黏膜内含有丰富的浆液腺、黏液腺和杯状细胞，能产生大量分泌物，使黏膜表面覆有一层随纤毛运动不断向后移动的黏液毯。黏膜内有丰富的静脉丛，构成海绵状组织，具有灵活的舒缩性，能迅速改变其充血状态。

### (三) 鼻窦

鼻窦为鼻腔周围颅骨内含气空腔，名为额窦、筛窦、上颌窦及蝶窦。共4对8个(附录图1-19)。临床上按其解剖部位及窦口所在位置，将鼻窦分为前、后两组，前组鼻窦包括上颌窦、前组筛窦和额窦，其窦口均在中鼻道。后组鼻窦包括后组筛窦和蝶窦，前者窦口在上鼻道，后者窦口在蝶筛隐窝。

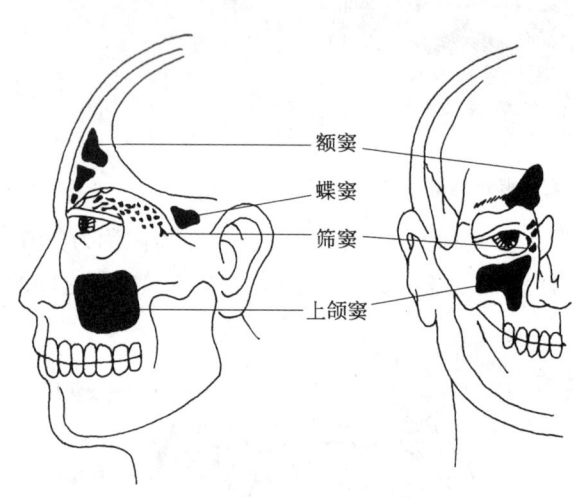

附录图1-19　鼻窦的解剖位置

1. **上颌窦**　在上颌骨体内，为鼻窦中最大者，形似横置的锥体，锥体之底即上颌窦内侧壁，锥体尖部在上颌骨颧突处。前壁中央最薄并略凹陷称"尖牙窝"，上颌窦手术多经此进入，尖牙窝上方有眶下孔，为眶下神经及血管通过之处。后外壁与翼腭窝相隔。内壁为鼻腔外侧壁的一部分。上颌窦因窦口位置较高而不易引流，故易患炎症。

2. **筛窦**　位于鼻腔外上方和眼眶内壁之间的筛骨内，呈蜂房状小气房。筛窦以中鼻甲附着缘为界，位于其前下者为前组筛窦，开口于中鼻道；中鼻甲后上者为后组筛窦，开口于上鼻道。实际上前、后组筛窦很难截然分开。筛窦外壁菲薄如纸，为眶内侧壁的纸样板，故筛窦或眼眶炎症可相互感染。

3. **额窦**　位于额骨内，其大小、形状极不一致，有时可一侧或两侧未发育。额窦的前壁为额骨外板，较坚厚，内含骨髓。后壁为额骨内板，较薄，与额叶硬脑膜相邻。

4. **蝶窦**　位于蝶骨体内，形状大小不一。由蝶窦中隔分为左右两侧，两侧常不对称。顶壁与颅前窝及颅中窝相隔，顶壁凹陷形成蝶鞍底部，故可通过蝶窦行垂体肿瘤摘除术。

## 二、鼻的检查法

1. **外鼻的检查**　主要观察有无形态、色泽改变及损伤。触按鼻部注意外鼻有无肿胀，鼻梁有无凹陷、骨折。

2. **鼻前庭的检查**　嘱被检者头稍后仰，检查者以拇指推起鼻尖即可检查。注意鼻前庭皮肤有无红肿、溃疡、结痂、皲裂、脓疮等。如前鼻孔有痂皮堵塞时，可用过氧化氢溶液将其软化后除去，再行检查。

3. **鼻腔的检查**　是鼻部检查的重点，常借助鼻镜进行检查。

鼻镜的用法：左手持鼻镜，拇指置于鼻镜两叶的交叉点上，一柄置于掌内，另一柄由其余四指扶持，鼻镜的两个扩张叶与鼻底平行。将鼻镜轻轻地置入鼻前庭，然后慢慢地打开鼻镜的两叶。注意不要将鼻镜放入过深,不能超过鼻阈,以防造成疼痛或碰伤鼻中隔引起流血。取出鼻镜时勿使两叶完全闭拢,以免夹住鼻毛而增加受检者的痛苦。

鼻腔检查一般可按由鼻下部向上部,由鼻前部向后部,由内壁向外壁的次序进行,以免遗漏(附录图1-20)。

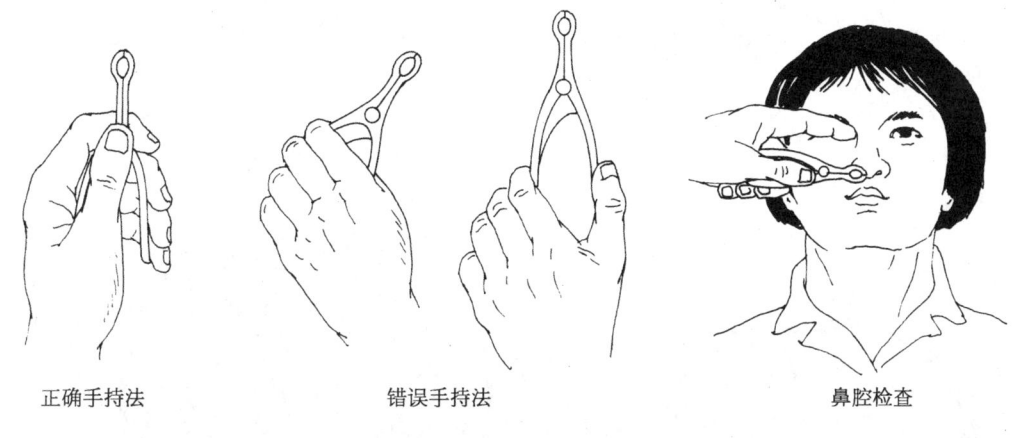

正确手持法　　　　　　错误手持法　　　　　　鼻腔检查

**附录图1-20　鼻镜的使用法**

被检者头部略向前低下时,可见鼻腔底部、鼻中隔前部和下部、下鼻甲下部和下鼻道,若头向后仰30°~60°,可见鼻中隔上部和后部、鼻丘、下鼻甲上部、中鼻甲、中鼻道。少数的患者也可以看到上鼻道。如果鼻黏膜肿胀,可先用1%~2%麻黄素液喷或涂于鼻黏膜,使下鼻甲等处黏膜收缩后再观察。

正常鼻黏膜呈淡红色,湿润,光滑,鼻底及各鼻道无分泌物潴留。

鼻甲的触诊:正常的鼻甲黏膜柔软而有弹性,肥厚性鼻炎的鼻甲黏膜较硬而缺乏弹性。

在检查过程中,注意观察以下情况。① 鼻黏膜:颜色、肿胀、肥厚、萎缩、表面湿润或干燥,有无溃疡、粘连等。② 总鼻道:增宽或变狭窄。③ 分泌物:量、颜色、性状、部位。分泌物的性状可分为浆液性、黏液性、脓性、血性和混合性。④ 结痂:量、颜色、性状。⑤ 鼻中隔:偏曲的程度和部位、有无出血、溃疡或穿孔等。⑥ 肿瘤:有无肿物、形状、大小、部位、颜色等。

4.鼻咽镜检查法　用此法检查鼻腔后部咽腔。被检者头略前倾,张口,咽部完全放松,用鼻呼吸。

将鼻咽镜放酒精灯上略微加热,以免被检者呼出之水汽凝于镜面妨碍观察。在将鼻咽镜伸入口腔前,应先用手背试一下镜的温度是否适宜,防止镜背过热烫伤咽部(附录图1-21)。

检查者左手持压舌板,将舌背前2/3向前下方压住,右手持后鼻镜,将其放入软腭后方,在腭垂与咽后壁之间,镜面向上,注意勿使镜与咽后壁或软腭接触,以免引起恶心反射(如被检者咽部反射过敏,可用1%丁卡因或4%可卡因溶液喷雾麻醉咽部)。转动镜面,可以看到鼻咽腔顶部、咽鼓管隆突和开口、咽隐窝、鼻中隔后缘、各鼻甲的后端等。注意有无炎症、脓液、肿瘤等。

5.鼻窦的检查

(1) 鼻窦区的触诊:根据压痛点的位置,可以帮助判断哪一处鼻窦的急性炎症。如额窦炎之压痛点在眼眶内上部,筛窦炎之压痛点在眼眶内壁,上颌窦炎在犬齿窝有压痛,且常有臼齿感觉过敏,蝶窦、后筛窦炎症剧烈时,可发生眼球压痛。

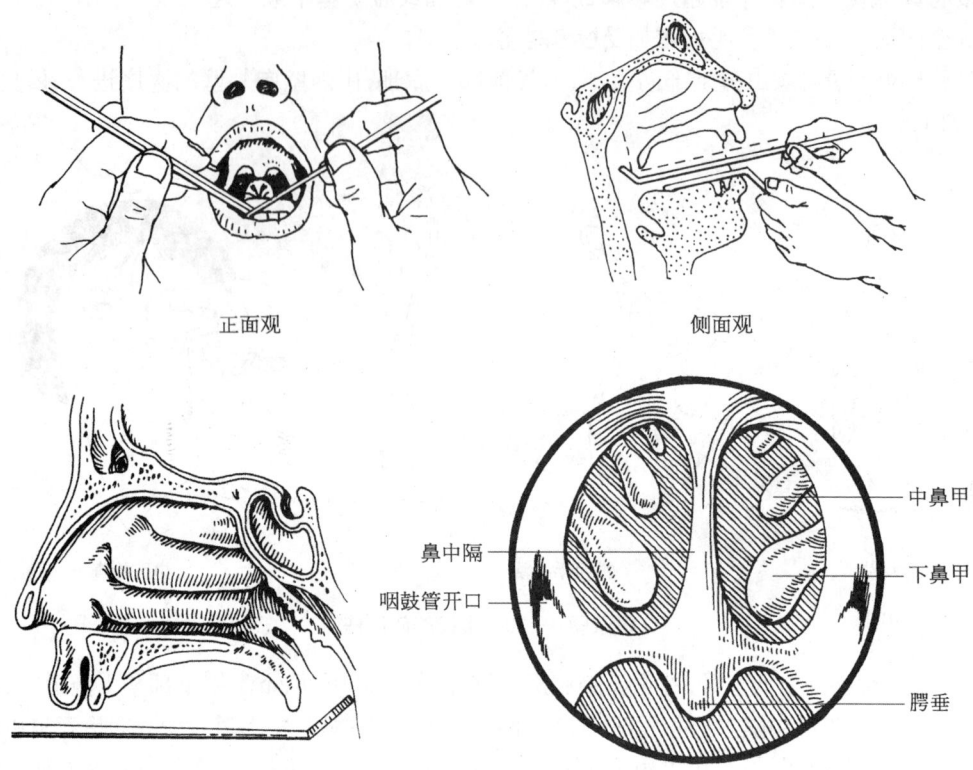

附录图 1-21　鼻咽镜检查所示后鼻孔及鼻咽部

(2) 利用鼻镜检查：主要根据鼻黏膜的改变及鼻道的引流以帮助诊断鼻窦炎。如前组鼻窦炎引流在中鼻道，后组鼻窦炎之引流在上鼻道、嗅沟。

(3) 鼻窦的透照试验：鼻窦透照器是一个细长的管子，一端装有小灯泡，另一端接于电源。检查须在暗室内进行。将透照灯放在眼眶内上部，使光线向上放射，前额部可见显示额窦大小的鲜红色亮区，若将消毒的透照灯放入被检者口中，顶住硬腭中部和后部，被检者闭口，在下睑部可出现一月牙形的红色光亮区，同时同侧瞳孔内亦发出红光，患者闭眼时，亦自觉眼内发亮，如果透明区黑暗，往往说明鼻窦内有病变，如黏膜增生肥厚、肿瘤、黏液、脓液或鼻窦发育不良等。

6. 嗅觉检查　用小瓶分装有各种气味的液体，如醋、酱油、麻油、乙醇、香水、汽油等，让受检者嗅闻分辨。此法用于一般门诊或大批体检，只能检查嗅觉的有无。

## 咽喉的应用解剖及检查法

### 一、咽的应用解剖

咽是呼吸道和消化道上端的共同通道，上起颅底，下达第六颈椎平面。前后扁平，上宽下窄，略呈漏斗状。咽前面通鼻腔、口腔和喉，后壁与颈椎前筋膜相邻，下端相当于环状软骨下缘，向下与食管入口连接。咽分为鼻咽、口咽、喉咽三部分(附录图 1-22)。

## (一) 鼻咽部

鼻咽在鼻腔的后方、颅底至软腭游离缘水平面以上的部位。顶部略呈拱顶状,向后下呈斜面,由蝶骨体、枕骨底所构成。在顶壁与后壁交界处的淋巴组织称腺样体。鼻咽前方是后鼻孔及鼻中隔后缘。鼻咽的左右两侧距下鼻甲后端约 1 cm 处有咽鼓管咽口,咽鼓管咽口的后上缘有唇状隆起称咽鼓管隆突,亦称咽鼓管圆枕,其后上方有一深窝称咽隐窝,是鼻咽癌好发部位,其上距颅底破裂孔仅 1 cm 左右,鼻咽恶性肿瘤常可循此进入颅内。

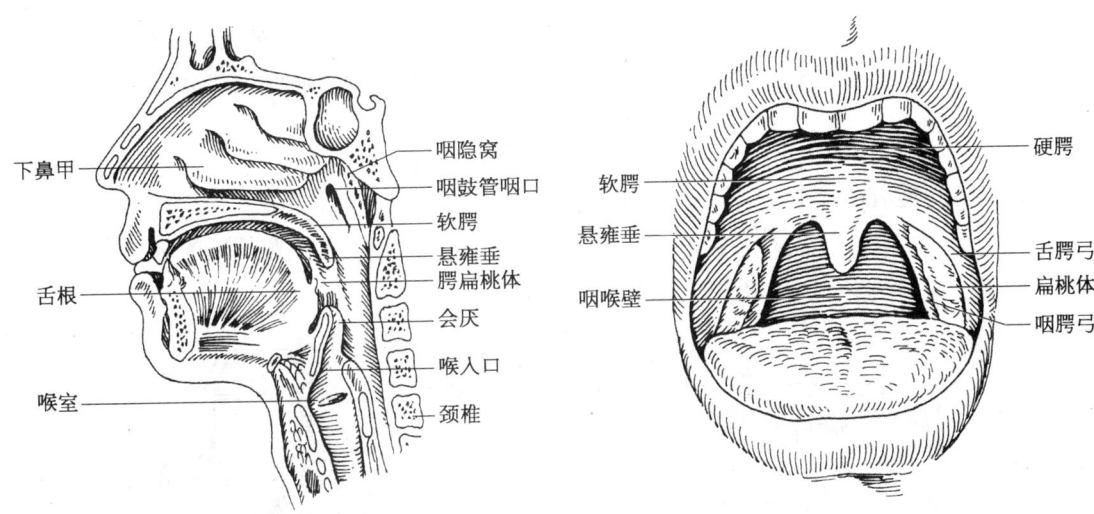

附录图 1-22　咽的侧面图

附录图 1-23　口咽与咽峡

## (二) 口咽部

口咽部介于软腭与会厌上缘部分,后壁相当于第 2、第 3 颈椎的前面,前方借咽峡与口腔相通,向下连通喉咽部。口咽前方为腭垂、舌背、腭舌弓构成半圆形咽峡。舌腭弓和咽腭弓间的深窝称扁桃体窝,内有腭扁桃体。腭扁桃体俗称扁桃体,表面有 10~20 个内陷的扁桃体隐窝。其上部有一大而深的隐窝称扁桃体上隐窝,其盲端可达扁桃体被膜,炎症时可经此穿破被膜形成扁桃体周围脓肿。咽峡的前下部为舌根,上有舌扁桃体。在咽腭弓的后方,有纵行束状淋巴组织称咽侧索(附录图 1-23)。

**1. 咽淋巴环**　咽黏膜下淋巴组织丰富,主要有腺样体、咽鼓管扁桃体、咽侧索、咽后壁淋巴滤泡、腭扁桃体及舌扁桃体,这些淋巴组织在黏膜下有淋巴管相连系构成咽淋巴环的内环,此环输出之淋巴管与颈淋巴结又互相连系交通则称外环,内环和外环合称为咽淋巴环(附录图 1-24)。

**2. 咽筋膜间隙**

(1) 咽后间隙:位于椎前筋膜与颊咽筋膜之间,内有疏松结缔组织和淋巴组织。上起颅底枕骨部,下达第 1、第 2

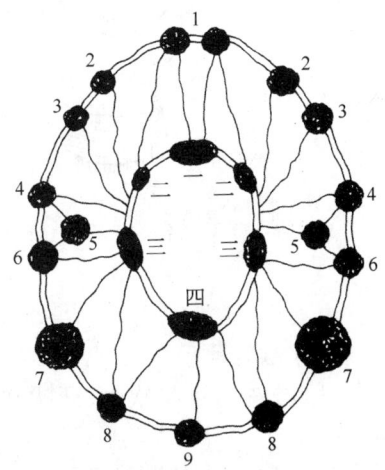

附录图 1-24　咽淋巴环

一、腺样体;二、咽鼓管扁桃体;三、腭扁桃体;四、舌扁桃体

1. 咽后淋巴结;2. 茎突淋巴结;3. 咽侧淋巴结;4. 胸锁乳突肌后淋巴结;5. 颈动脉分岔处淋巴结;6. 胸锁乳突肌前淋巴结;7. 颌下淋巴结;8. 舌骨淋巴结;9. 舌骨下淋巴结

胸椎平面,在正中由于咽缝前后壁连接较紧,将咽后间隙分为左右各一,鼻、鼻窦及咽部的淋巴都汇入其中,因此,这些部位的炎症可引起咽后淋巴结感染化脓。

(2) 咽旁间隙:位于咽后间隙两侧,左右各一,呈三角形漏斗状,内含疏松蜂窝组织,上界为颅底,下达舌骨大角处,后壁为椎前筋膜,内壁为颊咽筋膜、咽上缩肌,与扁桃体窝相隔,故扁桃体的炎症常扩散至此间隙。

### (三) 喉咽部

上接口咽,下界为食管入口,前方通喉腔。前面自上而下有会厌、杓会厌皱襞、杓状软骨围成的喉入口,在舌根与会厌软骨之间的正中有舌会厌韧带。杓会厌皱襞两侧的外下方各有一深窝为梨状窝,两梨状窝之间,环状软骨板后方有环后隙与食管入口相通,当吞咽时梨状窝呈漏斗形张开,食物经环后隙入食管。

## 二、喉的应用解剖

喉上通喉咽,下接气管,位于颈前正中部,它是软骨、韧带、喉肌及黏膜构成的锥形管状器官。有呼吸与发音的重要功能(附录图 1-25)。

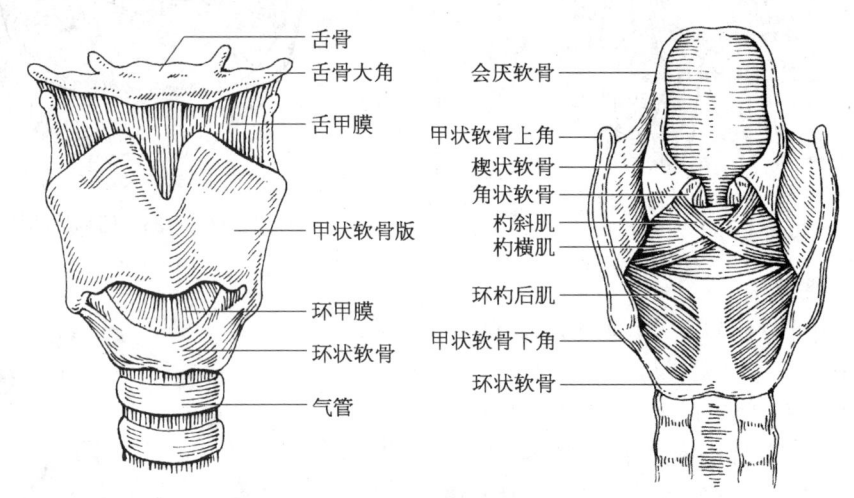

附录图 1-25　喉的前面观与后面观

### (一) 喉软骨

喉的支架由甲状软骨、环状软骨、会厌软骨、杓状软骨、小角软骨和楔状软骨构成(附录图 1-26)。

甲状软骨是喉支架中最大的一块软骨,由左右对称的四方形甲状软骨板在颈前正中线汇合,并形成一定的角度,男性夹角较小,且上端向前突出,称为喉结,女性近似钝角。两侧甲状软骨翼板后缘向上、下端延伸,呈小柱状突起,分别称为上角和下角,上角较长,借韧带与舌骨大角相连;下角较短,其内侧面与环状软骨后外侧面的小凹形成环甲关节。甲状软骨上缘正中有一"V"形凹陷,称甲状软骨切迹,为识别颈正中线的标志。

环状软骨位于甲状软骨之下,下接气管,前部较窄,称环状软骨弓,后部向上延展而较宽阔,称

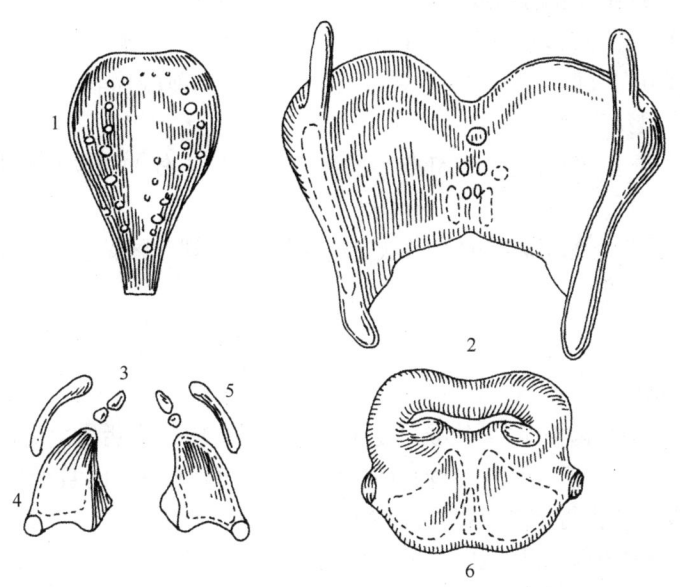

**附录图 1-26 喉 部 软 骨**
1. 会厌软骨；2. 甲状软骨；3. 小角软骨；4. 杓状软骨；5. 楔状软骨；6. 环状软骨

环状软骨板。是喉与气管环中唯一完整的环形软骨，对支持喉腔通畅，保证呼吸甚为重要。

会厌软骨扁平如叶状，上缘游离呈弧形，茎在下端，附着于甲状软骨前角的内面。会厌分舌面和喉面，舌面组织疏松故感染时易肿胀。

杓状软骨又名披裂软骨，位于环状软骨板后上缘，呈三角锥形，左右各一，顶尖倾向后内方，其底部和环状软骨连接成环杓关节，它在关节面上的滑动和旋转可使声带张开或闭合。底的前角名声突，声带后端附着于此。底的外侧角名肌突，为环杓侧肌和环杓后肌附着之处，司声门的开放与关闭。

小角软骨位于杓状软骨的顶部，左右各一，有伸展杓会厌皱襞的功能。

**（二）喉的韧带与筋膜**

喉的韧带分喉外韧带和喉内韧带，喉外韧带将喉与邻近组织连接，喉内韧带将喉的各软骨连接。

**（三）喉腔**

喉腔上起喉入口，下达环状软骨下缘并接气管。由室带与声带分隔为三区（附录图1-27）。

1. **声门上区** 位于室带之上，其上口通喉咽部即喉入口，前壁为会厌软骨，两旁为杓会厌皱襞，后为杓状软骨，介于喉入口与室带之间者又称喉前庭。

2. **声门区** 位于室带与声带之间，包括室带、声带、喉室。

(1) 室带：又称假声带，左右各一，位于声带上方并与声

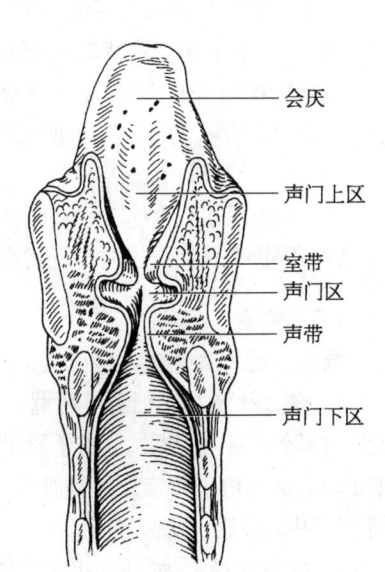

**附录图 1-27 喉腔冠状切面**

带平行,由室韧带、肌纤维及黏膜组成,呈淡红色。

(2) 声带:位于室带下方,左右各一,由声韧带、声肌及黏膜组成,在间接喉镜下呈白色带状,其游离缘薄而锐。两声带间的空隙称声门裂,简称声门。声门前端称前联合。声带张开时呈一等腰三角形,是喉腔中最狭窄部分。

(3) 喉室:位于声带与室带之间的椭圆形空隙,其前端向上外伸展成喉室小囊,内含黏液腺分泌黏液,润滑声带。

3. 声门下区　声带下缘至环状软骨缘以上的喉腔,幼儿期此区黏膜下组织结构疏松,炎症时容易发生水肿引起喉阻塞。

### (四) 喉肌

喉肌分为内、外两组。

喉外肌将喉与周围结构相连,可使喉固定或上下运动。附着于舌骨之上的有二腹肌、茎突舌骨肌、下颌舌骨肌及颏舌骨肌,此组肌肉均可使喉随舌骨上升而上提;附着于舌骨之下的胸骨舌骨肌、肩胛舌骨肌可使喉随舌骨下降而将喉拉向下。

喉内肌依其作用分成以下几组。

1. **使声门张开(声带外展)**　主要是环杓后肌,起自环状软骨板背面浅凹处,斜向外上方,止于杓状软骨肌突后面,收缩时杓状软骨的声带突向外转动,声门开大。

2. **使声门关闭(声带内收)**

(1) 环杓侧肌:起自同侧环状软骨弓两侧上缘,止于杓状软骨肌突前方。收缩时使声带突转向内而关闭声门。

(2) 杓肌:位于喉后壁,由横行和斜行的肌纤维组成杓横肌和杓斜肌,收缩时可使两侧杓状软骨互相向中线接近,使声带内收声门关闭。

3. **改变声带张力**

(1) 环甲肌:起自环状软骨弓的前外侧,斜向后上止于甲状软骨后部下缘及下角之前缘,收缩时甲状软骨和环状软骨弓接近,而甲杓肌拉长,增加声带张力,并略有声带的内收作用。

(2) 甲杓肌:起于甲状软骨背面中央部前联合,后端附于杓状软骨之声带突及声带部,收缩时牵引杓状软骨向前方移动,使声带松弛,并使声门关闭。甲杓肌和覆盖其上下的黏膜是声带的主要组成部分。发音的音调与该肌收缩的紧张度有关。

4. **会厌活动肌**

(1) 杓会厌肌:收缩时可将会厌软骨拉向后下方使喉口关闭。

(2) 甲状会厌肌:收缩时可将会厌软骨拉向前下方使喉口及喉前庭扩大。

### (五) 神经

喉的神经均为迷走神经分支。

1. **喉上神经**　在相当于舌骨大角平面处分为内、外两支,内支为感觉神经,在喉上动脉穿入甲状舌骨膜处后上方入喉,分布于声带以上区域的黏膜。在梨状窝处黏膜下该神经位置较浅,故可在此做表面麻醉。外支属运动神经,支配环甲肌。喉上神经病变时,喉黏膜感觉丧失,致发生误咽,同时环甲肌松弛致发音障碍。

2. **喉返神经**　为喉的主要运动神经,支配除环甲肌以外的喉内诸肌,亦有感觉支分布于声门下区黏膜。两侧喉返神经的径路不同,左侧径路较长,在主动脉弓前由迷走神经分出,绕主动脉弓下方,右侧喉返神经在右锁骨下动脉前方由右迷走神经分出向下、后绕此动脉,左右两侧神经然后沿气管食管间沟上行,在环甲关节的后方进入喉部。前支分布于喉内的内收肌,后支分布于喉内的外展肌。

凡在喉返神经的径路上侵犯和压迫神经的各种病变都可以引起声带麻痹,声音嘶哑。由于左侧径路较右侧长,故临床上受累机会较多。

### 三、咽喉的检查法

1. **口咽部检查** 被检查者正坐张口,安静呼吸,舌平放口底,检查者手持压舌板,把受检者舌头轻压下。压舌板的远端宜置于舌前 2/3 和舌后 1/3 交界处,过深则容易引起恶心呕吐,过浅则无法充分暴露咽部。压舌板的近端不可下压,以防将舌头压于齿上,引起疼痛。对反射敏感者,可用 1% 丁卡因或 4% 可卡因溶液喷雾 1~2 次后再检查。

注意观察口咽部形态,黏膜的色泽,扁桃体的大小,有否充血、分泌物、假膜、溃疡新生物,软腭、咽壁及前后腭弓的活动情况。若用拉钩将前腭弓向前拉开,则能更好看清扁桃体的真实情况。

2. **鼻咽部检查法** 即后鼻镜的检查法。

3. **间接喉镜检查法** 可见喉咽部及喉头部。受检查者端坐,张口,将舌伸出,检查者左手拇指和中指持纱布捏住被检查舌尖牵于口外,示指将上唇推开,环指和小指托于颏部。左手持间接喉镜,镜面在酒精灯上稍微加温后,将喉镜伸入口内,用镜背将腭垂推向后上方,镜面向前下方。左右转动镜面,便可见到舌根和会厌、喉入口、喉腔、梨状窝等。要注意的是,间接喉镜内的形象与实际喉头的前后位置,正好颠倒,而左右不变(附录图 1-28)。

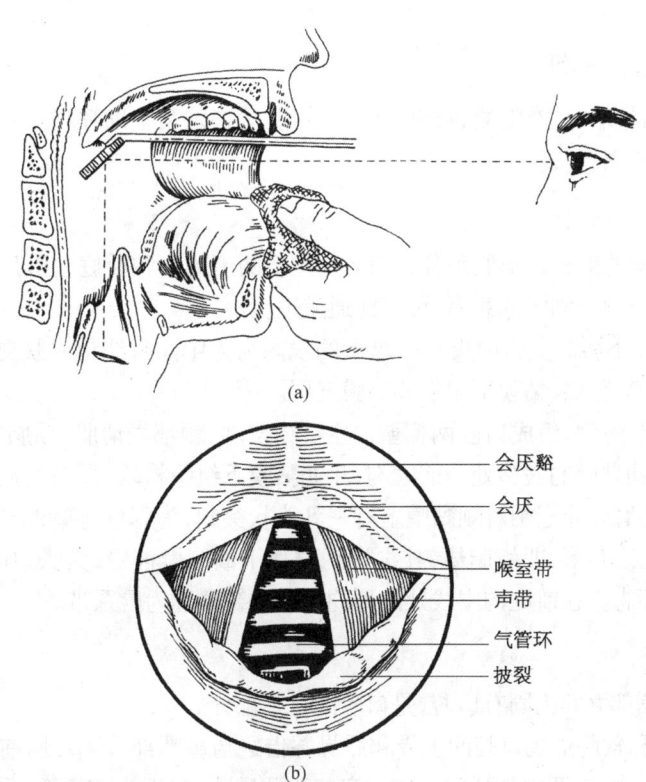

附录图 1-28 间接喉镜检查法及所见喉像

注意观察喉部形态、黏膜色泽、分泌物、溃疡、肿物、异物等。

当受检查者发出"衣——衣"的声音时,会厌即向前上方提起,可见喉正中处有两条纵行的磁白色声带互相向中线靠拢,受检查者深吸气时,声带呈人字形向两侧分开,其间成一三角裂隙,即为声门,通过声门可见气管前壁的气管环。

注意观察声带有无充血、肥厚、结节、息肉、新生物、溃疡以及声带运动的情况(声带瘫痪所在位置)等。

4. **直接喉镜检查法** 系借直接喉镜使口腔和喉腔处于一直线,以便视线可以直接到达喉部,以观察喉部的形态和病变,以及在喉内施行手术治疗。如钳取异物、息肉,取活体组织,或通过直接喉镜内插入支气管镜检查等。

5. **纤维喉镜及电子喉镜检查法** 纤维喉镜是用光导纤维制成的软性内镜,其优点是可弯曲,鼻黏膜、口咽黏膜及喉咽黏膜表麻后,纤维喉镜从鼻腔导入,通过鼻咽、口咽到达喉咽,可对鼻咽、喉咽及喉腔进行详细检查,还可进行活检、息肉摘除、异物取出等手术。

电子喉镜是近年来新发展起来的一种软性内镜,外形与纤维喉镜相似,而图像清晰度则明显提高。

6. **咽喉的影像学检查** X线、CT及MRI等影像学检查可显示鼻咽、口咽、喉咽及喉部的形态,尤其在显示咽喉部肿瘤的大小和浸润范围方面具有较大的优势。

# 口齿部的应用解剖及检查法

## 一、口腔的应用解剖

口腔是消化道的起端,具有咀嚼、味觉、消化、吞咽、语言以及辅助呼吸等功能。口腔以牙列为界,可分为口腔前庭和固有口腔。

### (一)口腔前庭

牙列与唇、颊之间的潜在蹄形腔隙称为口腔前庭。两侧的口腔前庭在最后磨牙的后方与固有口腔相通,牙关紧闭或颌间固定的患者,可经此通道进食。

1. **唇** 分上唇和下唇。上唇中央有一纵形的浅沟为人中。唇红与皮肤交界处为唇红缘。唇的结构分皮肤、浅筋膜、肌层、黏膜下组织和黏膜五层。

2. **颊** 位于面部两侧,组成口腔两侧壁。主要由皮肤、颊部表情肌、颊脂垫、颊肌和颊黏膜组成。唇、颊移行于牙槽黏膜的皱褶处即前庭沟,此处黏膜下组织松软,是口腔局部麻醉常用的穿刺部位。在与上颌第2磨牙牙冠相对颊黏膜上有一乳头状突起,为腮腺导管的开口处。口内颊部表面的黏膜形成微凸的三角形,即颊脂垫,其尖端正对翼下颌皱襞前缘,大张口时,此尖为下牙槽神经阻滞麻醉的重要标志。在前庭沟中线处扇形的黏膜小皱襞称为唇系带。

### (二)固有口腔

从牙列内侧到咽部之间为固有口腔,是口腔的主要部分。

1. **腭** 由硬腭和软腭形成口腔的上界和后界并借之与鼻咽部分隔。腭前2/3为硬腭,后1/3为软腭。硬腭前部正中,在两中切牙间后方的突起称腭乳头,其下为切牙孔,是阻滞鼻腭神经麻醉进针的标志。在距离硬腭后缘前约0.5 cm及从腭中缝至第2磨牙腭侧龈缘的外中1/3交界处,左右各有一孔,称腭大孔,是腭前神经麻醉进针的标志。软腭呈垂幔状,前与硬腭相续连,后为游离缘,后缘正中有一小舌样突起,称为腭垂。

2. 舌　舌是口腔内的重要器官,司味觉并参与搅拌食物及语言、吞咽等活动。舌前2/3称舌体,舌后1/3为舌根,两者以人字沟为界。舌上面称舌背,舌下面称舌腹。舌背黏膜表面粗糙,有许多乳头状突起,称舌乳头。其结构能适应咀嚼时舌和腭之间的相互作用及舌的伸展,受纳味觉。舌乳头分四种:丝状乳头、菌状乳头、轮廓乳头、叶状乳头。舌腹黏膜平滑,在中线形成一条黏膜皱襞,称舌系带。临床上常见舌系带过短,限制舌的活动和影响舌尖部肌肉发育而致发音不清。

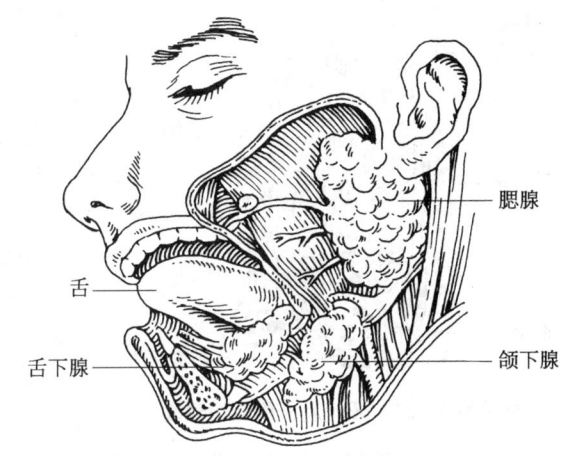

附图1-29　唾液腺解剖部位

3. 口底　口底是指舌腹以下和两侧下颌骨体之间的口腔底部。在舌腹正中可见舌系带,舌系带两旁各有一乳头状突起,称为舌下肉阜。其中有一孔为颌下腺导管开口。由于口底组织比较疏松,当外伤或感染时,可形成较大血肿、水肿或脓肿将舌推向上后,造成呼吸困难或窒息,应特别警惕。

(三) 牙齿与牙周组织

1. 牙齿的分类　人一生有两副牙齿,即乳牙及恒牙。乳牙共20个,上下左右各5个。其名称从中线起向两旁,分别为乳中切牙、乳侧切牙、乳尖牙、第1乳磨牙、第2乳磨牙,乳牙通常用罗马数字表示牙位。恒牙28～32个,上下颌的左右侧各7～8个,其名称从中线起向两旁,分别为中切牙、侧切牙、尖牙、第1双尖牙、第2双尖牙、第1磨牙、第2磨牙、第3磨牙,恒牙通常用阿拉伯数字表示牙位。

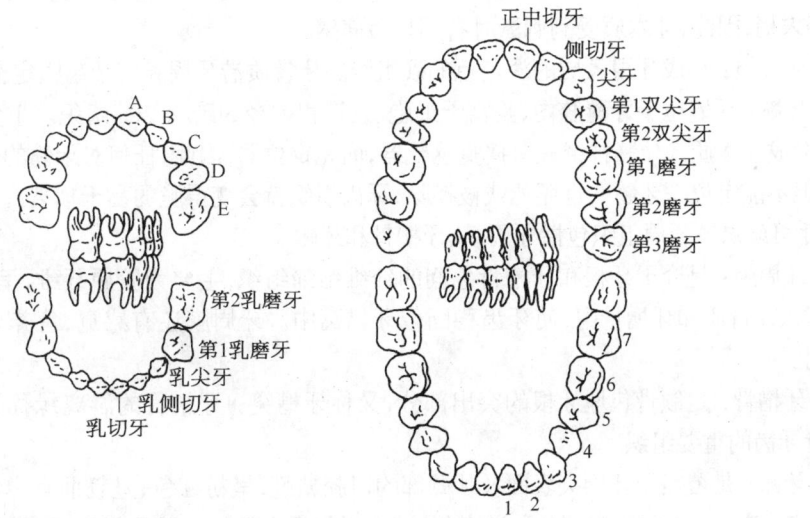

附录图1-30　乳牙和恒牙

### 2. 牙齿的解剖形态

(1) 牙齿表面各部名称：每个牙齿从外形上均可分为牙冠、牙根与牙颈三部分(附录图1-31)。牙齿暴露在口腔的部分称牙冠。牙齿埋藏在牙槽骨内的部分称牙根。牙冠和牙根交界处称牙颈。每个牙齿的牙冠有五个面(前牙为四个面、一个切缘)，称为近中面、远中面、舌(腭)面、唇(颊)面、咬合面。前牙的切缘由唇、舌面相交而成。

(2) 牙根数目：牙根的数目与形态随功能而有所不同。一般切牙、尖牙、双尖牙为单根牙，但上颌第1双尖牙多为双根牙。下颌磨牙一般为双根，上颌磨牙一般为三个根。上、下颌第3磨牙的根变异较大，亦有融合为单根者。了解牙根的数目和形态，对牙髓病的治疗和牙拔除术都有重要的临床意义。

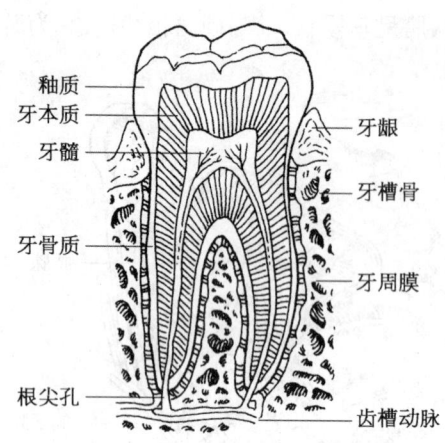

附录图1-31 牙体及牙周组织剖面

(3) 髓腔各部名称：牙齿中心的空腔称作髓腔。相当于牙冠部分的髓腔，称为髓室，髓室的形态与牙冠外形一致。髓室内与牙齿殆面相对应的壁，称为髓(室)顶。在多根牙内，髓室与根分叉相对应的壁，称髓(室)底。位于牙根内部的髓腔细长呈管状，称为根管。髓室与根管相交界处，称为根管口。在根尖部，髓腔与牙周组织相通的孔，称为根尖孔(附录图1-31)。

**3. 牙齿的功能**　切牙和尖牙位于口角前方，称为前牙；双尖牙和磨牙位于口角后方，称为后牙。切牙的功能是切断食物、发齿音。尖牙能够撕裂食物、支撑口角、保持口唇外观丰满。后牙则能捣碎和磨细食物。

**4. 牙体组织**　牙体组织包括牙釉质、牙本质、牙骨质和牙髓。前三者是钙化的硬组织；后者是软组织，居于中空的髓腔内(附录图1-31)。

(1) 牙釉质：牙釉质在牙冠部分的外层，呈乳白色，有光泽，是半透明的钙化组织。

(2) 牙本质：构成牙体的主体，呈浅黄色，硬度仅次于牙釉质。在牙本质小管内，有由牙髓分出的神经末梢，因此，牙本质受到刺激时有明显酸痛感。

(3) 牙骨质：构成牙根表层的淡黄色的硬组织。牙骨质借牙周膜将牙齿固定在牙槽窝中。

(4) 牙髓：牙髓位于牙髓腔内，是富于细胞、血管和神经的疏松结缔组织。主要功能是营养牙体组织，形成牙本质。牙髓神经只有痛觉感受器，而无定位器，因此，任何对牙髓的刺激都可引起痛觉反应，但不能定位。牙髓一旦坏死或被摘除，牙齿组织就会变得脆弱易于崩裂。

**5. 牙周组织**　牙周组织包括牙周膜、牙槽骨和牙龈。

(1) 牙周膜：是介于牙根和牙槽骨之间的纤维结缔组织，主要为胶原纤维，呈束状排列，其两端分别埋入牙骨质和牙槽骨中，使牙齿稳固于牙槽窝中。牙周膜还有感觉、营养牙齿及缓冲咬合力的作用。

(2) 牙槽骨：是颌骨包埋牙根的突出部分，又称牙槽突。牙槽骨的游离缘称为牙槽嵴。牙槽骨是支持牙齿的重要组织。

(3) 牙龈：是覆盖于牙槽突表面及牙颈部的口腔黏膜，呈粉红色，坚韧而有弹性。牙龈与牙颈部紧密相连，其边缘未附着的部分称游离龈，游离龈与牙齿间的空隙称龈沟，正常龈沟的深度不超过2 mm。两牙之间突起的牙龈称龈乳头。

## 二、口腔的检查法

口腔的检查常借助口镜、探针和镊子等器械。

口镜：用于牵引唇、颊、舌等软组织，以便于检查，同时又可利用口镜反射光线，以增加检查部位的光亮度。其次，凡直视不易看清的部分，也可以在口镜中反映出来。

探针：具有锐利的尖端，用以检查牙冠的沟裂、点隙和龋洞、牙本质的感觉状况、牙周袋的大约深度与龈下牙石以及充体物与修复物的密合程度等。

镊子：用以夹持敷料，并可用于检查牙齿松动度及叩诊牙龈。

口腔的一般检查包括如下几个方面。

### (一) 望诊

1. **颌面部** 发育与对称情况，有无肿胀或包块，颞下颌关节的功能状态等。
2. **牙齿** 牙的排列及𬌗关系、数目、形态、颜色、龋洞、残根、残冠等情况。
3. **牙龈** 牙龈的形态(包括肿胀、脓肿与萎缩)、颜色、牙石、溢脓等。
4. **黏膜** 注意有无肿胀、糜烂、溃疡或色素沉着等。

### (二) 探诊

1. **龋齿** 探查龋洞的部位和深浅。
2. **牙周** 可检查牙周袋的大约深度和位置、龈下牙石的数量和分布面。
3. **窦道** 探查窦道的方向和深度。

### (三) 叩诊

用镊子或口镜柄的末端，轻轻叩击患牙的牙冠，注意有无叩击痛及叩痛的程度。

### (四) 牙松动度检查法

用镊子夹住牙齿，轻轻摇动，以观察牙齿的松动程度。

除此，尚有嗅诊、扪诊、咬诊及 X 线检查法等多种。如病情需要，还可做其他一些特殊的检查。

# 附录二  耳鼻咽喉科常用治疗方法

## 耳科常用治疗方法

### 一、鼓膜穿刺术

1. **适应证** 用于诊断鼓室内有无积液以及治疗分泌性中耳炎。清除中耳积液，改善咽鼓管通气引流功能，或向鼓室内注药(附录图 2-1)。

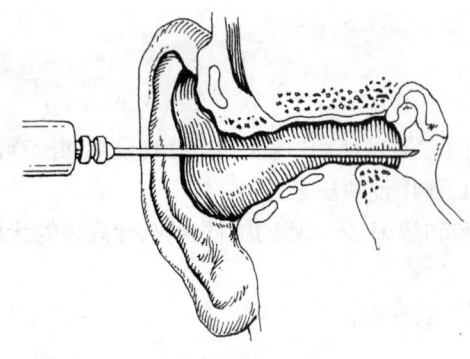

附录图 2-1 鼓膜穿刺术

2. **操作** 坐位。清洁、消毒耳周及外耳道皮肤,成人取鼓膜表面麻醉,以针尖斜面较短的 7 号针头,在无菌操作下,从鼓膜前下方刺入鼓室(穿刺点避免过高而损伤听小骨,一般深度不超过 1 mm,避免过深而损伤鼓室内壁黏膜);抽除中耳积液。必要时可以重复穿刺,亦可在抽液后注入治疗药物。

## 二、鼓膜切开术

1. **适应证** 分泌性中耳炎鼓室积液黏稠,鼓膜穿刺不能吸出;化脓性中耳炎鼓室内积脓,鼓膜膨隆,经治疗无效,或穿孔太小,引流不畅;或小儿不合作,局麻下无法作鼓膜穿刺时,应做鼓膜切开术。

2. **操作** 常规消毒耳周及外耳道皮肤,鼓膜表面麻醉,即以丁卡因、薄荷油、纯苯酚等量混合液涂于鼓膜表面,15 min 后即可施术。用鼓膜切开刀于鼓膜前下象限处,距鼓膜缘 2 mm 处做一约为鼓膜周长 1/3 的弧形切口,或放射状切口,并以细长吸引管吸取鼓室积液。切开时刀尖不宜刺入太深,以免损伤鼓室内壁黏膜;选择在鼓膜的前下象限切开,可避免损伤圆窗膜和听骨链,又能使鼓室积液得到充分的引流(附录图 2-2)。

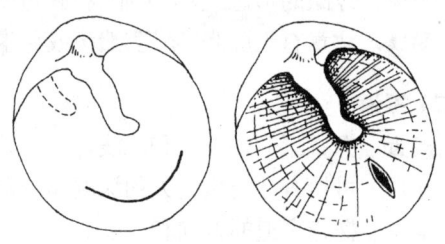

附录图 2-2 鼓膜切开术

## 三、咽鼓管吹张法

1. **适应证** 用于检查咽鼓管的通畅度及治疗咽鼓管闭塞而致的分泌性中耳炎。本法是使空气经咽鼓管进入鼓室,调节鼓室内气压,并排除其渗出物;亦能分开鼓室腔的粘连,改善听力。具体可采用捏鼻鼓气法、波氏球法或金属导管法。

2. **禁忌证** 有上呼吸道急性感染,鼻咽部有脓液未清除,鼻咽部有溃疡、肿瘤等,忌用此法。

3. **捏鼻鼓气法** 将一听诊管分别插入患者和医师的外耳道口,嘱患者用拇指和示指捏住两鼻翼,紧闭嘴,使前鼻孔和口腔均不出气(附录图 2-3a),然后用力呼气,使呼出的气体沿两侧咽鼓管

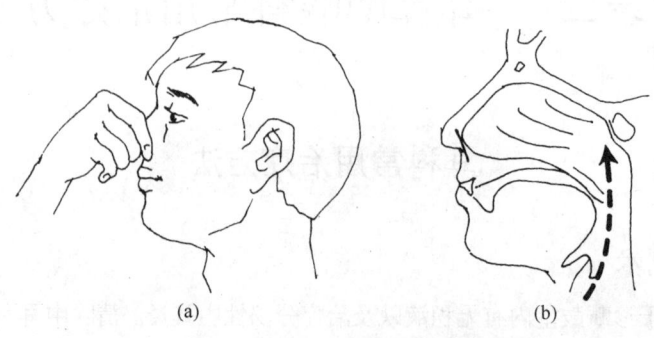

(a)　　　　　　　(b)

附录图 2-3 咽鼓管吹张捏鼻鼓气法

进入鼓室(附录图 2-3b)。医师可通过听诊管听到鼓膜振动声,同时可观察到鼓膜向外运动,患者自己也能感受到鼓膜向外运动的振动声。但咽鼓管阻塞症状较重者则不出现上述情形。

4. 波氏球法　波氏球是一种用于咽鼓管吹张的器具,由橄榄头、导管和鼓气球三部分组成。操作时嘱受试者含水一口,检查者将鼓气球前端的橄榄头塞于受试者一侧前鼻孔(附录图 2-4a),并压紧对侧前鼻孔。受试者吞咽水瞬间软腭上举、鼻咽腔关闭、咽鼓管开放,检查者迅速挤压鼓气球,将气流压入咽鼓管达鼓室(附录图 2-4b),检查者从听诊管内可听到鼓膜振动声,或可观察鼓膜的活动情况。

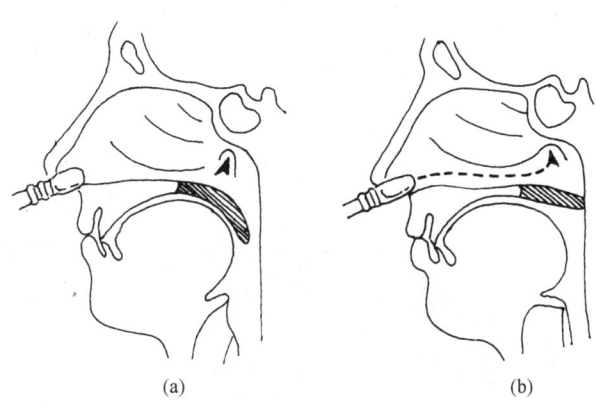

附录图 2-4　咽鼓管吹张波氏球法

5. 金属导管法　清除鼻腔分泌物,用 1% 麻黄素和 1% 丁卡因收缩、麻醉鼻腔黏膜。将咽鼓管吹张导管插入咽鼓管咽口。咽鼓管金属导管前端弯曲,末端开口较大,呈喇叭状,末端开口外方有一小环,位置恰与前端方向相反,可借以判断前端的方向。操作时将管径大小适合的咽鼓管导管弯端向下,从患耳同侧总鼻道沿鼻底向后轻轻放入,直至鼻咽后壁(附录图 2-5a),再向同侧外转 90°(附录图 2-5b),边外转边前拉,当管端滑过咽鼓管隆突进入咽鼓管咽口时有落空感(附录图 2-5c),此时再将导管向外上方轻转约 40°;亦可在鼻内镜明视下,置入咽鼓管导管,然后固定之。管头进入咽鼓管咽口后,用左手固定导管,右手持吹张球,接于管尾吹气,此时患者自己可感到有空气进入耳内。吹气用力要适当,避免压力过大导致鼓膜穿孔。吹张毕,持导管慢慢退出鼻腔(附录图 2-5)。

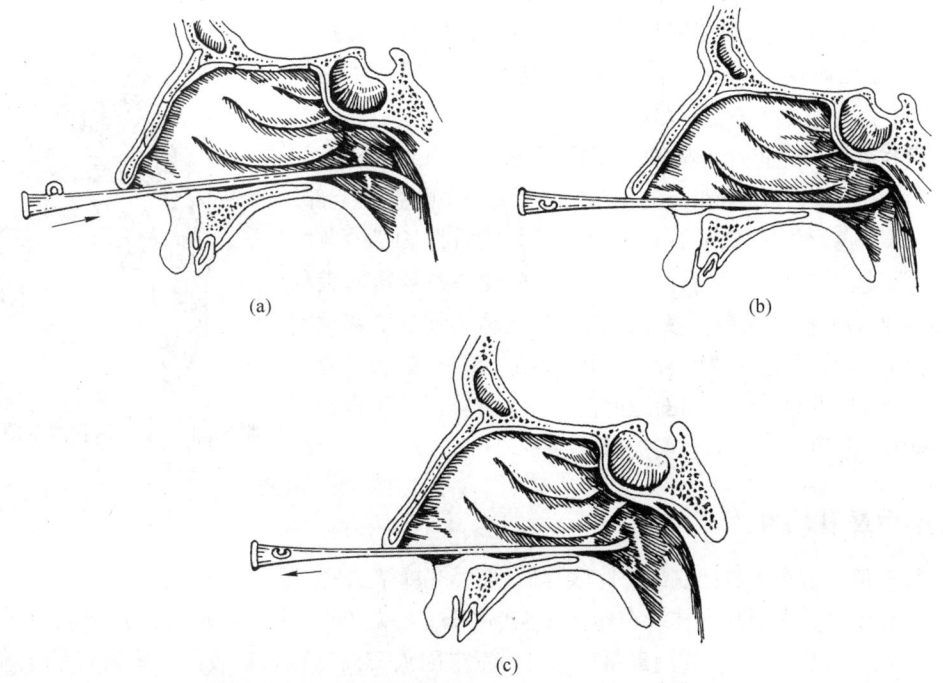

附录图 2-5　咽鼓管吹张金属导管法

# 鼻科常用治疗方法

## 一、下鼻甲注射法

1. **适应证**  本法适用于下鼻甲肥大,对减充血剂不敏感者。下鼻甲注射药物后,促使黏膜下产生瘢痕组织,减轻肿胀,改善鼻腔通气情况。近年有学者用此法治疗变应性鼻炎。

2. **操作方法**  先用蘸有1%丁卡因溶液的棉片,置于双下鼻甲表面作表麻后,用细腰椎穿刺针,由前端刺入黏膜下沿与下鼻甲游离缘平行方向直达后端。注意不能穿破后端黏膜,然后边注射边退针。每侧下鼻甲可注射药液1~2 ml,常用药物有5%石炭酸甘油、50%葡萄糖溶液、20%磺胺嘧啶溶液、5%鱼肝油酸钠等,药物注射宜均匀,不要堆积于一处。注射后局部塞一棉球止血,15~30 min后可取出棉球(附录图2-6)。

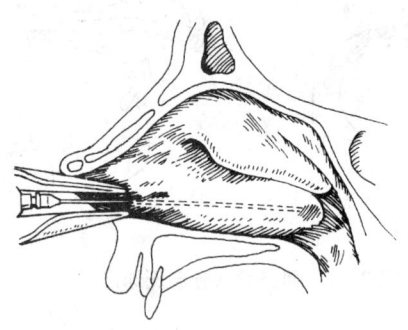

附录图2-6  下鼻甲黏膜下注射法

## 二、前鼻孔填塞止血法

1. **适应证**  鼻腔微填塞适用于出血部位明确的鼻出血。止血材料种类较多,如有不可吸收的膨胀海绵和可吸收性材料明胶止血海绵等。在海绵上涂敷凝血酶粉、三七粉或云南白药有加强止血的作用。治疗时将海绵置于出血点处,必要时辅以小块凡士林油纱条以加大压力。膨胀海绵的优点是填塞后海绵膨胀,压力大,有利于止血,但血止住后要把海绵取出。明胶止血海绵的优点是可被组织吸收,避免因取出填塞物造成鼻黏膜的再出血。鼻腔纱条填塞适用于出血较剧,且出血部位尚不明确,或鼻腔手术毕压迫止血以及经上述止血方法治疗无效者。

2. **操作方法**  先将凡士林纱条双重折叠约10 cm,将其折叠端置于鼻腔后上部,然后将双叠的纱条分开,短端平贴鼻腔上部,长端平贴鼻腔底,形成一向外开放的"口袋"。然后将长端纱条填入"口袋"深处,自上而下、从后向前进行填塞,使纱条紧紧填满鼻腔(附录图2-7),剪去前鼻孔多余纱条。凡士林油纱条填塞时间一般1~2日,如必须延长填塞时间,须辅以抗生素抗感染,一般不宜超过3~5日,否则易引起局部压迫性坏死和感染。抗生素油膏纱条和碘仿纱条填塞则可适当增加留置时间。

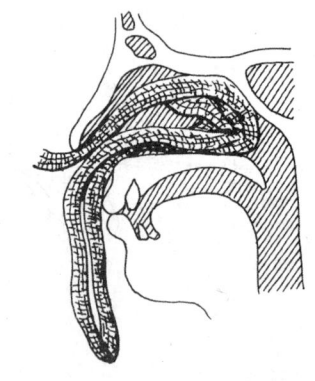

附录图2-7  鼻腔纱条填塞法

## 三、后鼻孔填塞术

1. **适应证**  适用于鼻出血部位比较靠后,前鼻孔填塞法处理无效者。

2. **操作方法**  先用凡士林纱布卷扎成锥形纱球,大端直径比后鼻孔略大,约2 cm,纱球尖端系粗丝线2根,纱球底部系1根(消毒备用)。1%丁卡因液、2%麻黄碱液收缩和麻醉鼻腔黏膜,咽部亦用1%丁卡因液做表面麻醉。用小号导尿管头端于出血侧前鼻孔插入鼻腔直至口咽部,用海绵钳将导尿管头端引出口外,另一端仍留在前鼻孔外(附录图2-8a),将纱球尖端丝线缚于导尿管头端(附录图2-8b)。由前鼻孔拉出导尿管,并借中指或海绵钳帮助,将纱布球送进口腔超过软腭,进入后鼻孔部(附录图2-8c),拉紧前鼻孔的线头,再用凡士林纱条行前鼻孔填塞(附录图2-8d)。然后将线头系在纱布卷上,固定于面颊部(附录图2-8e)。纱球底部之丝线可从软腭以下剪断。

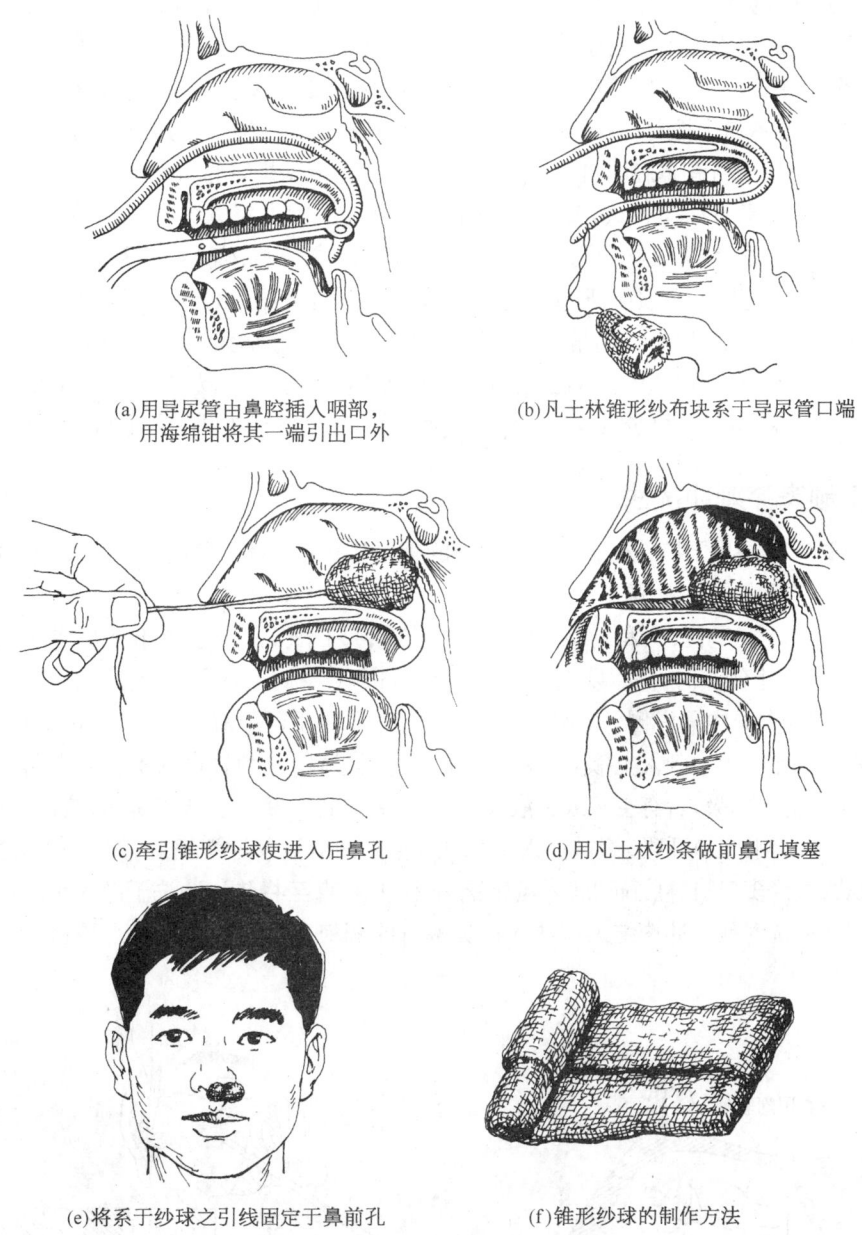

(a)用导尿管由鼻腔插入咽部,用海绵钳将其一端引出口外

(b)凡士林锥形纱布块系于导尿管口端

(c)牵引锥形纱球使进入后鼻孔

(d)用凡士林纱条做前鼻孔填塞

(e)将系于纱球之引线固定于鼻前孔

(f)锥形纱球的制作方法

附录图2-8 后鼻孔填塞止血法

**3. 取出纱条方法** 一般填塞后48 h取出。如有必要久置,在严格控制感染的情况下,也不应超过5~6日。先撤除鼻腔内填塞,再用血管钳夹紧留置口腔的丝线,轻轻拉动,稍等3~5 min,观察有否再出血的可能,如无出血,则用止血钳夹住纱球底部的丝线将纱球经口迅速拉出。

### 四、鼻腔止血气(水)囊填塞法

1. **鼻腔止血气(水)囊填塞法** 是近年应用较多的鼻腔止血新方法,鼻腔止血气囊主要由气囊、鼻塞和单向气阀组成。鼻腔止血气囊外形与鼻腔解剖相适应,充气后,呈鼻腔气道立体结构,膨胀后,气囊与后孔及鼻腔各壁充分接触压迫止血,鼻塞呈球形镶嵌在鼻前庭部,充分固定气囊防止其向口咽滑动,促进气囊上下左右壁同鼻腔各壁贴合,达到压迫出血部位的目的。其优点是能迅速、有效、安全地保证止血,操作简单,不受场地和专业水平限制,易安放,易摘取;对患者损伤小,痛苦小,护理简单,患者易于接受;且气囊同鼻腔黏膜没有粘连,不会造成取出气囊后黏膜渗血或再出血的并发症,适用于所有鼻腔出血的治疗,特别适合有血液病患者的治疗。

2. **操作方法** 患者取坐位或仰卧位,用注射器对准气阀先将气囊内气体吸出缩小囊体,用0.9%氯化钠溶液冲洗囊体,使其滑润,用枪状镊子将囊体置入鼻腔,确定好气囊的上下位置关系,下边置于鼻腔底部,上边置于鼻顶部,鼻塞固定在鼻前庭部,用注射器对准气阀向囊体内推进气体10~30 ml,一次充气量平均为18 ml。通常在8 ml时患者有涨感,逐渐加大气体量直到充分止血。8 h后放气观察,如止血有效,留置2日后取出气囊(以备期间再次出血)。如无效,再充气8 h,放气后再观察,处置同前。如头痛剧烈,可少量放气,直至撤除气囊,气囊留置鼻腔内时间不应超过72 h。

### 五、上颌窦穿刺冲洗法

1. **适应证** 本法用于慢性化脓性上颌窦炎的辅助诊断及治疗。急性上颌窦炎经药物治疗,脓液仍多者,也可应用。

2. **操作方法** 取坐位,头稍前倾;收缩鼻腔黏膜;1%丁卡因棉条置于下鼻道表面麻醉5~10 min。穿刺右侧上颌窦时,医生以左手固定患者头部,右手拇指、示指和中指持针,掌心顶住针之尾端,针头斜面朝向鼻中隔一侧,经前鼻孔伸入下鼻道,于距下鼻甲前端1~1.5 cm下鼻甲附着处,向同侧耳郭上缘方向用力刺入上颌窦内侧壁,不可用力过猛,穿刺针进入窦腔后有落空感。然后拔出针芯,用注射器抽吸,若有空气或脓液吸出,证明针已进入窦内。拔出针芯,接冲洗管,嘱患者头向前倾,偏向健侧,张口呼吸,徐徐注入温0.9%氯化钠溶液以冲洗窦腔,颌下以小盆盛接冲出液。窦内积脓可经窦口自鼻腔随0.9%氯化钠溶液冲出,直至将脓液冲洗干净为止。如为双侧上颌窦炎可同法冲洗对侧。冲洗结束可注入抗炎解毒的药液,拔出穿刺针,棉片压迫穿刺部位止血(附录图2-9)。

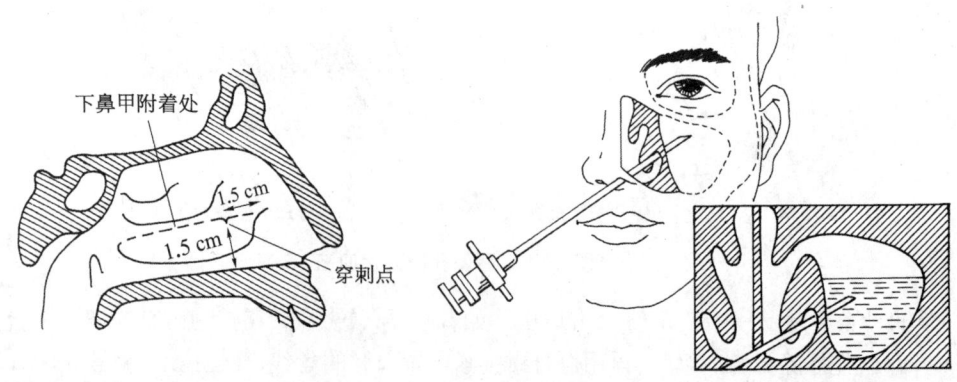

附录图2-9 上颌窦穿刺冲洗法

3. **注意事项** 如冲洗时遇有阻力,立即检查原因。如患者发生晕针现象,要即停止穿刺,拔出针后,让患者平卧休息及做其他必要处理。每次冲洗应记录脓液之性质(黏脓、脓性、蛋花样或米汤样)、颜色、臭味和脓量。

## 咽喉科常用治疗方法

### 咽部脓肿穿刺、切开排脓术

#### 1. 扁桃体周围脓肿穿刺、切开排脓术

(1) 穿刺抽脓:患者取坐位,用压舌板压下舌前2/3,暴露穿刺部位,在欲穿刺的部位用1%丁卡因表面麻醉。咽反射过于敏感影响检查,可适当增加1%丁卡因用量,以减轻咽反射。在脓肿最隆起的部位用连接20~50 ml注射器的粗针头刺入脓腔,有落空感后,即可抽出脓液。穿刺应注意方位,不可刺入太深,以防损伤咽旁隙的大血管。若脓液过于黏稠以致抽出困难者,可行切开排脓。

(2) 切开排脓:切开部位有不同:① 前上型者,可在穿刺获脓处,或选择最隆起和最软化处切开;也可按常规定位从腭垂根部做一假想水平线,从腭舌弓游离缘下端(与舌根交接处)做一假想垂直线,二线交点稍外即为切口处(附录图2-10)。用1%丁卡因溶液涂于切口周围。切开时刀尖刺入深度不宜超过1 cm,以免损伤大血管。切开黏膜及浅层组织后,用长弯钳向后外方顺肌纤维走向逐层分离软组织,直达脓腔排脓,将切口扩大至脓排尽为止。② 后上型者,其部位在扁桃体上极与咽腭弓之间。用12~16号针头进行穿刺抽脓,抽得脓液后按上法切开。次日复查,必要时可再次撑开排脓。

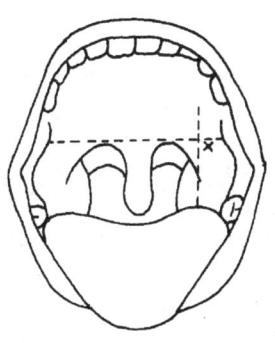

附录图2-10 扁桃体周脓肿切开部位

#### 2. 咽后脓肿穿刺抽脓术

(1) 适应证:通过穿刺抽脓以治疗咽后壁脓肿。

(2) 操作方法:患者取仰卧垂头位,婴幼儿不用任何麻醉,儿童和成人用1%丁卡因喷咽部数次;用压舌板压下舌前2/3,暴露穿刺部位,在脓肿最隆起的部位用连接注射器的粗针头刺入脓腔,有落空感后慢抽出脓液。

#### 3. 咽后脓肿切开抽脓术

(1) 适应证:适用于急性型咽后脓肿。

(2) 操作方法:急性型咽后脓肿一经确诊,应及早施行切开排脓。取仰卧低头位,用直接喉镜或麻醉喉镜将舌根压向口底。暴露口咽后壁,看清脓肿部位后,以长粗穿刺针抽脓。然后把长柄尖刀(先用胶布或细纱条将刀片缠好,仅露出1 cm左右长的刀尖)、在脓肿最隆起处和最低部做一纵形切口(附录图2-11),并用长血管钳撑开切口,吸尽脓液;若切开时脓液大量涌出来不及抽吸,应将患者转身俯卧,吐出脓液;必要时,须行气管切开术。

术后需使用足量广谱抗生素控制感染。引流不畅者应每日撑开切口排脓,排尽脓液,直至痊愈。基层设备条件所限的医院,可采用反复穿刺抽脓治疗,有些病例也能痊愈。

结核性咽后脓肿结合抗结核治疗,经口腔达咽后脓肿处穿刺抽脓,脓腔内注入链霉素液,但不可在咽部切开。

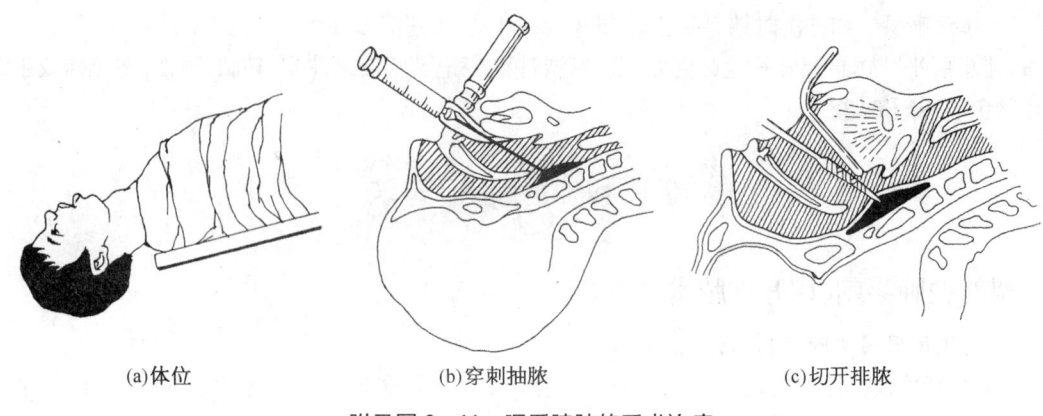

附录图 2-11　咽后脓肿的手术治疗
(a)体位　　(b)穿刺抽脓　　(c)切开排脓

# 附录三　内镜检查的原理及操作

内镜是用来直接观察人体器官内部腔体的装置。

## 一、内镜的分类、结构和原理

内镜按其发展和成像构造分为硬管式内镜、光学纤维内镜和电子内镜三大类。按应用部位和功能分为鼻内镜、咽喉镜、耳内镜、食管镜、气管支气管镜等。内镜视野清晰,检测无损,被广泛应用于耳鼻咽喉临床疾病的诊断和治疗。

1. **普通硬管镜**　硬管有不同长度和直径,如喉镜、支撑喉镜、食管镜等(附录图 3-1)。

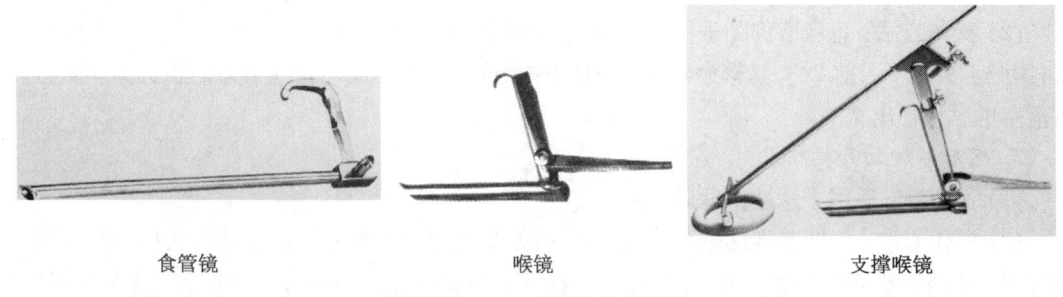

食管镜　　　　　喉镜　　　　　支撑喉镜

附录图 3-1　普通硬管镜

2. **纤维内镜**　是一种利用纤维光学、精密机械及电子技术结合而成的新型光学仪器。整套纤维镜包括冷光源、纤维镜和电视系统监视器(另配)。进入腔体的镜管部分有软性(如咽喉内镜)和硬性(如鼻内镜)两种,管内均由传光照明、传像和治疗操作三部分组成。

(1) 鼻咽喉纤维镜:鼻咽喉纤维镜由先端部、软管部(包括弯曲部和插入部)、操作部、导光软管、导光连接部和目镜构成。其先端部视角为直向 0°,通过控制部可使弯曲部曲向前后方向。软管部装有导光束、导像束、水气管道、活检管道(兼吸引管道)和牵引钢丝,外包不锈钢带软管及金属网管,最外层为光滑的塑料套管。

成像原理:光导纤维具有传光、传像和柔软弯曲的性能。利用光导纤维的传光和传像原理,将冷光源的光传入导光束,经内镜先端部的透镜系统照射于检查部位,照射到检查部位的光被反射,形成成像光线。成像光线再反射经成像物镜、导像束,便能在目镜上观察到被检查部位的图像。

(2) 鼻窦镜(耳内镜):鼻窦镜(耳内镜)与鼻咽喉纤维镜构成相同,只是镜体软管部改为光学硬管(附录图3-2、附录图3-3),其照明部分采用冷光源连接光导纤维(导光束)穿入镜内的方法(附录图3-4)。传像部分由物镜、中继系统、目镜组成。一套纤维鼻(耳内镜)的光学硬管先端部有不同的视角,一般常用的视角有直向 0°、偏向 30°、斜向 70°、侧向 90°和倒向 120°等(附录图3-5),有利于观察深邃和隐匿部位。

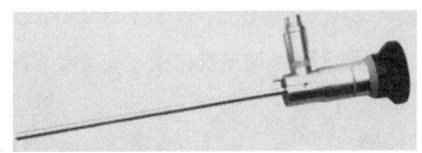

附录图3-2 耳内镜

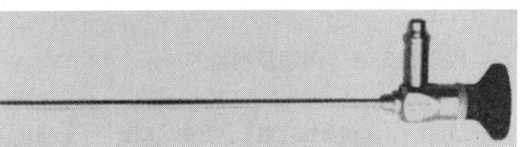

附录图3-3 鼻窦内镜

纤维内镜的优点:镜体较软,患者痛苦小;检查时间短,视野较广,可仔细观察腔内隐匿部位的病变;操作简单安全;可将检查结果录像。

3. 电子内镜 电子内镜的传光照明部分及在检测部位形成"成像光线"的过程,与纤维内窥镜相同,区别在于摄像传像部分。其用电子摄像取代了纤维内镜的光学摄像,用导线传导电信号代替导像束传导图像信号,再经图像处理中心处理转换成视频信号(附录图3-4)。

成像原理:电子内镜镜身前端装备有微型图像传感器(charge coupled device,CCD),CCD 像微型摄像机一样,将接收到的成像光线转换成电信号,经处理后,传输到电视监视器中,在屏幕上显示出受检部位的彩色黏膜图像。电子内镜图像分辨能力更高,可以发现微小病变。

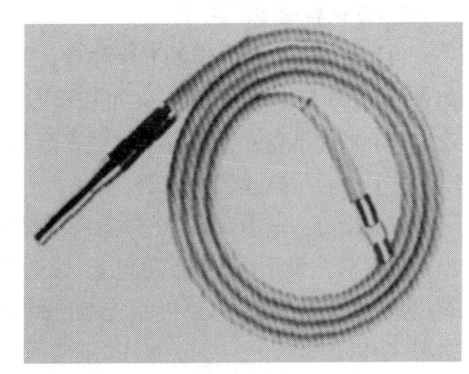

附录图3-4 导光束

## 二、内镜检查的操作

### 1. 鼻咽喉纤维(电子镜检查)

(1) 适应证:间接喉镜检查喉咽、喉部有困难者,如咽部极度敏感,上切牙突出,舌体过高等。

(2) 禁忌证:上呼吸道急性炎症伴有呼吸困难者,心肺有严重病变者。

(3) 麻醉:用 0.5%~1%丁卡因做鼻腔、咽部及喉部喷雾 3~4 次,声门滴入 1~2 次,丁卡因总量不超过 60 mg。

(4) 检查方法:患者取坐位,精神紧张和衰弱的患者亦可采取仰卧位。术者左手握持镜体,拇指控制方向钮,直视下从鼻腔或口腔插入镜体,镜体末端向下弯曲,可见会厌或声门的远景像。继续推进镜体达会厌缘,以末端弯曲部向前推动会厌,达喉前庭,向前可窥视前连合,超越声门可见声门下区,仔细观察黏膜病变,有无新生物及声带活动情况等。如有新生物,可在检查的同时予以摘除(附录图3-5~附录图3-8)。

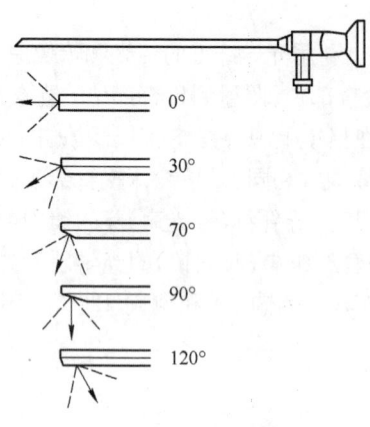

附录图3-5　内镜及视角

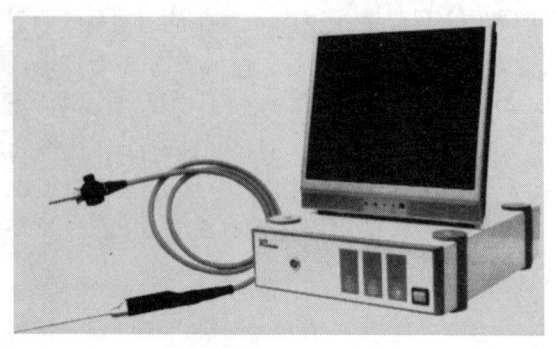

附录图3-6　电子鼻内镜

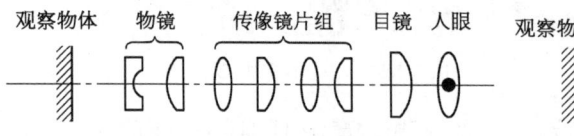

附录图3-7　光学硬管镜工作原理示意图

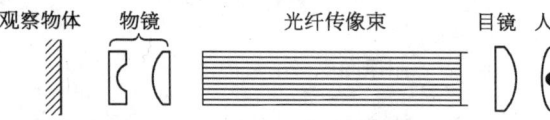

附录图3-8　鼻咽喉纤维内镜工作原理示意图

2. 鼻内镜检查

(1) 适应证：鼻内镜的光学硬管先端部有不同的视角，可完成鼻腔各部位特别是隐匿部位的检查，可发现鼻出血的部位，还可在鼻内镜引导下取活体组织行病理检查。

(2) 术前准备：患者取坐位或平卧位，先用1%麻黄素、0.9%氯化钠溶液棉片收缩鼻黏膜，再以1%丁卡因行黏膜表面麻醉。

(3) 检查：先用0°或30°鼻内镜沿鼻底进入，自前向后检查下鼻甲、下鼻道、后鼻孔、鼻咽部；退出镜体至鼻内孔后，镜体方向向上，检查鼻丘、中鼻甲、嗅裂。再用45°鼻内镜重点检查中鼻道、嗅裂、鼻咽侧壁及顶壁等，当内镜先端部到中鼻甲后端时，镜面外转可观察蝶筛隐窝、蝶窦开口和后组鼻窦开口。

(4) 注意事项：① 检查前鼻黏膜要充分麻醉。② 检查时要注意有孔才能入，切忌动作粗暴，损伤鼻黏膜出血，影响检查。③ 检查时要注意鼻腔黏膜的色泽、有无出血点、鼻甲的大小形态、鼻道窦口复合体有无堵塞、嗅裂是否过紧、中隔是否偏曲、鼻腔及鼻咽部有无新生物等。

# 附　方

## A

安宫牛黄丸(《温病条辨》)：牛黄　郁金　犀角　黄连　朱砂　栀子　雄黄　黄芩　珍珠　冰片　麝香　金箔衣

安肾丸(《太平惠民和剂局方》)：肉桂　川乌　桃仁　白蒺藜　巴戟天　淮山药　茯苓　肉苁蓉　石斛　萆薢　白术　补骨脂

## B

八珍汤(《正体类要》)：川芎　当归　熟地　白芍　党参　白术　甘草　茯苓

百合固金汤(《慎斋遗书》)：百合　生地　熟地　当归　芍药　贝母　麦冬　桔梗　玄参　甘草

半夏白术天麻汤(《医学心悟》)：半夏　白术　天麻　茯苓　橘红　甘草　生姜　大枣

半夏厚朴汤(《金匮要略》)：半夏　厚朴　茯苓　生姜　苏叶

抱龙丸(《万氏秘斋片玉心书》)：天竺黄　胆南星　人参(去须芦)　辰砂　雄黄　珍珠　琥珀　沉香　檀香　木香　麝香　甘草膏

贝母瓜蒌散(《医学心悟》)：贝母　瓜蒌　花粉　茯苓　橘红　桔梗

萆薢渗湿汤(《疡科心得集》)：萆薢　薏苡仁　黄柏　赤茯苓　牡丹皮　泽泻　滑石　通草　淡竹叶　芦根

碧云散(《医宗金鉴》)：川芎　鹅不食草　细辛　辛夷　青黛

冰硼散(《外科正宗》)：玄明粉　朱砂　硼砂　冰片

薄荷连翘方(《中医耳鼻咽喉科学》)：金银花　连翘　绿豆衣　牛蒡子　鲜竹叶　知母　生地

补肺汤(《三因极一病证方论》)：款冬花　桂心　桑白皮　人参　紫菀　白石英　五味子　钟乳粉　麦冬

补阳还五汤(《医林改错》)：黄芪　当归尾　川芎　赤芍　桃仁　红花　地龙

补中益气汤(《脾胃论》)：黄芪　人参　白术　炙甘草　当归　橘皮　升麻　柴胡

## C

擦牙固齿散(《中药成药制剂手册》)：花椒　细辛　白芷　川芎　青盐　食盐　生石膏

苍耳子散(《重订严氏济生方》)：辛夷　苍耳子　白芷　薄荷叶

柴胡疏肝散(《景岳全书》)：柴胡　陈皮　川芎　香附　枳壳　芍药　炙甘草

除瘟化毒汤(《白喉治法抉微》)：桑叶　葛根　薄荷　川贝母　甘草　木通　竹叶　银花　瓜蒌皮　土牛膝

川芎茶调散(《太平惠民和剂局方》)：川芎　荆芥　白芷　羌活　甘草　细辛　防风　薄荷

川芎散(《景岳全书》)：川芎　藁本　细辛　白芷　羌活　炙甘草　苍术　生姜　葱白

穿粉散(《医宗金鉴》)：轻粉(研隔纸微炒)　穿山甲(炙)　黄丹(水飞过)

葱豉汤(《肘后方》)：葱白　淡豆豉

## D

丹栀逍遥散(《内科摘要》)：柴胡　白芍　茯苓　当归　白术　甘草　生姜　薄荷　牡丹皮　栀子

当归补血汤(《内外伤辨惑论》)：黄芪　当归

当归龙荟丸(《丹溪心法》)：当归　芦荟　木香　麝香　龙胆草　青黛　黄芩　黄连　黄柏　栀子　大黄

导赤散(《小儿药证直诀》)：生地　木通　生甘草梢

导痰汤(《重订严氏济生方》)：半夏　天南星　橘红　枳实　赤茯苓　甘草

地黄饮(《医宗金鉴》)：生地 熟地 首乌 当归 丹皮 玄参 白蒺藜 僵蚕 红花 甘草

调味承气汤(《伤寒论》)：大黄 芒硝 甘草

东垣清胃散(《明医杂著》)：黄连 生地 熟地 牡丹皮 升麻 砂仁 香附

独参汤(《十药神书》)：人参

## E

耳聋左慈丸(《重订广温热论》)：熟地 淮山药 山萸肉 牡丹皮 泽泻 茯苓 五味子 磁石 石菖蒲

二陈汤(《太平惠民和剂局方》)：半夏 橘红 白茯苓 甘草

二辛煎(《外科证治全书》)：北细辛 石膏

## F

蜂房汤(《圣济总录》)：蜂房 淡豆豉 蜀椒

茯苓汤(《万病验方》)：土茯苓 桔梗 防风 乳香 没药

附子理中丸(《阎氏小儿方论》)：附子 党参 白术 干姜 甘草

复元活血汤(《医学发明》)：柴胡 天花粉 当归 红花 生甘草 炮山甲 大黄 桃仁

## G

甘露消毒丹(《医效秘传》)：滑石 茵陈 黄芩 石菖蒲 川贝母 木通 藿香 射干 连翘 薄荷 白豆蔻

甘露饮(《阎氏小儿方论》)：生地 熟地 茵陈 枳壳 黄芩 枇杷叶 生甘草 石斛 天冬 麦冬

归脾汤(《济生方》)：人参 炒白术 黄芪 茯神 龙眼肉 当归 远志 炒酸枣仁 木香 炙甘草 生姜 大枣

## H

和荣散坚丸(《医宗金鉴》)：川芎 白芍 当归 茯苓 熟地 陈皮 桔梗 香附 白术 人参 甘草 海粉 昆布 贝母 升麻 红花 夏枯草

黑锡丹(《太平惠民和剂局方》)：沉香 附子 胡芦巴 阳起石 茴香 补骨脂 肉豆蔻 川楝子 木香 肉桂 黑锡 硫黄

喉风散(验方)：珍珠 人工牛黄 冰片 黄连 山豆根 青黛 人中白(煅) 寒水石 甘草

喉科六味汤(《喉科秘旨》)：桔梗 甘草 荆芥 防风 僵蚕 薄荷

护牙膏(《增补万病回春》)：防风 独活 槐枝 当归 川芎 白芷 细辛 藁本 麻油 白蜡 铅粉 黄蜡 乳香 没药 龙骨 白石脂 石膏 麝香

化毒丸(《医宗金鉴》)：生大黄 穿山甲 当归 白僵蚕 蜈蚣

黄连阿胶鸡子黄汤(《通俗伤寒论》)：黄芩 黄连 阿胶 芍药 鸡子黄

黄连膏(《医宗金鉴》)：黄连 当归尾 黄柏 生地 姜黄 麻油 黄蜡

黄连解毒汤(《外台秘要》引《崔氏方》)：黄连 黄柏 黄芩 山栀子

黄芩汤(《伤寒论》)：黄芩 芍药 甘草 大枣

会厌逐瘀汤(《医林改错》)：桃仁 红花 甘草 桔梗 生地 当归 玄参 柴胡 枳壳 赤芍

## J

加味导赤散(《中医耳鼻喉科学》)：生地 木通 淡竹叶 甘草 黄连 黄芩 金银花 连翘 牛蒡子 玄参 桔梗 薄荷

加味二陈汤(《医统》)：半夏 陈皮 茯苓 胆南星 椿根皮 车前仁 银杏 黄柏 甘草

加味升麻葛根汤(经验方)：葛根 黄芩 桑白皮 地骨皮 麦冬 赤芍 路路通 生地 升麻 木通 甘草

加味四苓散(《中医耳鼻喉科学》)：茯苓 猪苓 泽泻 白术 厚朴 陈皮

姜柏散(《医宗金鉴》)：干姜 黄柏

结毒紫金丹(《外科正宗》)：龟甲 石决明 朱砂

解毒天浆散(《外科正宗》)：天花粉 防风 防己 皂角刺 白鲜皮 连翘 川芎 当归 南藤 木瓜 金银花 蝉蜕 薏苡仁 甘草 土茯苓

金蟾脱甲酒(《外科正宗》)：大蛤蟆 白酒

金匮肾气丸(《金匮要略》)：干地黄 薯蓣 山茱萸 泽泻 茯苓 牡丹皮 桂枝 附子

荆防败毒散(《摄生众妙方》)：羌活 独活 柴胡 前胡 枳壳 茯苓 荆芥 防风 桔梗 川芎 甘草

九味羌活汤(《此事难知》)：羌活 防风 苍术 细辛 川芎 白芷 生地 黄芩 甘草

九一丹(《药蔹启秘》)：熟石膏 红升丹

## L

连理汤(《张氏医通》)：白术 人参 茯苓 黄连

干姜　炙甘草

凉膈散（《外科正宗》）：大黄　芒硝　甘草　栀子　薄荷　黄芩　连翘

凉营清气汤（《喉痧证治概要》）：犀角　石斛　山栀　牡丹皮　鲜生地　薄荷叶　黄连　赤芍　玄参　生石膏　生甘草　连翘　竹叶　白茅根　芦根　金汁

羚羊钩藤汤（《通俗伤寒论》）：羚羊角霜　桑叶　贝母　鲜生地　双钩藤　滁菊花　茯神木　生白芍　生甘草　淡竹茹

柳花散（《外科正宗》）：黄柏　青黛　肉桂　冰片

六君子汤（《校注妇人良方》）：党参　茯苓　白术　甘草　陈皮　半夏　生姜　大枣

六神丸（《雷允上诵芬堂》药铺方）：牛黄　麝香　蟾酥　雄黄　冰片　珍珠

六味地黄丸（《小儿药证直诀》）：山萸肉　干山药　泽泻　牡丹皮　茯苓　熟地

龙胆泻肝汤（《医方集解》）：龙胆草　栀子　黄芩　泽泻　木通　车前子　当归　柴胡　生地　甘草

龙虎二仙汤（《时疫白喉捷要》）：龙胆草　生地　石膏　黄连　犀角　栀仁　板蓝根　鼠黏子　知母　僵蚕　木通　玄参　甘草　黄芩　马勃　大青叶

龙眼白盐方（《中医耳鼻喉科学》）：龙眼肉　白盐

## M

麻黄汤（《伤寒论》）：麻黄　桂枝　杏仁　甘草

蔓荆子散（《东垣十书》）：蔓荆子　生地　赤芍　野菊花　桑白皮　木通　麦冬　升麻　前胡　赤茯苓　炙甘草

## N

硇砂散（《外科正宗》）：硇砂　轻粉　冰片　雄黄

牛蒡解肌汤（《疡科心得集》）：牛蒡子　薄荷　荆芥　连翘　栀子　丹皮　石斛　玄参　夏枯草

## P

普济消毒饮（《东垣试效方》）：黄芩　黄连　人参　橘红　玄参　甘草　牛蒡子　连翘　板蓝根　马勃　白僵蚕　升麻　柴胡　桔梗

## Q

七三丹（《药奁启秘》）：熟石膏　红升丹

杞菊地黄丸（《医级》）：枸杞子　菊花　熟地　山茱萸　山药　泽泻　牡丹皮　茯苓

牵正散（《杨氏家藏方》）：白附子　白僵蚕　全蝎

羌活冲和汤（《此事难知》）：羌活　防风　川芎　白芷　细辛　苍术　甘草　生地　生姜　葱白

青吹口散（《包氏喉症家宝》）：石膏　人中白　青黛　薄荷　黄柏　硼砂　冰片

青吹口散油膏：即青吹口散制成的油膏剂

青黛散（《赵炳南临床经验集》）：青黛粉　黄柏　滑石粉

清宫汤（《温病条辨》）：玄参心　莲子心　竹叶卷心　麦冬　连翘　犀角尖

清气化痰丸（《医方考》）：瓜蒌仁　陈皮　黄芩　杏仁　枳实　茯苓　胆南星　制半夏

清胃散（《兰室秘藏》）：黄连　生地　熟地　牡丹皮　升麻

清胃汤（《脉因证治》）：生石膏　黄芩　黄连　生地　丹皮　升麻

清瘟败毒饮（《疫疹一得》）：生石膏　生地　知母　犀角　牡丹皮　赤芍　玄参　黄连　栀子　黄芩　连翘　桔梗　竹叶　甘草

清心凉膈散（《温热经纬》）：连翘　甘草　黄芩　薄荷　栀子　桔梗　石膏

清咽利膈汤（《喉症全科紫珍集》）：连翘　栀子　黄芩　薄荷　牛蒡子　防风　荆芥　玄明粉　玄参　金银花　大黄

清咽养荣汤（《疫喉浅论》）：西洋参　生地　茯神　麦冬　白芍　天花粉　天冬　玄参　知母　炙甘草

清营汤（《温病条辨》）：犀角　生地　玄参　竹叶心　麦冬　丹参　黄连　金银花　连翘

清燥救肺汤（《医门法律》）：霜桑叶　生石膏　甘草　人参　炒胡麻仁　阿胶　麦冬　杏仁　枇杷叶

## R

人参紫金丹（《医宗金鉴》）：人参　丁香　五加皮　甘草　茯苓　当归　血竭　骨碎补　五味子　没药

人中白散（《外科正宗》）：冰片　硼砂　青黛　儿茶　煅人中白　薄荷　黄连　黄柏

如意金黄散（《外科正宗》）：大黄　黄柏　姜黄　白芷　生南星　陈皮　苍术　厚朴　甘草　天花粉

## S

三拗汤（《太平惠民和剂局方》）：甘草　麻黄　杏仁

三黄丸（《千金翼方》）：黄芩　黄连　大黄

三甲复脉汤(《温病条辨》)：炙甘草 干地黄 生白芍 麦冬 阿胶 麻仁 生牡蛎 生鳖甲 生龟甲

三仁汤(《温病条辨》)：杏仁 滑石 白通草 白蔻仁 竹叶 厚朴 生薏仁 半夏

桑菊饮(《温病条辨》)：桑叶 菊花 桔梗 连翘 杏仁 甘草 薄荷 芦根

桑杏汤(《温病条辨》)：桑叶 杏仁 沙参 浙贝 香豉 栀子 梨皮

沙参麦冬汤(《温病条辨》)：北沙参 玉竹 麦冬 天花粉 扁豆 桑叶 生甘草

上清丸(《古今医鉴》)：薄荷叶 硼砂 天花粉 天竺黄 玄明粉 百药煎 防风 儿茶 桔梗 甘草

少阴甘桔汤(《外科正宗》)：甘草 桔梗 升麻 柴胡 陈皮 羌活 川芎 黄芩 葱白 玄参

麝香散(《世医得效方》)：麝香 水蛭

参附汤(《重订严氏济生方》)：人参 附子

参苓白术散(《太平惠民和剂局方》)：莲子肉 薏苡仁 砂仁 桔梗 白扁豆 白茯苓 人参 炙甘草 白术 山药

参苏饮(《太平惠民和剂局方》)：人参 苏叶 葛根 前胡 半夏 茯苓 陈皮 甘草 桔梗 枳壳 木香 生姜 大枣

神愈散(《景岳全书》)：细辛 白芷 防风 羌活 当归 半夏 川芎 桔梗 陈皮 茯苓 薄荷 生姜

肾气丸(《金匮要略》)：干地黄 山药 山茱萸 泽泻 茯苓 牡丹皮 桂枝 炮附子

升阳散火汤(《内外伤辨惑论》)：升麻 葛根 羌活 独活 白芍 人参 炙甘草 柴胡 防风 甘草

生肌散(《医宗金鉴》)：煅石膏 血竭 乳香 轻粉 冰片

生脉散(《医学启源》)：人参 麦冬 五味子

圣愈汤(《医宗金鉴》)：熟地 白芍 川芎 人参 当归 黄芪

失笑散(《太平惠民和剂局方》)：五灵脂 炒蒲黄

十补丸(《济生方》)：附子 五味子 山茱萸 淮山药 牡丹皮 鹿茸 肉桂 茯苓 泽泻

十灰散(《十药神书》)：大蓟 小蓟 荷叶 侧柏叶 白茅根 茜草 栀子 大黄 牡丹皮 棕榈皮

十全大补汤(《太平惠民和剂局方》)：人参 肉桂 川芎 地黄 茯苓 白术 炙甘草 黄芪 川当归 白芍

疏风清热汤(经验方)：荆芥 防风 牛蒡子 甘草 金银花 连翘 桑白皮 赤芍 桔梗 黄芩 天花粉 玄参 浙贝母

疏风清热汤(《脾胃论》)：防风 白菊花 桑叶 板蓝根 大青叶 金银花 连翘 黄芩 夏枯草 白茅根 蝉蜕

漱口方(《中医喉科学》)：防风 甘草 荆芥 银花 连翘 薄荷

双解通圣饮(《医宗金鉴》)：防风 荆芥 当归 白芍 连翘 白术 川芎 薄荷 麻黄 栀子 黄芩 石膏 桔梗 甘草 滑石

四君子汤(《和剂局方》)：人参 白术 茯苓 甘草

四苓散(《明医指掌》)：猪苓 泽泻 茯苓 白术

四物汤(《仙授理伤续断秘方》)：当归 川芎 白芍 熟地

四物消风饮(《医宗金鉴》)：地黄 当归 赤芍 荆芥 薄荷 蝉蜕 柴胡 川芎 黄芩 生甘草

苏叶散(《冰玉堂验方》)：紫苏叶 防风 桂枝 生姜 甘草

## T

桃红四物汤(《医宗金鉴》)：桃仁 红花 当归 川芎 白芍 熟地

天麻钩藤饮(《杂病证治新义》)：天麻 钩藤 石决明 栀子 黄芩 川牛膝 杜仲 益母草 桑寄生 夜交藤 茯神

通窍活血汤(《医林改错》)：桃仁 红花 赤芍 川芎 老葱 麝香 红枣 黄酒

通窍汤(《古今医鉴》)：麻黄 白芷 防风 羌活 藁本 细辛 川芎 升麻 葛根 苍术 川椒 甘草

托里消毒散(《外科正宗》)：黄芪 皂角刺 金银花 甘草 桔梗 白芷 川芎 当归 白芍 白术 茯苓 人参

## W

温胆汤(《三因极一病证方论》)：半夏 竹茹 枳实 陈皮 甘草 茯苓 生姜 大枣

温肺止流丹(《辨证录》)：诃子 甘草 桔梗 石首鱼脑骨 荆芥 细辛 人参

五苓散(《伤寒论》)：白术 桂枝 猪苓 泽泻 茯苓

五味消毒饮(《医宗金鉴》)：金银花 野菊花 蒲公英 紫花地丁 紫背天葵子

五五丹(《药奁启秘》)：熟石膏 红升丹

## X

犀角地黄汤(《外台秘要》引《小品方》)：犀角 生地 芍药 牡丹皮

锡类散(《金匮翼》)：象牙屑 珍珠 青黛 冰片

壁钱　牛黄　人指甲

徙薪饮（《景岳全书》）：陈皮　黄芩　麦冬　芍药　黄柏　茯苓　牡丹皮

细辛散（《中医耳鼻喉科学》）：细辛　荜拨　白芷　青盐　冰片

仙方活命饮（《校注妇人良方》）：穿山甲　天花粉　甘草　乳香　白芷　赤芍　贝母　防风　没药　炒皂角刺　当归尾　陈皮　金银花

香砂六君子汤（《古今名医论方》）：人参　白术　甘草　陈皮　半夏　砂仁　木香

消风散（《外科正宗》）：当归　生地　防风　蝉蜕　知母　苦参　胡麻　荆芥　苍术　牛蒡子　石膏　木通　甘草

逍遥散（《太平惠民和剂局方》）：柴胡　当归　白芍　白术　茯苓　生姜　薄荷　炙甘草

泻白散（《小儿药证直诀》）：地骨皮　桑白皮　炙甘草

泻黄散（《小儿药证直诀》）：生甘草　防风　生石膏　山栀仁　藿香

泻心汤（《金匮要略》）：大黄　当归　芍药　荆芥　麻黄　甘草

辛夷清肺饮（《外科正宗》）：辛夷　黄芩　山栀　麦门冬　百合　石膏　知母　甘草　枇杷叶　升麻

芎归二陈汤（《医学入门》）：川芎　当归　半夏　陈皮　茯苓　甘草

血府逐瘀汤（《医林改错》）：当归　生地　桃仁　红花　枳壳　赤芍　柴胡　甘草　川芎　牛膝　桔梗

## Y

牙疼散（《中医耳鼻喉科学》）：荜茇　细辛　高良姜　白胡椒　白芷　冰片　薄荷　雄黄

牙疼饮（《外科证治全书》）：石膏　升麻　大生地　防风　薄荷叶　荆芥穗　前胡　天麻　甘草

牙宣膏（《增补万病回春》）：麝香　白龙骨　铅粉　黄蜡

养金汤（《杂病源流犀烛》）：生地　阿胶　杏仁　知母　沙参　麦冬　桑白皮　白蜜

养心汤（《临症验舌法》）：肉桂　茯神　远志　柏子仁　茯苓　酸枣仁　川芎　当归　半夏曲　炙甘草　五味子　人参　黄芪

养阴清肺汤（《重楼玉钥》）：生地　麦门冬　生甘草　玄参　贝母　牡丹皮　薄荷　白芍

养正丹（《太平惠民和剂局方》）：水银　铅粉　朱砂　硫黄

抑金散（《杂病源流犀烛》）：细辛　白芷　防风　羌活　川芎　桔梗　陈皮　茯苓　当归身

益气聪明汤（《东垣试效方》）：黄芪　甘草　人参　升麻　葛根　蔓荆子　芍药　黄柏

益胃汤（《温病条辨》）：沙参　麦冬　冰糖　细生地　玉竹

茵陈蒿汤（《伤寒论》）：茵陈蒿　栀子　大黄

银花解毒汤（《疡科心得集》）：金银花　紫花地丁　犀角　赤茯苓　连翘　丹皮　黄连　夏枯草

银翘马勃散（《温病条辨》）：连翘　牛蒡子　金银花　射干　马勃

银翘散（《温病条辨》）：金银花　连翘　薄荷　淡豆豉　荆芥穗　牛蒡子　桔梗　甘草　淡竹叶　芦根

右归丸（《景岳全书》）：熟地　炒山药　山茱萸　枸杞子　制菟丝子　鹿角胶　当归　杜仲　制附子　肉桂

右归饮（《景岳全书》）：熟地　山茱萸　淮山药　枸杞子　杜仲　炙甘草　肉桂　附子

鱼脑石散（经验方）：鱼脑石粉　冰片　辛夷花　细辛

玉女煎（《景岳全书》）：石膏　熟地　麦冬　知母　牛膝

玉屏风散（《医方类聚》）：黄芪　白术　防风

元参散（《普济本事方》）：玄参　升麻　射干　熟大黄　炙甘草

月华丸（《医学心悟》）：天冬　麦冬　熟地　生地　山药　百部　沙参　川贝母　阿胶　茯苓　獭肝　三七

越鞠丸（《丹溪心法》）：苍术　香附　川芎　神曲　栀子

## Z

真武汤（《伤寒论》）：熟附子　茯苓　白芍　白术　生姜

正骨紫金丹（《医宗金鉴》）：丁香　木香　血竭　儿茶　熟大黄　红花　当归头　莲子肉　白茯苓　白芍　丹皮　生甘草

知柏地黄汤（《医方考》）：熟地　山药　山萸肉　茯苓　泽泻　丹皮　知母　黄柏

止嗽散（《医学心悟》）：桔梗　荆芥　紫菀　百部　白前　甘草　陈皮

至宝丹（《太平惠民和剂局方》）：生乌犀屑　朱砂　雄黄　生玳瑁　琥珀　麝香　龙脑　金箔　银箔　牛黄　安息香

竹叶膏（《中医耳鼻喉科学》）：鲜竹叶（去梗净）　生姜　浮白盐

竹叶石膏汤（《伤寒论》）：淡竹叶　石膏　半夏　麦冬　人参　甘草　粳米

紫归油(《外科正宗》)：紫草　当归

紫金锭(《百一选方》)：山慈菇　五倍子　千金子仁　红芽大戟　麝香

紫连膏(经验方)：黄连　黄柏　生地　当归　紫草　冰片　凡士林

紫雪丹(《外台秘要》)：石膏　寒水石　滑石　磁石　犀角屑　羚羊角屑　青木香　沉香　玄参　升麻　甘草　丁香　朴硝　硝石　麝香　朱砂　黄金

左归丸(《景岳全书》)：熟地　炒山药　山茱萸　枸杞子　川牛膝　制菟丝子　鹿角胶　龟甲胶

左归饮(《景岳全书》)：熟地　淮山药　枸杞子　炙甘草　茯苓　山茱萸

# 图 例

## 耳 部

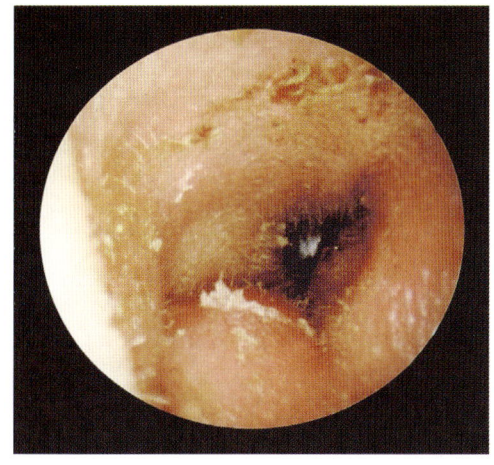

彩图1 耳疖

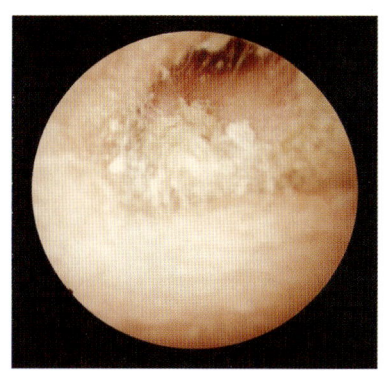
(a) 耳霉菌丝

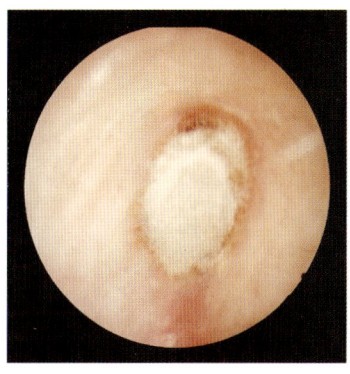
(b) 耳霉菌团

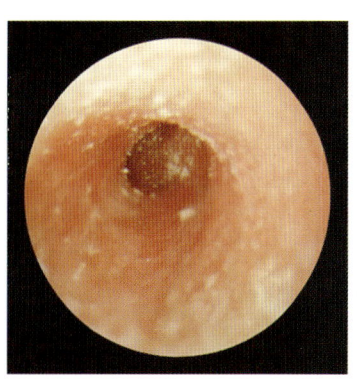
(c) 耳道红肿

彩图2 耳 疮

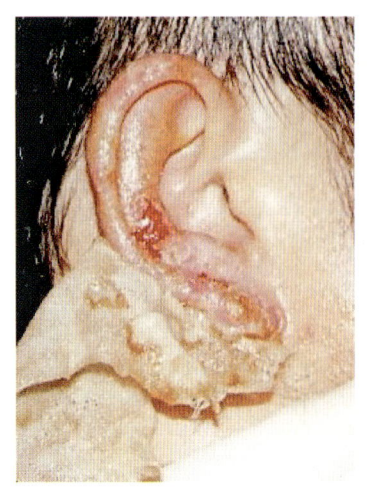 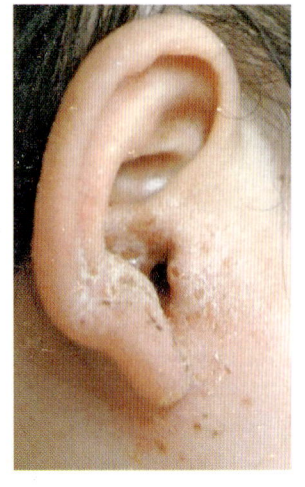 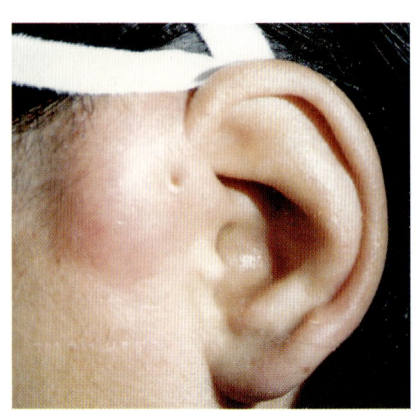

(a) 风热湿邪,浸渍于耳　　(b) 血虚生风,化燥伤阴(幼儿)

彩图3　旋耳疮　　　　　　　　　　　　　　　彩图4　耳疖

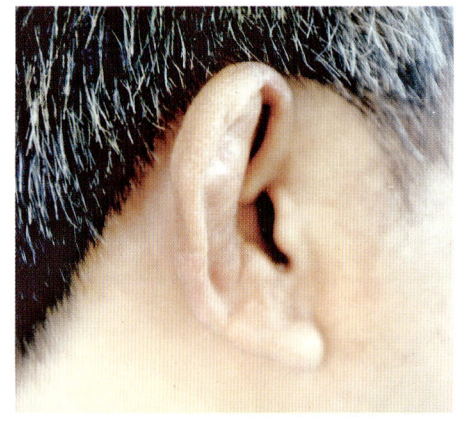 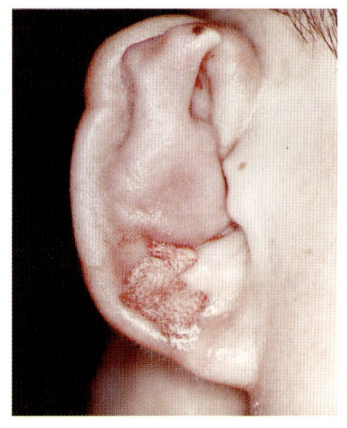

彩图5　耳郭痰包　　　　　　　　　彩图6　断耳疮

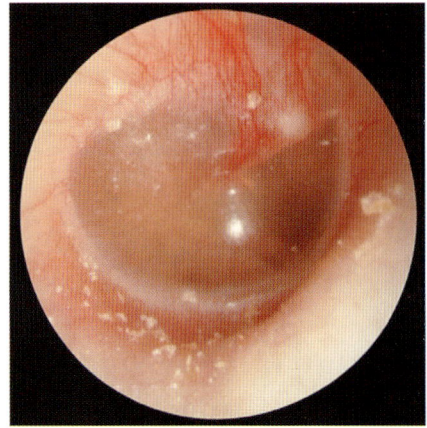 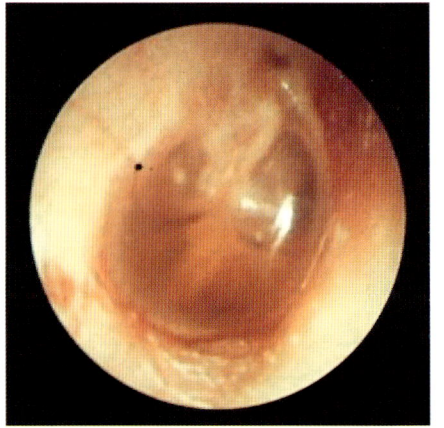

(a) 鼓膜微红,光锥变短　　　　　　(b) 鼓室积液,出现液平

彩图7　耳　胀